신약성경 구속사적 강해 ❹

An Exposition of Paul's Epistle to the Romans 4:
The Application of The Gospel

# 로마서 강해 4

복음의 실천 (이스라엘의 회복, 복음의 실천)

임 덕 규 지음

CLC

**기독교문서선교회**(Christian Literature Center: 약칭 CLC)는 1941년 영국 콜체스터에서 켄 아담스에 의해 시작되었으며 국제 본부는 미국의 필라델피아에 있습니다.
국제 CLC는 59개 나라에서 180개의 본부를 두고, 약 650여 명의 선교사들이 이동도서차량 40대를 이용하여 문서 보급에 힘쓰고 있으며 이메일 주문을 통해 130여 국으로 책을 공급하고 있습니다.
한국 CLC는 청교도적 복음주의 신학과 신앙서적을 출판하는 문서선교 기관으로서, 한 영혼이라도 구원되길 소망하면서 주님이 오시는 그날까지 최선을 다할 것입니다.

*An Exposition of Paul's Epistle to the Romans 4:*
*The Application of The Gospel*

*Written by*
Duk-Kyu Im

Korean Edition
Copyright © 2023 by Christian Literature Center
Seoul, Korea

# 저자 서문

**임 덕 규 목사**

충성교회 담임

　이 로마서 강해는 충성교회에서 2년 넘게 매일 새벽기도 시에 각 절마다 깊이 있게 연구하고 묵상하여 선포한 말씀입니다.

　오직 신성의 하나님의 아들 예수 그리스도, 십자가 대속의 피를 믿는 믿음으로만 의롭게 된다는 '이신칭의' 복음을 중심에 담고 전심으로 성령님을 의지하면서 선포한 말씀입니다.

　판단은 독자 제위께서 하실 일입니다. 바라건대, 이『로마서 강해』(1, 2, 3, 4, 5)를 읽는 분마다 "오직 그리스도, 오직 믿음, 오직 은혜, 오직 성경, 오직 하나님께 영광"으로 답이 나오기를 간절히 소원하며 기도합니다.

　변화무쌍한 세상에서 변하지 않는 진리의 복음을 끊임없이 강조하는 것이 이 시대의 '진정한 개혁'입니다.

　나이가 많은 저에게 건강과 시간과 환경을 주시고 특히 귀중한 동역자들을 주신 하나님께 감사와 찬송을 드립니다. 그분들 가운데 염성호 목사님, 임웅석 집사님, 그리고 제 가족인 김정희 권사님이 있습니다.

"오직 하나님께 영광을!"(*Soli Deo Gloria!*)

# 『로마서 강해』 총 목차

저자 서문

로마서 총론 : 이신칭의 복음의 책

## 제1부 서론 (1:1-17)

제1장 하나님의 복음 (1:1-6)
제2장 바울과 로마 교인들 (1:7-15)
제3장 복음의 요약 (1:16-17)

## 제2부 교리편 (1:18-11:36)

제1장 죄악론 (1:18-3:20)
1. 이방인의 죄 (1:18-32)
2. 유대인의 죄 (2:1-3:8)
3. 전체 인류의 죄 (3:9-20)

제2장 구원론 (3:21-8:39)
1. 칭의의 교리 (3:21-5:21)
2. 성화의 교리 (6:1-8:17)
3. 영화의 교리 (8:18-39)

제3장 이스라엘과 하나님의 은혜로운 계획 (9:1-11:36)
1. 서론 (9장-11장)
2. 하나님의 선택과 예정 (9:1-33)
3. 이스라엘의 거부 (10:1-21)
4. 이스라엘의 회복과 송영 (11:1-36)

## 제3부 실천편 (12:1-15:13)

제1장 몸과 마음의 헌신 (12:1-2)
제2장 은사 사용에서 겸손 (12:3-8)
제3장 사랑의 실천 (12:9-21)
제4장 권세자들에 대한 복종과 사랑과 거룩함 (13:1-14)
제5장 관용의 필요성 (14:1-15:13)

## 제4부 결론 (15:14-16:27)

제1장 바울의 사도적 섬김 (15:14-21)
제2장 바울의 여행 계획 (15:22-33)
제3장 바울의 천거와 문안 (16:1-16)
제4장 거짓 선생의 경계와 동역자의 문안 (16:17-23)
제5장 송영 (16:24-27)

후기

『로마서 강해 4』

# 목차

## 제2부 교리편 (1:18-11:36)

### 제3장 이스라엘과 하나님의 은혜로운 계획 (9:1-11:36)
1. 서론 (9-11장)
2. 하나님의 선택과 예정 (9:1-33)
3. 이스라엘의 거부 (10:1-21)

\* 이하는 『로마서 강해 4』

| | |
|---|---:|
| 4. 이스라엘의 회복과 송영 (11:1-36) | 10 |

## 제 3부 실천편 (12:1-15:13)     217

| | |
|---|---:|
| 제1장 몸과 마음의 헌신 (12:1-2) | 223 |
| 제2장 은사 사용에서 겸손 (12:3-8) | 274 |
| 제3장 사랑의 실천 (12:9-21) | 364 |
| 제4장 권세자들에 대한 복종과 사랑과 거룩함 (13:1-14) | 474 |
| 1. 권세자들에 대한 복종 (13:1-7) | 482 |

후기     536

# 제2부

# 교리 편
(1:18-11:36)

## 제3장  이스라엘과 하나님의 은혜로운 계획
(9:1-11:36)

1. 서론 (9-11장)

2. 하나님의 선택과 예정 (9:1-33)

3. 이스라엘의 거부 (10:1-21)

4. 이스라엘의 회복과 송영 (11:1-36)

## 4. 이스라엘의 회복과 송영

(11:1-36)

## 1) 이스라엘의 거부는 결정적이지 않음

(11:1-12)

## 롬 11: 1

- 로마서 11장의 배경과 9, 10, 11 장의 요약.
- 9장은 하나님의 선택과 예정.
  10장은 이스라엘의 거부.
  11장은 이스라엘의 회복과 송영.
  오직 그리스도, 오직 믿음, 오직 하나님의 영광을 위하여 살라.

[1] 그러므로 내가 말하노니 하나님이 자기 백성을 버리셨느냐 그럴 수 없느니라 나도 이스라엘인이요 아브라함의 씨에서 난 자요 베냐민 지파라

예수님은 그리스도시요 살아계신 하나님의 아들입니다. 예수님이 하나님의 아들 그리스도라는 증거로 십자가에서 우리 죄를 대신해서 피 흘려 죽으시고, 죽은 자들 가운데서 부활하셨습니다.

이 예수님이 하나님의 아들, 예수님이 그리스도, 예수님이 우리 죄를 대신해서 십자가에서 피 흘려 죽으시고 부활하셨다는 복음으로 우리 인생 모든 문제가 처리되고 해답을 얻습니다. 이 복음은 모든 믿는 자에게 구원을 주시는 하나님의 능력이 됩니다. 이 하나님의 아들 예수 그리스도의 복음, 그리스도 십자가 대속의 피의 복음으로 깊이 뿌리내리기를 기원합니다.

예수님의 신성의 하나님 되심과 그리스도 십자가 대속의 피의 복음을 마음 중심에 믿고 구원받은 그리스도인은 자신의 구원이 전적으로 하나님의 선택과 예정 속에서 이루어졌다는 사실에 대한 깊은 인식과 감사 속에서 살아야 됩니다. 그렇지 못하면 지상의 한정된 시간 속에서 하나님께 영광을 돌리며 사는 삶을 살 수가 없습니다.

사도 바울은 이런 진리를 하나님께서 주신 특별 은총으로 깨닫고 유대인과 이방인 구원에 대한 웅대한 하나님의 구원의 계획을 우리에게 하나님의 계시로 전하고 있습니다. 로마서는 본래 교리적 목적으로 쓴 것으로 다수의 주석가가 보고 있으나, 동시에 로마 교회 내에 있던 두 종류의 신자 즉 유대인과 이방인 신자 간의 조화를 목적으로 쓴 것입니다.

후자의 관점에서 볼 때 이방인은 예수 그리스도를 받아들이는데 왜 예수 그리스도와 동족인 유대인들은 예수 그리스도를 거부하는가가 문제가 됩니다. 즉, 유대인들의 불신앙과 그것이 야기하는 문제들입니다.

하나님의 선택을 받은 유대인들이 어떻게 하나님께서 보내신 그리스도를 거부하였습니까?
유대인들의 거부는 하나님의 언약 및 약속들과 어떻게 조화를 이룹니까?
유대인과 이방인의 관계는 어떤 것입니까?
유대인과 이방인의 모두를 위한 하나님의 미래의 계획은 무엇입니까?

사도 바울은 이에 대하여 로마서 9, 10, 11장에서 그에 대한 대답을 다룹니다. 크게 보아서 로마서 9장은 하나님의 선택과 예정, 10장은 이스라엘의 거부, 11장은 이스라엘의 회복이고, 11장 맨 마지막은 송영으로서 하나님 앞에 경배를 드리며 끝맺습니다. 우리는 이에 대해 좀 더 구체적으로 보고자 합니다.

바울은 로마서 9장에서 이런 것에 대한 증명을 하는데 착수했습니다. 그는 로마서 9장 6절에서 "이스라엘에게서 난 그들이 다 이스라엘이 아니요"라고 하였습니다. 이 말은 육체적이고 혈통적인 이스라엘이 이스라엘이 아니라 영적 이스라엘이 이스라엘이라는 의미입니다. 사도 바울은 이삭과 이스마엘, 야곱과 에서를 이 사실의 예로 입증합니다.

요컨대 사람이 구원받는 것은 오로지 하나님의 선택과 예정의 결과라는 것입니다. 물론 구원은 하나님의 선택과 예정이지만 구원받지 못한 책임은 타락한 인간에게 있습니다. 이를 시비하는 무리에게 다음과 같이 말했습니다.

> 이 사람아 네가 누구이기에 감히 하나님께 반문하느냐 … 토기장이가 진흙 한 덩이로 하나는 귀히 쓸 그릇을, 하나는 천히 쓸 그릇을 만들 권한이 없느냐 (롬 9:20-21).

끝으로 9장은 유대인들이 하나님의 주권적 목적을 자신들의 생각으로 바꾸고 하나님의 선물인 예수 그리스도를 믿음으로 구원받는 대신 율법의 행위를 의지함으로 구원의 예수 그리스도가 그들에게 오히려 부딪치고 거치는 돌이 되었습니다.

로마서 10장에서는 이 점을 과제로 삼아 상세하게 설명합니다. 바울은 하나님의 구원이 항상 믿음으로 말미암았고, 다른 길은 절대로 없다는 사실을 지적함으로 유대인들의 어리석음을 증명합니다. 구원은 인간의 행위나 인간적인 어떤 요소에 좌우되지 않고 오직 하나님과 하나님의 주권적 의지에만 달려 있습니다.

구원은 전적으로 하나님께 속한 것입니다. 그러나 그럼에도 불구하고 인간은 스스로 정죄를 자초할 수 있습니다. 로마서 10장 16절에 보면 "그러나 그들이 다 복음을 순종하지 아니하였도다"라고 말하며 유대인의 거부로 결말을 짓습니다. 그러나 이러한 사실은 이미 구약 선지자들의 예언 속에 다 있었던 것입니다.

이렇게 유대인의 거부에 대한 중대한 진리와 그들의 조상들에게 하신 약속을 조화시켜 설명한 바울은 로마서 11장에서는 그 거부의 가혹성을 누그러뜨리고 그것을 하나님의 일반적인 선하심과 경륜으로 웅대한 하나님의 인류 구원의 계획을 전개합니다.

오늘 본문 로마서 11장 1절을 보면 "그러므로 내가 말하노니 하나님이 자기 백성을 버리셨느냐 그럴 수 없느니라 나도 이스라엘인이요 아브라함의 씨에서 난 자요 베냐민 지파라"라고 하였습니다.

바울은 미래를 바라보면서 유대인과 이방인에 관한 하나님의 크고 놀라운 목적이 어떻게 영광스럽게 이루어질 것인지를 설명합니다. 바울은 "하나님이 자기 백성을 버리셨느냐"라고 묻고 "그럴 수 없느니라"라고 말하며 로마서 11장을 시작하였습니다.

지금까지 설명한 내용이 유대인과 이방인을 향한 하나님의 궁극적 목적의 완성이고 이것이 로마서 11장의 배경이며 9, 10, 11장의 요약이었습니다.

로마서 11장은 1-12절에서 이스라엘의 거부가 결정적이 아니었다는 것, 13-24절에서는 이스라엘이 구원받을 가능성이 있는 것, 25-32절에서는 이방인의 수가 찰 때에 이스라엘 역시 회복하여 구원받을 것, 그리고 33-36절에서는 송영으로 끝납니다.

앞으로 우리는 이런 유대인과 이방인의 구원의 완성을 향하신 하나님의 웅대한 구원의 계획을 살펴볼 것입니다. 그러므로 우리 모두는 예수 그리스도 복음을 마음 중심에 믿고 오직 그리스도, 오직 믿음, 오직 하나님의 영광을 위하여 살고, 성령 충만 받아 하나님 사랑과 이웃 사랑의 증인으로 살아야겠습니다.

살아계신 아버지 하나님!
하나님의 은혜를 감사합니다.
억만죄악으로 눈이 어두워진 우리를 그리스도 십자가 대속의 보혈의 능력을 믿게 하여 죄 사함 받게 하시고 하나님의 나라, 그리스도 나라에 들어가게 하심을 감사합니다. 그리고 하나님의 인류 구원을 위한 위대한 계획을 하나님의 계시로 알게 하신 은총에 감사하옵나이다.
타락한 인간은 어디서 와서 무엇을 위해 살며, 어디로 가는지도 모르는 영적 우매자들입니다. 그러나 구원받은 우리는 하나님께서 우리의 마음 눈을 밝히시어 앞으로 완성될 유대인과 이방인이 그리스도 안에서 하나가 되어 완성될 하나님의 나라를 이루고 영생 복락할 확실한 소망을 알게 하시니 감사합니다.

우리는 앞으로 예수 그리스도를 거부한 이스라엘이 회개하여 그리스도께 돌아옴으로써 그리스도 안에서 유대인과 이방인의 풍성한 구원과 완성된 하나님 나라가 이루어지리라 믿습니다. 그리스도 복음을 받은 우리는 이러한 새로운 세계, 예수 그리스도로 말미암아 이루어질 영광의 세계를 지향한 선구자로 살아갈 것입니다. 이런 의미에서 우리는 세상의 지도자들이라고 믿습니다.

우리에게 믿음을 더하여 주옵소서. 우리에게 선을 행할 능력과 기회를 주시어 어두운 세상의 빛으로 살아가게 하여 주옵소서.

예수님의 이름으로 기도하옵나이다. 아멘.

## 롬 11: 1

- "하나님이 자기 백성을 버리셨느냐 그럴 수 없느니라"
  개인적 증거(구원받은 바울 자신이 이스라엘인, 아브라함의 씨, 베냐민 지파이다).
  이스라엘은 버림받은 민족이 아니라 택함 받은 자가 있다.
- 복음 전도 시 모두가 믿는 것은 아니고 택함 받은 자만 구원을 얻는다.
  자신부터 구원받은 그리스도인이 되라.

¹ 그러므로 내가 말하노니 하나님이 자기 백성을 버리셨느냐 그럴 수 없느니라 나도 이스라엘인이요 아브라함의 씨에서 난 자요 베냐민 지파라

예수님은 그리스도시요 살아계신 하나님의 아들입니다. 예수님이 하나님의 아들 그리스도라는 증거로 십자가에서 우리 죄를 대신해서 피 흘려 죽으시고, 죽은 자들 가운데서 부활하셨습니다.

이 예수님이 하나님의 아들, 예수님이 그리스도, 예수님이 우리 죄를 대신해서 십자가에서 피 흘려 죽으시고 부활하셨다는 복음으로 우리 인생 모든 문제가 처리되고 해답을 얻습니다. 이 복음은 모든 믿는 자에게 구원을 주시는 하나님의 능력이 됩니다. 이 하나님의 아들 예수 그리스도의 복음, 그리스도 십자가 대속의 피의 복음으로 깊이 뿌리내리기를 기원합니다.

예수님의 신성의 하나님 되심과 그리스도 십자가 대속의 피의 복음을 마음 중심에 믿고 구원받은 하나님의 백성이 된다는 것은 실로 일생 일대의 무쌍의 축복입니다. 수많은 사람들이 십자가 대속의 피의 복음을 듣지만 다 믿는 것은 아닙니다. 더 나아가 예수 그리스도를 믿는다고 하는 그리스도인들 중에도 보면 예수님의 신성의 하나님 되심과 십자가 대속의 피의 복음의 진리 자체를 체험적으로 믿는 그리스도인들이 매우 귀합니다.

그러면 예수 그리스도를 믿지 않았던 우리 민족이나 우리 주위의 모든 백성은 버림받은 자들입니까?

물론 그렇지 않습니다. 왜냐하면, 참되게 예수님의 신성의 인격과 대속의 죽음과 부활의 사역을 믿는 나 자신도 있기 때문입니다. 나 같은 어리석은 자, 죄 많은 자도 구원하셨으니 주위에 사실상 많은 사람이 버림받는다 할지라도 전부는 아니며 선택받은 남은 자가 있게 되어 있습니다.

이런 사실은 오늘의 우리 현실보다 훨씬 더 열악하고 절망적인 것 같은 유대인 사회를 보면 더욱 절실하게 느껴지는 바가 있습니다. 그래서 이런 현실 앞에서 바울은 유대인 가운데 많은 이가 버림받지만 전부는 아니라는 사실을 논증합니다.

본문 로마서 11장 1절을 보면 "그러므로 내가 말하노니 하나님이 자기 백성을 버리셨느냐 그럴 수 없느니라 나도 이스라엘인이요 아브라함의 씨에서 난 자요 베냐민 지파라"라고 하였습니다.

사도 바울은 지금까지 유대인들이 예수 그리스도를 거부한 것은 하나님의 선택과 예정에 의한 것이었음을 로마서 9장에서 설명하였습니다. 불신의 유대인들은 참이스라엘이 아니라는 사실을 논했었습니다. 그리고 로마서 10장에서는 이 점을 상세히 설명하며 하나님의 구원은 항상 예수 그리스도를 믿음으로 말미암는데 불신 유대인들은 예수 그리스도를 믿는 대신 율법의 행위를 의지함으로 구원을 얻고자 하였음을 논증하였습니다.

그렇다면 당연히 바울에 대한 반론이 제기될 것입니다.

이스라엘은 다 버림받을 것입니까?

그래서 바울은 이를 예견하고 오늘 본문 로마서 11장 1절에서 "그러므로 내가 말하노니 하나님이 자기 백성을 버리셨느냐"라고 첫 번째 질문을 던지는 것입니다.

사람들은 이스라엘 다수가 하나님이 보내신 예수 그리스도를 버렸으므로 하나님도 이스라엘을 버리실 것이라고 생각할 것입니다. 그러나 "그럴 수 없느니라"라고 바울은 즉시 반박합니다.

이스라엘은 겉으로 보이는 것처럼 버림받은 민족이 아닙니다. 이스라엘이 버림받은 것은 부분적일 뿐입니다.

바울은 그에 대한 증거를 말합니다. 그것은 그 자신의 개인적 증거입니다. 본문 1절 후단을 보면 "나도 이스라엘인이요 아브라함의 씨에서 난 자요 베냐민 지파라"라고 하였습니다.

바울은 애국적인 유대인으로서 글을 쓰고 있습니다.

그런데 어떻게 바울이 하나님께서 자기 백성을 버리셨다는 생각을 품을 수 있다는 말입니까?

바울은 그 증거로 자기 자신이야 말로 하나님이 그의 백성을 버리지 않으신다는 사실을 역설합니다.

바울은 자신이 이스라엘인이라고 말합니다. 이스라엘은 야곱의 이름입니다. 자기는 이스라엘의 정통 계보에 속한다고 말하는 것입니다. 더욱이 자신은 아브라함의 자손일 뿐 아니라 야곱으로부터 이어져 온 정통 계보에 속한다고 강조합니다.

즉, "베냐민 지파"라고 하는 것입니다. 그는 베냐민 지파에 속한 사람이라는 사실을 말함으로 베냐민 지파가 유다와 함께 다윗과 맺으신 하나님의 언약에 충실한 지파임을 강조한 것입니다.

그러므로 바울 자신처럼 순수한 이스라엘인이 현재 예수 그리스도를 믿고 구원받았다는 것은 남은 이스라엘인도 버리지 않으실 것의 증거라는 논증이었습니다. 심지어 바울은 예수 그리스도를 믿기 전에 온 힘을 다해서 하나님을 대항해 다투던 신성 모독자요 핍박자이던 자신까지도 버리지 않으셨으니 하나님이 이스라엘 백성을 버리실 수 없다고 논증하는 것입니다.

오늘날도 유대인들 가운데 소수의 그리스도인들이 분명히 존재합니다. 유대인 가운데 택함 받은 남은 자가 있습니다. 오늘날 우리 이방인 사회 현실도 동일합니다. 오늘날 안티 크리스천들이 기승을 부리는 것을 보면 다 버림받은 세상 같으나 분명 그 안에 선택받은 남은 자가 있습니다. 더욱이 "우리 자신", "나 자신"이 그 증인입니다.

여러분, 참되게 십자가 대속의 피의 복음 진리를 체험하여 악한 세상에서 구원받은 그리스도인으로 개인적인 증인이 먼저 되시길 바랍니다. 그리고 오직 그리스도, 오직 믿음, 오직 하나님의 영광을 위하여 살고, 성령 충만 받아 하나님 사랑과 이웃 사랑의 증인으로 살아야겠습니다.

살아계신 아버지 하나님!

하나님의 은혜를 감사합니다.

억만죄악의 저 자신을 구원해 주신 하나님의 선택적 사랑에 무한히 감사합니다. 저 같은 죄인을 구원하셨으니 제 주위의 불신 세상의 사람들 중에도 구원받을 백성들이 많이 존재하리라고 믿습니다. 이런 논리로 오늘 본문에서 유대인 바울은 예수 그리스도를 거부한 유대인들을 하나님이 버리셨느냐고 질문하고 즉시 그럴 수 없다고 대답하였습니다. 그 이유로 자기 자신처럼 예수 그리스도를 대적한 죄인의 괴수를 하나님이 구원하셨으니 남은 유대인들도 구원하시리라고 말하는 것입니다.

물론 오늘날에도 소수의 유대인들 중에 구원받은 그리스도인들이 있습니다. 어디든지 택함 받은 남은 자가 있습니다. 우리는 불신 세상에 낙심하지 말고 때를 얻든지 못 얻든지 십자가 대속의 피의 복음을 전하는 전도자로 살게 하여 주옵소서. 이를 위해 우리 자신부터 십자가 복음 진리에 참된 뿌리를 갖고 믿는자에게 구원을 주시는 하나님의 능력을 받아 하나님 나라 백성답게 살아가게 하여 주옵소서.

예수님의 이름으로 기도하옵나이다. 아멘.

## 롬 11: 2

- "하나님이 미리 아신 자기 백성을 버리지 아니하셨나니"
  신학적 증거.
  하나님이 미리 아신 자기 백성은 이스라엘 민족 전체.
- 어려운 오늘의 시대에도 그리스도 교회에 남은 자 많다.
  낙심 말고 그리스도께 주신 사명에 헌신하라.

² 하나님이 그 미리 아신 자기 백성을 버리지 아니하셨나니 너희가 성경이 엘리야를 가리켜 말한 것을 알지 못하느냐 그가 이스라엘을 하나님께 고발하되

    예수님은 그리스도시요 살아계신 하나님의 아들입니다. 예수님이 하나님의 아들 그리스도라는 증거로 십자가에서 우리 죄를 대신해서 피 흘려 죽으시고, 죽은 자들 가운데서 부활하셨습니다.

    이 예수님이 하나님의 아들, 예수님이 그리스도, 예수님이 우리 죄를 대신해서 십자가에서 피 흘려 죽으시고 부활하셨다는 복음으로 우리 인생 모든 문제가 처리되고 해답을 얻습니다. 이 복음은 모든 믿는 자에게 구원을 주시는 하나님의 능력이 됩니다. 이 하나님의 아들 예수 그리스도의 복음, 그리스도 십자가 대속의 피의 복음으로 깊이 뿌리내리기를 기원합니다.

예수님의 신성의 하나님 되심과 그리스도 십자가 대속의 피의 복음을 마음 중심에 믿고 구원받은 그리스도인은 자신의 구원을 신학적인 기초 위에 세우고 신앙생활을 하면 구원의 견고함과 확실성을 누리며 살 수 있습니다. 물론 이런 신학적인 지식은 평범한 그리스도인의 삶을 영위하는 사람들에게는 꼭 필요한 것도 아닙니다.

그러나 교회 지도자로서 혹은 교회 목사로서 자신의 구원과 다른 사람의 구원을 세워 주고 지도하는 입장이라면 이런 신학적인 기초 위에 구원의 견고함과 확실성을 세울 필요성이 있습니다. 이때 개혁주의 교리 체계의 핵심인 칼빈주의 5대 교리를 바르게 이해하면 큰 도움이 됩니다.

칼빈주의 5대 교리는 "TULIP"이라는 말로 기억하면 대단히 편리합니다.

T: Total Inability (전적 무능력)

U: Unconditional Election (무조건적 선택)

L: Limited Atonement (제한적 속죄)

I: Irresistible Grace (불가항력적인 은혜)

P: Perseverence of Saints (성도의 견인)

이 시간 우리는 칼빈주의 5대 교리를 다 설명할 수는 없고, 오늘 본문의 주제와 관련된 "무조건적 선택"의 교리만 간략히 알아보고자 합니다. 선택의 교리는 예정, 또는 예지의 일반적 교리의 적용, 즉 죄인의 구원이란 문제에 관해서 생각됩니다.

웨스트민스터의 신앙고백에서는 이 교리를 다음과 같이 가르칩니다.

> 하나님의 경륜으로 말미암아 자기의 영광을 나타내기 위하여 인간과 천사들 중에 어떤 이는 영생으로 어떤 이는 영원한 죽음에 경륜 되었다. 하나님은 선택된 자를 영광에서 예정하는 것과 한 가지로 그의 의지가 영원하고 가장 자유로운 목적에 의해서 수단도 미리 정하신 것이다.

우리는 "무조건적 선택"이라는 하나님의 절대주권 교리를 염두에 두면서 오늘 본문을 보고자 합니다.

오늘 본문 로마서 11장 2절 전단을 보면 "하나님이 그 미리 아신 자기 백성을 버리지 아니하셨나니"라고 합니다.

여기서 "하나님이 그 미리 아신 자기 백성"이 누구를 가리켜 말한 것인가가 중요합니다. 이는 크게 두 견해로 분리됩니다.

**첫째**, 이스라엘을 가리켜 하나님의 "미리 아신" 또는 선택된 백성이라고 함으로써 민족 전체를 가리키는 것으로 봅니다.

**둘째**, 이스라엘 내부의 선택된 자들만 제한해서 가리킨다고 합니다.

우리는 첫째 견해가 타당하다고 믿습니다. 왜냐하면, 이미 로마서 11장 1절에서 "하나님이 자기 백성을 버리셨느냐"라고 말하여 바울은 이스라엘 민족 전체에 관해 말하고 있습니다.

그래서 "하나님이 자기 백성을 버리셨느냐 그럴 수 없느니라"라고 하였고 바울은 자신도 그들 중 한 사람이라고 말했었습니다. 그러므로 로마서 11장 1절의 "자기 백성"과 2절의 "미리 아신 자기 백성"은 틀림없이 동일한 백성을 가리킨다고 보는 것이 당연한 논리입니다.

우리는 이를 볼 때에 지상의 모든 민족 중에서 오직 한 민족만 하나님의 예지와 사랑으로 선택을 받고 미리 아신 바 되었다고 보는 것입니다. 그들의 역사는 구원의 실현과 동일시할 수 있습니다. 다른 민족에게는 구원이 개개인의 문제이지만 이스라엘 민족에게는 구원 개념이 민족 자체와 관련되어 있습니다. 우리가 지금 보는 로마서 11장은 바로 이러한 이스라엘 민족의 구원에 관한 미래에 관해서 말하고 있습니다.

오늘날 이스라엘 백성은 그리스도의 교회로 대체되었습니다. 그리하여 유대인들도 개별적으로 예수님을 하나님의 아들 그리스도로 믿어야 그리스도 교회의 일원이 될 수 있습니다. 물론 오늘날 다수의 유대인들은 예수 그리스도를 배척하고 복음을 순종하지 않습니다.

그래서 "하나님의 자기 백성을 버리셨느냐"라고 바울은 질문하고 동시에 "그럴 수 없느니라"라고 답하였습니다. 그리고 그 증거로 바울 자신이 그리스도인이라는 증거를 먼저 대고 오늘 본문에서는 "하나님이 그 미리 아신 자기 백성을 버리지 아니하셨나니"라는 무조건적 선택의 신학적 증거로 말하고 있는 것입니다.

여러분이 예수님을 하나님의 아들로 믿는다면 여러분은 하나님이 미리 아신 자요 선택받은 백성입니다. 여러분이 지금 예수 그리스도를 믿고 싶고 말씀을 듣고 교회에 기꺼이 출석한다면 여러분은 선택받은 자로서 구원의 과정에 있습니다. 인내하여 구원을 얻으시길 바랍니다.

오직 그리스도, 오직 믿음, 오직 하나님의 영광을 위하여 살고, 성령 충만 받아 어떤 역경에도 낙심하지 말고 좌절하지 말며 주신 사명에 헌신하여 살기 바랍니다. 믿음만 있으면 승리합니다. 택한 백성은 망하지 않습니다.

살아계신 아버지 하나님!

하나님의 은혜를 감사합니다.

우리의 구원은 우연이 아니라 창세전에 선택된 자로서 때가 되매 부름 받아 구원을 얻었다고 믿습니다. 그러므로 이렇게 무조건적 선택을 받아 예수님을 그리스도로 믿어 구원을 받아 하나님 나라 백성이 되게 하셨으니 우리는 예수 그리스도께 죽도록 충성하며 살아야 마땅합니다.

이스라엘 백성도 하나님은 무조건적으로 선택하여 선민으로 살게 하셨으나 그들이 자기 민족에서 약속된 바대로 태어난 예수 그리스도를 거부함으로 일시 버림받은 바가 된 것이 오늘의 불신 유대인 다수의 모습이라고 믿습니다.

그러나 유대인으로서 바울은 하나님이 자기 백성을 버리지 않으셨다고 믿고 그 증거가 정통 계보의, 유대인 출신인 바울 자신의 구원받음을 먼저 언급하고 이제는 더 나아가 이스라엘 민족 전체의 구원을 말하고 있습니다. 하나님의 절대주권적 선택은 신비이기에 앞으로 이방인의 충만한 수가 찰 때에 온 이스라엘은 구원을 받을 것이라는 것입니다. 택한 백성은 때가 되면 구원받게 되어 있다고 믿습니다.

그러므로 우리는 우리 주위 불신 세상 사람들 중에 택한 백성이 있음을 믿고 복음을 전하도록 힘쓸 것입니다. 무엇보다도 선택받아 구원받은 우리부터 날마다 하나님의 능력을 받고 살아야겠사오니 택한 백성답게 살도록 은혜를 베풀어 주옵소서.

예수님의 이름으로 기도하옵나이다. 아멘.

# 329

## 롬 11: 2-3

- "너희가 성경이 엘리야를 가리켜 말한 것을 알지 못하느냐"
  성경적 증거.
  이스라엘에 관한 엘리야의 착각.
- 역경 시 절대 낙심하지 말라.
  오직 그리스도, 오직 믿음, 오직 예수 보혈 신앙으로 살라.
  택한 백성은 망하지 않는다.

² 하나님이 그 미리 아신 자기 백성을 버리지 아니하셨나니 너희가 성경이 엘리야를 가리켜 말한 것을 알지 못하느냐 그가 이스라엘을 하나님께 고발하되 ³ 주여 그들이 주의 선지자들을 죽였으며 주의 제단들을 헐어 버렸고 나만 남았는데 내 목숨도 찾나이다 하니

예수님은 그리스도시요 살아계신 하나님의 아들입니다. 예수님이 하나님의 아들 그리스도라는 증거로 십자가에서 우리 죄를 대신해서 피 흘려 죽으시고, 죽은 자들 가운데서 부활하셨습니다.

이 예수님이 하나님의 아들, 예수님이 그리스도, 예수님이 우리 죄를 대신해서 십자가에서 피 흘려 죽으시고 부활하셨다는 복음으로 우리 인생 모든 문제가 처리되고 해답을 얻습니다. 이 복음은 모든 믿는 자에게 구원을 주시는 하나님의 능력이 됩니다. 이 하나님의 아들 예수 그리스도의 복음, 그리스도 십자가 대속의 피의 복음으로 깊이 뿌리내리기를 기원합니다.

예수님의 신성의 하나님 되심과 그리스도 십자가 대속의 피의 복음을 마음 중심에 믿고 구원받은 그리스도인은 하나님의 절대주권과 통치와 하나님의 섭리를 굳게 믿고 어떤 역경이나 위기 시나 절망의 환경에서도 절대 낙심하지 말고 좌절하지 말며 포기하지 말 것입니다. 하나님의 아들 예수 그리스도께서 통치하고 계시며 만사가 하나님의 섭리 속에서 이루어진다는 사실을 굳게 믿어야 합니다.

그러나 아무리 뛰어난 신앙의 그리스도인일지라도 극한 상황에 처하고 인간의 힘이 사라진 그때가 되면 신앙의 침체에 빠져 낙심하고 절망하기가 쉽습니다. 우리는 성경에서 위대한 신앙의 사람이요 개혁가요 용감한 인물인 엘리야에게서 이런 현상을 발견합니다.

오늘 본문 로마서 11장 2절 후단부터 3절까지를 보면 "[2] …너희가 성경이 엘리야를 가리켜 말한 것을 알지 못하느냐 그가 이스라엘을 하나님께 고발하되 [3] 주여 그들이 주의 선지자들을 죽였으며 주의 제단들을 헐어 버렸고 나만 남았는데 내 목숨도 찾나이다 하니"라고 하였습니다.

오늘날 우리가 볼 때는 이 말씀은 이스라엘에 관한 엘리야의 착각입니다. 구약 시대 우상 숭배자 아합왕 당시 그들의 반역이 너무 강렬해서 엘리야 자신은 세상에 신실한 하나님의 종이 오직 자기 한 사람밖에 없다고 생각했습니다.

사도 바울은 열왕기상 18장 14절을 인용할 때 "그가 이스라엘을 하나님께 고발하되"라고 말합니다. 엘리야는 하나님께 드린 기도에서 이스라엘에 신실한 자가 자기 말고는 아무도 없는 것처럼 말했습니다.

때때로 믿음의 고백이 얼마나 크게 쇠퇴하고 신앙이 얼마나 심각하게 침체에 빠질 수 있는지를 엘리야의 경우에서 보게 됩니다. 그는 갈멜산상에서 혼자서 바알 선지자 450명과 싸워 이겼으며 여호와의 불이 내리도록 기도하여 응답받고 바알 선지자들을 잡아 죽인 신앙의 용사였습니다. 그리고 그의 기도로 3년 6개월 가뭄이 든 이스라엘에 비가 내리게 한 사람이었습니다.

그러나 엘리야는 갈멜산에서 바알 선지자들을 이기고 승리한 후에 아합왕의 왕비 이세벨의 살해 의도를 듣고 피해 사막으로 도망갔습니다. 그리고 후에 호렙산의 한 동굴 안에 피신하였습니다.

거기에서 엘리야는 오늘 본문에 있는 대로 "그가 이스라엘을 하나님께 고발하되 주여 그들이 주의 선지자들을 죽였으며 주의 제단들을 헐어 버렸고 나만 남았는데 내 목숨도 찾나이다 하니"라고 말하였습니다. 물론 이 말은 이스라엘에 대한 엘리야의 착각이었습니다. 후에 보겠습니다만 하나님은 대답을 통해 그의 착각을 수정해 주실 것입니다.

우리는 엘리야처럼 신앙이 깊고 용기 있으며 지혜로운 사람이 이처럼 모든 것이 끝났다고 포기할 때가 있음을 보게 됩니다. 이런 사실은 믿음이 적은 우리에게 큰 경고라는 사실을 기억해야 합니다.

한 민족의 힘을 보여 주는 것은 권력과 다수의 민중입니다. 당시 이스라엘의 권력은 박해를 위한 권력이었습니다. 바울은 이 사실을 본문에서 "그들이 주의 선지자들을 죽였으며 주의 제단들을 헐어 버렸고 나만 남았는데 내 목숨도 찾나이다"라고 하였습니다.

당시 이스라엘 백성들은 우상 숭배에 빠져 있었습니다. 그래서 엘리야는 "나만 남았는데"라고 하였습니다.

이처럼 하나님께 신실했던 극소수의 사람들은 우상 숭배자의 무리 속에서 힘을 잃고 있었을 뿐만 아니라 박해자의 무리에 의해 압도되어 운신조차 제대로 할 수 없었습니다.

또 본문은 "주의 제단들을 헐어 버렸고"라고 하는데 이 말은 제단들을 방치하고 그 수리를 방관했다는 것이 아니라 적극적으로 나서 그것들을 헐어 버렸다는 것입니다. 바알을 위한 제단들이 세워지는 판국에 하나님의 제단이 헐리는 것은 이상한 일이 아닙니다.

그들은 자기들의 우상 숭배에 방해가 되는 증거물이 서 있는 것을 참을 수 없었습니다. 이것이 엘리야가 이스라엘을 하나님께 고발한 이유였고 또한 낙심한 이유였습니다.

오늘날 그리스도인으로서 죄악 세상을 살아가고 거룩한 교회를 섬기는데도 이러한 낙심할 만한 사건들이 많이 일어납니다. 그러나 그리스도께서 통치하시며 만사가 하나님 섭리로 다스려진다는 진리를 굳게 믿고 절대 낙심하지 말고 좌절하지 말 것입니다.

오직 그리스도, 오직 믿음, 오직 하나님의 영광을 위하여 살고, 성령 충만 받아 믿음으로 일어설 것입니다. 믿음만 있으면 승리합니다. 예수님이 그리스도시기 때문입니다. 즉시 기도하겠습니다.

살아계신 아버지 하나님!

하나님의 은혜를 감사합니다.

아무리 신앙이 견고하다고 할지라도 역경이 오래 지속되고 고통과 질병이 오고 위기에 처하게 되면 낙심과 절망에 빠지기 쉽다는 사실을 알고 있습니다.

오늘 본문의 구약 선지자 엘리야 같은 신앙의 용사도 악랄한 사탄의 하수인 아합왕의 왕비 이세벨의 살해 의도에 낙심하고 사막으로 도망쳤고 자신만 믿는 자로 남았다고 하나님께 기도했습니다. 그러나 그것은 엘리야의 착각이었습니다.

죄악 세상의 통치자는 하나님이시며 여전히 하나님은 그의 아들 예수 그리스도를 통해 통치하시고 만사를 그의 섭리로 다스리고 계십니다. 우리가 이 진리를 굳게 믿고 어떤 역경과 고난과 위기가 지속되더라도 낙심하지 말고 포기하지 않도록 굳게 붙들어 주시고 받은 바 사명에 끝까지 헌신하게 하여 주옵소서.

예수님의 이름으로 기도하옵나이다. 아멘.

## 롬 11: 4

- "그에게 하신 대답이 무엇이냐 … 칠천 명을 남겨 두었다"
  하나님의 대답을 통해 엘리야의 착각이 수정됨.
- 하나님은 은혜로 그리스도 교회와 그리스도인을 만들어 놓으신다.
  나 자신 이외에도 숨겨진 하나님의 백성은 많다.
  위기와 역경 앞에 절망하지 말고 맡겨진 사명에 헌신하라.

⁴ 그에게 하신 대답이 무엇이냐 내가 나를 위하여 바알에게 무릎을 꿇지 아니한 사람 칠천 명을 남겨 두었다 하셨으니

예수님은 그리스도시요 살아계신 하나님의 아들입니다. 예수님이 하나님의 아들 그리스도라는 증거로 십자가에서 우리 죄를 대신해서 피 흘려 죽으시고, 죽은 자들 가운데서 부활하셨습니다.

이 예수님이 하나님의 아들, 예수님이 그리스도, 예수님이 우리 죄를 대신해서 십자가에서 피 흘려 죽으시고 부활하셨다는 복음으로 우리 인생 모든 문제가 처리되고 해답을 얻습니다. 이 복음은 모든 믿는 자에게 구원을 주시는 하나님의 능력이 됩니다. 이 하나님의 아들 예수 그리스도의 복음, 그리스도 십자가 대속의 피의 복음으로 깊이 뿌리내리기를 기원합니다.

예수님의 신성의 하나님 되심과 그리스도 십자가 대속의 피의 복음을 마음 중심에 믿고 구원받은 그리스도인은 적어도 두 가지 사실에

대한 진리를 확신하며 신앙생활을 해야 합니다.

**첫째**, 자신이 예수님의 신성의 인격과 대속의 죽음과 부활의 사역을 믿게 된 것은 전적으로 하나님의 은혜라는 사실을 믿어야 합니다.
**둘째**, 하나님과 우리 주 예수 그리스도께서 만사를 그의 섭리로 다스리며 통치하신다는 진리를 굳게 믿어야 합니다.

이런 두 가지 진리를 확신한 그리스도인은 먼저 하나님의 은혜에 대한 감사로 살고, 믿음을 자랑하는 어리석음을 범하지 말고, 다른 그리스도인도 모두 하나님의 은혜 속에서 부름 받고 산다는 사실을 자각해야 합니다. 그리고 다음에는 세상의 삶이나 그리스도 교회를 섬기는 가운데 나타난 위기나 역경이나 고난과 고통도 모두 하나님의 섭리 속에서 진행되는 것임을 믿고 절대 낙심하지 말고 포기하지 말아야 합니다.

우리는 이런 진리에 대한 좋은 예로 구약 시대 믿음의 용사 엘리야의 이스라엘에 대한 착각과 낙담에서 배우고 확신하게 됩니다. 엘리야는 그가 살던 아합왕 당시 그들의 반역이 너무 강렬해서 세상에 신실한 하나님의 종은 오직 자신 한 사람밖에는 없다고 생각했습니다. 그 결과 그의 신앙은 침체에 빠졌었습니다(롬 11:2-3 참조).

오늘 본문은 이에 대한 하나님의 대답입니다. 하나님은 오직 그의 대답을 통하여 엘리야의 착각을 수정해 주시고 하나님 자신의 은혜와 섭리적 통치를 말씀하십니다.

본문 로마서 11장 4절을 보면 "그에게 하신 대답이 무엇이냐 내가 나를 위하여 바알에게 무릎을 꿇지 아니한 사람 칠천 명을 남겨 두었다 하셨으니"라고 하였습니다.

엘리야에게 대한 하나님의 대답은 엘리야가 착각하고 있다는 것입니다. 엘리야는 결코 홀로 남은 하나님의 백성이 아니었습니다. 그와 반대로 하나님은 "내가 나를 위하여 바알에게 무릎을 꿇지 아니한 사람 칠천 명을 남겨 두었다"라고 말씀하셨습니다.

그러므로 이스라엘의 민족적 배교는 전면적인 것이 아니었습니다. 비록 이사야 시대까지는 남은 자 교리가 발전되지 않았지만 신실한 남은 자 그 자체는 적어도 1세기 전에 엘리야가 선지자 사역을 할 때부터 이미 존재하고 있었습니다.

그러면 이에 관해 더 구체적으로 이 상황을 살펴보겠습니다. 먼저 본문에서 하나님은 "남겨 두었다"라고 하십니다. 이에 대해 우리는 몇 가지 사항을 바르게 이해해야 합니다.

**첫째**, 하나님의 교회는 지혜롭고 선한 사람들이 그럴 것이라고 생각하는 것보다 훨씬 더 자주 좋은 일이 벌어집니다. 사실은 그렇지 않으므로 그들이 모든 일이 끝났다고 성급하게 결론을 내리고 포기하는 것은 좋지 않습니다.

**둘째**, 일반적으로 배교가 팽배한 시기에도 신실함을 지키는 남은 자가 흔히 있는 법입니다. 비록 그 수가 많지는 않지만, 모두가 한 길로만 가는 것은 아닙니다.

**셋째**, 일반적으로 배교가 팽배한 시기에 신실함을 지키는 남은 자가 있을 때 그들을 거기에 남겨 두시는 이가 하나님이십니다. 만일 하나님이 그들 스스로 놔두셨다면 그들은 나머지 다른 사람들의 무리에 휩쓸려 버렸을 것입니다. 그들과 다른 사람들 간에 차이를 만드는 것은 하나님의 값없이 주시는 전능하신 은혜입니다.

다음에 본문은 "칠천 명"을 말합니다. 이 숫자는 이스라엘의 우상숭배를 증언하기에 충분한 숫자지만 이스라엘 전체 백성들의 수와 비교하면 아주 작은 숫자입니다. 그것은 추수를 마친 포도원의 남은 포도송이처럼 한 지파에 두명 정도에 해당되는 숫자입니다.

그리스도의 양 무리도 단지 작은 무리에 불과합니다. 그러나 그들이 마지막 날 함께 모인다면 그 수는 능히 셀 수 없는 큰 무리가 될 것입니다(계 7:9). 그런데 이 남은 자에 관한 묘사는 그들이 당시 이스라엘의 죄악을 주도했던 바알에게 무릎을 꿇지 아니한 사람이라는 것입니다.

당시 궁정, 성읍, 그리고 시골에서 바알은 떠오르는 해였고 일반 백성들은 크든 작든 바알을 섬겼습니다. 신실함에 대한 최고의 증거는 우리가 살고 있는 시대와 장소들 속에 만연되어 있는 타락의 강력한 흐름에 거슬러 나아가면서 그것으로부터 자유하는 데 있습니다.

예수님의 신성의 하나님 되심과 십자가 대속의 피의 복음을 마음 중심에 믿고 구원받은 그리스도인 모두는 이 시대 배교 현장에서도 어떤 역경, 고난과 위기와 상실의 위험 속에서도 하나님의 은혜를 더 구하며 주권적인 하나님의 섭리와 통치에 의지하며 굳게 서 있을 것입니다.

그리고 오직 그리스도, 오직 믿음, 오직 예수 보혈 신앙으로 위기를 기회로 삼고 그리스도를 위한 고난을 기꺼이 감수하며 절대 포기하지 말고 사명에 헌신하며 하나님 사랑과 이웃 사랑의 전도자로 살아갈 것입니다.

살아계신 아버지 하나님!
하나님의 은혜를 감사합니다.
우리가 예수님의 신성의 하나님 되심의 인격과 십자가 대속의 피의 복음 사역을 믿고 참된 구원을 받은 그리스도인이 되었다면 우리 인생은 하나님의 절대주권의 섭리 속에서 아무도 해할 자가 없는 하나님의 백성이 되었다고 믿습니다. 하나님은 불신의 우상 숭배의 권력 아합의 시대에도 바알에게 무릎을 꿇지 않는 사람만 7000명을 남겨 두셨습니다.
오늘날에도 하나님께서 동일하게 택한 백성들의 공동체 그리스도 교회에 신실함을 지키는 남은 자를 두셔서 교회를 지키게 하시고 십자가 대속의 피의 복음을 전하게 하고 계신다고 믿습니다. 한 개인의 신앙 유지와 그리스도 교회의 생존은 모두 하나님과 그리스도의 통치와 섭리 속에서 이루어지는 것이라고 믿습니다.
신앙을 자랑하지 말고 또한 불신 세상과 그리스도 교회의 위축 앞에 절대 낙심하지 말고 또 절망과 포기하지 말고 예수님이 그리스도로서 통치하시고 섭리하신다는 믿음을 굳게 의지하고 그 믿음의 실천인 기도를 쉬지 말고 기도하고 기도할 것입니다.

기도할 수만 있다면 문이 열리고 기회가 오고 구원의 길이 열릴 것이니 우리로 하여금 낙심하지 말고 끝까지 맡긴 사명에 헌신하게 하여 주옵소서.

예수님의 이름으로 기도하옵나이다. 아멘.

## 롬 11: 5-6

- "지금도 은혜로 택하심을 따라 남은 자가 있느니라"(1).
  엘리야 시대 칠천 명 남은 자가 오늘 시대에도 있다.
- 남은 자 보존은 하나님이 하신다.
  인간의 구원은 오직 하나님의 은혜의 선택으로 된다.
  오직 그리스도, 오직 믿음, 오직 은혜로 살라.

⁵ 그런즉 이와 같이 지금도 은혜로 택하심을 따라 남은 자가 있느니라
⁶ 만일 은혜로 된 것이면 행위로 말미암지 않음이니 그렇지 않으면 은혜가 은혜 되지 못하느니라

예수님은 그리스도시요 살아계신 하나님의 아들입니다. 예수님이 하나님의 아들 그리스도라는 증거로 십자가에서 우리 죄를 대신해서 피 흘려 죽으시고, 죽은 자들 가운데서 부활하셨습니다.

이 예수님이 하나님의 아들, 예수님이 그리스도, 예수님이 우리 죄를 대신해서 십자가에서 피 흘려 죽으시고 부활하셨다는 복음으로 우리 인생 모든 문제가 처리되고 해답을 얻습니다. 이 복음은 모든 믿는 자에게 구원을 주시는 하나님의 능력이 됩니다. 이 하나님의 아들 예수 그리스도의 복음, 그리스도 십자가 대속의 피의 복음으로 깊이 뿌리내리기를 기원합니다.

예수님의 신성의 하나님 되심과 그리스도 십자가 대속의 피의 복음을 마음 중심에 믿고 구원받은 그리스도인은 자신의 구원이 전적으로 하나님의 은혜요 창세전에 선택된 신비 속에 이루어진 것임을 믿어야 합니다. 만일 구원받은 그리스도인이 이 진리에 대한 참된 인식과 확신을 갖는다면 하나님의 은혜와 무조건적 선택의 사실에 하나님께 대한 만강의 감사 속에서 살게 될 것입니다.

저는 제 자신의 구원을 가슴이 저리도록 느끼며 또 나에게 베푸신 이런 구원의 은혜를 무엇으로 보답할까 하면서 살아갑니다. 과거에는 먹든지 마시든지 무엇을 하든지 다 하나님의 영광을 위하여 하라(고전 10:31)는 말씀을 다분히 관념적으로 생각하며 때때로 입술로 고백하면서 살았습니다.

그러나 이제는 만물이 다 예수 그리스도로 말미암고 예수 그리스도를 위하여 창조되었다(골 1:16)는 진리를 의심 없이 믿게 되고 과연 먹든지 마시든지 무엇을 하든지 다 하나님의 영광을 위하여 하라는 명령을 실감 있게 체험하며 살고 있습니다. 물론 이것도 모두 하나님의 은혜요 나 같은 죄인을 구원하여 불신의 시대에 남은 자로 살게 하신 하나님께 무한한 감사와 찬양을 드리는 것입니다.

저는 여러분 모두가 오늘의 불신의 시대에 은혜로 택하심을 따라 남은 자가 되어 주신 구원의 선택과 은혜에 날마다 감사하면서 자기 의를 내세우지 말고 오직 하나님의 은혜, 십자가 사랑의 은혜만을 자랑하고 살기를 바랍니다.

저는 제 주위에서 자기 의를 자랑하고 내세우며 교만하게 살아가는 그리스도인들을 보면 마음이 아픕니다.

만일 그의 구원이 십자가 대속의 피의 은혜로 된 것이면 행위 곧 자기의 의로 말미암지 않음이기 때문에 자기 의를 내세울 것이 없습니다. 은혜 받은 죄인은 변명하지 않습니다. 자신을 계속 변호하고 의를 내세우며 변명하는 자는 십자가 대속의 피의 복음의 은혜에 들어온 것이 아닙니다.

우리는 오늘 본문에서 바울의 논증을 들으면서 오늘의 불신의 시대에 참된 "남은 자"가 되기를 기원합니다.

오늘 본문 로마서 11장 5, 6절을 보면 "⁵ 그런즉 이와 같이 지금도 은혜로 택하심을 따라 남은 자가 있느니라 ⁶ 만일 은혜로 된 것이면 행위로 말미암지 않음이니 그렇지 않으면 은혜가 은혜 되지 못하느니라"라고 하였습니다.

하나님께서 그의 교회에 은혜를 베푸시는 방법은 예나 지금이나 차이가 없습니다. 과거에 그랬다면 지금에도 그렇습니다. 엘리야 시대에 남은 자가 있었다면 지금도 있습니다.

은혜의 표시가 덜 분명하고 성령이 부어 주심이 덜 충분했던 구약 하에서 남은 자가 있었다면 구원을 일으키는 하나님의 은혜가 훨씬 더 분명하게 나타나는 지금의 그리스도 십자가 대속의 피의 복음 하에서는 얼마나 더 많겠습니까!

"남은 자", 즉 이들은 대다수 사람들 가운데 극히 적은 수입니다. 이들은 대부분의 사람들이 불신앙에 빠져 완악한 상태 속에 있을때 믿는 유대인들로 남겨진 자들입니다.

이들은 오늘 본문에서 "지금도 은혜로 택하심을 따라 남은 자"로 불립니다. 그들은 은혜와 영광의 그릇이 되도록 하나님의 사랑의 경륜에 따라 영원히 택함 받은 자들입니다. 미리 정하신 자들을 하나님께서 부르신 것입니다.

만일 그들과 다른 사람들 간에 차이가 있다면 그것은 순전히 하나님의 은혜로 말미암은 것입니다. 이미 앞절(4절)에서 "내가 나를 위하여 … 칠천 명을 남겨 두었다"라고 말씀하셨습니다.

따라서 그것은 당연히 하나님의 선택에 따라 이루어집니다. 왜냐하면, 우리는 하나님이 행하시는 일은 무엇이든 그분 자신의 뜻에 따라 그렇게 하신다고 알고 있기 때문입니다. 그러므로 오늘 본문 6절을 보면 "만일 은혜로 된 것이면 행위로 말미암지 않음이니 그렇지 않으면 은혜가 은혜 되지 못하느니라"라고 하였습니다.

인간의 구원은 오직 하나님의 은혜의 선택으로 됩니다. 이 은혜는 전적으로 하나님의 것입니다. 그러므로 개혁자 루터는 "오직 그리스도"로 인하여 "오직 믿음"을 통해 "오직 은혜"로 의롭다함을 얻는다는 진리야 말로 복음의 심장이요 천국으로 들어가는 통로임을 깨달았습니다.

신앙의 세계는 어떤 경우이든 "은혜로 택하심"을 받은 소수의 "남은 자"에게서 그 진수를 찾습니다. 신앙은 유혹되기 쉽고 타락하기 쉬운 것입니다. 어느 교회에나 이런 소수의 "남은 자"들이 있어서 그리스도 교회를 지킵니다. 이 메시지를 듣는 여러분은 여러분의 교회에서 "남은 자"인지 자문해 보시기 바랍니다.

그러므로 여러분 모두는 오직 그리스도, 오직 믿음, 오직 은혜로 "소수의 남은 자"로 살고 성령 충만 받아 하나님 사랑과 이웃 사랑의 전도자로 살기를 간절히 기원드립니다.

살아계신 아버지 하나님!

하나님의 은혜를 감사합니다.

우리 같은 억만죄악의 인간을 창세전에 선택하셔서 우리로 하여금 신성의 하나님의 아들 예수 그리스도를 믿고 구원을 얻게 하심을 감사하옵나이다. 우리와 불신자 간의 차이는 오직 하나님의 은혜가 주어졌느냐 아니냐의 차이라는 것을 우리가 바르게 인식하고 자기의 의를 내세우지 않고 오직 하나님의 영광을 위하여 그리스도 교회의 영광을 위해 살도록 도와주시기를 기도합니다.

이 불신의 시대에도 참되게 은혜로 선택받은 자로 우리를 부르셨으니 오직 그리스도, 오직 믿음, 오직 은혜를 구하며 살기를 기도합니다. 신앙의 세계는 이렇게 은혜로 택하심을 받은 소수의 남은 자가 있어 그리스도 교회를 섬기며 그리스도 교회를 지킨다고 믿습니다. 신앙은 타락하기 쉽사오니 주께서 우리를 날마다 붙들어 기도하고 성령의 충만을 받고 믿음으로 살게 하시고 서로 사랑하라는 계명을 지키며 살도록 오늘도 우리로 건강하게 하시고 건전하게 하여 주옵소서.

예수님의 이름으로 기도하옵나이다. 아멘.

## 롬 11: 5-6

- "지금도 은혜로 택하심을 따라 남은 자가 있느니라"(2)
  우리 시대 "남은 자" 교리에서 배울 교훈들.
- 소수의 남은 자로 그리스도 교회에 끝까지 충성하라.

⁵ 그런즉 이와 같이 지금도 은혜로 택하심을 따라 남은 자가 있느니라
⁶ 만일 은혜로 된 것이면 행위로 말미암지 않음이니 그렇지 않으면 은혜가 은혜 되지 못하느니라

예수님은 그리스도시요 살아계신 하나님의 아들입니다. 예수님이 하나님의 아들 그리스도라는 증거로 십자가에서 우리 죄를 대신해서 피 흘려 죽으시고, 죽은 자들 가운데서 부활하셨습니다.

이 예수님이 하나님의 아들, 예수님이 그리스도, 예수님이 우리 죄를 대신해서 십자가에서 피 흘려 죽으시고 부활하셨다는 복음으로 우리 인생 모든 문제가 처리되고 해답을 얻습니다. 이 복음은 모든 믿는 자에게 구원을 주시는 하나님의 능력이 됩니다. 이 하나님의 아들 예수 그리스도의 복음, 그리스도 십자가 대속의 피의 복음으로 깊이 뿌리내리기를 기원합니다.

예수님의 신성의 하나님 되심과 그리스도 십자가 대속의 피의 복음을 마음 중심에 믿고 구원받은 그리스도인이 된다는 것은 매우 쉬운 일인 것 같으나 동시에 매우 어렵고 불가능한 일이기도 합니다. 그것

은 우리의 구원이 인간의 연구와 인간의 공로나 노력으로 복음을 받을 수 있는 것이 아니기 때문입니다.

하나님의 계시의 요약이요 함축인 그리스도 복음은 하나님의 계시이고 우리의 연구 조사가 아니며 그리하여 우리 수중에 복음 수용의 시간표가 있지 않습니다. 그래서 신앙의 세계는 다수의 무리가 있지만 어떤 경우이든 소수의 남은 자에게서 그 진수를 찾아볼 수 있는 것입니다.

신앙의 대중은 예수 그리스도에 대해서만 알 뿐 예수 그리스도 자신의 인격 자체를 아는 자가 매우 적습니다. 신성의 하나님의 아들 예수 그리스도 자체를 사랑하고 그분을 사모하고 그분을 추구하고 갈망하며 사는 그리스도인은 극히 적습니다.

저는 제 주위의 이런 현실을 보면서 실로 가슴 아픈 일로 고통을 느끼며 살고 있습니다. 그래서 저는 예수님께서 공생애를 거의 마치시면서 "인자가 올 때에 세상에서 믿음을 보겠느냐"(눅 18:8)라고 하신 말씀을 약간이나마 이해할 수 있을 것 같습니다.

우리는 오늘의 불신 시대에 하나님께서 그리스도 교회에 은혜를 베푸시는 소수의 남은 자 교리를 다시 한번 음미해 보고 그 "남은 자" 교리에서 배울 교훈들을 받도록 하겠습니다.

오늘 본문 로마서 11장 5절을 보면 "그런즉 이와 같이 지금도 은혜로 택하심을 따라 남은 자가 있느니라"라고 하였습니다.

이 말씀은 앞서 우리가 들었던 바대로 이스라엘의 대중이 타락하여 하나님을 거역하였을 때 소수의 남은 자가 신앙의 지조를 지켜 은혜에 속하였다는 것입니다. 구약 시대 이스라엘의 아합왕 당시 그들의 반역이 너무 강렬해서 선지자 엘리야는 세상에 신실한 하나님의 종은 오직 자기 한 사람밖에 없다고 생각하였습니다.

그러나 하나님은 엘리야의 생각을 수정해 주시면서 "내가 나를 위하여 바알에게 무릎을 꿇지 아니한 사람 칠천 명을 남겨 두었다"(롬 11:4)라고 하셨습니다. 그리고 이 실례를 사도 바울은 오늘의 시대 상황에 적용시켰습니다.

본문 로마서 11장 5절을 다시 보면 "그런즉 이와 같이 지금도 은혜로 택하심을 따라 남은 자가 있느니라"라고 하였습니다.

우리는 이 "남은 자" 교리에서 몇 가지 중요한 교훈을 우리에게 적용해 보고자 합니다(로이드 존스, 『로마서 강해 11』).

**첫째**, 우리는 우리에게 일어나는 모든 일을 생각할 때, 단순하게 그 일 자체만을 보거나 자신의 판단만을 적용하지 말고, 영적으로 그 일을 생각하는 것입니다. 직면한 개인이나 그리스도 교회 문제를 자신이 해결하는 일로 생각하고 고민하지 말 것입니다. 이것이 엘리야의 착각이었습니다.

하나님의 섭리와 주권적 통치가 있음을 알고, 기도하며 기다리고 섭리의 결과에 따라 성실히 대응하는 것입니다. 그리스도 교회는 인간의 소유가 아니라 하나님께 속한 것입니다.

**둘째**, 불신의 시대에는 "남은 자"에 대해 적대적이라는 사실을 기억해야 합니다. 사람들은 남은 자를 좋아하지 않습니다. 그들은 많은 숫자와 결합, 그리고 세계 교회와 연합을 좋아합니다.

그러나 우리는 이런 시대 사조에 실망하지 말고 숫자로 고민하지 말 것입니다. 문제는 진리이지 숫자나 인기가 아닙니다.

**셋째**, 하나님은 자신의 교회를 계속해서 유지시키시고 지키실 것입니다. 사도 바울도 "행위로 말미암지 않음이니"라고 말했습니다. 모두 하나님의 은혜입니다.

남은 자들은 매우 적을지 모릅니다. 그러나 하나님은 언제나 자신의 남은 자를 보존하실 것입니다. 우리는 그 방법을 알지 못하지만 하나님께서는 하실 것입니다. 기독교 역사는 이에 대한 증거로 가득합니다.

**넷째**, 오늘의 세계에서 일어나는 일로 고민하거나 낙심하거나 포기하지 말 것입니다. 우리는 십자가 대속의 피의 복음 진리에만 관심을 갖고 때를 얻든지 못 얻든지 이 진리를 전파할 것입니다. 우리는 어렵다고 무기력에 빠지지 말 것입니다.

앞서 말씀 드린대로 신앙의 세계는 어떤 경우이든 소수의 남은 자에게서 그 진수를 볼 수 있습니다. 신앙은 유혹되기 쉽고 타락하기 쉽습니다. 그러므로 신앙의 대중은 쉽사리 타락하여 탈선하고 남은 자에게서 교회의 생명력이 보존됩니다.

예수님은 다음과 같이 말씀하셨습니다.

> 불법이 성하므로 많은 사람의 사랑이 식어지리라 그러나 끝까지 견디는 자는 구원을 얻으리라 (마 24:12-13).

우리 모두는 예수님의 신성의 하나님 되심과 십자가 대속의 피의 복음 진리를 마음 중심에 굳게 믿고 오직 그리스도, 오직 믿음, 오직 은혜, 오직 예수 보혈 신앙으로 소수의 "남은 자"로 살고 성령 충만 받아 하나님 사랑과 이웃 사랑의 전도자로 살기를 간절히 기원드립니다.

살아계신 아버지 하나님!
하나님의 은혜를 감사합니다.
이 불신의 시대에 우리를 선택하여 남은 자로 살게 하심을 감사합니다. 우리가 십자가 대속의 보혈의 능력을 믿고 구원을 얻었다는 것은 전적으로 하나님의 은혜로 되었다고 믿습니다. 그러나 참된 신앙은 타락하기 쉽고 세상에서나 심지어 그리스도 교회 안에서도 대적자가 많으니 낙심하지 말고 날마다 하나님의 은혜를 구하며 살게 하여 주옵소서. 때로 우리에게 나타나는 어려운 일들 앞에 좌절하지 말게 하시고 하나님의 주권적 통치와 섭리를 믿고 끝까지 인내하여 구원을 얻게 하여 주옵소서.
그리스도 교회 안에는 수가 많든 적든 간에 소수의 남은 자에 의해서 교회의 생명력이 보존된다는 진리를 굳게 믿고 특히 연약한 그리스도 교회를 섬기는 경우에는 자신이 소수의 남은 자가 되어 충성하게 하여 주옵소서. 또한, 하나님 사랑과 이웃 사랑의 전도자로 살아가게 하여 주옵소서.
예수님의 이름으로 기도하옵나이다. 아멘.

## 롬 11 : 7

- "이스라엘이 구하는 그것을 얻지 못하고 오직 택하심을 입은 자가 얻었고" 하나님의 선택의 축복과 유기의 멸망.
- 이스라엘은 율법의 행위를 의지함.
  택하심을 입은 자는 구원을 얻었다.
  선택의 사실은 모든 구원의 근원.
  구원의 길은 십자가에 못 박히신 그리스도만을 믿는 단순한 믿음뿐.
  오직 그리스도, 오직 믿음, 오직 예수 보혈 신앙으로 구원을 얻는다.

> 7 그런즉 어떠하냐 이스라엘이 구하는 그것을 얻지 못하고 오직 택하심을 입은 자가 얻었고 그 남은 자들은 우둔하여졌느니라

예수님은 그리스도시요 살아계신 하나님의 아들입니다. 예수님이 하나님의 아들 그리스도라는 증거로 십자가에서 우리 죄를 대신해서 피 흘려 죽으시고, 죽은 자들 가운데서 부활하셨습니다.

이 예수님이 하나님의 아들, 예수님이 그리스도, 예수님이 우리 죄를 대신해서 십자가에서 피 흘려 죽으시고 부활하셨다는 복음으로 우리 인생 모든 문제가 처리되고 해답을 얻습니다. 이 복음은 모든 믿는 자에게 구원을 주시는 하나님의 능력이 됩니다. 이 하나님의 아들 예수 그리스도의 복음, 그리스도 십자가 대속의 피의 복음으로 깊이 뿌리내리기를 기원합니다.

예수님의 신성의 하나님 되심과 그리스도 십자가 대속의 피의 복음을 마음 중심에 믿고 구원받은 그리스도인은 신앙이 자라며 성장하는 가운데 자신의 구원의 신비에 대한 것을 점점 깨달아 가게 됩니다. 그것은 자신의 구원이 자기 행위로 얻어진 것이 아니었음을 절실하게 깨달아 알게 되는 것입니다.

그래서 제가 항상 입에 담고 하는 말인 "나 같은 죄인이 구원을 받았다니 놀랍다"라는 것입니다. 그리고 성경을 읽고 연구하는 가운데 자신의 구원이 전적으로 하나님께서 선택하시고 예정하신 결과라는 것을 알게 됩니다.

"선택"은 전혀 인간에 의해 좌우되지 않습니다. 선택은 전혀 하나님의 절대주권으로 이뤄집니다. 하나님은 어떤 사람은 구원으로 선택하고 어떤 사람은 유기(遺棄)로 선택하시는데 이는 어느 누구도 시비할 수 없습니다. 하나님은 유기할 자를 일부러 버리시는 것이 아니라 그 유기할 당사자가 스스로 하나님을 반역하고 가기 때문에 그 개인의 책임인 것입니다.

하나님의 선택은 모든 구원의 근원이며 모든 복의 토대와 주요 원인입니다. 하나님은 자신의 영광을 위하여 타락한 인간들 중에 특정한 자를 선택하여 구원하시는 것입니다. 만일 하나님의 선택이 없었다면 인간은 모두 멸망당하고 말았을 것입니다. 모든 사람이 죄를 범하여 하나님의 영광에 이르지 못하였고 죄의 대가는 사망이요 멸망이기 때문입니다.

어느 누구도 선하기 때문에 또는 믿기 때문에 선택되지 않습니다. 선택은 전적으로 하나님의 은혜에 의한 것입니다. 만일 여러분이 십자가 대속의 피의 복음을 믿는다는 이유로 공로를 자신에게 돌린다면 여러분은 성경의 중요한 가르침을 부인하는 것입니다.

그래서 사도 바울은 에베소서 1장 4절에서는 "곧 창세전에 그리스도 안에서 우리를 택하사"라고 하였고, 오늘 본문에서도 "오직 택하심을 입은 자"가 구원을 얻은 사실을 말하고 있는 것입니다.

오늘 본문 로마서 11장 7절을 보면 "그런즉 어떠하냐 이스라엘이 구하는 그것을 얻지 못하고 오직 택하심을 입은 자가 얻었고 그 남은 자들은 우둔하여졌느니라"라고 하였습니다.

먼저 본문은 "이스라엘이 구하는 그것을 얻지 못하고"라고 합니다.

그러면 이스라엘이 무엇을 구하고 있었습니까?

그들이 구하는 '칭의' 곧 하나님의 용납하심이었습니다. 그들은 하나님과 같이 의로워지기를 원했습니다.

그러나 본문에서 바울은 그들이 구하는 것을 얻지 못했다고 말합니다. 도리어 "오직 택하심을 입은 자가 얻었고"라고 합니다. 여기서 주목할 사실은 "택하신 자"(The elect)라고 하지 않고, "택하심을 입은 자"(The election)라고 부릅니다.

왜 그렇습니까?

그 이유는 그들의 모든 소망과 행복의 유일한 기초가 "택하심" 속에 놓여 있음을 보여 주기 위해서입니다. 그들은 하나님께서 자신의 사랑의 경륜에 따라 선택된 사람들이었습니다.

그래서 "택하심을 입은 자"란 사람들이 하는 선택이 아니라 선택하는 분을 강조하고 모든 영광이 하나님께만 돌려져야 함을 강조하는 것입니다. 선택과 유기는 하나님의 영광을 위한 수단입니다. 하나님의 영광은 궁극적 목적이며 따라서 만물의 가장 심오한 근거입니다.

또 본문은 "그 남은 자들은 우둔하여졌느니라"라고 합니다. 어떤 사람은 택하심을 받아 부르심을 받습니다. 그리고 그 부르심은 유효적입니다. 그러나 다른 사람들은 불신앙에 빠져 멸망하도록 버려둠을 당합니다.

복음은 믿는 자들에게는 생명에서 생명에 이르게 하는 향기가 되지만 믿지 않는 자들에게는 사망에서 사망에 이르게 하는 냄새가 됩니다. 이는 마치 태양이 밀랍을 녹이기도 하고 진흙을 더 굳게 하는 것과 같습니다.

선택의 사실은 모든 구원의 근원입니다. 그리고 그 구원의 길은 십자가에 못 박히신 그리스도만을 믿는 단순한 믿음뿐입니다. 예수 그리스도는 하나님에 의해 교회의 머리로 선택되셨고 교회는 그리스도의 몸으로 선택되었습니다. 그들은 반드시 각 지체가 자기 자리를 차지하고 자기 자신의 임무를 완수하는 온전한 사람으로 함께 자라 가야 합니다.

세상과 인류 역사 전체는 몸 된 그리스도 교회의 완성을 위해 협력합니다. 심지어 그리스도 교회 밖의 백성들도 "택자들의 구원을 위해 태어난다"라고 칼빈은 말했습니다. 창조와 타락 보존과 통치, 죄와 은혜, 아담과 그리스도는 각각 그 나름대로 이 그리스도 교회를 이루는 데 협력합니다.

그러므로 여러분 모두는 오직 그리스도, 오직 믿음, 오직 하나님의 영광을 위하여 하나님 사랑과 이웃 사랑의 증인으로 살고, 그리스도 교회를 섬기는 사명에 헌신하기를 바라 마지않습니다.

살아계신 아버지 하나님!

하나님의 은혜를 감사합니다.

우리의 구원은 전적으로 하나님께서 선택하신 결과라고 믿습니다. 하나님은 어떤 사람은 구원으로 선택하셨고 어떤 사람은 유기하십니다. 유기당한 자는 다 자신의 죄악을 따라 사는 자이기에 그 자신의 책임입니다. 그러므로 사도 바울은 이스라엘이 율법의 행위를 추구하여 의를 얻지 못했고 오직 택하심을 입은 자 곧 이방인들이 구원 얻는 하나님의 구원의 경륜을 말했습니다.

하나님의 선택은 모든 구원의 근원인 사실을 믿고 구원받은 우리는 오직 십자가에 못 박히신 그리스도만을 믿고 예수 그리스도를 위하여, 그리고 그리스도 교회를 위하여, 그리스도 복음을 위하여 살게 하여 주옵소서. 세상과 인류 역사 전체는 그리스도 교회 완성을 위해 협력한다는 사실을 바르게 알고 그리스도 교회에서 맡기신 사명에 헌신하게 하여 주옵소서. 오늘도 이 사명을 위해 우리로 건강하게 하시고 건전하게 하여 주옵소서.

예수님의 이름으로 기도하옵나이다. 아멘.

## 롬 11 : 8

- "하나님이 오늘까지 그들에게 혼미한 심령과 보지 못할 눈과 듣지 못할 귀를 주셨다"
  하나님이 그들에게 혼미한 심령을 주셨다.
- 그리스도를 보기는 보았으나 믿지 못했다.
  오늘날 우리 시대 유대인들과 이방인들도 마찬가지이다.
  부흥과 중생은 오직 하나님의 은혜의 선택이다.
  오직 기도하고 전도자로 살라.

8 기록된 바 하나님이 오늘까지 그들에게 혼미한 심령과 보지 못할 눈과 듣지 못할 귀를 주셨다 함과 같으니라

예수님은 그리스도시요 살아계신 하나님의 아들입니다. 예수님이 하나님의 아들 그리스도라는 증거로 십자가에서 우리 죄를 대신해서 피 흘려 죽으시고, 죽은 자들 가운데서 부활하셨습니다.

이 예수님이 하나님의 아들, 예수님이 그리스도, 예수님이 우리 죄를 대신해서 십자가에서 피 흘려 죽으시고 부활하셨다는 복음으로 우리 인생 모든 문제가 처리되고 해답을 얻습니다. 이 복음은 모든 믿는 자에게 구원을 주시는 하나님의 능력이 됩니다. 이 하나님의 아들 예수 그리스도의 복음, 그리스도 십자가 대속의 피의 복음으로 깊이 뿌리내리기를 기원합니다.

예수님의 신성의 하나님 되심과 그리스도 십자가 대속의 피의 복음을 마음 중심에 믿고 구원받은 그리스도인은 자신의 구원이 전적으로 하나님의 은혜로우신 선택에 의한 것임을 바르게 인식해야 합니다. 우리가 노력하여 믿게 되었기 때문에 구원을 얻는 것이 아닙니다. 그렇게 되면 우리의 믿음은 구원에 대한 공로가 됩니다. 믿음은 오직 하나님의 선물입니다.

그러므로 우리가 주위 불신자들에게 십자가 대속의 피의 복음을 전할 때, 그들이 받지 않는 것을 이상하게 생각하면 안 됩니다. 예수 그리스도 복음은 하나님의 은혜로만 타락한 인간들이 받을 수 있는 천상의 진리입니다. 하나님의 택하심을 입은 자만 구원을 얻을 수 있습니다.

하나님의 택하심을 입지 않는 자는 우둔하여 혼미한 심령이 되어 예수 그리스도를 보고도 믿지 못하고 그분의 말씀을 들어도 받아들이지 않습니다. 이것이 사도 바울 시대 이스라엘의 모습이었습니다. 물론 오늘날 우리 시대에도 이는 동일하게 적용이 됩니다.

오늘 본문 로마서 11장 8절을 보면 "기록된 바 하나님이 오늘까지 그들에게 혼미한 심령과 보지 못할 눈과 듣지 못할 귀를 주셨다 함과 같으니라"라고 하였습니다.

우리는 앞선 구절(7절)에서 선택과 유기에 관한 말씀을 들었습니다. 어떤 사람들은 선택을 받아 부르심을 받습니다. 그러나 다른 사람들은 불신앙에 빠져 멸망하도록 버려둠을 당합니다. 이것은 그들의 형벌이었습니다.

바울이 이런 교리를 말할 때 듣는 유대인들은 바울의 가르침으로 볼 수도 있었습니다. 그러므로 바울은 구약성경을 인용하여 그의 가르침을 보증하는 것입니다.

본문 서두를 보면 "기록된 바"라고 하여 그 이후 인용한 말씀은 구약성경의 신명기 29장 4절과 이사야 29장 10절 및 6장 9절을 종합적으로 인용한 것입니다. 이스라엘의 완고성에 대한 모세나 이사야가 가졌던 통분한 마음이 바울의 마음에도 가득한 것이었습니다.

여기서 보면 먼저 "혼미한 심령"을 말합니다. 이것은 이스라엘이 졸거나 잠을 자는 사람들처럼 무감각이 지배하는 상태 속에 있음을 말하는 것입니다. 이러한 혼미한 심령이 무엇을 의미하는지에 대해서는 그다음 말씀이 설명해 줍니다. 즉 "보지 못할 눈과 듣지 못할 귀를 주셨다"라고 하였습니다.

유대인들은 정말 얼이 빠져 있었습니다. 그들은 예수 그리스도를 보기는 보았으나 믿지 못했습니다. 예수 그리스도의 말씀을 듣기는 들었으나 그것을 받아들이지 못했습니다.

모세나 이사야가 예언한 이후에도 오늘까지 이 우둔한 활동은 계속되고 있습니다. 그들 가운데 어떤 이들은 눈 멀고 무감각합니다. 아니 오히려 복음이 처음 전파된 후에는 더 그렇습니다.

십자가 대속의 죽음과 부활에 대한 확고한 증거가 있고 또 적극적인 복음 전파, 사도들의 기적과 이사 속에 증거된 복음 전파에도 불구하고 그들은 아직도 눈먼 상태 속에 있습니다.

오늘 우리가 살고 있는 이 시대에도 유대인들 대다수는 우둔하여 있습니다. 그들은 완악하고 눈이 멀었습니다.

그런데 우리가 놀라는 사실은 "하나님이 오늘까지 그들에게 혼미한 심령과 보지 못할 눈과 듣지 못할 귀를 주셨다"라는 것입니다. 우리 예수님께서도 바리새인에 대하여 정확하게 동일한 말씀을 하셨습니다.

마태복음 13장 14절에 보면 "이사야의 예언이 그들에게 이루어졌으니 일렀으되 너희가 듣기는 들어도 깨닫지 못할 것이요 보기는 보아도 알지 못하리라"라고 하였습니다.

하나님이 그들에게 혼미한 심령과 보지 못할 눈과 듣지 못할 귀를 주셨다는 사실은 하나님의 주권적 선택에 대한 신비입니다. 구원은 전적으로 하나님의 선택에 따른 것입니다.

그렇다면 하나님이 죄의 조성자이십니까?

아닙니다. 죄는 인간이 타락한 의지에 있습니다.

하나님은 항상 의로우십니다. 하나님은 이들을 죄인으로 만드신 것이 아니라 그들을 구원하지 않기로 결정하시고 그들의 죄와 악독함으로 하나님을 예배하지 못하게 하고 그들 스스로 멸망에 가도록 버려두시는 것으로 유기는 결국 그들의 책임입니다.

그러므로 한 개인의 영혼의 구원과 그리스도 교회의 부흥은 전적으로 하나님으로부터 옵니다. 우리가 많이 기도하였기 때문에 부흥되었다고 하는데 이는 인간의 공로가 들어 있는 말입니다. 기도를 아무리 많이 해도 복음 전도의 문은 열리지 않으며 오직 하나님의 은혜로만 열리게 되는 것입니다.

다만 하나님께서 예수님 이름으로 기도하라고 하셨으니 열심히 기도하고 복음을 전하여 하나님의 주권에 순종해야 합니다. 그러므로 우리 모두는 오직 그리스도, 오직 믿음, 오직 은혜를 구하며 살고 쉬지 말고 기도하여 성령의 권능을 받아 하나님 사랑과 이웃 사랑의 전도자로 사명을 다할 뿐입니다.

살아계신 아버지 하나님!

하나님의 은혜를 감사합니다.

우리의 구원은 우리의 노력이나 믿음 때문이 아니라 하나님의 은혜로 우신 선택에 의한 것임을 믿습니다. 믿음은 수단일 뿐이지 구원의 근거가 절대로 아닙니다. 이런 진리는 신구약 성경이 일치해서 증거하고 있습니다.

하나님은 성령의 감동으로 구약 선지자들의 입을 통해 이스라엘의 불신 상태, 곧 혼미한 심령과 보지 못하고 듣지 못하도록 하셨다고 하셨습니다. 동시에 성령님은 신약의 사도 바울에게 영감으로 이 진리를 확신하게 하였습니다. 구약 선지자들과 사도들을 다스리신 우리 예수님께서도 지상 사역시에 동일한 이스라엘의 불신을 언급하셨습니다. 진리의 하나님의 말씀은 반드시 성취되고 하나님은 그 섭리로 그의 뜻을 성취하십니다.

우리는 예수님을 하나님의 아들 그리스도로 믿어 구원을 얻게 하신 하나님의 선택적 은총에 무한히 감사하면서 하나님과 예수 그리스도의 나라에, 그리스도 교회에 충성하게 하여 주옵소서. 이를 위해 항상 기도해 온 바대로 우리로 건강하게 하시고 건전하게 하여 주옵소서.

예수님의 이름으로 기도하옵나이다. 아멘.

## 롬 11: 9-10

- "또 다윗이 이르되 그들의 밥상이 올무와 덫과 거치는 것과 보응이 되게 하시옵고"
  원수의 보복을 위한 기도는 그리스도와 그의 나라에 대적하는 원수들의 심판의 예언이다.
- 그리스도인이 저주의 기도를 할 수 있는가?
  사탄과 흑암 권세에 대해서는 저주의 기도를 할 수 있다.
  그리스도인이 육욕과 세속성으로 굽혀져 있으면 저주의 권세 아래 놓여 있다.
  먼저 그리스도의 나라와 그의 의를 구하라.

⁹ 또 다윗이 이르되 그들의 밥상이 올무와 덫과 거치는 것과 보응이 되게 하시옵고 ¹⁰ 그들의 눈은 흐려 보지 못하고 그들의 등은 항상 굽게 하옵소서 하였느니라

예수님은 그리스도시요 살아계신 하나님의 아들입니다. 예수님이 하나님의 아들 그리스도라는 증거로 십자가에서 우리 죄를 대신해서 피 흘려 죽으시고, 죽은 자들 가운데서 부활하셨습니다.

이 예수님이 하나님의 아들, 예수님이 그리스도, 예수님이 우리 죄를 대신해서 십자가에서 피 흘려 죽으시고 부활하셨다는 복음으로 우리 인생 모든 문제가 처리되고 해답을 얻습니다. 이 복음은 모든 믿는 자에게 구원을 주시는 하나님의 능력이 됩니다. 이 하나님의 아들 예수 그리스도의 복음, 그리

스도 십자가 대속의 피의 복음으로 깊이 뿌리내리기를 기원합니다.

예수님의 신성의 하나님 되심과 그리스도 십자가 대속의 피의 복음을 마음 중심에 믿고 구원받은 그리스도인은 "서로 사랑하라"라는 새 계명을 실천하며 사는 자입니다. 성령의 충만을 받아서 하나님 사랑과 이웃 사랑의 율법의 이중 계명을 실천하며 살아야 합니다.

그러므로 그리스도인의 삶 가운데서 나타나는 이웃과의 불화와 분쟁에 대해서는 서로 원수 관계를 맺지 않는 것이 원리입니다. 그러나 예수 그리스도와 그의 복음에 대적하는 원수들에 대해서는 피 흘리기까지 싸워야 하고 심지어 저주의 기도까지 할 수 있는 것입니다.

우리는 구약성경의 시편에 나타난 '저주의 시'들에 관한 바른 이해가 필요합니다. 구약성경은 복수의 기도가 가능했으나 신약 시대에는 서로 사랑하라는 기도를 해야 한다는 식의 신구약의 차이를 말하고 구약의 영감을 부인하는 것은 전혀 잘못된 것입니다.

신구약 성경은 동일한 성령의 영감을 받은 하나님의 말씀이고 구약성경도 신약성경과 조금도 차이가 없는 그리스도인의 신앙과 생활의 준칙입니다.

오늘 우리는 이에 관한 진리를 다윗의 저주의 시를 인용하고 있는 사도 바울의 말씀을 통해 상고하고자 합니다.

본문 로마서 11장 9, 10절을 보면 "⁹ 또 다윗이 이르되 그들의 밥상이 올무와 덫과 거치는 것과 보응이 되게 하시옵고 ¹⁰ 그들의 눈은 흐려 보지 못하고 그들의 등은 항상 굽게 하옵소서 하였느니라"라고 하였습니다. 이것은 다윗의 시, 시편 69장 22, 23절의 인용입니다.

본문을 보면 구약 시대 다윗은 가장 악랄한 경멸과 악의의 표현인 저주의 형식으로 악인들에게 임할 하나님의 두려운 심판을 예언하고 있습니다.

먼저 "그들의 밥상이 올무"가 되게 하시며로 시작합니다. 바울은 이 말씀을 현재 유대인들의 우둔함과 그들이 그리스도 복음에 대해 저지른 죄악에 대해 적용시키고 있습니다.

그들이 복음에 대해 저지른 죄악은 그들의 우둔함을 더 크게 했습니다. 이것은 우리에게 다윗이 그의 원수들에 대하여 한 다른 기도들을 어떻게 이해해야 할지 가르칩니다.

그것들은 예수 그리스도와 그리스도의 나라를 공개적으로 대적하는 완고한 원수들에 대한 하나님의 심판을 예언하는 것들입니다. 그렇게 되기를 바란다는 그의 기도는 그렇게 될 것이라는 예언이지 자신의 성난 악감정의 사사로운 표출이 아니었습니다.

우리가 구약성경 사무엘서를 읽으면서 보는 다윗은 가장 복수심이 적은 사람들 중의 하나였습니다. 그는 그의 원수 사울왕도 죽일 수 있는 두 번의 기회에도 죽이지 않았고 싸우지 않고 도망쳤습니다. 사울은 여러 번 다윗을 죽이려고 시도했으나 그는 조금도 복수심을 보이지 않았습니다.

다윗은 심지어 자기 아들 압살롬이 반역하여 자기를 죽이고 왕이 되고자 했을 때에도 다윗은 그 아들에게 복수심을 품지 않고 압살롬을 정복하러 보낸 그의 군사들에게 "그 소년에게 아무것도 하지 말라 나의 아들을 해치지 말라"라고 하였습니다.

그러므로 시편 69편의 다윗의 시는 개인적이 아니고 예수 그리스도와 그리스도의 나라를 공개적으로 대적하는 원수들에 대한 하나님의 심판을 예언하는 것입니다. 사도 바울은 예수 그리스도를 믿지 않는 다수의 유대인들이 받을 파멸에 대해 이 사실을 적용하는 것입니다. 그들의 밥상은 올무가 되는 것이었습니다.

다음에 그들의 능력과 기능의 파멸에 대해 말하였습니다. 그들의 눈은 흐려 보지 못하고 그들의 등은 굽게 되어 올바른 길을 찾을 수 없게 된다는 것입니다.

이렇게 이 예언은 성취되어 예수 그리스도와 그의 복음을 거부한 이후로 그 정치가 분별력을 잃어 결국에는 로마제국에 의해 그 멸망이 촉진되었습니다. 그들의 다수는 오늘날까지도 예수 그리스도를 거부하고 대적하여 이 저주의 권세하에 놓여 있습니다.

오늘날 이런 사실은 그리스도인이라 하면서도 육욕과 세속화를 향해 허리가 굽었다면, 대다수의 유대인의 저주와 동일하게 눈이 흐려져 있는 것입니다. 즉시 회개하여 십자가 대속의 피의 복음을 마음 중심에 믿고 먼저 그의 나라와 그의 의를 구하며 살아야 합니다.

그러므로 우리 모두는 오직 그리스도, 오직 믿음, 오직 은혜를 구하며 살고 쉬지 말고 기도하여 성령의 권능을 받아 하나님 사랑과 이웃 사랑의 전도자로 살기를 바랍니다.

살아계신 아버지 하나님!

하나님의 은혜를 감사합니다.

하나님과 원수 된 억만죄인들을 그리스도 십자가 대속의 죽음으로 죄 사함 받게 하여 영생을 얻게 한 우리 그리스도인에게 예수님의 서로 사랑하라는 새 계명을 우리는 굳게 지켜야 한다고 믿습니다. 그러나 이런 우리 그리스도인의 서로 사랑은 개인적인 것이지 예수 그리스도와 예수 그리스도의 나라를 공개적으로 대적하는 원수들에 대한 것은 아니라고 믿습니다.

오늘도 십자가 대속의 피의 복음 받은 우리는 우리 자신과 가정과 자녀들과 직장과 우리 사회에 역사하는 사탄과 흑암의 세력들을 예수 그리스도 이름으로 결박하고 축사할 것입니다. 그리스도인이라 하면서도 육욕과 세속성으로 굽어져 있다면 즉시 저주의 세력하에 있는 자인 즉 회개하고 돌아와야 한다고 믿습니다.

오늘 하루도 우리 모두를 건강하게 지켜 주시고 건전하게 해 주셔서 예수 그리스도의 신실한 증인으로 살아가게 하여 주옵소서.

예수님의 이름으로 기도하옵나이다. 아멘.

## 롬 11: 11-32

- "그들이 넘어지기까지 실족하였느냐 그럴수 없느니라"
  이스라엘의 미래의 전망 개관.
  하나님의 인류 구원의 중대한 계획.
- 하나님과 그리스도 앞에 경배와 찬양.
  오직 그리스도, 오직 믿음으로, 먼저 그의 나라와 그의 의를 구하며 살라.

¹¹ 그러므로 내가 말하노니 그들이 넘어지기까지 실족하였느냐 그럴 수 없느니라 그들이 넘어짐으로 구원이 이방인에게 이르러 이스라엘로 시기 나게 함이니라 ¹² 그들의 넘어짐이 세상의 풍성함이 되며 그들의 실패가 이방인의 풍성함이 되거든 하물며 그들의 충만함이리요 ¹³ 내가 이방인인 너희에게 말하노라 내가 이방인의 사도인 만큼 내 직분을 영광스럽게 여기노니 ¹⁴ 이는 혹 내 골육을 아무쪼록 시기하게 하여 그들 중에서 얼마를 구원하려 함이라 ¹⁵ 그들을 버리는 것이 세상의 화목이 되거든 그 받아들이는 것이 죽은 자 가운데서 살아나는 것이 아니면 무엇이리요 ¹⁶ 제사하는 처음 익은 곡식 가루가 거룩한즉 떡덩이도 그러하고 뿌리가 거룩한즉 가지도 그러하니라 ¹⁷ 또한 가지 얼마가 꺾이었는데 돌감람나무인 네가 그들 중에 접붙임이 되어 참감람나무 뿌리의 진액을 함께 받는 자가 되었은즉 ¹⁸ 그 가지들을 향하여 자랑하지 말라 자랑할지라도 네가 뿌리를 보전하는 것이 아니요 뿌리가 너를 보전하는 것이니라 ¹⁹ 그러면 네 말이 가지들이 꺾인 것은 나로 접붙임을 받게 하려 함이라 하리니 ²⁰ 옳도다 그들은 믿지 아니하므로

꺾이고 너는 믿으므로 섰느니라 높은 마음을 품지 말고 도리어 두려워 하라 <sup>21</sup> 하나님이 원 가지들도 아끼지 아니하셨은즉 너도 아끼지 아니 하시리라 <sup>22</sup> 그러므로 하나님의 인자하심과 준엄하심을 보라 넘어지는 자들에게는 준엄하심이 있으니 너희가 만일 하나님의 인자하심에 머 물러 있으면 그 인자가 너희에게 있으리라 그렇지 않으면 너도 찍히는 바 되리라 <sup>23</sup> 그들도 믿지 아니하는 데 머무르지 아니하면 접붙임을 받으리니 이는 그들을 접붙이실 능력이 하나님께 있음이라 <sup>24</sup> 네가 원 돌감람나무에서 찍힘을 받고 본성을 거슬러 좋은 감람나무에 접붙임 을 받았으니 원 가지인 이 사람들이야 얼마나 더 자기 감람나무에 접 붙이심을 받으랴 <sup>25</sup> 형제들아 너희가 스스로 지혜 있다 하면서 이 신비 를 너희가 모르기를 내가 원하지 아니하노니 이 신비는 이방인의 충만 한 수가 들어오기까지 이스라엘의 더러는 우둔하게 된 것이라 <sup>26</sup> 그리 하여 온 이스라엘이 구원을 받으리라 기록된 바 구원자가 시온에서 오 사 야곱에게서 경건하지 않은 것을 돌이키시겠고 <sup>27</sup> 내가 그들의 죄를 없이 할 때에 그들에게 이루어질 내 언약이 이것이라 함과 같으니라 <sup>28</sup> 복음으로 하면 그들이 너희로 말미암아 원수 된 자요 택하심으로 하 면 조상들로 말미암아 사랑을 입은 자라 <sup>29</sup> 하나님의 은사와 부르심에 는 후회하심이 없느니라 <sup>30</sup> 너희가 전에는 하나님께 순종하지 아니하 더니 이스라엘이 순종하지 아니함으로 이제 긍휼을 입었는지라 <sup>31</sup> 이 와 같이 이 사람들이 순종하지 아니하니 이는 너희에게 베푸시는 긍휼 로 이제 그들도 긍휼을 얻게 하려 하심이라 <sup>32</sup> 하나님이 모든 사람을 순종하지 아니하는 가운데 가두어 두심은 모든 사람에게 긍휼을 베풀 려 하심이로다

예수님은 그리스도시요 살아계신 하나님의 아들입니다. 예수님이 하나님 의 아들 그리스도라는 증거로 십자가에서 우리 죄를 대신해서 피 흘려 죽으

시고, 죽은 자들 가운데서 부활하셨습니다.

이 예수님이 하나님의 아들, 예수님이 그리스도, 예수님이 우리 죄를 대신해서 십자가에서 피 흘려 죽으시고 부활하셨다는 복음으로 우리 인생 모든 문제가 처리되고 해답을 얻습니다. 이 복음은 모든 믿는 자에게 구원을 주시는 하나님의 능력이 됩니다. 이 하나님의 아들 예수 그리스도의 복음, 그리스도 십자가 대속의 피의 복음으로 깊이 뿌리내리기를 기원합니다.

예수님의 신성의 하나님 되심과 그리스도 십자가 대속의 피의 복음을 마음 중심에 믿고 구원받은 그리스도인은 하나님 나라 완성에 대한 미래의 비전을 어느 정도 아는 것이 필요합니다. 특히, 그리스도 교회의 교사나 목회자들의 경우에는 이런 지식이 필요합니다. 그래야 이단의 거짓 교리 유혹을 효과적으로 대처하고 오직 예수 그리스도와 그의 십자가만을 굳게 믿고 의지하며 가르치는 자로 살아갈 수 있습니다.

이런 지식 가운데 현재 대다수가 불신 가운데 있는 유대인의 위치, 그리고 현재 그리스도 교회의 주류를 이루고 있는 이방인들과 유대인들의 관계입니다. 이에 관한 바른 이해가 없으면 두 가지 오해가 생길 수 있습니다.

**첫 번째 오해**는 이방인들이 유대인을 멸시하는 경향입니다. 이 문제는 수백년 동안 크게 문제시 되어 왔습니다. 유대인들은 대부분의 민족에 의해서 예수 그리스도를 배척한다는 이유로 박해를 받아 왔습니다. 이방인들은 유대인들이 예수 그리스도를 십자가에 매달아 죽였기 때문에 그들을 미워했습니다. 그리고 그들은 하나님께로부터 완전 떨어져 나갔다고 보았습니다. 그러나 이것은 오해입니다.

**두 번째 오해**는 이방인들의 우려입니다.

유대인들이 예수 그리스도를 배척했기 때문에 이방인들이 그리스도 교회에 주류가 되었는데 그들이 되돌아 올 것이라고 한다면 이방인들에게는 어떤 일이 일어나겠습니까?

이방인들이 쫓겨나게 될 것입니까?

물론 이것도 오해입니다.

그래서 우리는 오늘 본문 로마서 11장 11절부터 32절까지 시작되는 이방인과 이스라엘의 미래의 전망에 관한 새로운 주제를 시작하면서 그에 대한 개요를 살펴보고자 합니다.

우리는 로마서 11장이 이스라엘의 미래에 대한 내용의 가르침인 것을 앞서 들어왔습니다. 이 11장에는 크게 두 가지 질문과 그에 대한 사도 바울의 대답이 있습니다.

**첫째 질문**은 로마서 11장 시작 1절에서 "하나님이 자기 백성을 버리셨느냐"라는 것이었습니다. 바울은 그 대답으로 "그럴 수 없느니라"(롬 11:1)라고 하였습니다.

**두 번째 질문**은 오늘 본문부터 시작하는 첫 과제입니다. 로마서 11장 11절에서 "내가 말하노니 넘어지기까지 실족하였느냐"라는 것이었습니다. 바울은 이에 대한 논증으로 11절부터 32절까지에서 이스라엘의 배제는 궁극적 배제가 아니라는 것입니다. 이스라엘의 타락은 최종적인 것이 아니라는 말입니다.

그러면 이 두 번째 질문의 대답으로 나온 이스라엘의 타락은 최종적인 것이 아니라는 내용을 구체적으로 일견해 보겠습니다.

먼저 11-16절에서는 축복의 사슬들을 말합니다.

**첫째**, 이스라엘의 타락을 통해 구원이 이방인에게 이르렀습니다.
**둘째**, 이러한 이방인의 구원은 이스라엘을 시기하게 만들어 그들이 회복되도록 혹은 "충만"해지도록 이끌었습니다.
**셋째**, 이스라엘의 충만함은 세상에 훨씬 더 많은 부요함을 가져올 것입니다.

따라서 축복은 이스라엘에게서 이방인에게로, 이방인에게서 다시 이스라엘에게로, 그리고 이스라엘에게서 다시 이방인에게로 오고 갑니다. 이 가운데 첫 번째 단계는 이미 일어났습니다.

다음 17-24절에서는 감람나무 비유와 이스라엘의 회복의 전망을 말합니다. 이스라엘이 넘어짐으로 구원이 이방인에게 미친 현상을 설명하면서 이방인에게 교만하지 말라고 경고합니다. 동시에 이스라엘의 회복의 전망을 약속합니다. 그것은 돌감람나무 가지가 접붙임을 받았으므로 원가지 역시 그렇게 될 수 있기 때문입니다(24절).

끝으로 25-32절에서는 이스라엘의 미래의 구원을 말합니다. 이것은 신적 신비로 불립니다(25절). 그 이유는 예수 그리스도와 기독교에 대해 전체적으로 그토록 완고하게 반대하고 있는 그 백성들의 현재 상태를 보면 누구도 그들의 집단적 회심에 관해 말하는 것은 수수께끼만큼 불분명하고 기대되는 일이 아니기 때문입니다.

그러나 "온 이스라엘이 구원을 받으리라"(26절)라고 합니다. 이스라엘 개개인이 아니라 민족 전체가 구원을 받을 것입니다. 그들은 과거의 특별 언약 속으로 들어가는 것이 아니라 참메시아이신 예수 그리스도를 믿도록 인도받을 것입니다.

그리하여 그리스도 안에서 이방인과 유대인 모두가 충만함을 이루는 긍휼로 끝맺어질 것입니다(32절). 우리는 이러한 인류 구원의 웅대한 하나님의 신비를 들으면서 하나님과 예수 그리스도 앞에 엎드려 경배를 드려야 합니다. 먼저 그리스도의 나라와 그의 의를 구하며 살아야 합니다.

오직 그리스도, 오직 믿음, 오직 예수 보혈 신앙으로 살고, 하나님의 영광을 위해 살며, 성령 충만 받아 하나님 사랑과 이웃 사랑의 전도자로 살기를 바랍니다.

살아계신 아버지 하나님!
하나님의 은혜를 감사합니다.
우리는 앞으로 오는 세계에 대한 선구자로서 우리의 미래에 대한 하나님의 웅대한 비전을 듣게 하시니 감사하옵나이다. 우리 이방인들은 유대인들의 예수 그리스도 거부로 우리가 그리스도 교회의 주체가 되었음을 믿습니다. 그러나 이스라엘이 구원에서 완전 배제된 것은 아니었습니다. 또한, 이스라엘의 타락도 최종적인 것은 아니었음을 바울의 논증으로 듣고 있습니다.

우리는 이스라엘의 미래의 구원을 약속한 신비를 들으면서 이방인과 유대인이 그리스도 안에서 한 지체가 되어 그리스도 왕국 백성으로 영생 복락을 누리며 살 미래의 비전을 소망합니다.

오늘의 코로나19 위기와 역경으로 고난을 받더라도 십자가 대속의 보혈의 복음 받은 그리스도인의 미래는 찬란하다는 소망을 굳게 믿으면서 현실의 고난과 역경에 낙심하지 말도록 믿음을 더해 주시고 소망으로 충만하게 하여 주옵소서.

예수님의 이름으로 기도하옵나이다. 아멘.

## 롬 11: 11-12

- "그들이 넘어지기까지 실족하였느냐 그럴 수 없느니라"
  궁극적으로 배제되지 않는 이스라엘.
- 그러면 이스라엘 실족의 이유 세 가지.
  예수 그리스도 복음을 믿는 것만이 구원의 길.
  오직 그리스도, 오직 믿음, 먼저 그의 나라와 그의 의를 구하며 살라.

**11** 그러므로 내가 말하노니 그들이 넘어지기까지 실족하였느냐 그럴 수 없느니라 그들이 넘어짐으로 구원이 이방인에게 이르러 이스라엘로 시기 나게 함이니라 **12** 그들의 넘어짐이 세상의 풍성함이 되며 그들의 실패가 이방인의 풍성함이 되거든 하물며 그들의 충만함이리요

예수님은 그리스도시요 살아계신 하나님의 아들입니다. 예수님이 하나님의 아들 그리스도라는 증거로 십자가에서 우리 죄를 대신해서 피 흘려 죽으시고, 죽은 자들 가운데서 부활하셨습니다.

이 예수님이 하나님의 아들, 예수님이 그리스도, 예수님이 우리 죄를 대신해서 십자가에서 피 흘려 죽으시고 부활하셨다는 복음으로 우리 인생 모든 문제가 처리되고 해답을 얻습니다. 이 복음은 모든 믿는 자에게 구원을 주시는 하나님의 능력이 됩니다. 이 하나님의 아들 예수 그리스도의 복음, 그리스도 십자가 대속의 피의 복음으로 깊이 뿌리내리기를 기원합니다.

예수님의 신성의 하나님 되심과 그리스도 십자가 대속의 피의 복음을 마음 중심에 믿고 구원받은 그리스도인은 구원의 길이 오직 신성의 하나님의 아들 예수 그리스도 복음과 십자가 대속의 피의 복음 이외에는 없다는 진리에 인생을 걸고 살아야 합니다. 우리가 지금 바울의 로마서 강해를 듣고 있는데 바울은 다른 성경인 고린도전서 2장 2절에서 실로 예수 그리스도 복음에 대해 위대한 선언을 하였습니다.

고린도전서 2장 2절은 다음과 같습니다.

> 내가 너희 중에서 예수 그리스도와 그가 십자가에 못 박히신 것 외에는 아무 것도 알지 아니하기로 작정하였음이라 (고전 2:2).

"예수 그리스도는 예수님이 그리스도라는 예수님의 신성의 인격", "그가 십자가에 못 박히신 것"은 그리스도 십자가 대속의 죽음의 사역을 말합니다.

그런데 유감스럽게도 예수님의 동족 유대인들은 예수님을 그리스도로 믿기를 거부하고 또 그들이 하나님 앞에서 얻고자 하는 "의"는 예수 그리스도의 십자가 대속의 피로 이루어진다는 것을 믿지 못해, 이로 인하여 실족하였습니다. 사도 바울은 오늘 본문에서 유대인들이 이 예수 그리스도와 십자가 대속의 피의 복음에 걸려 실족하였다고 말합니다.

본문 로마서 11장 11, 12절을 보면 "¹¹ 그러므로 내가 말하노니 그들이 넘어지기까지 실족하였느냐 그럴 수 없느니라 그들이 넘어짐으로 구원이 이방인에게 이르러 이스라엘로 시기 나게 함이니라 ¹² 그들의 넘어짐이 세상의 풍성함이 되며 그들의 실패가 이방인의 풍성함이 되거든 하물며 그들의 충만함이리요"라고 하였습니다.

'칭의'는 오직 예수 그리스도를 믿는 믿음만으로 이루어지고, 예수 그리스도의 십자가 대속의 피로 이루어집니다. 그런데 유대인들은 여기에 걸려 실족하였습니다. 그들은 이 십자가 대속의 피의 복음을 믿을 수 없었습니다.

그러면 이러한 이스라엘의 실족은 최종적이고 궁극적인 배제로 이어집니까?

그래서 바울은 "그들이 넘어지기까지 실족하였느냐"라고 질문한 다음, 즉시 "그럴 수 없느니라"라고 대답하였습니다. 이스라엘의 넘어짐은 궁극적인 것이 아니요 또한 최종적인 것은 아니라는 것입니다.

그러면 이스라엘이 넘어진 것은 아니고 단지 실족하기만 했다면 그것은 무엇입니까?

오늘 본문 로마서 11장 11, 12절은 세 가지 대답을 합니다.

**첫째**, 이방인 구원을 위한 하나님의 위대한 계획과 목적의 한 부분이라는 것입니다. 본문 11절을 보면 "그들이 넘어짐으로 구원이 이방인에게 이르러"라고 하였습니다. 바울은 유대인의 실족함이 이방인들을 그리스도 교회 안에 들어오게 하는 궁극적인 목적의 일부분이라고 하는 것입니다. 즉, 유대인들이 그들의 메시아를 거부하는 죄악된 행동의 결과로 구원이 이방인에게로 넘어갔다는 것을 나타냅니다.

예수님께서 이미 지상 사역 시 이 사실을 말씀하셨습니다.

> ⁴² 예수께서 이르시되 너희가 성경에 건축자들이 버린 돌이 모퉁이의 머릿돌이 되었나니 이것은 주로 말미암아 된 것이요 우리 눈에 기이하도다 함을 읽어 본 일이 없느냐 ⁴³ 그러므로 내가 너희에게 이르노니 하나님의 나라를 너희는 빼앗기고 그 나라의 열매 맺는 백성이 받으리라(마 21:42-43).

둘째, "이스라엘로 시기 나게 함이니라"(11절) 는 것입니다. 사도행전에 보면 누가는 서너 번에 걸쳐 유대인들이 사도들을 시기한다고 언급하였습니다(행 5:17, 13:45, 17:5). 그러나 바울은 시기심을 더 생산적인 의미로 말한다고 봅니다.

즉, 바울은 이스라엘이 예수 그리스도를 믿는 이방인들이 구원의 복을 누리는 것(하나님과 화목하고 죄 사함 받고 성령을 통한 하나님 나라의 평강과 희락)을 볼 때, 이러한 복을 탐내게 될 것이며, 이러한 복을 얻기 위해 회개하고 예수님을 그리스도로 믿을 것임을 기대하는 것입니다.

셋째, 궁극적으로 유대인들의 실족을 통해 하나님께서는 이스라엘 민족을 구원으로, 축복으로, 그리고 교회 안으로 인도하려고 하신다는 것입니다. 본문 12절을 보면 "그들의 넘어짐이 세상의 풍성함이 되며 그들의 실패가 이방인의 풍성함이 되거든 하물며 그들의 충만함이리요"라고 하였습니다.

이스라엘의 충만함은 세상에 더 많은 부요함을 가져올 것입니다. 이에 관련 설명은 후에 다시 부연하겠습니다.

바울의 이스라엘 실족에 대한 세 가지 이유를 정리하면 이스라엘 실족으로 복음의 축복이 이방인에게로, 또 이방인에게서 다시 이스라엘로, 그리고 이스라엘에게서 이방인에게로 오간다는 것입니다. 유대인이나 이방인이나 축복의 구원은 오직 예수 그리스도 복음을 받는 길뿐입니다.

그러므로 오직 그리스도, 오직 믿음, 오직 예수 보혈 신앙으로 죄 사함 받고 하나님과 화해하며 그리스도와 연합되어 심령 천국의 삶을 살 것입니다. 그 열매로 하나님 사랑과 이웃 사랑의 이중 계명을 지키며 살고, 먼저 그의 나라와 그의 의를 구하며 살 것입니다.

살아계신 아버지 하나님!

하나님의 은혜를 감사합니다.

우리는 예수님을 하나님의 아들로 믿고 구원받아 천국 가면 된다고 생각하기 쉬우나, 우리 그리스도인은 우리 구원의 미래에 대한 하나님의 계획을 아는 것도 필요하다고 믿습니다. 더욱이 교회 목회자들이나 교사들에게는 꼭 바르게 이해해야 한다고 믿습니다.

우리는 이스라엘의 예수 그리스도 거부로 그들이 넘어졌으나, 그들의 넘어짐은 궁극적인 것이 아니라고 사도 바울은 말했습니다. 그들의 넘어짐으로 구원이 이방인에게 이르렀고, 이방인들이 누린 하나님과 화해하는 축복을 이스라엘로 시기하게 하여 그들도 구원으로 인도받는다는 것입니다. 그리하여 이방인이나 유대인이나 다 같이 그리스도 안에서 연합되는 신비가 미래에 이루어질 것을 우리는 소망하게 되었습니다.

우리가 어디서부터 와서 어떻게 살다가 어디로 돌아간다는 사실을 바로 알게 하시니 감사합니다. 먼저 그리스도의 나라와 그리스도의 의를 구하며 살도록 오늘도 우리의 건강을 지켜 주시고 건전하게 하여 주옵소서.
예수님의 이름으로 기도하옵나이다. 아멘.

## 롬 11: 11-12

- "그들의 실패가 이방인의 풍성함이 되거든 하물며 그들의 충만함이리요" 이스라엘의 충만함으로 더 많은 부요함을 가져올 것이다.
- 십자가 대속의 피의 복음의 부요를 누리라.

**11** 그러므로 내가 말하노니 그들이 넘어지기까지 실족하였느냐 그럴 수 없느니라 그들이 넘어짐으로 구원이 이방인에게 이르러 이스라엘로 시기 나게 함이니라 **12** 그들의 넘어짐이 세상의 풍성함이 되며 그들의 실패가 이방인의 풍성함이 되거든 하물며 그들의 충만함이리요

예수님은 그리스도시요 살아계신 하나님의 아들입니다. 예수님이 하나님의 아들 그리스도라는 증거로 십자가에서 우리 죄를 대신해서 피 흘려 죽으시고, 죽은 자들 가운데서 부활하셨습니다.

이 예수님이 하나님의 아들, 예수님이 그리스도, 예수님이 우리 죄를 대신해서 십자가에서 피 흘려 죽으시고 부활하셨다는 복음으로 우리 인생 모든 문제가 처리되고 해답을 얻습니다. 이 복음은 모든 믿는 자에게 구원을 주시는 하나님의 능력이 됩니다. 이 하나님의 아들 예수 그리스도의 복음, 그리스도 십자가 대속의 피의 복음으로 깊이 뿌리내리기를 기원합니다.

예수님의 신성의 하나님 되심과 그리스도 십자가 대속의 피의 복음을 마음 중심에 믿고 영혼의 구원을 받은 그리스도인은 말할 수 없는

영광스러운 즐거움으로 기뻐하는 자입니다. 세상에 예수님을 믿는 것보다 더 가치 있고 더 만족스럽고 더 부요하고 더 행복하고 더 기쁜 것이 없습니다. 그리스도 십자가 보혈의 가치를 믿는 그리스도인은 돈, 명예, 지위, 권세, 쾌락 등으로부터 자유자가 됩니다.

인간의 행복은 첫째가 하나님 사랑에 있는 것인데, 이 하나님 사랑은 자기 사랑을 그리스도 십자가와 함께 못 박아 죽이고, 예수 그리스도와 연합된 자가 될 때 우리는 하나님을 사랑하되 마음을 다하고 목숨을 다하고 뜻을 다하여 하나님을 사랑할 수 있고, 여기에 인생의 진정한 행복과 만족이 있는 것입니다.

하나님과 원수 된 인생들이 예수 그리스도를 믿음으로 죄 사함 받고, 하나님과 화목하게 되고, 그리스도와 연합되고, 성령님을 통한 하나님 나라의 평강과 희락을 맛보고 산다는 것이 그리스도인의 축복입니다.

여러분은 이런 예수 그리스도를 믿는 자로서 받는 하나님의 자녀로서의 축복의 부요함을 날마다 누리며 살아야 합니다. 그리하여 주위 불신자들과 죄악 세상에 고난당하고 진정한 행복이 없고 결핍 속에서 고난당하는 자들 앞에 이런 그리스도 안에 있는 부요함을 제시하며 살아야 합니다.

그들이 여러분의 그리스도 안에 있는 부요의 삶을 보고 시기하도록 만들어야 합니다. 그래야 그들이 하나님과 예수 그리스도 앞에 나와 우리와 함께 예수님을 그리스도로 믿고 구원의 축복을 함께 누리며 살아가게 할 수 있습니다.

이것은 제 개인적인 견해가 아니라 불신 이스라엘과 우리 이방인들에 대한 하나님의 경륜 가운데 하나입니다. 유대인과 이방인 구원을 위한 하나님의 미래의 계획인 것입니다.

　우리는 앞서 로마서 11장 11절 이하에서 이 사실을 확인한 바 있습니다. 요약하면, 이미 이스라엘의 타락을 통하여 구원이 이방인에게 이르렀습니다. 그리고 이러한 이방인의 구원은 이스라엘을 시기하게 만들어 그들이 회복되도록 이끌었습니다. 그리하여 이스라엘의 충만은 세상에 훨씬 더 많은 부요함을 가져올 것이라는 것입니다.

　오늘 본문 12절을 보면 "그들의 넘어짐이 세상의 풍성함이 되며 그들의 실패가 이방인의 풍성함이 되거든 하물며 그들의 충만함이리요"라고 하였습니다.

　이 말씀은 만일 이스라엘의 넘어짐으로 곧 범죄함으로 하나님의 아들 예수 그리스도를 믿는 복음의 축복이 이방인에게 주어졌다면 만일 이스라엘의 충만함은 얼마나 더 많은 축복을 가져올 것인가라는 의미입니다. 이것은 이스라엘의 충만함을 일단 이스라엘의 회심과 그의 수적 증가를 의미하는 듯합니다.

　그러나 그것은 동시에 복음을 그들의 많은 수가 믿고 있을 때 그 축복은 엄청나게 클 것이라고 논증하는 것으로도 볼 수 있습니다.

　이방인들이 예수님을 그리스도로 믿는 것도 말할 수 없는 축복이지만 유대인들은 그들에게 약속된 메시아, 그리스도가 곧 예수님인 것을 알고 확신하고 믿게 되었을 때, 얼마나 더 감격스러울 것입니까!

　그리하여 우리 이방인들이 유대인들의 예수 그리스도 거부로 축복을 받았다면, 이제 유대인들이 충만하게 될 때 이방인의 축복은 훨씬 더 클 것이라고 믿을 수 있는 것입니다. 우리는 유대인과 이방인들에 관한 하나님의 구원 계획을 바르게 이해하여 과거 로마가톨릭이 유대인들이 예수 그리스도를 죽였다는 사실로 인하여 전적으로 박해하였다는 과오를 다시 범하지 말 것입니다.

우리 이방인들은 복음을 받은 우리가 유대인들을 시기 나게 하기 위해 부름 받았다는 사실을 기억하고, 유대인들에게 연민을 느껴야 할 것입니다. 그러나 그들의 충만함이 올 때가 있을 것이며, 그때는 이방인과 유대인이 모두 그리스도 안에서 하나가 되어 영광스러운 하나님의 나라가 완성될 것입니다. 그래서 사도 바울은 로마서 11장 끝에서 "깊도다 하나님의 지혜와 지식의 풍성함이여"(롬 11:33)라고 하였습니다.

그러므로 십자가 대속의 피의 복음을 받은 우리 그리스도인 모두는 오직 그리스도, 오직 믿음, 오직 예수 보혈 신앙으로 살고, 성령 충만 받아서 복음의 부요를 누리며 전도자로 살아야 할 것입니다.

살아계신 아버지 하나님!
하나님의 은혜를 감사합니다.
십자가 대속의 피의 복음을 마음 중심에 믿고 확신한 그리스도인은 그리스도 안에서 이루어진 심령 천국의 감격을 바로 알고 누리며 살아야 합니다. 세상 사람들이 외적 조건, 곧 부와 명예와 지위와 권세와 쾌락으로 행복의 척도로 삼는 어리석음을 가져서는 절대 안 된다고 믿습니다. 그런 행복은 하나의 신기루에 불과하기 때문이요 극히 일시적일 뿐이기 때문입니다.

우리 그리스도인들은 예수 그리스도를 믿어 죄 사함 받고 하나님과 화목하게 되어 그리스도와 연합되고 성령 안에서 의와 평강과 희락의 하나님의 나라를 이루며 사는 자입니다.

이 축복을 세상 불신자들에게 보여 줄 수 있는 신령한 삶을 우리로 살게 하여 주옵소서. 우리는 유대인의 넘어짐으로 구원이 이방인에게 이르러 이방인 우리가 누리는 축복을 유대인들이 시기 나게 한다는 말씀을 들으면서 참된 십자가 피의 복음 신앙으로 임한 성령 안에서의 심령 천국을 감격으로 누리며 살고 증거하며 살도록 은혜를 베풀어 주옵소서.

예수님의 이름으로 기도하옵나이다. 아멘.

## 2) 이스라엘의 회복의 가망

(11:13-24)

## 롬 11: 13-14

- "내 골육을 아무쪼록 시기하게 하여"
  복음 전도와 시기.
- 복음 전도의 경쟁심 유발.
  전도에 선한 열심을 내라.

**13** 내가 이방인인 너희에게 말하노라 내가 이방인의 사도인 만큼 내 직분을 영광스럽게 여기노니 **14** 이는 혹 내 골육을 아무쪼록 시기하게 하여 그들 중에서 얼마를 구원하려 함이라

예수님은 그리스도시요 살아계신 하나님의 아들입니다. 예수님이 하나님의 아들 그리스도라는 증거로 십자가에서 우리 죄를 대신해서 피 흘려 죽으시고, 죽은 자들 가운데서 부활하셨습니다.

이 예수님이 하나님의 아들, 예수님이 그리스도, 예수님이 우리 죄를 대신해서 십자가에서 피 흘려 죽으시고 부활하셨다는 복음으로 우리 인생 모든 문제가 처리되고 해답을 얻습니다. 이 복음은 모든 믿는 자에게 구원을 주시는 하나님의 능력이 됩니다. 이 하나님의 아들 예수 그리스도의 복음, 그리스도 십자가 대속의 피의 복음으로 깊이 뿌리내리기를 기원합니다.

예수님의 신성의 하나님 되심과 그리스도 십자가 대속의 피의 복음을 마음 중심에 믿고 영혼의 구원을 받은 그리스도인은 필연적으로 십

자가 대속의 피의 복음의 전도자로 살게 되어 있습니다. 억만죄악의 인생, 지옥 형벌의 인생이 예수 그리스도의 십자가 보혈로 말미암아 죄 사함 받고 하나님과 화해되고 하나님의 자녀가 되었다는 기쁜 소식보다 더 기쁜 소식이 세상에 없습니다.

우리는 복음 전도에 선한 경쟁심을 갖고 열심을 내야겠습니다. 그리스도 교회는 그 자리가 충분한 여유가 있고, 우리가 전한 복은 우리 모두를 충족시키고도 남기 때문입니다. 사도 바울은 유대인의 동족으로서 이방인의 구원의 축복이 유대인에게 시기 나게 만들어 유대인들도 구원받기를 열망하였습니다.

이런 논리가 유대인과 이방인 간의 복음 전도에 사용된 하나님의 섭리와 계획이었습니다. 구원은 유대인에게서 났지만, 그들은 구세주이신 예수 그리스도를 거부하였습니다. 이런 이스라엘의 불신을 통해 구원이 이방인에게 이르렀습니다. 그리고 이러한 이방인의 구원은 이스라엘을 시기하게 하여 그들도 구원을 얻도록 하는 것이었습니다.

하나님은 왜 이런 복음 전도의 메커니즘을 사용하셨습니까?

만일 유대인 전체가 복음을 믿었다면, 복음의 메시지가 이방인에게 전해지는 데 훨씬 더 오래 걸렸을 것입니다. 우리는 유대인 그리스도인들이 이방인들의 할례를 얼마나 끈질기게 주장했는지 알고 있습니다.

그리고 아마 이방인에게 복음을 전하기에 앞서 긴 논쟁이 계속 이어졌을 것입니다. 그러나 유대인들은 복음의 메시지를 거절했고, 복음을 믿는 사람들을 박해했습니다. 그 결과 복음은 이방인을 향하게 된 것입니다.

오늘 본문은 이런 복음 전도의 메커니즘을 말하고 있습니다.

본문 로마서 11장 14절을 보면 "이는 혹 내 골육을 아무쪼록 시기하게 하여 그들 중에서 얼마를 구원하려 함이라"라고 하였습니다.

이 말씀은 유대인들이 복음이 제안하는 것을 받아들이고 믿도록 각성시키기 위해 그들에 대한 자극과 권면이 담겨 있습니다. 이런 권면은 이미 앞서 11절에서 "그들이 넘어짐으로 구원이 이방인에게 이르러 이스라엘로 시기 나게 함이니라"라고 하였습니다.

바울은 유대인들이 시기 나게 하는 것에 심혈을 기울입니다. 바울은 "이는 혹 내 골육이 아무쪼록 시기 나게 하여"라고 하는 것입니다.

"우리가 멸시받는 이방인들에게 복음의 모든 위로와 특권을 빼앗길 것입니까?

복음을 거부한 것을 회개하고 이 마지막 때 주어지는 분깃에 참여하지 않겠습니까?

믿고 순종해서 이방인과 함께 용서받고 구원받지 않겠습니까?"

이러한 경쟁심 유발의 실례를 구약의 에서에게서 볼 수 있습니다(창 28:6-9). 우리 영혼의 일 속에는 칭찬할 만한 경쟁이 있습니다.

왜 우리가 어떤 다른 이웃만큼 거룩하고 행복해서는 안 됩니까?

이런 경쟁 속에는 당연히 한 가닥 중상이나 모략이 없습니다. 왜냐하면, 그리스도 교회는 그 자리에 충분한 여유가 있고, 새 언약의 은혜와 위로는 우리 모두를 충족시키고도 남기 때문입니다. 그리스도 복음의 축복은 그것을 받아 누리는 자들이 많다고 해서 감소되지 않습니다.

오늘 본문은 "그들 중에서 얼마를 구원하려 함이라"라고 하였습니다. 바울이 하나님께로부터 받은 임무는 영혼을 구원하는 것이었습니다. 그러나 그가 약속할 수 있는 최선의 숫자는 단지 얼마를 구원하는 것이었습니다.

바울은 참으로 유능한 설교자로서, 성령의 증거와 증언에 따라 말하고 썼지만, 그가 대했던 그 많은 유대인 가운데 구원받은 자는 얼마에 불과했습니다. 바울보다 못한 우리 복음 사역자들도 자기들이 단지 얼마를 구원하는 도구로 사용될 수 있다면, 그 수고가 충분히 보상받았다고 생각해야 합니다.

어떻든 우리 모두는 복음 전도에 선한 열심을 내야겠습니다. 무엇보다 자신의 구원의 기쁨과 복을 보는 자들로 시기 나게 만드는 전도자들이 되기를 기원합니다. 오직 그리스도, 오직 믿음, 오직 예수 보혈 신앙으로 살고, 성령 충만 받아 하나님 사랑과 이웃 사랑의 전도자로 살기를 간절히 기원합니다.

살아계신 아버지 하나님!
하나님의 은혜를 감사합니다.
십자가 대속의 피의 복음을 받은 그리스도인이 예수님의 지상 명령에 따라 복음 전도자가 된다는 것은 당연한 것임을 믿습니다. 그러나 우리가 단순한 의무로 전도자가 되기보다는 우리 자신이 예수 그리스도 복음의 감격, 곧 억만죄악의 사함을 받고 하나님과 화목하여 그리스도와 연합된 자로서 참된 자유와 만족, 그리고 평안과 기쁨을 누리는 심령 천국의 삶을 사는 것을 세상 불신자들에게 보여 주는 것이 전도의 최고 방법이라고 믿습니다.

이것이 하나님께서 복음을 거부한 유대인들이 복음을 받아서 하나님의 백성으로 사는 이방인을 보고 시기가 나서 그들도 예수 그리스도를 받아들이는 것이 하나님의 경륜이요 계획인 것을 우리가 오늘 들었습니다.

우리 모두는 이런 하나님의 이방인 구원을 찬양하며 큰 기쁨의 좋은 소식 예수 그리스도를 전하는 전도자로 살게 하여 주옵소서.

예수님의 이름으로 기도하옵나이다. 아멘.

## 340

## 롬 11: 13-15

- "그들을 받아들이는 것이 죽은 자 가운데서 살아나는 것"
  이방인의 사도로서 이방인에 대한 경고.
- 겸손해야 하는 이방인.
  다시 영접받을 유대인.
  이것은 기쁘고 놀라운 축복.
  유대인을 존중하고 회심을 바라라.

<sup>13</sup> 내가 이방인인 너희에게 말하노라 내가 이방인의 사도인 만큼 내 직분을 영광스럽게 여기노니 <sup>14</sup> 이는 혹 내 골육을 아무쪼록 시기하게 하여 그들 중에서 얼마를 구원하려 함이라 <sup>15</sup> 그들을 버리는 것이 세상의 화목이 되거든 그 받아들이는 것이 죽은 자 가운데서 살아나는 것이 아니면 무엇이리요

예수님은 그리스도시요 살아계신 하나님의 아들입니다. 예수님이 하나님의 아들 그리스도라는 증거로 십자가에서 우리 죄를 대신해서 피 흘려 죽으시고, 죽은 자들 가운데서 부활하셨습니다.

이 예수님이 하나님의 아들, 예수님이 그리스도, 예수님이 우리 죄를 대신해서 십자가에서 피 흘려 죽으시고 부활하셨다는 복음으로 우리 인생 모든 문제가 처리되고 해답을 얻습니다. 이 복음은 모든 믿는 자에게 구원을 주시는 하나님의 능력이 됩니다. 이 하나님의 아들 예수 그리스도의 복음, 그리

스도 십자가 대속의 피의 복음으로 깊이 뿌리내리기를 기원합니다.

　예수님의 신성의 하나님 되심과 그리스도 십자가 대속의 피의 복음을 마음 중심에 믿고 영혼의 구원을 받은 그리스도인은 자신의 지위를 매우 존귀하게 생각하고 자랑스럽게 여기며 사는 자입니다. 세상에 예수 그리스도를 믿는 것보다 더 가치 있고 귀중한 것은 없습니다. 우리는 그리스도를 위하여 창조된 자입니다. 더욱이 그리스도 안에서 우리 인생의 과거, 현재, 그리고 미래의 모든 운명이 결정됩니다.
　이런 그리스도인 됨에 대한 확신과 자긍은 우리를 교만하게 해서는 안 되며, 그리스도 밖에 있는 불신자들에 대한 연민과 사랑을 갖고 기도하며, 그들도 회심하여 함께 기쁘고 놀라운 축복을 누리며 살기를 원해야 합니다. 누구나 이런 견해에 이견이 없겠지만, 특히 불신 유대인들에 대한 그리스도 교회의 태도는 이와 달랐습니다.
　중세 시대 교회는 유대인들이 예수님을 십자가에 못 박히시도록 고소한 자들로 인정하여 미워하였을 뿐만 아니라, 그들이 그리스도께 회심하고 돌아오지 않았기 때문에 그들을 핍박하고 추방하기까지 하였습니다. 그러나 우리는 하나님의 경륜과 섭리가 유대인들의 예수 그리스도 거부가 이방인 구원을 위한 것임을 사도 바울의 말씀으로(롬 11:11-12, 14) 확인하고 있습니다.
　20세기에 와서 유대인들이 팔레스타인에 돌아와 이스라엘 나라를 세우자 서구의 여러 기독교 국가들은 과거와 달리 유대인들을 우대하고 비위를 맞추고자 하고 있습니다. 또 한국의 그리스도 교회 일부 사람들 중에 세대주의자들은 구약 이스라엘과 신약의 그리스도 교회의 무관계성을 주장하는 세대주의에 경도되어 불신 유대인들에게 아첨하듯이 토요일 안식을 지키고, 물질적 지원까지 하고 있습니다. 이 또한 바른 진리에서 벗어난 것입니다. 우리는 유대인들을 존중해야 합니다. 그러나 그들도 그리스도께로 회심할 것을 바래야 합니다.

우리는 오늘 본문에서 사도 바울의 말씀을 듣고 바르게 이방인의 유대인들에 대한 자세를 가져야겠습니다. 본문 13절을 보면 "내가 이방인인 너희에게 말하노라 내가 이방인의 사도인 만큼 내 직분을 영광스럽게 여기노니"라고 합니다.

사도 바울은 이방인의 사도로 부름을 받았습니다. 이 사실을 유대인들은 극도로 분노하여 바울을 박해하고 죽이고자 하였습니다. 그러나 도리어 바울은 유대인들이 구원받기를 간절히 바라고 있었습니다.

교회를 위한 하나님의 궁극적인 목적은 교회에 이방인과 유대인 모두가 포함되어야 한다는 것입니다. 과거에 유대인들이 이방인을 배제하였던 것이 잘못이었던 것과 마찬가지로 지금 이방인들이 유대인들을 배제하는 것도 잘못입니다.

그러므로 무엇보다 이방인들은 겸손해야만 합니다. 유대인들 중에서 일부가 구원을 받고 있지만(14절) 회복이 있을 것이니 이방인들은 유대인을 존중하고 그리스도께 회심을 바라야 합니다.

본문 15절을 보면 "그들을 버리는 것이 세상의 화목이 되거든 그 받아들이는 것이 죽은 자 가운데서 살아나는 것이 아니면 무엇이리요"라고 하였습니다.

유대인을 버림으로 복음은 이방인에게 오게 되었습니다. 그런데 이제 유대인들이 예수 그리스도 복음을 받아들인다면 얼마나 기쁘고 놀라운 축복이 되겠는가 하는 것입니다. 그것은 마치 "죽은 자 가운데서 살아나는 것"과 같은 것이라고 바울은 말하였습니다.

여기서 "죽은 자 가운데서 살아나는 것"에 대한 해석에 의견이 갈립니다. 먼저 유대인의 회개로 말미암은 이방 세계의 영적 부흥이라고 하고, 또 전 인류의 회개이거나 최후의 날에 있어서 유대인들의 부활이라고 해석도 합니다.

그러나 우리는 본문 그대로 유대인을 버리는 것이 세상에 화목이 되었다면 그들을 받아들이는 것은 어떻겠습니까?

마치 이것은 죽은 자 가운데서 살아나는 것 같을 것입니다. 그러므로 이방인들은 불쌍한 유대인들을 모욕하거나 의기 양양해할 것이 아니라 오히려 그들을 동정하고 그들의 유익을 바라며 그들이 그리스도 안에서 용납되도록 회심을 위해 기도해야 할 것입니다.

우리는 그리스도께서 재림하시는 날 그리스도 안에서 이방인과 유대인이 한 지체로서 그리스도 왕국을 이루며 살 것을 대망합니다. 오직 그리스도, 오직 믿음, 오직 예수 보혈 신앙으로 살고, 성령 충만 받고 항상 겸손하며 하나님 사랑과 이웃 사랑의 전도자로 살기를 기도하겠습니다.

살아계신 아버지 하나님!

하나님의 은혜를 감사합니다.

하나님의 신비한 경륜에 따라 이방인인 우리가 십자가 대속의 피의 복음을 받고 구원을 얻는 데 반하여 정작 구원이 유대인에게서 났음에도 불구하고 그들은 예수 그리스도를 거부한 사실을 들으면서 우리에게 영광의 예수 그리스도 복음을 받게 하신 은총을 감사하며 찬양합니다. 그러나 우리는 그리스도 밖에 있는 불쌍한 유대인들도 하나님의 경륜에 따라 이방인인 우리와 함께 그리스도 안에서 한 지체가 된다는 사실을 바르게 이해하여, 그들을 존중하고 그들도 십자가 대속의 피의 복음 속으로 돌아오도록 기도해야 할 것을 믿습니다.

그리하여 유대인이나 이방인이나 택한 백성들은 마지막 날 모두 그리스도 안에서 하나가 되어 하나님과 하나님의 어린양 예수 그리스도를 섬기며 영생 복락을 누리며 살리라 믿고 무한한 감사를 올려드립니다. 예수님의 이름으로 기도하옵나이다. 아멘.

## 롬 11: 16

- 처음 익은 곡식 가루와 뿌리.
  이스라엘의 의식(儀式) 생활과 농업의 비유.
- 유대인들이 그리스도 교회에 확실히 들어와야 하는 이유.
  잘못된 세대주의를 경계하라.
  예수 그리스도와 그리스도 교회에 충성하라.

**16** 제사하는 처음 익은 곡식 가루가 거룩한즉 떡덩이도 그러하고 뿌리가 거룩한즉 가지도 그러하니라

예수님은 그리스도시요 살아계신 하나님의 아들입니다. 예수님이 하나님의 아들 그리스도라는 증거로 십자가에서 우리 죄를 대신해서 피 흘려 죽으시고, 죽은 자들 가운데서 부활하셨습니다.

이 예수님이 하나님의 아들, 예수님이 그리스도, 예수님이 우리 죄를 대신해서 십자가에서 피 흘려 죽으시고 부활하셨다는 복음으로 우리 인생 모든 문제가 처리되고 해답을 얻습니다. 이 복음은 모든 믿는 자에게 구원을 주시는 하나님의 능력이 됩니다. 이 하나님의 아들 예수 그리스도의 복음, 그리스도 십자가 대속의 피의 복음으로 깊이 뿌리내리기를 기원합니다.

예수님의 신성의 하나님 되심과 그리스도 십자가 대속의 피의 복음을 마음 중심에 믿고 영혼의 구원을 받은 그리스도인은 유대인과 이방

인의 구별이 없고, 모두 그리스도와 연합된 한 지체임을 믿습니다. 그러나 다수의 그리스도인들은 구약의 이스라엘 백성이 신약 시대 그리스도 교회로 포함되었다는 진리는 잘 알지 못합니다.

이것이 개혁주의 신학의 핵심 진리 중 하나인데, 이에 대한 이해가 없는 목회자나 신자들은 구약의 이스라엘과 그리스도 교회에 대한 관계를 몰라 세대주의자들의 주장에 현혹되기도 하고, 심지어 어떤 교회 목회자는 그리스도 교회라 하면서 구약의 율법을 지켜 토요일 안식일을 지키기도 합니다.

현재 한국 교회에서는 이스라엘과 교회의 관계에 대한 오해와 그로 말미암아 빚어진 혼란이 적지 않게 나타나고 있습니다. 소위 "백 투 예루살렘 운동"이라고 불리는 혈통적 이스라엘 회복 운동이 대표적입니다.

이 운동은 소위 세대주의적 성경 해석 및 종말론에 근거하며, 그 종말론이 가진 모든 문제와 부작용을 고스란히 떠 안고 있습니다.

신약성경 서신서에 나타난 종말적 성취는 혈통적 이스라엘이 아니라 그리스도 교회 공동체가 참이스라엘이자 그 성취인 것입니다. 신약의 그리스도 교회가 하나님의 구속 역사의 중심입니다. 다시 말하거니와 그리스도 안에서 이스라엘과 이방인의 구별이나 차별이 없습니다.

그러므로 사도 바울은 오늘 본문에서 그리스도 교회에서 유대인과 이방인의 관계와 위치에 대한 말씀을 합니다. 즉, 현재 다수의 유대인들이 예수 그리스도를 거부하고 그리스도 교회 밖에 있지만 그들이 확실히 그리스도 교회에 들어와야 한다는 이유를 말하는 것입니다.

본문 로마서 11장 16절을 보면 "제사하는 처음 익은 곡식 가루가 거룩한 즉 떡덩이도 그러하고 뿌리가 거룩한 즉 가지도 그러하니라"라고 하였습니다.

바울은 두 개의 작은 비유를 사용하는데, 하나는 이스라엘의 의식(儀式) 생활에서 나온 것이고, 다른 하나는 농업에서 나온 것입니다.

**첫째**, "처음 익은 곡식 가루가 거룩한 즉 떡덩이도 그러하고"라는 비유는 민수기 15장 17-21절의 거제 규례에서 온 것입니다. 이스라엘 백성들이 하나님께 드릴 떡을 만들 때 떡 가루 중에서 처음 한 뭉치를 취하여 하나님께 거제로 드립니다. 그러면 남은 떡 가루 전체가 거룩해집니다.

여기서 "거룩하다"라는 말은 도덕적 성격을 말하는 것이 아니라, 하나님을 위해 구별된다는 의미입니다. 우리 그리스도인들도 거룩한 백성이 되었는데, 우리 자신이 하나님께 바쳐진 존재인 것을 말합니다. 우리는 스스로 거룩해질 수 없고, 거룩한 분 예수 그리스도와 연합될 때 비로소 거룩한 존재가 됩니다.

**둘째**, 그러면 오늘 본문에서 말한 비유인 "처음 익은 곡식 가루"는 무엇을 가리킵니까?

그것은 이스라엘 조상들, 즉 아브라함과 이삭과 야곱을 말합니다. 이 족장들이 하나님께 구별되어 거룩했으니, 그 남은 그의 자손들도 거룩하다는 것입니다. 또 본문은 "뿌리가 거룩한 즉 가지도 그러하니라"라고 하였습니다. 이 말도 위의 뜻과 같은 취지의 비유입니다. 뿌리는 이스라엘의 족장들, 가지는 그의 자손들입니다.

이러한 두 가지 비유로서 이스라엘의 족장들이 거룩했으니, 곧 하나님께 구별되었으니, 그의 자손들이 비록 함께 구별되신 자 예수 그리스도를 지금 거부한다고 하여도, 그들이 전체적으로 예수 그리스도를 믿고 교회에 들어올 날이 이를 것이라는 것입니다.

우리는 바울이 로마서 11장 전체에 걸쳐서 "민족"으로서의 유대인들에게 관심을 가지고, 그들이 전체적으로 그리스도 교회에 들어올 날이 이를 것이라는 사실을 논증하고 있다고 봅니다.

이스라엘의 예수 그리스도 거부는 결정적인 것이 아니며(11:1-10), 이스라엘이 구원받을 가능성이 있음을 오늘 본문은 두 개의 비유로 말하고 있습니다. 그리고 우리는 11장 후반부에 가서 이방인의 수가 찰 때에 이스라엘 역시 회복되어 모두 예수 그리스도를 믿고 구원을 받을 것이라는(롬 11:25-32) 결론을 볼 것입니다.

그리스도 교회는 인류 역사의 중심입니다. 세상과 인류 역사 전체는 그리스도 교회의 완성을 위해 전진하고 있습니다. 세상은 교회를 위해 존재하고, 그리스도 교회의 유익을 위하여 통치되고 있습니다. 예수 그리스도와 그리스도 교회에 충성하기 바랍니다.

오직 그리스도, 오직 믿음, 오직 예수 보혈 신앙으로 먼저 그리스도의 나라와 그의 의를 구하여 살고, 성령의 권능을 받아 하나님 사랑과 이웃 사랑의 전도자로 살기 바랍니다.

살아계신 아버지 하나님!

하나님의 은혜를 감사합니다.

우리는 구약 이스라엘 백성이 신약의 그리스도 교회로 대체되었음을 믿습니다. 우리는 유대인이나 헬라인이나 종이나 자유인이나 남자나 여자나 다 그리스도 예수 안에서 하나임을 믿습니다. 우리 주위에 구약의 혈통적 이스라엘의 구원을 믿고 신약의 그리스도 교회와 구별하는 세대주의는 개혁주의 입장에서 이단적 가르침입니다.

그리스도 교회는 인류 역사의 중심이며 인류 역사는 앞으로 성취될 새 예루살렘 교회를 향하여 전진하고 있다고 믿습니다. 세상은 그리스도 교회를 위해 존재하고, 그 세상은 그리스도 교회의 유익을 위해 하나님께서 섭리적으로 통치하고 계신다고 믿습니다.

그러므로 우리는 먼저 그리스도의 나라와 그의 의를 위하여 살고, 예수 그리스도와 그리스도 교회에 충성하며 사는 자들이 되도록 믿음을 주옵소서. 오늘도 우리로 건강하게 하시고 건전하게 하여 예수 그리스도의 능력 있는 증인으로 살게 하여 주옵소서.

예수님의 이름으로 기도하옵나이다. 아멘.

## 롬 11: 17-24

- 감람나무의 접붙임 비유.
  유대인과 이방인의 관계.
- 그리스도 교회와 이스라엘의 관계.
  문자적 이스라엘은 그리스도 교회로 포함되었다.
  이스라엘도 그리스도 교회에 들어옴으로 구원받는다.
  그러나 민족적 이스라엘의 회심이 있다.
  한편, 이방인은 교만하지 말라.

**17** 또한 가지 얼마가 꺾이었는데 돌감람나무인 네가 그들 중에 접붙임이 되어 참감람나무 뿌리의 진액을 함께 받는 자가 되었은즉 **18** 그 가지들을 향하여 자랑하지 말라 자랑할지라도 네가 뿌리를 보전하는 것이 아니요 뿌리가 너를 보전하는 것이니라 **19** 그러면 네 말이 가지들이 꺾인 것은 나로 접붙임을 받게 하려 함이라 하리니 **20** 옳도다 그들은 믿지 아니하므로 꺾이고 너는 믿으므로 섰느니라 높은 마음을 품지 말고 도리어 두려워하라 **21** 하나님이 원 가지들도 아끼지 아니하셨은즉 너도 아끼지 아니하시리라 **22** 그러므로 하나님의 인자하심과 준엄하심을 보라 넘어지는 자들에게는 준엄하심이 있으니 너희가 만일 하나님의 인자하심에 머물러 있으면 그 인자가 너희에게 있으리라 그렇지 않으면 너도 찍히는 바 되리라 **23** 그들도 믿지 아니하는 데 머무르지 아니하면 접붙임을 받으리니 이는 그들을 접붙이실 능력이 하나님께 있음이라 **24** 네가 원 돌감람나무에서 찍힘을 받고 본성을 거슬러 좋은 감

람나무에 접붙임을 받았으니 원 가지인 이 사람들이야 얼마나 더 자기 감람나무에 접붙이심을 받으랴

예수님은 그리스도시요 살아계신 하나님의 아들입니다. 예수님이 하나님의 아들 그리스도라는 증거로 십자가에서 우리 죄를 대신해서 피 흘려 죽으시고, 죽은 자들 가운데서 부활하셨습니다.

이 예수님이 하나님의 아들, 예수님이 그리스도, 예수님이 우리 죄를 대신해서 십자가에서 피 흘려 죽으시고 부활하셨다는 복음으로 우리 인생 모든 문제가 처리되고 해답을 얻습니다. 이 복음은 모든 믿는 자에게 구원을 주시는 하나님의 능력이 됩니다. 이 하나님의 아들 예수 그리스도의 복음, 그리스도 십자가 대속의 피의 복음으로 깊이 뿌리내리기를 기원합니다.

예수님의 신성의 하나님 되심과 그리스도 십자가 대속의 피의 복음을 마음 중심에 믿고 영혼의 구원을 받은 그리스도인은 그리스도 교회의 일원이 됩니다. 예수님을 머리로 하는 예수 그리스도의 몸 된 교회에 들어오지 않는 자는 구원이 없습니다.

그러므로 예수님이 그리스도로 이 세상에 오시기 전에, 곧 하나님의 아들이 육체로 이 세상에 오시기 전 하나님의 백성이었던 이스라엘도, 이제는 예수님을 하나님의 아들 그리스도로 믿고 그리스도 교회에 들어와야 구원받는 하나님의 백성이 됩니다.

그래서 개혁주의 신학의 입장에서는 문자적 이스라엘은 교회나 영적 이스라엘에 의하여 사실상 교회에 포함되었다고 믿습니다. 문자적 이스라엘과 관련하여 성취될 것이 더 이상 남아 있지 않으며, 그 결과

로서 유대인들이 하나님의 활동 속에서 탁월한 자리로 회복될 천년 왕국의 필요성도 존재하지 않습니다.

그러나 이와는 달리 "세대주의자들"은 이스라엘과 교회를 하나님께서 다른 방식으로 다루시는 두 가지의 영원히 분리된 실체들로 생각하고 있습니다. 이런 견해는 우리가 절대 받아들일 수 없습니다. 이는 비성경적 견해입니다.

우리는 앞서 언급한 대로 그리스도 교회, 곧 영적 이스라엘이 문자적 이스라엘을 대체하였다는 사실을 확인합니다. 성경은 오늘 본문의 로마서와 갈라디아서에서 이 점을 강조합니다.

우리는 이미 로마서 2장에서 "표면적 유대인이 유대인이 아니며"(28절) "이면적 유대인이 유대인이며"라는 말씀을 상고한 바 있습니다. 그러므로 혈통적 이스라엘이 아니라 예수 그리스도를 믿고 그리스도 교회 안에 들어온 교회 공동체가 참이스라엘이자 그 성취인 것입니다.

이제 그리스도 안에서 이스라엘과 이방인의 구별이나 차별이 전혀 없게 되었습니다. 그렇다고 유대인들을 대체한 그리스도 교회의 이방인 그리스도인들은 주제 넘게 굴어서는 안 됩니다.

우리는 오늘 본문 감람나무의 접붙임의 비유에서 이 사실을 다시 확인하고자 합니다. 이 감람나무 비유에는 "꺾여짐"과 "접붙임"이라는 두 주제가 들어 있습니다. 이것은 유대인의 불신으로 접붙임 받아 구원받는 이방인의 교만에 대한 경고와 이스라엘의 민족적 회복에 대한 것입니다.

**첫째**, 이방인 신자들에 대한 경고로서 주제넘지 말라는 것입니다. 본문 로마서 11장 17-22절의 내용입니다. 우리는 이에 대해 먼저 개연적인 내용만 알아보고 후에 각 구절 별로 상세히 검토하고자 합니다.

먼저 17, 18절을 보면 "또한 가지 얼마가 꺾이었는데 돌감람나무인 네가 그들 중에 접붙임이 되어 참감람나무 뿌리의 진액을 함께 받는 자가 되었은즉 그 가지들을 향하여 자랑하지 말라 자랑할지라도 네가 뿌리를 보전하는 것이 아니요 뿌리가 너를 보전하는 것이니라"라고 하였습니다.

감람나무는 포도나무와 마찬가지로 이스라엘에 대한 상징으로 인정되었습니다. 여기서 참감람나무는 하나님의 백성이고, 뿌리는 족장들이고, 가지는 수십 세기에 걸쳐 이어지는 연속성을 나타냅니다. 그런데 이제 "가지 얼마가 꺾였다"는 일시적으로 버림받은 믿음 없는 유대인들을 나타냅니다.

그리고 돌감람나무는 이방인 신자로서 유대인들 중에 접붙임이 되어 참감람나무 뿌리의 진액을 함께 받는 자가 되었습니다. 그러므로 구원받은 이방인은 유대인을 향하여 자랑해서는 안 된다고 하는 것입니다.

**둘째**, 이스라엘 불신자들에게 주는 약속으로 그들이 회복되리라는 것입니다. 본문 로마서 11장 23, 24절의 내용입니다.

23절을 보면 "그들도 믿지 아니하는 데 머무르지 아니하면 접붙임을 받으리니"라고 하였습니다. 이는 이스라엘의 회복을 말하는 것입니다. 종말에 이스라엘의 민족적 회심이 이루어질 것입니다.

이처럼 감람나무의 접붙임의 비유는 유대인들의 버림받음(가지가 꺾임), 이방인의 통합(돌감람나무 가지가 접붙여짐), 그리고 유대인들의 회복

(원가지가 다시 접붙여짐) 등이 포함되어 있습니다.

　요약하면, 그리스도 교회는 새 이스라엘입니다. 이것은 이스라엘이 옛 계약 속에서 차지하였던 자리를 새 계약 속에서 차지하고 있습니다. 구약성경에서는 하나님의 나라가 국가적인 이스라엘에 의하여 영유되었던 반면에, 신약성경에서는 그리스도 교회에 의하여 영유됩니다. 그러나 예수 그리스도를 믿고 회심을 통해 국가적 이스라엘이 그리스도께로 다가오며, 그리스도 교회로 들어오는 미래가 올 것입니다.

　우리 모두는 인류 역사의 완성점인 그리스도 교회의 충만을 바라보면서, 먼저 그리스도의 나라와 그의 의를 구하며 살고, 그리스도 교회의 맡은 사명에 충성하시기를 바랍니다.

살아계신 아버지 하나님!
하나님의 은혜를 감사합니다.
억만죄악의 우리를 참감람나무에 접붙임이 되도록 하여 구원을 얻게 하신 하나님의 은총을 감사하며 찬양합니다. 반면에 참감람나무의 가지인 유대인들은 꺾이어 하나님의 백성에서 떨어져 나가고 이방인이 그 자리를 차지했으니, 이방인 그리스도인들은 자만할 수 있으나, 오늘 이에 대한 엄숙한 경고로 교만하지 말 것을 경고받습니다.
모두 하나님의 은혜로 그리스도 교회의 일원이 되어 하나님의 백성이 되었은즉 하나님의 은혜를 찬양하고, 하나님의 아들 예수 그리스도만을 굳게 믿고 살아야 하리라고 믿습니다.

이제 새 시대에는 문자적이며, 혈통적인 이스라엘은 그리스도 교회로 대체되었음을 믿고, 우리 모두는 그리스도 교회를 존귀하게 여기고, 그리스도 교회에서 맡긴 사명에 충성 봉사해야 하리라고 믿습니다. 새 이스라엘인 그리스도 교회는 역사의 중심입니다.

어느 날 유대인들도 그리스도 교회에 들어와 민족적 구원을 받을 날이 올 것입니다. 그날을 향하여 역사는 전진하여 가고 있습니다. 역사의 주인이시요 주권자이신 예수 그리스도만을 굳게 믿고 의지합니다. 우리로 건강하게 하시고 건전한 정신으로 세상에 나아가 고결한 인격으로 살고, 하나님 사랑과 이웃 사랑의 전도자로 살아가게 해 주옵소서. 예수님의 이름으로 기도하옵나이다. 아멘.

## 343

## 롬 11: 17

- 꺾인 가지들 중에 접붙임이 된 이방인.
  접붙임의 내용에 대한 해석들.
- 이방인이 교회에 들어옴으로써 갖게 된 특권.
  그리스도의 충만함 받게 됨.
  그리스도로 충만하라.

17 또한 가지 얼마가 꺾이었는데 돌감람나무인 네가 그들 중에 접붙임이 되어 참감람나무 뿌리의 진액을 함께 받는 자가 되었은즉

예수님은 그리스도시요 살아계신 하나님의 아들입니다. 예수님이 하나님의 아들 그리스도라는 증거로 십자가에서 우리 죄를 대신해서 피 흘려 죽으시고, 죽은 자들 가운데서 부활하셨습니다.

이 예수님이 하나님의 아들, 예수님이 그리스도, 예수님이 우리 죄를 대신해서 십자가에서 피 흘려 죽으시고 부활하셨다는 복음으로 우리 인생 모든 문제가 처리되고 해답을 얻습니다. 이 복음은 모든 믿는 자에게 구원을 주시는 하나님의 능력이 됩니다. 이 하나님의 아들 예수 그리스도의 복음, 그리스도 십자가 대속의 피의 복음으로 깊이 뿌리내리기를 기원합니다.

예수님의 신성의 하나님 되심과 그리스도 십자가 대속의 피의 복음을 마음 중심에 믿고 영혼의 구원을 받은 그리스도인은 일생일대 최고

의 축복을 받은 자입니다. 저는 이 사실을 뼛속 깊이 체험하고 확신하는 자로서 나 같은 죄인을 하나님께서 구원하시다니 놀랍다는 경이감 속에 살고 있습니다.

모든 그리스도인은 영혼의 구원을 받은 자라면 반드시 그리스도 안에 있는 충만한 은혜의 축복을 바로 알고 믿고 확신하고, 더 나아가 이 그리스도의 충만함을 받아 누려야 합니다. 하나님을 전혀 모르고 산 우리 이방인들이 예수 그리스도를 믿고 그리스도 교회에 들어옴으로써 갖게 된 특권은 한마디로 그리스도와 연합된 자로 그리스도로 충만함을 받게 된다는 사실입니다. 오늘 우리는 이방인이 그리스도 교회에 들어옴으로써 갖게 된 특권에 관한 말씀을 듣고자 합니다.

본문 로마서 11장 17절을 보면 "또한 가지 얼마가 꺾이었는데 돌감람나무인 네가 그들 중에 접붙임이 되어 참감람나무 뿌리의 진액을 함께 받는 자가 되었은즉"이라고 합니다.

이방인들은 돌감람나무인데 그 가지가 참감람나무에 접붙임이 되었다고 합니다. 이것은 접붙임의 일반 원리와 반대되는 말입니다. 보통 참감람나무가지를 돌감람나무에 접붙이는 농부들의 방법 및 풍습과는 정반대입니다.

그래서 주석가들은 바울이 접목법을 모르는 무식한 사람이라는 주장부터 여러 가지 견해가 있습니다. 그러나 우리는 바울이 이를 알고서도 이런 감람나무를 예로 들어 하나님의 은혜와 더불어 이방인들에게는 아무것도 자랑할 것이 없음을 표현하였다고 봅니다. 사람들은 나무를 개량하려고 접붙이지만, 하나님은 가지를 개량하기 위해 접붙이십니다.

하나님의 교회는 감람나무로서, 푸른 감람나무처럼 잘 자라 열매를 맺는데, 그 열매는 하나님과 사람 모두를 영화롭게 하기에 유익합니다. 그런데 이 하나님의 교회에서 벗어나 있는 자들은 돌감람나무처럼 무익할 뿐만 아니라, 그것들이 생산하는 것은 시고 맛이 없는 것입니다.

돌감람나무는 불쌍한 이방인들의 상태로서, 그들은 교회의 특권을 결여하고 있었습니다. 그런데 이 돌감람나무가 참감람나무에 접붙임이 되는 것입니다. 참감람나무에 접붙임이 된 사람들은 그 나무의 뿌리와 진액에 참여합니다.

이것은 그대로 예수 그리스도와의 구원을 위한 연합에 적용시킬 수 있습니다. 살아 있는 믿음으로 그리스도에 접붙여진 사람들은 누구나 그 뿌리의 가지들로서 예수 그리스도에 참여합니다. 즉, 예수 그리스도의 충만함을 받게 됩니다.

오늘 본문에서는 참감람나무의 가지인 유대인이 잘라져 나가 그 자리에 이방인이 대신 접붙여집니다. 즉, 가시적 교회의 구성원에 관해 말하고 있습니다.

그리스도 교회에 접붙여진 이방인들은 유대인들이 가졌던 뿌리의 진액이라는 특권을 똑같이 향유합니다. 감람나무는 가시적 교회를 상징합니다. 이 나무의 뿌리는 아브라함으로서, 아브라함은 전달을 위한 뿌리가 아니었습니다.

마찬가지로 그리스도 역시 뿌리인데, 그것은 집행의 뿌리로서, 예수 그리스도야말로 하나님의 언약을 그토록 엄숙하게 집행하신 유일한 분이 되십니다. 그런데 이 예수 그리스도를 믿는 이방인들은 이 은혜의 뿌리에 참여하게 됩니다.

곧 예수 그리스도의 은혜의 뿌리에 참여합니다. 예수 그리스도의 충만함을 받게 된다는 말입니다. 우리 모두는 그리스도로 충만, 성령으로 충만, 은혜로 충만을 받아야 합니다. 이것은 우리의 공로나 노력이나 우리의 의에서 받은 것이 아니요, 전적으로 하나님의 은혜로 전혀 자랑할 것이 없습니다. 또한, 유대인들이 받을 은혜를 받았다고 유대인들을 멸시하거나 자랑해서도 안 됩니다.

오직 그리스도, 오직 믿음, 오직 은혜, 오직 예수 보혈, 오직 하나님의 영광을 위하여 살고 예수 그리스도를 자랑하며 살아야겠습니다. 즉시 그리스도로 충만, 믿음과 성령으로 충만, 은혜로 충만 받도록 기도해야겠습니다. 성령 안에서 의와 평강과 희락의 하나님 나라를 날마다 자신의 심령 속에서 이루며 살아가기를 간절히 기원합니다.

살아계신 아버지 하나님!

하나님의 은혜를 감사합니다.

하나님의 은혜 밖의 돌감람나무인 우리가 참감람나무에 접붙임이 되어 그 뿌리의 진액을 함께 받고 살게 하시니 무한 감사합니다. 오늘의 참감람나무는 그리스도 교회를 상징한다고 믿습니다. 우리로 예수님을 하나님의 아들 그리스도로 믿도록 하여 참감람나무의 뿌리의 진액을 받게 하시니 감사하옵나이다.

예수 그리스도께서는 우리를 위한 은혜의 뿌리이신즉 우리가 예수 그리스도를 굳게 믿어 그리스도로 충만함을 받기를 기도합니다. 그리스도의 영으로 충만케 해 주셔서, 그리스도의 영이신 성령 안에서 의와 평강과 희락의 심령 천국을 이루며 살게 하시고, 하나님의 능력을 날마다 공급받아 하나님 나라 백성답게 세상에서 살아가게 해 주옵소서. 무엇보다 코로나19 위기 속에서도 건강하게 지켜 주셔서 하나님 사랑과 이웃 사랑의 전도자로 살아가게 해 주옵소서.

예수님의 이름으로 기도하옵나이다. 아멘.

## 롬 11: 18

- "그 가지들을 향하여 자랑하지 말라"
  이방인 그리스도인들은 유대인들보다 낫다고 자랑하지 말라.
- 자신의 믿음 자랑하지 말라.
  오직 예수 그리스도만을 자랑하라.

<sup>18</sup> 그 가지들을 향하여 자랑하지 말라 자랑할지라도 네가 뿌리를 보전하는 것이 아니요 뿌리가 너를 보전하는 것이니라

예수님은 그리스도시요 살아계신 하나님의 아들입니다. 예수님이 하나님의 아들 그리스도라는 증거로 십자가에서 우리 죄를 대신해서 피 흘려 죽으시고, 죽은 자들 가운데서 부활하셨습니다.

이 예수님이 하나님의 아들, 예수님이 그리스도, 예수님이 우리 죄를 대신해서 십자가에서 피 흘려 죽으시고 부활하셨다는 복음으로 우리 인생 모든 문제가 처리되고 해답을 얻습니다. 이 복음은 모든 믿는 자에게 구원을 주시는 하나님의 능력이 됩니다. 이 하나님의 아들 예수 그리스도의 복음, 그리스도 십자가 대속의 피의 복음으로 깊이 뿌리내리기를 기원합니다.

예수님의 신성의 하나님 되심과 그리스도 십자가 대속의 피의 복음을 마음 중심에 믿고 영혼의 구원을 받은 그리스도인은 자신의 억만죄인 됨을 알기에, 자신의 구원이 전적으로 하나님의 은혜로 된 것임을 믿습니다. 우리가 예수님을 하나님의 아들로 믿는 믿음은 하나님의 선물인 것입니다.

그러므로 예수님을 하나님의 아들 그리스도로 믿는 그리스도인은 자신의 믿음을 자랑할 수 없습니다. 믿음은 구원 얻는 통로이지 구원의 근거가 아닙니다. 오직 예수 그리스도와 그의 십자가만이 구원의 근거인 것이므로, 자랑하는 자는 주 안에서 자랑해야 할 것입니다. 우리는 우리 주 예수 그리스도의 십자가 외에 결코 자랑할 것이 없습니다.

이런 원리가 불신 유대인을 향하여 자긍심을 갖는 이방인 그리스도인들에게도 적용됩니다.

본문 로마서 11장 18절을 보면 "그 가지들을 향하여 자랑하지 말라 자랑할지라도 네가 뿌리를 보전하는 것이 아니요 뿌리가 너를 보전하는 것이니라"라고 합니다.

먼저 "그 가지들을 향하여 자랑하지 말라"라고 합니다. 여기서 "그 가지들"이란 불신의 유대인들입니다. 사도 바울은 유대인들을 버림받는 백성으로 무시말고, 갈라져 나간 가지라고 모욕하지 말라고 합니다.

이방인 그리스도인들은 자신들이 유대인들보다 더 낫다고 생각했습니다. 그들은 이렇게 말합니다.

"교회에 있는 대다수의 사람들이 우리들이므로 우리가 유대인들보다 낫고 교회가 우리의 것이라는 사실은 명백하다."

그러나 바울은 18절 후단에서 그에 대하여 대답합니다.

"네가 뿌리를 보전하는 것이 아니요 뿌리가 너를 보전하는 것이니라."

바울은 여기서 이방인 그리스도인들이 단지 나무의 가지일 뿐 뿌리는 아니라는 사실을 분명하게 말합니다. 따라서 그들이 자랑하는 것은 너무나도 잘못된 일이라는 것입니다. 다른 말로 해서 그들이 나무가 아니라 단지 외부로부터 그 나무에 접붙임이 되었을 뿐이며, 그들이 그렇게 된 것은 감람나무의 뿌리의 진액을 받을 수 있었기 때문이라는 사실을 상기시키는 것입니다.

사람들이 그리스도인이 되며, 그리스도 안에 있게 되고, 교회 안에 있게 되고, 그리스도 안에 있는 이 생명을 얻게 되는 이유가 바로 이 때문입니다. 은혜는 주어지는 것으로, 우리를 교만하게 만드는 것이 아니라 감사하게 만드는 것입니다.

예수님을 하나님의 아들로 믿는 믿음은 하나님의 선물이며, 우리 자신이나 타인들에 대해 행하는 모든 자랑을 배제합니다. 다시 말하거니와 "네가 뿌리를 보전하는 것이 아니요 뿌리가 너를 보전하는 것이니라"라는 말씀을 기억해야 합니다.

이방인 그리스도인이 접붙임을 받았지만 아직 뿌리에 의해 지탱되는 가지에 불과합니다. 이방인은 본성을 거슬러 좋은 감람나무에 접붙임을 받은 가지로서, 스스로 국적을 얻는 것이 아니라 은혜의 행위로 말미암아 이민을 가서 귀화한 자에 불과합니다.

유대인 교회의 뿌리인 아브라함이 이방인들에게 신세를 지고 있는 것이 아니라 이방인들이 열국의 아비요, 믿음의 조상인 아브라함에게 크게 힘입고 있는 것입니다. 그러므로 우리 그리스도인들은 유대인들보다 더 낫다고 자랑하지 말 것입니다.

참되게 십자가 대속의 피의 복음을 마음 중심에 믿고 중생한 그리스도인은 억만죄악을 사해 주신 하나님과 그의 아들 예수 그리스도의 십자가 외에 자랑할 것이 없습니다.

오직 그리스도, 오직 믿음, 오직 은혜, 오직 예수 보혈을 믿는 신앙으로 살고, 오직 주만 자랑하고, 성령의 권능을 받아 하나님 사랑과 이웃 사랑의 전도자로 사시길 바랍니다.

살아계신 아버지 하나님!
하나님의 은혜를 감사합니다.
억만죄악의 저희들을 사랑하셔서 십자가에 못 박히신 예수 그리스도를 믿게 하여 죄 사함 받게 하시고, 구원을 베풀어 주심을 감사합니다. 그러므로 우리는 우리의 믿음을 자랑할 수 없음을 알고 있습니다. 믿음은 구원을 얻은 통로일 뿐이요, 구원의 근거는 오직 예수 그리스도와 그의 십자가 뿐임을 굳게 믿습니다. 마찬가지로 이방인 그리스도인인 우리가 꺾여져 나간 가지들 중에 접붙임이 되어 참감람나무의 진액을 함께 받는 자 되었은즉 우리는 꺾여져 나간 유대인들을 향하여 자랑할 수 없음을 다시 확인합니다.
우리 이방인들이 접붙임을 받았지만 아직 뿌리에 의해 지탱되는 가지에 불과함을 깨달아 유대인 교회의 뿌리인 아브라함에게 힘입고 있음을 확신하게 하여 주옵소서. 그리고 유대인들보다 더 낫다고 자랑하지 말게 해 주시고, 오직 예수 그리스도만 자랑하게 하여 주옵소서.
예수님의 이름으로 기도하옵나이다. 아멘.

## 345

## 롬 11: 19-20

- "네 말이 가지들이 꺾인 것은 나로 접붙임을 받게 하려 함이라"
  이것은 이방인 그리스도인들의 우월성을 나타낸 것인가?
  아니다.
- 이방인 그리스도인들은 교만하지 말라.
  오직 예수 그리스도를 믿는 믿음뿐이다.

[19] 그러면 네 말이 가지들이 꺾인 것은 나로 접붙임을 받게 하려 함이라 하리니 [20] 옳도다 그들은 믿지 아니하므로 꺾이고 너는 믿으므로 섰느니라 높은 마음을 품지 말고 도리어 두려워하라

예수님은 그리스도시요 살아계신 하나님의 아들입니다. 예수님이 하나님의 아들 그리스도라는 증거로 십자가에서 우리 죄를 대신해서 피 흘려 죽으시고, 죽은 자들 가운데서 부활하셨습니다.

이 예수님이 하나님의 아들, 예수님이 그리스도, 예수님이 우리 죄를 대신해서 십자가에서 피 흘려 죽으시고 부활하셨다는 복음으로 우리 인생 모든 문제가 처리되고 해답을 얻습니다. 이 복음은 모든 믿는 자에게 구원을 주시는 하나님의 능력이 됩니다. 이 하나님의 아들 예수 그리스도의 복음, 그리스도 십자가 대속의 피의 복음으로 깊이 뿌리내리기를 기원합니다.

예수님의 신성의 하나님 되심과 그리스도 십자가 대속의 피의 복음을 마음 중심에 믿고 영혼의 구원을 받은 그리스도인은 자신의 구원이 전적으로 하나님의 은혜임을 믿고 결코 믿음에 대해 자랑하지 않습니다. 이렇게 전적으로 하나님의 은혜로 구원을 받지 않고 어떤 특정 은사를 선물로 받아 그리스도인이라 자칭하고 또 그 은사 발휘를 자신의 능력으로 생각하고 사역하는 자들이나 혹은 그런 부흥사들이 있습니다.

　　그들은 자신들의 신앙과 은사를 자랑하고 과시합니다. 그러나 이런 자랑은 어리석은 것입니다. 신앙이 하나님의 선물일진대, 아무도 하나님 앞에서 자랑할 수 없는 것입니다.

　　우리는 이런 관점에서 또 다시 이방인 그리스도인들이 유대인들 보고 우월성을 주장하는 데 대한 사도 바울의 경고를 듣겠습니다.

　　먼저 본문 로마서 11장 19절을 보면 "그러면 네 말이 가지들이 꺾인 것은 나로 접붙임을 받게 하려 함이라 하리니"라고 합니다.

　　이방인들은 그들이 접붙임을 받게 하기 위하여 본래 유대인 가지들이 꺾였다는 사실을 지적하면서 이 사실은 분명하게 이방인들의 우월성을 나타낸다고 주장한 것입니다. 이에 대한 바울의 대답은 원가지들이 찍혀 버림을 당하고 대치되었다는 사실 때문에 그들에게 우선권과 특별한 존엄성이 있다는 것은 안 된다는 것이었습니다.

　　바울은 이 문제가 매우 심각하다고 생각하고 철저하고 확고하게 다뤘습니다. 이방인들이 그런 생각을 하는 것은 그들이 구원이라는 문제를 철저하게 이해하지 못했다는 사실을 드러내는 것이었습니다.

그리하여 본문 20절을 보면 "옳도다 그들은 믿지 아니하므로 꺾이고 너는 믿으므로 섰느니라"라고 하였습니다.

바울의 이 말은 이런 의미입니다(로이드 존스, 『로마서 강해 11』).

> 물론 나는 한 민족으로서, 그리고 한 백성으로서 유대인들이 더 이상 감람나무에 속해 있지 않다는 사실을 인정합니다. 그들은 그리스도 교회에 있지 않고 밖에 있습니다.

이것은 바울이 로마서 9장을 시작하면서부터 계속해서 말하고 있는 사실입니다. 그러나 바울은 본래부터 이방인들이 유대인들보다 우월하기 때문에 유대인들은 꺾였고, 이방인들은 접붙임이 되었다는 생각은 완전히 오해한 것이라고 합니다.

다시 말하면 구원은 결코 국적이나 공로의 문제가 아닙니다. 우리가 우월하기 때문에 그리스도 교회에 들어와 있다고 말한다면, 우리는 국적에 의지하는 것이고 이방인들이 유대인들보다 낫다고 말하는 것입니다.

바울은 바로 그것이 유대인들의 착각이라고 말하였습니다. 유대인들은 자신들이 유대인이라는 사실만으로 하나님의 백성이고, 모든 사람들보다 우월하며, 단지 자신들만이 구원받을 것이라고 생각했습니다. 그런데 똑같이 우리가 그리스도인인지 아닌지를 결정하는 요인이 국적이라고 생각한다면 우리는 유대인의 실수를 반복하고 있는 것입니다.

이것은 구원에 대한 기독교의 가르침 전부를 부정하는 것입니다. 그 이유는 본문에서 "그들은 믿지 아니하므로 꺾이고 너는 믿음으로 섰느니라"라고 한 것입니다. 이렇게 구원을 결정짓고 지배하는 것은 단 하나이니 바로 믿음입니다.

유대인들은 그들의 불신으로 쫓겨났습니다.

우리 이방인들이 어떻게 교회 안에 있습니까?

우리가 훌륭하기 때문이 아니라 예수님을 하나님의 아들로 믿었기 때문입니다. 그 외에는 아무런 다른 이유가 없습니다.

오직 "너는 믿음으로 섰느니라"라는 진리뿐입니다. 예수님을 주와 그리스도로 믿는 믿음을 통해 하나님 앞에 서는 것입니다. 오직 예수님을 하나님의 아들 그리스도로 믿는 믿음 때문에 하나님 앞에 서는 것이니, 우리 자신의 어떤 공로나 자격이나 우월성을 자랑할 것이 없습니다.

오직 그리스도, 오직 믿음, 오직 은혜, 오직 예수 보혈 신앙으로 하나님 앞에 나가서고, 때를 따라 돕는 은혜를 얻을 것입니다. 무엇보다 성령 충만 받아 하나님 사랑과 이웃 사랑의 전도자로 사시길 바랍니다.

살아계신 아버지 하나님!
하나님의 은혜를 감사합니다.
우리가 아직 죄인 되었을 때에 그리스도께서 우리를 위하여 죽으심으로 하나님께서 우리에 대한 자기의 사랑을 확증하신 사실에 만강의 감사를 올려드립니다.

우리는 우리의 구원에 아무런 자격이나 공로도 없는 죄인이며, 오직 하나님의 선물로서 주신 예수 그리스도를 믿는 믿음으로 하나님의 자녀가 되고, 그리스도 교회에 들어오게 된 것을 우리가 굳게 믿습니다. 그러므로 우리 이방인들은 불신 유대인들에 대해 우월성을 갖고 자랑할 것이 아니며, 우리는 그 어떤 것도 불신자를 대할 때 우월성을 가져서는 안 되리라고 믿습니다.

오직 우리는 예수님을 하나님의 아들, 예수님을 십자가에 못 박히신 그리스도로 믿는 믿음으로 그리스도 교회에 들어와 하나님의 백성이 된 사실을 믿고, 오직 예수 그리스도만을 자랑하고 증거하며 사는 자들이 되기를 기도합니다. 오늘도 이를 위해 살도록 우리로 건강하게 하시고 건전하게 하여 주옵소서.

예수님의 이름으로 기도하옵나이다. 아멘.

## 롬 11: 20-21

- "높은 마음을 품지 말고 도리어 두려워하라"
  거룩한 두려움을 갖고 살라.
- 모든 인간은 원죄로 인해 교만하다.
  오직 예수 그리스도를 믿는 믿음만이 교만의 해결책.
  그리스도인의 삶은 믿음에서 믿음으로 믿음이 전부다.

[20] 옳도다 그들은 믿지 아니하므로 꺾이고 너는 믿으므로 섰느니라 높은 마음을 품지 말고 도리어 두려워하라 [21] 하나님이 원 가지들도 아끼지 아니하셨은즉 너도 아끼지 아니하시리라

예수님은 그리스도시요 살아계신 하나님의 아들입니다. 예수님이 하나님의 아들 그리스도라는 증거로 십자가에서 우리 죄를 대신해서 피 흘려 죽으시고, 죽은 자들 가운데서 부활하셨습니다.

이 예수님이 하나님의 아들, 예수님이 그리스도, 예수님이 우리 죄를 대신해서 십자가에서 피 흘려 죽으시고 부활하셨다는 복음으로 우리 인생 모든 문제가 처리되고 해답을 얻습니다. 이 복음은 모든 믿는 자에게 구원을 주시는 하나님의 능력이 됩니다. 이 하나님의 아들 예수 그리스도의 복음, 그리스도 십자가 대속의 피의 복음으로 깊이 뿌리내리기를 기원합니다.

예수님의 신성의 하나님 되심과 그리스도 십자가 대속의 피의 복음을 마음 중심에 믿고 참된 구원을 체험한 그리스도인은 자신의 억만죄악을 깨닫는 자가 됨을 우리가 잘 알고 있습니다. 그리고 그 억만죄악의 중심에 "교만"이라는 악한 원죄(原罪)가 자리를 잡고 있습니다.

이 원죄의 교만은 우리가 십자가 대속의 피의 복음을 받고 그리스도와 함께 십자가에 못 박힌 자가 되었어도 여전히 우리 인격 속에 내재하고 있습니다. 그래서 하나님의 아들 예수 그리스도를 믿는 믿음 안에서 살지 않으면 이 교만을 꺾을 수가 없습니다.

이 교만은 우리 인간의 모든 악과 모든 문제들의 근원입니다. 우리 자신의 실패들을 돌아볼 때, 대부분이 우리의 교만 때문에 일어난 것들입니다. 오직 그리스도를 믿는 믿음으로 자신을 낮추고 하나님의 영광만을 위하여 살지 않는 가운데 생겨난 것입니다.

그리스도인이 되면 모든 문제가 해결되고 끝난 것이 아닙니다. 그리스도인의 삶은 항상 높은 마음을 품지 말고 도리어 두려워함으로 사는 것입니다. 그리고 그런 삶의 방법이 예수 그리스도를 믿음으로 시작해서 믿음으로 계속하며, 믿음으로 끝나는 것입니다. 거룩한 두려움을 유지하는 길은 오직 믿음입니다.

오늘 우리는 이런 교만에 대한 경고의 말씀을 듣게 되었습니다. 하나님께 감사합니다. 우리는 이런 경고의 말씀을 날마다 들어야 합니다.

오늘 본문 로마서 11장 20절을 보면 "옳도다 그들은 믿지 아니하므로 꺾이고 너는 믿으므로 섰느니라 높은 마음을 품지 말고 도리어 두려워하라"라고 합니다.

사도 바울은 대부분의 이방인 그리스도인들에게 "높은 마음을 품지 말고 도리어 두려워하라"라고 말합니다.

앞서 말한 대로 그리스도인을 포함하여 모든 인간은 원죄라는 교만을 갖고 살기에 언제든지 자신의 힘과 지위 및 은사를 신뢰하며 살게 되어 있습니다. 그래서 사도 바울은 "도리어 두려워하라"라고 말하는 것입니다.

거룩한 두려움은 높은 마음을 저지시키는 최고의 보장책입니다. 이처럼 항상 두려워하는 자가 복이 있습니다. 모든 그리스도인은 항상 복종하여 두렵고 떨림으로 우리의 구원을 이루어야 합니다(빌 2:12). 그러므로 그리스도인의 삶은 믿음에서 믿음으로이며 믿음으로 날마다 구원을 이루며 살아야 합니다.

우리가 가지고 사는 교만은 적극적으로는 국가적 자만으로 시작하여 가문의 자만, 학식의 자만, 각종 은사의 자만, 능력의 자만, 건강과 미와 부와 명예의 자만 등 수없이 우리 안에 도사리고 있습니다. 심지어 그리스도 교회의 자만도 있으니 수적 자만, 건물의 자만, 웅대한 교회 음악이나 시설의 자만, 지역적 자만 등 수없이 많이 있습니다.

또한, 우리가 갖고 있는 교만은 소극적으로 나타납니다. 다른 사람을 멸시하는 것부터 시작하여 무관심, 편견 등이 우리 인격 속에 뿌리박고 있습니다.

이런 사실을 너무도 잘 알고 있는 사도 바울은 로마 교회에게 "높은 마음을 품지 말고 도리어 두려워하라"라고 하는 것입니다. 그리고 곧 이어 21절에서 "하나님이 원 가지들도 아끼지 아니하셨은즉 너도 아끼지 아니하시리라"라고 경고하였습니다.

로마에 있는 교회는 자기들이 영원히 보존될 것을 자랑하지만 이런 경고를 들어야 했습니다. 유대인들이 그랬던 것처럼 그들의 권리를 빼앗기지 않도록 또 그들이 자기들의 특권을 잃어버린 것처럼 권리를 빼앗기지 않도록 로마 교회도 두려워하라는 것입니다.

그들이 어떻게 해서 가지가 꺾였습니까?

그들이 예수 그리스도를 믿지 않으므로 일어났습니다. 그러므로 믿음으로 오랫동안 서 있었던 교회도 불신앙의 상태에 빠지면 얼마든지 꺾일 가능성이 있습니다. 그래서 한국 교회와 세계 교회를 향하여 날마다 그리스도 십자가 대속의 피의 복음을 선포하고 있는 것입니다.

그리스도인의 생활의 시작이나 과정에서 예수 그리스도를 믿는 신앙이 전부입니다. 믿음에서 믿음으로입니다. 기도로 시작해서 기도로 끝내야 합니다. 우리 모두는 십자가 대속의 피의 복음에 참된 뿌리를 갖고, 오직 그리스도, 오직 믿음, 오직 예수 보혈 신앙으로 인생 모든 문제의 답을 얻고 사는 자들이 되어야겠습니다. 쉬지 말고 기도하시기 바랍니다.

살아계신 아버지 하나님!

하나님의 은혜를 감사합니다.

오늘 우리가 "높은 마음을 품지 말고 도리어 두려워하라"라는 말씀을 듣게 하시니 감사합니다. 십자가 대속의 피의 복음을 받은 우리도 여전히 죄가 잔존해 있으므로, 이 교만의 죄에 절대 자유로울 수 없음을 알고 있습니다. 이 교만이 우리 인생에 있어서 모든 고통의 근원임을 믿습니다.

우리 모두는 이 사실을 바로 깨달아 하나님을 두려워하는 마음으로 이 교만의 죄악들을 이기게 하여 주옵소서. 이런 은혜는 오직 십자가에 못 박히신 그리스도를 믿는 믿음으로 얻는 줄 아오니, 믿음으로 충만, 성령으로 충만케 하여 주옵소서.

모든 그리스도 교회는 자만하지 말고 날마다 십자가 대속의 피의 복음을 선포하여 그리스도 교회도 보존되고, 교회 소속 모든 그리스도인이 그리스도 십자가 피의 복음을 통해 겸손을 옷 입고 매사에 구원을 얻으며 살아가게 해 주옵소서.

예수님의 이름으로 기도하옵나이다. 아멘.

## 롬 11: 22

- "하나님의 인자하심과 준엄하심을 보라"
  하나님은 인자하심과 준엄하심의 양면성을 가지심.
- 이것이 갈보리 그리스도 십자가 대속의 죽음에서 나타났다.
  예수 그리스도와 그리스도 십자가를 믿음은 하나님의 인자하심에 거함.
  예수 그리스도와 그리스도 십자가를 믿지 않으면 하나님의 준엄하심이 있다.
  십자가에 못 박히신 그리스도를 믿어 두렵고 떨림으로 너희 구원을 이루라.

²² 그러므로 하나님의 인자하심과 준엄하심을 보라 넘어지는 자들에게는 준엄하심이 있으니 너희가 만일 하나님의 인자하심에 머물러 있으면 그 인자가 너희에게 있으리라 그렇지 않으면 너도 찍히는 바 되리라

예수님은 그리스도시요 살아계신 하나님의 아들입니다. 예수님이 하나님의 아들 그리스도라는 증거로 십자가에서 우리 죄를 대신해서 피 흘려 죽으시고, 죽은 자들 가운데서 부활하셨습니다.

이 예수님이 하나님의 아들, 예수님이 그리스도, 예수님이 우리 죄를 대신해서 십자가에서 피 흘려 죽으시고 부활하셨다는 복음으로 우리 인생 모든 문제가 처리되고 해답을 얻습니다. 이 복음은 모든 믿는 자에게 구원을 주시는 하나님의 능력이 됩니다. 이 하나님의 아들 예수 그리스도의 복음, 그리스도 십자가 대속의 피의 복음으로 깊이 뿌리내리기를 기원합니다.

예수님의 신성의 하나님 되심과 십자가 십자가 대속의 피의 복음을 마음 중심에 믿고 구원을 받고자 한다면, 필연적으로 인간의 억만죄악에 대한 하나님의 진노와 준엄하심을 먼저 인식함이 필요합니다. 갈보리 십자가의 복음은 하나님의 공의와 사랑의 입맞춤이신 것입니다. 인간의 죄에 대한 하나님의 진노와 준엄하심이 없었다면 예수 그리스도의 십자가 대속의 죽음은 결코 있을 수 없는 것입니다.

그러므로 우리가 하나님의 사랑의 차원에서만 그리스도 십자가 대속의 피 흘리심을 믿는다면, 자신의 억만죄악에 대한 하나님의 진노와 준엄하심 앞에 넘어지는 자들이 될 수도 있을 것입니다. 모든 그리스도인은 하나님의 인자하심과 준엄하심을 동시에 보아야 합니다. 이것이 하나님을 바로 아는 지식의 길입니다.

그리고 하나님의 인자하심과 준엄하심이 함께 나타는 것을 우리에게 보여 주는 하나님의 최고 계시는 신성을 가지신 하나님의 아들 예수 그리스도의 십자가 대속의 죽음입니다.

예수님이 신성을 가지신 하나님의 아들이시요, 하나님과 일체 되시는 하나님의 아들 예수님이 십자가에서 인간의 억만죄악을 대속의 죽음으로 담당하셨다는 하나님의 계시를 믿는 자만이 하나님을 바로 아는 지식의 사람이 되고 구원받는 그리스도인이 될 수 있습니다.

사도 바울은 이 진리를 오늘 본문에서 다음과 같이 엄숙하게 선포하였습니다.

본문 로마서 11장 22절을 보면 "그러므로 하나님의 인자하심과 준엄하심을 보라 넘어지는 자들에게는 준엄하심이 있으니 너희가 만일 하나님의 인자하심에 머물러 있으면 그 인자가 너희에게 있으리라 그렇지 않으면 너도 찍히는 바 되리라"라고 하였습니다.

본문은 먼저 "하나님의 인자하심과 준엄하심을 보라"라고 합니다. 여기서 인자하심은 "자비와 연민"을 의미하고, 준엄하심은 "엄격하고 정확한 공의"를 의미합니다. 로마서 첫 장 18절에서 "하나님의 진노가 불의로 진리를 막는 사람들의 모든 경건하지 않음과 불의에 대하여 하늘로부터 나타나나니"라는 말씀은 바로 여기에서 하나님의 준엄하심을 나타내는 것입니다. 그리고 그 준엄하심의 의미는 "하나님의 진노"입니다.

그런데 오늘날 그리스도 교회는 "하나님의 인자하심"만 주로 제시하고, 하나님의 준엄하심, 하나님의 공의, 죄에 대한 하나님의 진노에 대해서는 거의 언급하지 않고 있습니다. "좋으신 하나님", "사랑의 하나님", "좋으신 예수님", "사랑의 예수님" 등의 호칭만 교회에서 언급하고 있습니다.

그러나 오늘 본문에서 사도 바울은 하나님의 인자하심의 한 측면만 언급하지 않고 하나님의 준엄하심을 동시에 말합니다. 하나님의 두 속성은 서로 분리되어 나타나지 않습니다. 다시 말하면, 하나님의 사랑은 다른 하나님의 모든 속성과 분리되지 않습니다.

하나님은 인자하시며 준엄하시고, 사랑이시며 거룩이십니다. 인자와 준엄, 공의와 자비, 의와 평화, 거룩과 사랑 등은 항상 하나님의 진리입니다. 만일 우리가 이런 하나님의 속성 중에서 특정한 것만 의지하면 문제에 빠지게 되어 있습니다.

이것이 유대인들의 실수였습니다. 유대인들은 하나님께서 자기들을 선택하셨기 때문에 그들은 문제가 없다고 생각했습니다. 그들은 하나님의 공의와 준엄하심을 망각했습니다. 모세를 통해 그들에게 하신 말씀, 신명기에 기록된 말씀을 망각했습니다.

그래서 오늘 본문에서 바울은 "그러므로 하나님의 인자하심과 준엄하심을 보라"라고 말하였습니다. 그리고 이어서 "넘어지는 자들에게는 준엄하심이 있으니"라고 하였습니다. 유대인들에게 나타난 하나님의 준엄하심으로 유대인들은 바벨론 포로로 잡혀가게 되었습니다.

그러나 하나님의 아들 예수 그리스도를 믿는 이방인에게 하나님은 인자하셨습니다. 그래서 "너희가 만일 하나님의 인자하심에 머물러 있으면 그 인자가 너희에게 있으리라"라고 하였습니다.

그러면 왜 예수 그리스도를 믿는 여부가 하나님의 축복과 저주의 기준이 되는 것입니까?

그것은 하나님의 아들 예수 그리스도께서 갈보리 십자가 대속의 죽음으로 하나님의 인자하심과 준엄하심을 동시에 나타내는 하나님의 유일한 구원의 계시이기 때문입니다.

그러므로 우리 모두는 그리스도 십자가 대속의 피의 복음을 참되게 믿고, 오직 그리스도, 오직 믿음, 오직 예수 보혈 신앙으로 살고, 성령 충만 받아 하나님 사랑과 이웃 사랑의 증인으로 살아야겠습니다. 기도하겠습니다.

살아계신 아버지 하나님!

하나님의 은혜를 감사합니다.

오늘도 우리로 하여금 우리의 억만죄악을 대신해서 십자가에서 대속의 죽음을 당하신 예수 그리스도의 죽으심의 의미를 바로 깨닫게 하시니 감사합니다.

우리는 오늘 본문 말씀대로 하나님을 아는 바른 지식은 하나님의 인자하심과 준엄하심의 두 속성을 동시에 보고 이해하는 것이라고 믿습니다. 그 하나님의 공의와 인자가 동시에 나타난 하나님의 구원의 계시가 그리스도 십자가 대속의 죽음인 것을 우리가 믿습니다.

그러므로 유대인들은 예수 그리스도를 믿기를 거부함으로 그들에게는 하나님의 준엄하심이 임했습니다. 반면에 이방인 그리스도인들은 예수님을 하나님의 아들 그리스도로 믿음으로서 하나님의 인자하심에 머물러 있게 됨을 하나님께 감사하옵나이다. 우리 모두는 십자가에 못박히신 예수 그리스도를 굳게 믿고 날마다 두렵고 떨림으로 구원을 이루며 살아가게 하여 주옵소서. 이를 위해 우리로 코로나19 위기 속에서도 건강하게 하시고 건전하게 하여 주옵소서.

예수님의 이름으로 기도하옵나이다. 아멘.

# 348

## 롬 11: 18-22

- "그 가지들을 향하여 자랑하지 말라 … 너도 찍히는 바 되리라"
  이방인들 앞에 놓여 있는 위험.
- 오늘의 시대에 교회가 직면하고 있는 상황.
  타락하는 경향이 있는 제도들.
  최초의 원리에 대한 망각.
  인간의 전적 타락과 오직 믿음에 의한 칭의.

[18] 그 가지들을 향하여 자랑하지 말라 자랑할지라도 네가 뿌리를 보전하는 것이 아니요 뿌리가 너를 보전하는 것이니라 [19] 그러면 네 말이 가지들이 꺾인 것은 나로 접붙임을 받게 하려 함이라 하리니 [20] 옳도다 그들은 믿지 아니하므로 꺾이고 너는 믿으므로 섰느니라 높은 마음을 품지 말고 도리어 두려워하라 [21] 하나님이 원 가지들도 아끼지 아니하셨은즉 너도 아끼지 아니하시리라 [22] 그러므로 하나님의 인자하심과 준엄하심을 보라 넘어지는 자들에게는 준엄하심이 있으니 너희가 만일 하나님의 인자하심에 머물러 있으면 그 인자가 너희에게 있으리라 그렇지 않으면 너도 찍히는 바 되리라

예수님은 그리스도시요 살아계신 하나님의 아들입니다. 예수님이 하나님의 아들 그리스도라는 증거로 십자가에서 우리 죄를 대신해서 피 흘려 죽으시고, 죽은 자들 가운데서 부활하셨습니다.

이 예수님이 하나님의 아들, 예수님이 그리스도, 예수님이 우리 죄를 대신해서 십자가에서 피 흘려 죽으시고 부활하셨다는 복음으로 우리 인생 모든 문제가 처리되고 해답을 얻습니다. 이 복음은 모든 믿는 자에게 구원을 주시는 하나님의 능력이 됩니다. 이 하나님의 아들 예수 그리스도의 복음, 그리스도 십자가 대속의 피의 복음으로 깊이 뿌리내리기를 기원합니다.

예수님의 신성의 하나님 되심과 십자가 십자가 대속의 피의 복음을 마음 중심에 믿고 구원받은 그리스도인은 자신의 전적 부패와 오직 그리스도 십자가 대속의 피의 복음을 믿는 믿음으로만 의롭게 된다는 진리를 평생 붙들고 살아야 합니다. 그리스도 교회나 하나님의 백성에게는 항상 진리를 저버리고 타락하는 경향이 있기 때문입니다.

이에 대한 성경의 예증은 유대인들에 대한 것입니다. 이제 유대인들이 예수 그리스도를 거부하고 참감람나무에서 꺾이게 되자 이방인들이 그들 중에 접붙임이 되어 참감람나무 뿌리의 진액을 함께 받는 자가 되었습니다.

이때 이방인들은 타락한 유대인들을 향하여 자랑해서는 안 되었습니다. 왜냐하면, 이방인들도 동일한 전철을 밟을 수 있기 때문입니다. 과연 우리는 오늘 시대 교회의 본질에 대한 큰 혼란과 타락을 보고 있는 것입니다. 오늘 본문을 개관하면서 이 사실을 확인하고자 합니다.

오늘 본문 로마서 11장 18절에서 "그 가지들을 향하여 자랑하지 말라"라고 합니다. 그 가지들은 현재 교회 밖에 있는 대다수 유대 민족입니다. 그들은 하나님의 백성이었습니다. 그들은 참감람나무의 원가지들이었습니다. 그러나 그들은 꺾이고 말았습니다.

그래서 사도 바울은 그 자리에 접붙임 받은 이방인들에게 "그 가지들을 향하여 자랑하지 말라"라고 하는 것입니다.

이방인들은 유대인들보다 우월하기 때문에 접붙임된 것이 아니라, 오직 하나님의 은혜로 예수 그리스도를 믿는 믿음 때문이었습니다. 구원을 결정짓고 지배하는 것은 오직 예수 그리스도를 믿는 믿음뿐입니다. 그리고 믿음은 하나님의 은혜의 결과입니다.

그래서 이방인으로서 구원받은 그리스도인은 교만해서는 안 되었습니다. 만일 한 개인이 참된 구원을 받았다면, 그 개인은 하나님을 아는 것이 중요했습니다.

바울은 이 진리를 로마서 11장 22절에서 "그러므로 하나님의 인자하심과 준엄하심을 보라 넘어지는 자들에게는 준엄하심이 있으니 너희가 만일 하나님의 인자하심에 머물러 있으면 그 인자가 너희에게 있으리라 그렇지 않으면 너도 찍히는 바 되리라"라고 하였습니다.

하나님은 인자와 준엄의 하나님이시며, 공의와 사랑의 하나님이십니다. 또한, 성부, 성자, 성령의 삼위일체의 하나님이십니다. 하나님은 죄악을 반드시 벌하셔야 하기 때문에 인간의 죄를 그의 아들 예수 그리스도를 속죄의 희생 제물로 이 세상에 보내셔서 십자가에서 대속의 죽음을 당하게 하셨습니다.

하나님의 공의와 자비가 그리스도 십자가 대속의 죽음에서 나타났습니다. 하나님은 누구든지 그의 아들 예수 그리스도의 십자가 대속의 피를 믿는 자만을 의롭다고 인정하시고 구원하십니다. 그리하여 그리스도 교회 또는 모든 하나님의 백성은 이 십자가 대속의 피의 복음 진리를 끝까지 붙들고 칭의를 얻으며 살아야 합니다.

그런데 문제는 하나님의 백성은 항상 이 진리를 저버리고 타락하는 경향이 있습니다. 그에 대한 예증이 유대인들에 대한 것이었습니다. 그들이 타락한 과정은 오늘 우리 그리스도 교회와 그리스도인들의 모본입니다(이하 로이드 존스, 『로마서 강해 11』 참조).

**첫째**, "모든 제도는 반대 제도를 만들어 내는 경향이 있습니다. 오늘날 개신교는 16세기의 초창기 개신교와 거의 정확히 반대가 되었습니다." 형태가 정신을 무력하게 만든 결과입니다. 조직이 정신을 질식시키는 것입니다.

**둘째**, 그리스도 교회가 그리스도인들이 오직 예수님을 그리스도로 믿는 믿음에 의한 칭의를 저버리고 또한 인간이 전적으로 죄인이라는 사실의 망각입니다. 여러분은 오늘의 교회와 자신의 칭의 신앙을 오직 그리스도, 오직 믿음, 오직 예수 보혈로 굳게 믿고 의지하는지 돌아보시길 바랍니다.

**셋째**, 하나님의 "유예의 원리"입니다. 하나님은 교회와 개인의 타락 시 즉시 심판하시지 않는다는 것입니다. 그러니까 하나님은 중세 시대 타락한 가톨릭교회를 인내하셨고, 비로소 16세기에 종교개혁을 일으키게 하셨습니다. 그러므로 그리스도의 교회나 그리스도인들이 그리스도 십자가 대속의 피의 복음에서 떠났어도 수 세기 동안 기다려 주셨고 오늘의 교회의 황폐에 직면한 것입니다.

우리 모두는 그리스도 교회에 침투해 온 자유주의 물결, 불건전 신비주의 운동, 새로운 율법주의 운동을 경계하고 오직 십자가에 못 박히신 그리스도의 보혈을 믿는 믿음을 통한 하나님의 은혜만 구원을 얻는다는 진리를 생명을 걸고 붙들어야 합니다.

그러므로 우리 모두는 그리스도 십자가 대속의 피의 복음을 참되게 믿고, 오직 그리스도, 오직 믿음, 오직 예수 보혈 신앙으로 살고, 성령 충만 받아 하나님 사랑과 이웃 사랑의 증인으로 살아야겠습니다. 기도하겠습니다.

살아계신 아버지 하나님!

하나님의 은혜를 감사합니다.

이방인인 우리가 유대인의 예수 그리스도 거부로 그리스도 교회의 주도적 지위를 차지하고 구원받은 하나님의 백성으로 살게 하신 것을 감사하옵나이다.

그러나 우리도 교회의 외적 조직을 교회의 본질로 알고, 또 교회의 전통에 따라서만 살다 보면, 신앙은 없고 형태만 남는 그리스도 교회나 그리스도인이 될 수 있음을 우리는 경고로 받습니다. 우리는 우리 자신이 전적으로 타락한 죄인임을 항상 자각하고, 오직 예수님을 하나님의 아들, 십자가에 못 박히신 그리스도만을 믿는 믿음으로 의롭게 된다는 진리를 절대적으로 붙잡고 살아야 됨을 믿습니다.

그리스도 교회에서 교묘히 실세적으로 존재하는 자유주의의 세속적 그리스도인들을 경계하고, 신비주의자들이나 새로운 율법주의도 경계하여 오직 그리스도, 오직 믿음, 오직 은혜, 오직 예수 보혈 신앙으로 살게 하여 주옵소서. 이 십자가 대속의 피의 복음을 타협하지 않고 선포하는 교회, 그 그리스도 보혈의 능력으로 사는 그리스도인들이 되도록 도와주옵소서.

예수님의 이름으로 기도하옵나이다. 아멘.

## 롬 11 : 23

- "그들을 접붙이실 능력이 하나님께 있음이라"
  이스라엘의 회복의 전망.
  유대인의 거부는 최종적인 것이 아니다.
- 유대인들이 그리스도 교회로 다시 접붙임을 받는다.
  구원은 하나님의 절대주권.
  오직 그리스도, 오직 믿음으로 살라.

²³ 그들도 믿지 아니하는 데 머무르지 아니하면 접붙임을 받으리니 이는 그들을 접붙이실 능력이 하나님께 있음이라

예수님은 그리스도시요 살아계신 하나님의 아들입니다. 예수님이 하나님의 아들 그리스도라는 증거로 십자가에서 우리 죄를 대신해서 피 흘려 죽으시고, 죽은 자들 가운데서 부활하셨습니다.

이 예수님이 하나님의 아들, 예수님이 그리스도, 예수님이 우리 죄를 대신해서 십자가에서 피 흘려 죽으시고 부활하셨다는 복음으로 우리 인생 모든 문제가 처리되고 해답을 얻습니다. 이 복음은 모든 믿는 자에게 구원을 주시는 하나님의 능력이 됩니다. 이 하나님의 아들 예수 그리스도의 복음, 그리스도 십자가 대속의 피의 복음으로 깊이 뿌리내리기를 기원합니다.

예수님의 신성의 하나님 되심과 십자가 십자가 대속의 피의 복음을 마음 중심에 믿고 구원받은 그리스도인은 구원받은 이후 자신의 예수 그리스도 신앙이 전적으로 하나님의 은혜였음을 믿고, 자신의 구원의 과정이 하나님의 절대주권 속에서 이루어졌음을 확신합니다.

저는 30대 초반에 죽을 병에 걸려 살아야겠다는 집념 속에서 예수 그리스도를 찾았으나, 확신이 오지 않았고 이는 수년간 계속되었습니다. 그러나 어느 날 제 의지와 노력과 관계 없이 예수님이 하나님의 아들이라는 진리의 말씀이 제 마음속에 들어와 갑자기 복음 진리에 대한 불변의 확신을 갖고 중생하게 되었습니다. 이는 전적으로 하나님께서 하신 일이었습니다.

그 이후 제 인생은 예수님이 그리스도시요 살아계신 하나님의 아들이시라는 복음 신앙, 내 죄를 대신해서 예수님이 십자가에서 대속의 죽음을 당하시고 부활하셨다는 복음 신앙에 대한 진리의 증인으로 살게 되었습니다.

그러므로 저는 그리스도 교회에 나오는 신자로서 십자가 대속의 복음 진리를 확신하지 못하는 신자나 혹은 복음을 전해도 듣지 않는 불신자들에 대해 크게 낙심하지 않고 이에 기다림이 필요하다고 믿습니다. 그것은 인간의 구원이 전적으로 하나님의 절대주권에 있기 때문이고, 하나님의 원대한 구원의 계획 속에서 인간의 구원은 이루어져 간다고 굳게 믿기 때문입니다.

이것은 단순히 저 자신만의 확신이 아니라 오늘 본문에서 사도 바울도 성령의 감동으로 동일한 하나님의 구원의 능력을 말씀하고 있습니다.

본문 로마서 11장 23절을 보면 "그들도 믿지 아니하는 데 머무르지 아니하면 접붙임을 받으리니 이는 그들을 접붙이실 능력이 하나님께 있음이라"라고 하였습니다.

이 말씀은 한마디로 이스라엘의 회복입니다. 유대인들이 불신이 끝나고 예수 그리스도에 대한 눈이 열릴 때 그들은 도로 감람나무에 접붙인바 되어 구원에 이른다는 것입니다. 그리고 이 구원이란 지금까지 이스라엘에 대한 하나님의 구원 계획을 살펴볼 때 부분적인 것이 아니라 민족적 회심을 말합니다. 하나님의 백성이었던 옛 모습을 회복하는 것입니다.

본문을 구체적으로 다시 보면, "그들도 믿지 아니하는 데 머무르지 아니하면 접붙임을 받으리니"라고 하였습니다. 유대인들이 배교에서 돌아서면 다시 하나님에 의해 회복될 수 있습니다. 이는 그리스도 교회로 다시 접붙임을 받음을 말합니다.

유대인들도 이방인과 똑같이 예수님을 그리스도로 믿을 때, 유대인들은 이방인과 함께 그리스도의 감람나무에 접붙임을 받습니다. 그들은 예수 그리스도를 거부함으로 하나님의 참백성이라는 지위를 잃었지만, 접붙이실 능력이 하나님께 있으므로 유대인의 회복이 하나님의 전능하신 능력으로 이루어질 수 있는 것입니다.

그래서 본문은 "그들을 접붙이실 능력이 하나님께 있음이라"라고 하였습니다. 인간의 구원은 하나님의 절대주권적인 은혜로만 가능합니다. 그리고 그 하나님의 은혜는 창세전에 계획된 하나님의 구원 계획 속에서 이루어진 것입니다.

우리는 지금까지 로마서 9, 10, 11장을 통해 인류 구원의 역사에 대한 웅대한 역사 철학을 연구해 왔습니다. 먼저는 이스라엘의 거부로 이방인이 믿게 되고, 다음은 이방인의 믿음으로 이스라엘이 또한 믿게 된다는 것입니다.

대체로 로마서 9장에서 이스라엘의 예수 그리스도 거부가 하나님의 예정에 입각한 것을 보게 되며, 10장에서 그 이스라엘의 예수 그리스도 거부의 내용 또는 성격을 밝히고, 11장에서 이스라엘의 그리스도 교회 안에서 회복을 약속받는 것입니다.

그러므로 현재의 유대인의 거부는 최종적인 것이 아닙니다. 그러나 그들의 회복은 오직 예수님을 그리스도로 믿는 그리스도 안에서 이루어집니다. 예수 그리스도 교회는 하나님의 경륜 속에서 새로운 이스라엘의 공동체입니다. 누구든지 예수님을 그리스도로 믿음으로 말미암아 새로운 이스라엘인 그리스도 교회에 합류하는 것입니다.

그러므로 참되게 예수님을 신성을 가진 하나님의 아들 그리스도로 믿고, 그리스도 교회 공동체의 한 지체가 되어 그리스도의 몸으로서 유대인이나 이방인이나 하나가 될 것입니다. 오직 그리스도, 오직 믿음, 오직 예수 보혈 신앙으로 살고, 그리스도의 나라와 그의 의를 구하며 살며, 성령의 권능을 받아 하나님 사랑과 이웃 사랑의 증인으로 살아야겠습니다. 기도하겠습니다.

살아계신 아버지 하나님!

하나님의 은혜를 감사합니다.

우리의 구원은 전적으로 하나님의 능력으로 되었다고 믿습니다.

나 같은 죄인이 어떻게 예수님을 하나님의 아들로 믿어 죄 사함 받고 하나님과 화목하여 그리스도와 연합된 자가 될 수 있겠습니까?

모든 영광을 하나님께 돌려드립니다. 이런 하나님의 은혜는 일시 배교하여 예수 그리스도를 믿지 않던 유대인들도 어느 날 그리스도 교회로 돌아와 다시 접붙임을 받으리라는 말씀을 듣습니다. 절대로 예수님을 그리스도로 믿지 않게 보이는 그들도 하나님의 능력으로 접붙임 받게 될 것입니다. 하나님께는 모든 것이 가능함을 믿습니다.

오늘도 우리가 직면한 고난과 역경과 위기와 난제들을 하나님께 예수 그리스도 이름으로 아뢰오니 전능하신 능력으로 우리를 구원하여 주옵소서.

예수님의 이름으로 기도하옵나이다. 아멘.

# 350

## 롬 11: 24

- "원가지인 이 사람들이야 얼마나 더 자기 감람나무에 접붙이심을 받으랴"
  이스라엘의 회복은 이방인보다 쉬운 과정이다.
- 이방인 그리스도인의 오만 경고.
  그리스도 안에서 동등.
  오직 그리스도, 오직 믿음으로 유대인이나 이방인이 서로를 돌보아야 하는 관계

²⁴ 네가 원 돌감람나무에서 찍힘을 받고 본성을 거슬러 좋은 감람나무에 접붙임을 받았으니 원 가지인 이 사람들이야 얼마나 더 자기 감람나무에 접붙이심을 받으랴

예수님은 그리스도시요 살아계신 하나님의 아들입니다. 예수님이 하나님의 아들 그리스도라는 증거로 십자가에서 우리 죄를 대신해서 피 흘려 죽으시고, 죽은 자들 가운데서 부활하셨습니다.

이 예수님이 하나님의 아들, 예수님이 그리스도, 예수님이 우리 죄를 대신해서 십자가에서 피 흘려 죽으시고 부활하셨다는 복음으로 우리 인생 모든 문제가 처리되고 해답을 얻습니다. 이 복음은 모든 믿는 자에게 구원을 주시는 하나님의 능력이 됩니다. 이 하나님의 아들 예수 그리스도의 복음, 그리스도 십자가 대속의 피의 복음으로 깊이 뿌리내리기를 기원합니다.

예수님의 신성의 하나님 되심과 십자가 십자가 대속의 피의 복음을 마음 중심에 믿고 구원받은 그리스도인은 자신이 억만죄악에서 구원받은 죄인이었던 것을 알기에 구원받지 못한 자들에 대한 연민을 가질지언정 자랑하거나 교만하지 않습니다. 특히, 자신들의 동족에서 나신 하나님의 아들 예수 그리스도를 거부하고 그리스도 밖에 있는 유대인들을 향해 경멸감을 갖거나 승리감을 가져서는 안 됩니다.

현재 예수 그리스도를 믿지 않고 거부하고 있는 유대인들의 상태는 아무리 나쁘다 해도 이방인이던 우리가 예수 그리스도를 믿기 전의 상태보다 나쁘지 않은 것입니다. 유대인들이 지금은 쫓겨나 있지만, 그 거부가 최종적인 것은 아닙니다.

사도 바울은 유대인의 회복에 관해서 이미 로마서 11장 23절에서 유대인을 참감람나무 뿌리에 접붙이실 능력이 하나님께 있음을 언급하였습니다. 그리고 오늘 본문에서 하나님께서 유대인들의 접붙이심이 이방인보다 쉽다는 사실을 말하며 이방인들의 오만함을 저지시킵니다.

본문 로마서 11장 24절을 보면 "네가 원 돌감람나무에서 찍힘을 받고 본성을 거슬러 좋은 감람나무에 접붙임을 받았으니 원 가지인 이 사람들이야 얼마나 더 자기 감람나무에 접붙이심을 받으랴"라고 하였습니다. 이 말씀의 요지는 이렇습니다.

"만일 이방인인 네가 좋은 감람나무에 접붙이심을 받았다면, 그것은 본성을 거슬러 받은 것이다. 그렇다면 원 가지인 유대인들은 얼마나 더 그렇게 하시겠으며, 따라서 유대인들은 하나님의 용납하심에 더 가까이 있다고 단정할 수 있다."

이것은 예수 그리스도를 믿지 않고 율법의 행위를 의지한 유대인들이 그리스도 교회에 가입이 거부당한 상태에 대해, 이방인 그리스도인들이 유대인들에 대한 경멸감과 승리감을 갖고 바라보며, 그들을 짓밟던 이방인 그리스도인들의 오만함을 저지하기에 적절한 설명입니다. 과연 우리는 유대인들이 수 세기 동안 이런 경멸과 모욕을 받고 지내왔음을 기독교 역사에서 잘 보고 있습니다.

앞서 언급한 바대로 그리스도 밖에 있는 유대인들의 상태는 아무리 나쁘다 해도 회심하기 전 이방인이던 우리의 상태보다 나쁘지 않습니다. 그러므로 유대인들의 상태가 지금 이방인들만큼 좋아질 수 없는 이유가 어디 있겠느냐고 말하는 것입니다.

물론 하나님께서 이방인보다 유대인을 더 사랑하신다는 것을 의미하는 것은 아닙니다. 또한, 유대인이 이방인보다 더 우위를 차지하고 있다고 말하는 것도 아닙니다.

다만 바울은 자신들이 우위에 있다고 자랑하기 시작한 이방인들에게 대답하고 있습니다. 이는 로마 교회에 실재하던 문제였을 것입니다. 우리는 앞서 서론에서 로마서 저작 목적을 크게 두 가지로 보면서 이에 관해 언급한 바 있었습니다.

로마서 저작의 제일 목적은 교리적 목적이었습니다. 그러나 부차적으로는 로마 교회에 있던 두 부류의 신자, 즉 유대인과 이방인 신자의 부조화를 조정하려는 것으로 본 바 있었던 것입니다.

결국, 오늘 본문의 논지는 예수 그리스도를 믿는 이방인에 대한 자랑하지 말라는 경계와 예수 그리스도를 믿지 않는 유대인에 대한 회복의 소망을 밝힌 것입니다.

그러므로 우리 모두는 언제나 오직 그리스도, 오직 믿음, 오직 예수 보혈 신앙으로 살고, 서로 돌아보아 사랑과 선행을 격려 하며 그리스도 안에서 한 지체로 살아야 할 것입니다. 성령 충만 받고 하나님 사랑과 이웃 사랑의 전도자로 살기를 바랍니다.

살아계신 아버지 하나님!
하나님의 은혜를 감사합니다.
억만죄악을 가진 우리가 하나님의 은혜로 예수 그리스도를 믿고 죄 사함 받아 하나님의 자녀가 된 것을 감사하옵나이다. 그러므로 우리는 그리스도 밖에 있는 불신자들을 경멸하지 말 것이며, 그들에 대해 자긍하지도 말고, 연민을 갖고 기도하며 복음을 전해야 할 것을 믿습니다. 특히, 예수 그리스도를 거부하고 그리스도 교회 밖에 있는 오늘의 유대인들은 사실은 우리가 예수 그리스도를 믿기 전의 상태보다 나쁘지 않다는 것을 오늘 본문 말씀으로 바로 깨달아 그들에게 자긍하거나 오만하지 말 것입니다.
하나님의 능력은 어느 날 그들도 예수 그리스도께 회심하여 민족적 구원이 있을 것을 믿습니다. 그리스도 교회 안에 있는 우리 모두는 기신자나 초신자나 서로 질투하지 말고 서로 사랑하고 자기보다 남을 낫게 여기는 겸손으로 옷 입고 그리스도 교회를 섬기게 하여 주옵소서.
코로나19 위기 속에서도 우리 모두를 건강하게 하셔서 다시 오실 그리스도를 대망하면서 세상의 빛으로 살아가게 하여 주옵소서.
예수님의 이름으로 기도하옵나이다. 아멘.

### 3) 이스라엘의 회복과 구원
(11:25-32)

## 롬 11: 25-32

- 이스라엘의 미래의 구원.

  하나님의 신비.

  이방인의 수가 찰 때에 이스라엘 역시 회복하여 구원을 받을 것이다.

- 우주적 그리스도 교회 완성.

  그리스도 안에서 새로운 인류로 연합.

  그리스도로 말미암아 이루어질 영광의 세계의 선구자로 살라.

²⁵ 형제들아 너희가 스스로 지혜 있다 하면서 이 신비를 너희가 모르기를 내가 원하지 아니하노니 이 신비는 이방인의 충만한 수가 들어오기까지 이스라엘의 더러는 우둔하게 된 것이라 ²⁶ 그리하여 온 이스라엘이 구원을 받으리라 기록된 바 구원자가 시온에서 오사 야곱에게서 경건하지 않은 것을 돌이키시겠고 ²⁷ 내가 그들의 죄를 없이 할 때에 그들에게 이루어질 내 언약이 이것이라 함과 같으니라 ²⁸ 복음으로 하면 그들이 너희로 말미암아 원수 된 자요 택하심으로 하면 조상들로 말미암아 사랑을 입은 자라 ²⁹ 하나님의 은사와 부르심에는 후회하심이 없느니라 ³⁰ 너희가 전에는 하나님께 순종하지 아니하더니 이스라엘이 순종하지 아니함으로 이제 긍휼을 입었는지라 ³¹ 이와 같이 이 사람들이 순종하지 아니하니 이는 너희에게 베푸시는 긍휼로 이제 그들도 긍휼을 얻게 하려 하심이라 ³² 하나님이 모든 사람을 순종하지 아니하는 가운데 가두어 두심은 모든 사람에게 긍휼을 베풀려 하심이로다

예수님은 그리스도시요 살아계신 하나님의 아들입니다. 예수님이 하나님의 아들 그리스도라는 증거로 십자가에서 우리 죄를 대신해서 피 흘려 죽으시고, 죽은 자들 가운데서 부활하셨습니다.

이 예수님이 하나님의 아들, 예수님이 그리스도, 예수님이 우리 죄를 대신해서 십자가에서 피 흘려 죽으시고 부활하셨다는 복음으로 우리 인생 모든 문제가 처리되고 해답을 얻습니다. 이 복음은 모든 믿는 자에게 구원을 주시는 하나님의 능력이 됩니다. 이 하나님의 아들 예수 그리스도의 복음, 그리스도 십자가 대속의 피의 복음으로 깊이 뿌리내리기를 기원합니다.

예수님의 신성의 하나님 되심과 십자가 십자가 대속의 피의 복음을 마음 중심에 믿고 구원받은 그리스도인은 소망 없는 세상에서 소망의 구주 예수 그리스도로 말미암아 이루어질 영광의 세계에 대한 증인이요 선구자로 살아가게 됩니다.

그런데 오늘날 세대주의자들이 혈통적 이스라엘의 회복을 무분별하게 주장하여 이스라엘과 그리스도 교회를 별도의 구원의 주체로 보고자 하나 이것은 성경의 무지의 소산입니다.

사도 바울은 우리가 보고 있는 로마서에서 혈통적 이스라엘이 아니라 그리스도 교회 공동체가 참이스라엘이자 그 성취임을 밝혀 주고 있습니다. 그리스도 안에서 이스라엘과 이방인의 구별이나 차별이 없으며, 예수 그리스도를 믿는 믿음이 없으면 유대인을 포함해서 모든 인류가 구원을 얻을 수 없습니다.

그리하여 현재 다수의 유대인들이 예수 그리스도를 거부하고 있으나 하나님의 계획은 이스라엘을 위한 하나님의 은혜가 미래에 나타날 것을 예언하고 있습니다. 우리는 오늘 본문에서 이스라엘의 미래의 구원에 관한 하나님의 신비를 먼저 개관하고자 합니다.

사도 바울은 지금까지 감람나무에 대한 비유를 마친 후 유대인과 이방인을 위한 하나님의 미래 계획에 대한 결론을 짓고자 합니다. 지금까지 다룬 주제는 하나님의 공의와 이스라엘의 거부가 하나님의 언약이 실패했음을 나타내는지와 이스라엘의 실족함이 결말이 되는가 여부였습니다.

그 질문에 바울은 이스라엘의 실족함은 회복 불가능한 것이 아니며, 이스라엘의 거부는 결정적이 아니라고 하였습니다. 하나님은 이스라엘을 완전히 꺾으신 것이 아니고 믿지 않는 유대인만 꺾으셨습니다.

그리고 이러한 유대인의 불신은 하나님으로 하여금 그들을 거부하게 하시고 이방인에게로 향하시고, 이방인들을 그분의 왕국으로 들어오게 하셨습니다. 그리하여 하나님은 이를 통해 믿지 않는 유대인들로 하여금 자신들이 잃어버린 하나님의 언약의 축복을 이방인들이 누리는 것을 보고 시기하게 만드셨습니다.

이러한 시기심으로 이전의 하나님의 언약 백성인 유대인들은 예수 그리스도께로 다시 돌아오고 민족의 부흥을 맞을 것입니다. 하나님의 백성을 향한 영광스러운 미래가 기다리고 있습니다.

오늘 본문에서 우리는 이에 대한 개요를 보고자 합니다.

오늘 본문 로마서 11장 25절을 보면 "형제들아 너희가 스스로 지혜 있다 하면서 이 신비를 너희가 모르기를 내가 원하지 아니하노니 이 신비는 이방인의 충만한 수가 들어오기까지 이스라엘의 더러는 우둔하게 된 것이라"라고 하였습니다.

바울이 "형제들아"라고 부르는 데는 아마도 이방인 그리스도인들과 유대인 그리스도들이 다 포함될것입니다. 바울은 이제 그들 모두에게 미래에 대해 말하려 합니다. 바울은 오늘 본문에서 특히 미래에 있을 온 이스라엘의 구원에 대한 근거를 크게 세 가지로 나누어 언급합니다.

**첫째**, 이스라엘 구원을 향한 하나님의 미래 계획입니다(11:25-27). 이방인의 충만한 수가 차기까지 이스라엘의 더러는 우둔하게 된 것이라고 합니다. 이것은 하나님의 신비인데, 이 신비는 예수 그리스도 자신이십니다. 그리고 그리스도 재림 때 온 이스라엘은 구원받을 것입니다.

**둘째**, 취소할 수 없는 하나님의 부르심입니다(11:28-29).

**셋째**, 불순종하는 자에게 자비를 보이시는 하나님이십니다(11:30-32). 이방인을 향한 자비가 유대인을 향한 자비로 이끎입니다.

그러므로 유대인들이 버림받은 것은 전적인 것도 최종적인 것도 아니었습니다. 현재에도 여전히 이스라엘의 남은 자들이 있으며, 미래에 이스라엘이 회복되어 예수 그리스도를 믿게 되고 전 인류의 구원은 그리스도 안에서 완성될 것입니다.

우리 모두는 오직 그리스도, 오직 믿음, 오직 예수 보혈 신앙으로 다시 오실 그리스도를 대망하며 살고, 성령 충만 받아 예수 그리스도로 말미암아 이루어질 영광의 세계의 선구자로 살아가기를 간절히 기원합니다.

살아계신 아버지 하나님!

하나님의 은혜를 감사합니다.

우리는 언제나 하나님의 약속과 말씀은 반드시 성취됨을 굳게 믿으면서, 오늘날 다수의 유대인들이 예수 그리스도를 그들이 대망하는 구세주로 믿지 않지만, 유대인들의 조상들에게 하신 하나님의 약속은 성취되고 만다는 진리를 우리가 로마서 강해를 통해 확신하게 됨을 감사하옵나이다.

사도 바울은 "하나님이 자기 백성을 버리셨느냐"라고 묻고, "그럴 수 없느니라"라고 대답하면서, 이스라엘의 구원을 향한 하나님의 미래 계획을 우리에게 말씀으로 계시하시니 감사합니다. 하나님은 이방인의 수가 찰 때 이스라엘 역시 회복하여 구원을 받게 됨으로 우주적으로 그리스도 교회가 완성된다는 영광스러운 진리를 우리로 듣게 하시니 감사합니다. 마지막 날 이스라엘은 회복되어 예수님을 그리스도로 믿고 그리스도 교회에 들어오게 되어 이방인이나 유대인이나 차별 없이 그리스도와 같은 새로운 인류로 연합될 미래의 영광의 세계의 비전을 갖게 하시니 감사합니다.

소망 없는 세상에 소망의 예수 그리스도를 전하며, 다시 오실 그리스도를 대망하면서 먼저 그리스도의 나라와 의를 구하며 살게 하여 주옵소서. 이를 위하여 코로나19의 위기 속에서도 우리로 건강하게 하시고 건전하게 하여 하나님 나라 백성답게 살아가게 하여 주옵소서.

예수님의 이름으로 기도하옵나이다. 아멘.

# 롬 11 : 25

- "형제들아 너희가 스스로 지혜 있다 하면서 이 신비를 너희가 모르기를 내가 원하지 아니하노니"
  이스라엘의 회복은 절대적으로 확실하다.
- 이에 대한 바울의 논증.
  이방인들의 불신.
  유대인에 대한 우월감 지적.
  교만하지 말라.

²⁵ 형제들아 너희가 스스로 지혜 있다 하면서 이 신비를 너희가 모르기를 내가 원하지 아니하노니 이 신비는 이방인의 충만한 수가 들어오기까지 이스라엘의 더러는 우둔하게 된 것이라

예수님은 그리스도시요 살아계신 하나님의 아들입니다. 예수님이 하나님의 아들 그리스도라는 증거로 십자가에서 우리 죄를 대신해서 피 흘려 죽으시고, 죽은 자들 가운데서 부활하셨습니다.

이 예수님이 하나님의 아들, 예수님이 그리스도, 예수님이 우리 죄를 대신해서 십자가에서 피 흘려 죽으시고 부활하셨다는 복음으로 우리 인생 모든 문제가 처리되고 해답을 얻습니다. 이 복음은 모든 믿는 자에게 구원을 주시는 하나님의 능력이 됩니다. 이 하나님의 아들 예수 그리스도의 복음, 그리스도 십자가 대속의 피의 복음으로 깊이 뿌리내리기를 기원합니다.

예수님의 신성의 하나님 되심과 십자가 십자가 대속의 피의 복음을 마음 중심에 믿고 구원받은 사람의 첫째 증거는 어린 아이와 같이 겸손하다는 것입니다(마 18:2, 3). 그렇지 않으면 결단코 천국에 들어가지 못한다고 예수님은 말씀하셨습니다.

여러분은 자신을 돌아보시기 바랍니다. 그러나 유감스럽게도 교만한 사람은 자신이 교만하다는 사실을 모릅니다(욥 1:3). 그래서 저는 이렇게 묻습니다.

여러분이 억만죄악을 가진 죄인인 것을 마음 중심으로 믿습니까?

그렇다면 자신의 교만을 알 것입니다.

또한, 날마다 그리스도 십자가 보혈만 의지하고 신선한 죄 사함 속에 살고 있습니까?

그러면 자산의 교만을 아는 사람입니다. 여러분은 분명한 구원받은 천국 백성입니다. 겸손하시기 바랍니다.

사도 바울은 로마 교회에 있는 이방인들을 향하여 그들의 교만을 경계합니다. 그들은 예수 그리스도를 거부하여 하나님의 백성에서 떠난 유대인들을 향하여 우월감을 갖고 있었습니다. 이런 그들의 태도에 대한 교만을 지적한 것입니다.

오늘 본문 로마서 11장 25절을 보면 "형제들아 너희가 스스로 지혜 있다 하면서 이 신비를 너희가 모르기를 내가 원하지 아니하노니 이 신비는 이방인의 충만한 수가 들어오기까지 이스라엘의 더러는 우둔하게 된 것이라"라고 하였습니다.

바울은 "형제들아 너희가 스스로 지혜 있다 하면서 이 신비를 너희가 모르기를 내가 원하지 아니하노니"라고 말합니다. 이 말씀은 이방인들이 유대인들에 대하여 가지고 있는 교만한 생각을 지적하는 것입니다. 이방인들은 그리스도 교회에서 유대인들의 위치와 자신들의 위치에 대한 모든 문제를 자신들이 깨닫고 있다고 생각했습니다.

그들은 자신들은 교회 안에 있고, 다수의 유대인들은 교회 밖에 있는 이유가 자신들이 뛰어난 깨달음을 가지고 있기 때문이라고 생각했습니다. 즉, 자신들은 신성의 하나님의 아들 예수 그리스도 복음, 그리스도 십자가 대속의 피의 복음 진리를 깨달을 수 있었고, 반면에 유대인들은 그러하지 못했다는 생각입니다.

바울은 이방인 그리스도인들에게 그 생각이 잘못되었음을 이미 설명해 왔었습니다. 앞서 바울은 이방인들에게 자랑할 것이 하나도 없다고 말했었습니다(롬 11:18). 로마 교인들뿐만 아니라 자신이 어떤 우월성을 갖고 있기 때문에 그리스도인이 되었다고 생각하는 사람은 누구든지 견책을 받아야 마땅한 것입니다.

그래서 사도 바울은 이방인들의 "스스로 지혜 있다"라고 생각하는 것으로부터 그들을 구해 내기를 원했습니다. 바울은 앞으로 어떤 큰 일이 하나님으로부터 일어날지를 알고 있었기 때문입니다.

예수 그리스도와 기독교에 대하여 전체적으로 그토록 완고하게 반대하고 있는 유대인들의 현재 상태를 보면, 누구도 그들의 집단적 회심에 관해 말하는 것은 수수께끼만큼 불분명하고 기대되는 일이 아닙니다. 그러나 회심의 사역은 하나님의 신비 속에서 진행됩니다.

그래서 사도 바울은 이방인을 향해 이 신비를 충분히 깨닫고 겸손하라고 권면한 것입니다. "너희가 스스로 지혜 있다 하면서"라는 말은 "너희가 그리스도 교회 속에 있다고 뽐내고 유대인을 짓밟지 않도록 하라"라는 말입니다.

무지는 자만의 원인입니다. 그래서 바울은 "형제들아 너희가 스스로 지혜 있다 하면서 이 신비를 모르기를 원하지 아니하노니"라고 말한 것입니다.

우리 모두는 그리스도 교회에서 영적 인종 차별을 금할 것입니다. 서양의 교회들은 아프리카나 아시아 혹은 남미 그리스도인들에게 우월감을 갖고 있습니다. 이는 모두 무지의 소산에서 비롯됩니다.

그리스도 십자가 대속의 피의 복음을 받은 그리스도인은 그리스도와 함께 십자가에 못 박힌 자로 오직 그리스도를 믿음으로 사는 자입니다. 오직 믿음으로 성령 충만 받아 하나님 사랑과 이웃 사랑의 전도자로 살기를 기원드립니다. 동시에 하나님의 능하신 손 아래서 항상 겸손하시길 바랍니다.

살아계신 아버지 하나님!

하나님의 은혜를 감사합니다.

억만죄악의 인간인 우리를 십자가 대속의 피 흘리심으로 우리의 죄를 사해 주심을 감사합니다. 우리는 그리스도 교회 안에서 우리의 구원을 결코 자랑할 수 없으니, 주 안에서 자랑하는 자들이 되게 하시고, 또 교회 안에서 빈부 귀천 차별하지 않는 겸손한 자들이 되도록 참된 믿음을 주시옵소서. 특히, 본문에서 사도 바울은 이방인들이 예수 그리스도밖에 있는 유대인들에 대한 교만한 우월감을 경계하면서 하나님의 신비한 회심의 사역을 말하는 것을 귀담아 듣습니다.

유대인처럼 완고하게 예수 그리스도와 기독교를 반대하는 자들이 집단적 회심을 하리라는 것은 전적으로 하나님의 신비입니다. 사실은 우리의 그리스도께 대한 회심도 하나님의 신비 속에서 이루어졌음을 믿습니다.

그러므로 우리의 구원 신앙을 자랑할 것이 없으며, 오직 그리스도, 오직 믿음, 오직 예수 보혈 신앙으로 날마다 구원을 이루며 살고, 성령 충만 받아 오직 하나님의 영광을 위하여 사는 자들이 되게 하여 주옵소서. 예수님의 이름으로 기도하옵나이다. 아멘.

## 롬 11: 25-26

- 이 신비는 이방인의 충만한 수가 들어오기까지 이스라엘이 우둔하게 된 것. 하나님의 온 인류 구원의 경륜.
- 신비의 계시는 세 부분:
  ① 이스라엘의 우둔함이 이방인 선교로 이어짐.
  ② 이방인이 충만한 수가 들어올 때 완수됨.
  ③ 온 이스라엘이 구원 얻음.
  구원은 하나님의 값없는 은혜.
  오직 그리스도, 오직 믿음, 오직 은혜뿐이다.

25 형제들아 너희가 스스로 지혜 있다 하면서 이 신비를 너희가 모르기를 내가 원하지 아니하노니 이 신비는 이방인의 충만한 수가 들어오기까지 이스라엘의 더러는 우둔하게 된 것이라 26 그리하여 온 이스라엘이 구원을 받으리라 기록된 바 구원자가 시온에서 오사 야곱에게서 경건하지 않은 것을 돌이키시겠고

예수님은 그리스도시요 살아계신 하나님의 아들입니다. 예수님이 하나님의 아들 그리스도라는 증거로 십자가에서 우리 죄를 대신해서 피 흘려 죽으시고, 죽은 자들 가운데서 부활하셨습니다.

이 예수님이 하나님의 아들, 예수님이 그리스도, 예수님이 우리 죄를 대신해서 십자가에서 피 흘려 죽으시고 부활하셨다는 복음으로 우리 인생 모든 문제가 처리되고 해답을 얻습니다. 이 복음은 모든 믿는 자에게 구원을 주시

는 하나님의 능력이 됩니다. 이 하나님의 아들 예수 그리스도의 복음, 그리스도 십자가 대속의 피의 복음으로 깊이 뿌리내리기를 기원합니다.

　예수님의 신성의 하나님 되심과 십자가 십자가 대속의 피의 복음을 마음 중심에 믿고 구원받은 그리스도인은 하나님과 우리 주 예수 그리스도 앞에 자신이 구원받은 사실을 찬양하고 만강의 감사를 드려야 합니다. 나같이 죄가 많고 강퍅한마음을 가진 자가 성부, 성자, 성령의 삼위 하나님을 믿고 구원을 받았다는 사실은 믿기 어려운 신비입니다.
　그러나 하나님은 전능하신 능력을 가지신 분으로 우리를 죄와 흑암에서 건져 하나님 나라 백성으로 삼으실 수 있는 것입니다. 우리가 오늘의 사회를 살펴볼 때 죄악이 가득한 세상이요, 하나님의 아들 예수 그리스도께 대한 적대감과 불신앙이 가득한 세상이나, 하나님은 그 가운데서도 택하신 자들을 불러 하나님 나라 백성으로 삼으시고, 그리스도 교회에 들어오게 하고 계십니다.
　또한, 더 멀리 세계 전체를 돌아볼 때, 유대인들의 기독교와 예수 그리스도에 대한 적대감을 볼 때, 그들이 그리스도 교회에 들어온다는 것은 불가능한 듯이 보입니다. 그러나 하나님은 전능하신 능력으로 예수 그리스도를 믿고 그리스도 교회에 들어오게 은혜를 베푸시는 구원의 경륜이 있음을 오늘 우리에게 계시해 줍니다.
　오늘 본문 로마서 11장 25-26절을 보면 "[25] 형제들아 너희가 스스로 지혜 있다 하면서 이 신비를 너희가 모르기를 내가 원하지 아니하노니 이 신비는 이방인의 충만한 수가 들어오기까지 이스라엘의 더러는 우둔하게 된 것이라 [26] 그리하여 온 이스라엘이 구원을 받으리라"

라고 하였습니다.

바울이 본문에서 형제들에게 알게 하려는 것은 "이 신비"입니다. "이 신비"는 전수 받은 사람들만이 아는 신비가 아니라, 이제는 공개적으로 계시되었고, 따라서 공개적 진리가 된 신비입니다.

바울이 말한 "이 신비는 이방인의 충만한 수가 들어오기까지 이스라엘의 더러는 우둔하게 된 것이라 그리하여 온 이스라엘이 구원을 받으리라"라고 하나님의 인류 구원의 경륜을 드러냅니다.

이 신비의 계시는 다음과 같이 세 부분으로 나뉘는데, 구원의 연속성을 보여 줍니다.

**첫째**, 이스라엘의 우둔함이 이방인 선교로 이루어지는 것
**둘째**, 이방인 선교로 이방인의 충만한 수가 교회에 들어오는 것
**셋째**, 이제 민족적 회심이 일어나 온 이스라엘이 예수 그리스도를 믿고 구원을 얻을 것이라는 것(롬 11:25)

이스라엘의 우둔함은 부분적이고 한시적입니다. 믿지 않는 이스라엘은 우둔해졌고, 이것은 영원한 것이 아닌 현재의 심판을 통해 이방인 선교로 이어진 것입니다.

이러한 한시적 우둔함은 "이방인의 충만한 수" 들어오기까지 계속될 것입니다. 여기서 "충만함"은 이방인 선교 완수일 수도 있고, 교회가 이방인으로 가득찰 때일 수도 있습니다. 이방인 전체는 아니고 대부분일 것입니다.

이는 민족적으로 굉장한 부흥이고 이스라엘 회복은 이방인의 때가 지나고 역사의 끝에 일어날 것입니다. 누가복음 21장 23-24절에서는 예수님께서 예루살렘이 "이방인의 때가 차기까지 이방인들에게 밟히리라"라고 말씀하시면서 이방인 선교에 대해 언급하셨습니다.

그리하여 그때에는 온 이스라엘이 구원을 받을 것입니다. 교회 선교 사역으로 들어온 많은 이방인의 구원이 이스라엘로 시기 나게 하여 그들로 예수 그리스도께 돌아오게 할 것입니다. 이것은 개개인이 아니라 대다수 유대 민족 전체가 구원을 받을 것입니다.

아마 이때는 그리스도의 재림이 임박과 함께 이스라엘이 민족적 부흥을 겪고 다수 유대인들이 그리스도께로 돌아와 중생하여 이방인 그리스도인과 연합될 것입니다. 구원의 길은 예수 그리스도를 믿는 길밖에 없기 때문입니다. 그리고 이것은 이스라엘의 요구 때문이 아니고 하나님 자신의 값없는 은혜 때문이라는 것을 하나님은 보여 주실 것입니다.

그러므로 우리 모두는 오직 그리스도, 오직 믿음, 오직 은혜로 살고, 성령 충만 받아 하나님 사랑과 이웃 사랑의 계명을 지키며, 세계 선교의 사명에 따라 살아야 할 것입니다.

살아계신 아버지 하나님!
하나님의 은혜를 감사합니다.
우리로 하여금 하나님의 온 인류 구원의 경륜을 듣게 하시니 감사합니다. 구원의 길은 오직 하나님의 아들 예수 그리스도를 믿는 길 이외에는 없음을 다시 확신합니다.

우리는 오늘 본문에서 예수 그리스도 복음이 그 의도한 성공을 거두어 이방 세계까지 그 전파가 이루어질 때, 그때까지 하나님은 유대인들의 대부분을 우둔하게 하실 것이고, 그 후에야 유대인들은 민족적인 회심이 이루어지리라는 말씀을 들었습니다.

이것이 지혜롭고 거룩한 목적을 위한 하나님의 계획이자 하나님의 작정이신 것을 믿습니다. 또한, 유대인들의 민족적 회심도 그들의 요구 때문이 아니라 전적으로 하나님의 값없는 은혜 때문이라는 사실도 믿습니다.

우리 모두는 오직 예수 그리스도를 믿음으로 살고, 성령의 권능을 받아 땅 끝까지 그리스도 증인으로 살도록 오늘도 우리로 건강하게 하시고 건전하게 하여 주옵소서.

예수님의 이름으로 기도하옵나이다. 아멘.

## 롬 11: 26-27

- "온 이스라엘이 구원을 받으리라"
  구약성경의 예언으로 입증.
- 그리스도 복음의 새 언약은 이미 시작되었지만 재림 이전에 일어날 것이다.
  오직 예수그리스도 십자가 피의 복음 언약만이 구원의 길.

²⁶ 그리하여 온 이스라엘이 구원을 받으리라 기록된 바 구원자가 시온에서 오사 야곱에게서 경건하지 않은 것을 돌이키시겠고 ²⁷ 내가 그들의 죄를 없이 할 때에 그들에게 이루어질 내 언약이 이것이라 함과 같으니라

예수님은 그리스도시요 살아계신 하나님의 아들입니다. 예수님이 하나님의 아들 그리스도라는 증거로 십자가에서 우리 죄를 대신해서 피 흘려 죽으시고, 죽은 자들 가운데서 부활하셨습니다.

이 예수님이 하나님의 아들, 예수님이 그리스도, 예수님이 우리 죄를 대신해서 십자가에서 피 흘려 죽으시고 부활하셨다는 복음으로 우리 인생 모든 문제가 처리되고 해답을 얻습니다. 이 복음은 모든 믿는 자에게 구원을 주시는 하나님의 능력이 됩니다. 이 하나님의 아들 예수 그리스도의 복음, 그리스도 십자가 대속의 피의 복음으로 깊이 뿌리내리기를 기원합니다.

예수님의 신성의 하나님 되심과 십자가 대속의 피의 복음을 마음 중심에 믿고 구원받은 그리스도인은 신구약 성경이 무오한 하나님의 말씀이며, 구약과 신약은 약속과 그 성취로서 한 권의 책임을 굳게 믿어야 합니다. 막연히 구약성경을 옛날 약속으로만 믿으면, 하나님의 아들 예수 그리스도를 바르게 알 수 없습니다. 구약성경은 예수 그리스도를 약속하고, 설명하고, 묘사하고, 증거하는 하나님의 말씀의 책이기 때문입니다.

저는 이 진리를 불변의 확신으로 가질 때 전율하였습니다. 실로 예수님은 여호와 하나님과 일체이신 하나님의 아들이시요, 신성의 하나님이시요, 구약성경의 주인이시며, 구약성경은 예수 그리스도를 그리는 초상화라고 믿습니다. 예수 그리스도가 전부입니다. 하나님과 그 아들 예수 그리스도가 전부입니다.

이러한 구약성경과 신약성경의 관계를 바로 알면서, 이에 대한 가장 중요한 증거요, 예증이 되는 것이 하나님의 선민 이스라엘 백성입니다. 물론 다른 증거도 많지만, 이스라엘은 독특한 민족으로서 4천 년 역사를 모진 핍박과 박해와 몰살의 위협 속에서도 존속하고 있다는 것은 성경의 영감을 받은 하나님 말씀 되심의 좋은 증거 중 하나입니다.

이스라엘의 생존은 우리가 지금 강해하고 있는 로마서 9, 10, 11장의 목적과 일치합니다. 하나님께서 그들이 민족적으로 흩어지고, 박해를 당하는 가운데서도 보존해 주셨다는 것을 우리는 믿을 수 있습니다. 동시에 이스라엘은 이제는 우둔하게 된 것이나, 이방인의 충만한 수가 들어올 때 온 이스라엘이 구원을 얻으리라는 사실을 구약성경의 예언과 약속을 통해서 확인해 볼 수 있습니다.

이것이 오늘 본문에서 하는 바울의 논증입니다. 본문 로마서 11장 26, 27절을 보면 "²⁶ 그리하여 온 이스라엘이 구원을 받으리라 기록된 바 구원자가 시온에서 오사 야곱에게서 경건하지 않은 것을 돌이키시 겠고 ²⁷ 내가 그들의 죄를 없이 할 때에 그들에게 이루어질 내 언약이 이것이라 함과 같으니라"라고 하였습니다.

우리는 바로 앞서 사도 바울이 하나님의 신비를 세 부분으로 말하는 것을 들었습니다.

**첫째**, 이스라엘의 우둔함이 이방인 선교로 이루어지는 것
**둘째**, 이방인 선교로 이방인의 충만한 수가 교회에 들어오는 것
**셋째**, 이제 민족적 회심이 일어나 온 이스라엘이 예수 그리스도를 믿고 구원을 얻을 것이라는 것(롬 11:25)

바울은 이 예언이 단순히 자기 개인의 예언의 말씀이 아니라 구약성경에서 예언된 것임을 증명합니다.

"기록된 바 구원자가 시온에서 오사"라고 시작하며 구약성경 이사야 59장 20, 21절, 27장 9절을 순서대로 인용합니다. 이 구약 구절들은 메시아 약속의 구절로서 메시아가 시온에서 와서 이스라엘 사람들의 메시아에 대한 불신앙의 죄를 용서하고 제거할 때 그들을 메시아 왕국으로 환영하실 언약을 세우신다는 것입니다.

이스라엘이나 야곱은 모두 개인이 아니라 유대 민족을 가리켰습니다. 바울은 이러한 이사야서 본문을 창조적으로 인용하여 "구원자가 시온에서 오사 야곱에게서 경건하지 않은 것을 돌이키시겠고"라고

하였습니다.

 구원자는 이사야서에서 여호와를 가리키는데 본문에서는 "그리스도"를 가리킵니다. 여기서 "시온에서 오사"라고 하는데 이것을 어떤 주석가는 그리스도 초림으로 혹은 그리스도 재림으로 혹은 영적 의미로도 해석합니다. 그러나 우리는 그리스도 재림 중이 아니라 그리스도 재림 이전에 일어나며, 그리스도 재림에 꼭 필요한 전조임을 가리킬 것입니다.

 그리고 그리스도께서 오실 때 "야곱에게서 경건하지 않은 것을 돌이키겠고"라고 하여 회개케 하여 악의 능력을 제거하실 것입니다. 이것은 그리스도께서 "그들에게 이루어질 그의 언약"을 이루실 것입니다. 이 언약은 새 언약으로서 그리스도 초림으로 시작되었지만 종말의 약속들이 이루어지면서 완성될 것입니다.

 이러한 구절들은 유대인들이 예수님이 그리스도임을 깨달아 죄와 불신을 회개하고, 그로 말미암아 용서받아 하나님과 언약 관계를 회복할 것을 밝히는 것입니다. 이것이 어떻게 이루어질지는 아무도 모릅니다. 그러나 온 이스라엘이 예수님을 그리스도로 믿고 구원을 받는 것은 구약 선지자로부터도 입증됩니다.

 그러므로 우리 모두는 오직 그리스도, 오직 믿음으로 먼저 그리스도의 나라와 그의 의를 구하며 살 것입니다. 그리고 성령 충만 받아 땅끝까지 그리스도 증인으로 살도록 은혜를 구하시기 바랍니다.

살아계신 아버지 하나님!

하나님의 은혜를 감사합니다.

우리는 세상이 모르는 우리의 미래의 운명과 전개를 하나님의 계시로 알게 하시니 감사합니다. 예수님을 하나님의 아들, 예수님을 그리스도로 믿는 예수님의 신성의 인격의 복음과 그리스도 십자가 대속의 죽음과 부활의 사역의 복음을 믿는 우리에게 미래는 찬란합니다.

어느 날 부활 승천하신 그리스도께서 재림하실 때에, 그동안 불신의 유대인들의 민족적 회심이 있을 것을 우리로 알게 하시고, 그리하여 이방인과 유대인이 다 그리스도 안에서 한 지체요 한 그리스도 왕국의 백성이 되어 충만한 영생 복락의 삶을 살리라 믿습니다.

이런 진리는 바울이 로마서에서 예언한 바이나, 그것은 이미 구약 이사야 선지자의 예언이 그것을 입증한다는 사실을 확인하면서 우리의 구원을 완성하기 위한 하나님의 구원의 경륜에 찬양과 영광을 돌려드립니다.

먼저 그리스도의 나라와 그의 의를 구하며 살도록 우리를 건강하고 건전하게 지켜 주옵소서.

예수님의 이름으로 기도하옵나이다. 아멘.

## 355

### 롬 11: 28-32

- 로마서 11장의 결론.
  온 이스라엘 구원의 신학적 의미 두 가지:
  ① 하나님의 택하심과 신실하심(28-29).
  ② 하나님의 긍휼(31-32).
- 하나님의 선택의 확신과 하나님의 긍휼을 구하며 살라.
  그리스도로 말미암아 이루어질 영광의 세계를 지향하는 선구자로 살라.

²⁸ 복음으로 하면 그들이 너희로 말미암아 원수 된 자요 택하심으로 하면 조상들로 말미암아 사랑을 입은 자라 ²⁹ 하나님의 은사와 부르심에는 후회하심이 없느니라 ³⁰ 너희가 전에는 하나님께 순종하지 아니하더니 이스라엘이 순종하지 아니함으로 이제 긍휼을 입었는지라 ³¹ 이와 같이 이 사람들이 순종하지 아니하니 이는 너희에게 베푸시는 긍휼로 이제 그들도 긍휼을 얻게 하려 하심이라 ³² 하나님이 모든 사람을 순종하지 아니하는 가운데 가두어 두심은 모든 사람에게 긍휼을 베풀려 하심이로다

예수님은 그리스도시요 살아계신 하나님의 아들입니다. 예수님이 하나님의 아들 그리스도라는 증거로 십자가에서 우리 죄를 대신해서 피 흘려 죽으시고, 죽은 자들 가운데서 부활하셨습니다.

이 예수님이 하나님의 아들, 예수님이 그리스도, 예수님이 우리 죄를 대신해서 십자가에서 피 흘려 죽으시고 부활하셨다는 복음으로 우리 인생 모든

문제가 처리되고 해답을 얻습니다. 이 복음은 모든 믿는 자에게 구원을 주시는 하나님의 능력이 됩니다. 이 하나님의 아들 예수 그리스도의 복음, 그리스도 십자가 대속의 피의 복음으로 깊이 뿌리내리기를 기원합니다.

예수님의 신성의 하나님 되심과 십자가 대속의 피의 복음을 마음 중심에 믿고 구원받은 그리스도인은 자신의 구원이 전적으로 하나님의 선택과 예정 속에서 이루어진 것을 믿고, 오직 하나님의 은혜를 구하며 사는 자가 됩니다. 제가 입에 담고 사는 메시지 "나 같은 죄인이 어떻게 구원을 받았을까?" 하는 의문과 함께 오직 하나님의 은혜만을 기억하는 것입니다.

그래서 제 개인적으로 가장 좋아하는 신앙적 단어는 "하나님의 은혜"입니다. 저는 모든 기도의 첫 어귀가 하나님의 은혜의 찬양과 감사입니다. "살아계신 아버지 하나님, 하나님의 은혜를 감사합니다"로 시작합니다. 세상에 "하나님의 은혜", 혹은 "하나님의 긍휼"보다 더 좋은 말이 없습니다.

"은혜"나 "긍휼"은 아무런 대가 없이 무조건적으로 베푸시는 하나님의 호의입니다. 세상에는 "은혜"나 "긍휼"이 없습니다. 어떤 종교에도 없습니다. 세상 종교는 모두 자력 구원입니다. 오직 기독교만이 은혜의 종교입니다. 그것도 하나님께서 십자가 대속의 피 흘리심을 통한 측량할 수 없는 은혜입니다.

감히 타 종교는 이 그리스도 십자가 대속의 피의 은혜 앞에 명함도 내밀 수 없습니다. 이 그리스도 십자가 대속의 피 흘리심의 은혜는 하늘의 천사들도 살펴보기를 원하는 것입니다.

그러므로 십자가 대속의 피의 능력으로 구원받은 그리스도인은 이 사실을 날마다 기억하면서, 이 그리스도의 피를 힘입고 은혜의 보좌 앞에 나가면서 하나님의 무한한 사랑과 긍휼에 감사로 살아야 합니다. 그리고 하나님의 무한한 사랑과 긍휼로 이루어질 유대인과 이방인 모두의 구원을 대망하면서 새로운 세계를 지향하는 선구자로 살아가야 합니다.

우리는 오늘 본문 로마서 11장의 결론을 개론으로 일견하면서, 하나님의 택하심과 하나님의 긍휼에 대한 바울의 결론적 논증을 듣고자 합니다. 구원받은 모든 그리스도인, 이방인이나 유대인이나 모두 하나님의 선택과 긍휼 속에서 살아가는 것입니다.

오늘 본문 로마서 11장 28-32절은 로마서 11장의 결론입니다. 이 11장의 결론은 두 개의 서로 다른 진술을 포함하고 있습니다. 이것은 "온 이스라엘의 구원"에 관한 방법적 차원이 아닌 신학적 의미를 규명합니다.

첫째는 롬 11장 28-29절의 하나님의 택하심이고, 둘째는 롬 11장 30-32절의 하나님의 긍휼하심입니다. 이 두 주제가 모두 온 이스라엘 백성의 미래 구원에 대한 계획을 하나님께서 가지고 계신다는 확신을 줍니다.

**첫째**, 하나님의 택하심에는 후회가 없습니다.

로마서 11장 29절을 보면 "하나님의 은사와 부르심에는 후회가 없느니라"라고 하였습니다. 하나님께서 은혜로 선택하신 것은 성경 진리의 정수입니다(롬 11:5, 6). 구약성경을 통틀어 이스라엘을 향한 하나님의 변치 않는 사랑을 보면 그들이 선택받은 민족임을 확인할 수 있습니다. 유대인 대부분이 예수 그리스도를 거부했고 그리스도의 원수가 되었음에도 하나님은 자기 언약 백성을 사랑하십니다(롬 11:28).

그러므로 우리가 "온 이스라엘이 구원을 얻으리라"는 이스라엘의 미래의 회복에 대해 확신할 수 있는 것은 하나님의 취소할 수 없는 택하심입니다.

**둘째**, 하나님이 자기 백성에 대한 미래의 계획을 가지고 계신다는 확신을 가질 수 있는 두 번째 근거는 하나님의 긍휼입니다.

하나님의 긍휼이 순종하지 아니하는 자들에게는 나타나기 때문입니다. 로마서 11장 30, 31절을 보면 "30 너희가 전에는 하나님께 순종하지 아니하더니 이스라엘이 순종하지 아니함으로 이제 긍휼을 입었는지라 31 이와 같이 이 사람들이 순종하지 아니하니 이는 너희에게 베푸시는 긍휼로 이제 그들도 긍휼을 얻게 하려 하심이라"라고 하였습니다.

이 말씀은 이방인을 향한 하나님의 긍휼이 유대인을 향한 긍휼로 이끌 것이라는 말입니다. 이렇게 해서 하나님은 그의 긍휼로 이방인과 유대인 속에서 중생하는 자들을 그리스도 교회에 두십니다. 구원에 있어서 유대인과 이방인 간에 차이가 없습니다. 하나님의 구원은 그리스도의 십자가 대속의 피 흘리심을 통한 긍휼로 그리스도 안에서 유대인과 이방인이 한 지체가 될 것입니다.

그러므로 구원받은 그리스도인 모두는 하나님의 선택과 예정의 신실하심을 굳게 믿고, 하나님의 자비와 긍휼 속에서 날마다 구원을 이루며 살아갈 것입니다. 우리 모두는 오직 그리스도, 오직 믿음, 오직 예수 보혈, 오직 은혜를 구하며 살고, 그리스도로 말미암아 이루어질 영광의 세계를 지향하는 선구자로 살아가야 하겠습니다. 기도하겠습니다.

---

살아계신 아버지 하나님!

하나님의 은혜를 감사합니다.

우리의 구원은 우리에게 있는 그 무엇이 아니라, 오직 하나님의 선택하심과 하나님의 긍휼로 이루어진다고 믿습니다. 이러한 구원의 원리는 이방인인 우리 뿐만 아니라 일시 예수 그리스도를 거부하고 있는 유대인들에게도 동일하게 적용되어, 마침내 "온 이스라엘이 구원을 받으리라"라는 예언이 성취되리라 믿습니다.

그러므로 구원받은 그리스도인 모두는 하나님의 택하심과 그 신실하심을 굳게 믿고, 날마다 하나님의 긍휼의 은혜 속에서 살아야 하리라고 굳게 믿습니다. 그리고 그리스도께서 재림하실 때, 혹은 그 전조로 이루어질 "온 이스라엘의 구원"을 또한 믿으면서 미래에 예수 그리스도로 말미암아 이루어질 유대인과 이방인이 그리스도 안에서 연합된 영광의 세계를 지향하는 선구자로 살아갈 것입니다.

우리의 어두운 마음을 열어 이 진리를 더 확신하게 해 주시고, 이를 따라 살아가도록 우리로 모두 건강하게 하시고, 하나님 나라 백성답게 살아갈 하나님의 능력을 부어 주옵소서.

예수님의 이름으로 기도하옵나이다. 아멘.

## 356

## 롬 11: 28-29

- "복음으로 하면 … 택하심으로 하면"
  현재 불신 이스라엘은 하나님께 원수.
  그러나 그 조상(아브라함, 이삭, 야곱) 때문에 사랑을 입은 자.
- 하나님의 약속은 유효하고 하나님은 신실하시다.
  그러므로 온 이스라엘은 구원을 받으리라.
  그리스도 십자가 대속의 피의 언약에 전 인생을 맡기고 살라.

> ²⁸ 복음으로 하면 그들이 너희로 말미암아 원수 된 자요 택하심으로 하면 조상들로 말미암아 사랑을 입은 자라 ²⁹ 하나님의 은사와 부르심에는 후회하심이 없느니라

예수님은 그리스도시요 살아계신 하나님의 아들입니다. 예수님이 하나님의 아들 그리스도라는 증거로 십자가에서 우리 죄를 대신해서 피 흘려 죽으시고, 죽은 자들 가운데서 부활하셨습니다.

이 예수님이 하나님의 아들, 예수님이 그리스도, 예수님이 우리 죄를 대신해서 십자가에서 피 흘려 죽으시고 부활하셨다는 복음으로 우리 인생 모든 문제가 처리되고 해답을 얻습니다. 이 복음은 모든 믿는 자에게 구원을 주시는 하나님의 능력이 됩니다. 이 하나님의 아들 예수 그리스도의 복음, 그리스도 십자가 대속의 피의 복음으로 깊이 뿌리내리기를 기원합니다.

예수님의 신성의 하나님 되심과 십자가 십자가 대속의 피의 복음을 마음 중심에 믿고 구원받은 그리스도인은 하나님의 약속은 폐기되지 않으며, 하나님은 그 약속에 신실하신 분임을 굳게 믿어야 합니다. 그리고 하나님의 약속은 얼마든지 그리스도 안에서 예가 됩니다(고후 1:20). 그리스도는 하나님의 모든 약속의 성취자이십니다.

그러므로 모든 그리스도인은 예수 그리스도와 그의 십자가 대속의 피의 언약을 굳게 믿고 자신의 전 인생과 미래와 운명을 맡기고 살아야 합니다. 하나님은 반드시 약속하신 말씀을 성취하시며, 때가 되면 인류 모든 구원의 계획도 그 약속대로 성취하십니다.

이에 대한 가장 적절한 예증이 이스라엘 백성입니다. 이스라엘은 그 조상들의 하나님과 맺은 언약 때문에 하나님의 선민이 된 자들입니다. 그러나 그들은 그 조상들이 하나님과 맺은 언약의 완성자로 오신 예수 그리스도를 믿지 않고 거부하였습니다.

그러면 이스라엘의 조상들이 하나님과 맺은 약속은 폐기되고 마는 것입니까?

그렇지 않습니다. 사도 바울은 하나님의 약속은 유효하고, 하나님은 신실하시므로 "온 이스라엘은 구원을 받으리라"라고 이스라엘 백성의 미래의 구원을 말합니다.

오늘 본문은 이에 대한 바울의 논증입니다. 본문 로마서 11장 28-29을 보면 "[28] 복음으로 하면 그들이 너희로 말미암아 원수 된 자요 택하심으로 하면 조상들로 말미암아 사랑을 입은 자라 [29] 하나님의 은사와 부르심에는 후회하심이 없느니라"라고 하였습니다.

본문 첫 부분을 보면 "복음으로 하면 그들이 너희로 말미암아 원수 된 자요"(28절)라고 합니다. 복음의 섭리에 따르면 유대인들은 이방인들을 그리스도 교회 안으로 들어오게 하기 위해 원수로 간주되었습니다.

이 말씀은 로마서 9-11장의 주제를 담고 있습니다. 즉, 이스라엘이 복음을 거부하고(롬 9:3-10:21), 그로 인하여 하나님에게서 거부당했습니다(롬 9:6-29). 이는 유대인의 넘어짐이 이방인들에게 구원과 화해(롬 11:11-15)를 의미하기 때문에, 이방인을 위하여 일어난 일입니다.

원가지가 꺾였을 때 돌감람나무가 접붙임을 받은 것입니다(롬 11:17). 하나님의 구원 계획이 역사한 것입니다. 유대인의 넘어짐이 이방인을 구원에 포함하고, 이것이 유대인으로 하여금 시기심을 불러 일으켜서 결국에는 그들도 구원하시려는 계획입니다.

이 구원 계획의 마지막 부분이 28절 후단 부분으로 "택하심으로 하면 조상들로 말미암아 사랑을 입은 자라"라고 합니다. 하나님께서 그의 은혜로 선택하신 것은 성경의 기본 진리입니다.

구약성경을 통틀어 이스라엘을 향한 하나님의 변치 않는 사랑을 보면 그들이 선택받은 민족임을 확인할 수 있습니다. 유대인 대부분이 예수 그리스도를 거부했고, 그의 원수가 되었음에도, 하나님은 자기 언약 백성을 사랑하십니다.

하나님의 사랑이 "조상들로 말미암아" 이어지고 있습니다. 그 조상들은 "아브라함, 이삭, 야곱" 등입니다. 이들로부터 유대 민족이 나왔습니다.

그래서 유대 민족이 예수 그리스도를 거부했음에도 불구하고 그들은 여전히 하나님의 사랑을 받고 있다고 합니다. 본문 29절을 보면 "하나님의 은사와 부르심에는 후회하심이 없느니라"라고 하였습니다.

이 부르심은 "후회하심이 없는" 부르심입니다. 하나님은 이스라엘을 향하여 약속하신 것을 절대 바꾸지 않으신다는 것입니다. 하나님은 그의 약속에 신실하신 분입니다(민 23:19, 삼상 15:29).

그러나 이 말씀은 하나님께서 하나님을 저버린 자들을 결코 거부하지 않으신다는 의미는 아닙니다. 분명 본문 28절에서 보듯이 개별적으로 원수 된 자들이 있습니다.

하나님의 부르심은 공동체적입니다. 하나님은 자기 나라에 신실하게 남아 계실 것입니다. 하나님의 심판과 거부하심은 개인들에게 해당되는 것입니다. 하나님은 이스라엘 안에 있는 예수 그리스도와 그의 십자가를 거부하는 많은 사람을 정죄하시지만, 이스라엘 그 나라 자체에는 신실하십니다(그랜트 오스본, 『로마서 강해』).

국가적인 이스라엘을 위한 미래가 존재합니다(밀라드 J. 에릭슨, 『복음주의 조직신학』). 그러나 이스라엘은 이방인들과 마찬가지로 예수 그리스도와 그의 십자가 피의 언약을 믿고 교회에 들어옴으로써 구원받게 될 것입니다.

그러므로 우리 모두는 하나님의 신실하신 언약의 완성인 예수 그리스도와 그의 십자가 대속의 피의 언약에 자신의 인생의 미래와 운명을 맡길 것입니다. 오직 그리스도, 오직 믿음, 오직 예수 보혈 신앙으로 먼저 그리스도의 나라와 그의 의를 위해 살고, 성령 충만 받아 하나님 사랑과 이웃 사랑의 전도자로 살기를 기원드립니다.

살아계신 아버지 하나님!

하나님의 은혜를 감사합니다.

우리는 현재 불신의 유대인들을 보면서 그럼에도 불구하고 하나님은 온 이스라엘이 구원을 받으리라는 말씀을 듣습니다. 이는 이스라엘의 조상들과 맺은 하나님의 약속의 신실성 때문임을 믿습니다. 하나님의 약속은 결코 폐기되지 않으며, 그 약속에 신실하시기 때문에 이스라엘 나라의 미래는 민족적인 회심이 있으리라고 믿습니다.

그러나 그들도 이방인과 마찬가지로 예수 그리스도와 그리스도의 십자가 대속의 피의 언약을 믿고 교회에 들어옴으로써 구원을 받게 될 것입니다. 우리 모두는 하나님의 신실하심의 위대한 예증인 이스라엘의 미래 구원을 확인하면서 하나님의 언약의 완성인 예수 그리스도와 십자가 대속의 피의 언약에 우리의 전 인생과 미래와 운명을 맡기고 살 것입니다. 그리고 먼저 그리스도의 나라와 그의 의를 구하며 살 것입니다.

오늘도 이를 위해 우리로 건강하게 하시고 지혜와 권능을 주셔서 하나님 나라 백성답게 살아가게 하여 주옵소서.

예수님의 이름으로 기도하옵나이다. 아멘.

## 357

## 롬 11: 30-31

- 이제 그들도 긍휼을 얻게 하려 하심이라.
  이방인을 향한 긍휼이 유대인을 향한 긍휼로 이끔.
- 구원은 오직 하나님의 긍휼.
  긍휼의 축복의 사슬.
  하나님의 인류 구원의 계획.
  오직 그리스도, 오직 믿음, 오직 긍휼(은혜).

³⁰ 너희가 전에는 하나님께 순종하지 아니하더니 이스라엘이 순종하지 아니함으로 이제 긍휼을 입었는지라 ³¹ 이와 같이 이 사람들이 순종하지 아니하니 이는 너희에게 베푸시는 긍휼로 이제 그들도 긍휼을 얻게 하려 하심이라

예수님은 그리스도시요 살아계신 하나님의 아들입니다. 예수님이 하나님의 아들 그리스도라는 증거로 십자가에서 우리 죄를 대신해서 피 흘려 죽으시고, 죽은 자들 가운데서 부활하셨습니다.

이 예수님이 하나님의 아들, 예수님이 그리스도, 예수님이 우리 죄를 대신해서 십자가에서 피 흘려 죽으시고 부활하셨다는 복음으로 우리 인생 모든 문제가 처리되고 해답을 얻습니다. 이 복음은 모든 믿는 자에게 구원을 주시는 하나님의 능력이 됩니다. 이 하나님의 아들 예수 그리스도의 복음, 그리스도 십자가 대속의 피의 복음으로 깊이 뿌리내리기를 기원합니다.

예수님의 신성의 하나님 되심과 십자가 대속의 피의 복음을 마음 중심에 믿고 구원받은 그리스도인은 자신의 구원이 전적으로 하나님의 긍휼이라는 사실을 의심없이 믿게 되어 있습니다. 나처럼 죄 많고 하나님께 불순종하며 살던 자가 어떻게 신성의 하나님의 아들 예수 그리스도를 믿고, 또 그 하나님의 아들의 나를 위한 십자가 대속의 죽으심을 믿고 구원을 얻을 수 있을 것입니까.

이것은 전적으로 하나님의 은혜요, 하나님의 긍휼로 된 일이 아닐 수 없습니다. 참되게 예수 그리스도를 믿고 체험한 그리스도인은 믿음을 자랑하지 않습니다. 오직 하나님과 예수 그리스도를 자랑할 뿐입니다. 인간의 구원은 오직 하나님의 긍휼뿐입니다.

이러한 원리는 오늘날 강퍅한 불신 상태로 남아 있는 유대인들의 구원에도 적용될 수 있습니다. 유대인들은 예수님이 그리스도라는 복음을 거부할 뿐만 아니라 그것을 적극적으로 반대하고, 또 이방인들이 그 복음을 듣지 못하도록 최선의 노력을 다했습니다.

그러나 하나님은 이런 강퍅한 불신의 유대인들에 대한 장래의 구원의 계획을 가지고 계셨습니다. 그 근거는 하나님의 긍휼입니다. 하나님의 긍휼이 순종치 아니하는 이방인들에게 나타남과 같이 유대인들에게도 나타나기 때문입니다.

오늘 본문 로마서 11장 30-31절을 보면 "[30] 너희가 전에는 하나님께 순종하지 아니하더니 이스라엘이 순종하지 아니함으로 이제 긍휼을 입었는지라 [31] 이와 같이 이 사람들이 순종하지 아니하니 이는 너희에게 베푸시는 긍휼로 이제 그들도 긍휼을 얻게 하려 하심이라"라고 하였습니다.

이 구절에는 인간의 불순종과 하나님의 긍휼이 이방인의 경험과 유대인의 경험 모두에 묘사되어 있습니다. 이 구절에는 지금까지 논한 유대인과 이방인의 관계가 정리되어 있습니다. 즉, 이방인의 "이전"과 "이제", 그리고 유대인의 "이제"와 "미래"가 뚜렷이 대응됩니다.

즉, 이방인이 이전에 믿지 않았던 것과 똑같이 이제 유대인도 믿지 않고 있습니다. 그러나 이방인이 이제 믿는 것같이, 유대인도 어느 날에는 믿게 될 것이라는 것입니다. 이런 믿음과 구원의 근거는 모두 하나님의 긍휼 때문입니다.

이런 하나님의 긍휼은 이방인과 유대인 사이에 명백한 차이가 있습니다. 그 차이점은 불순종했지만 회개한 이방인들에게는 하나님이 이미 긍휼을 베푸신데 반해 불순종하는 이스라엘에 대한 긍휼은 대체로 미래에 주어진다는 점입니다.

그리고 또 다른 차이점도 있습니다. 즉, 하나님이 긍휼을 베푸신 이유가 다릅니다. 이방인들은 "이스라엘이 순종하지 아니함으로"(30절) 긍휼을 받은 반면, 유대인들은 "너희에게 베푸시는 긍휼로"(31절) 긍휼을 받을 것입니다.

이방인은 이전에 믿지 않고 하나님께 불순종했으나, 이제 유대인들이 불신앙으로 탈락했기 때문에 예수 그리스도를 믿음으로 교회에 들어와 하나님의 긍휼을 입게 되었습니다. 이와 같이 유대인들은 지금 믿지 않지만 장차 이방인들이 받는 하나님의 긍휼에 격동되어(시기심이 나서) 그들도 예수 그리스도를 믿게 되고 하나님의 긍휼에 동참하게 될 것입니다.

요약하면, 불순종하는 이방인이 긍휼을 받는 것은 불순종하는 이스라엘 때문이며, 불순종하는 이방인에게 주어진 이러한 긍휼 때문에 불순종하는 유대인들도 긍휼을 얻을 것입니다. 이것은 하나의 "축복의 사슬"입니다.

이스라엘의 불순종은 이방인들을 위한 긍휼로 이끌었으며, 그것은 또한 이스라엘에 대한 긍휼로 이끌 것입니다. 이렇게 유대인과 이방인의 구원의 계시를 통해서 하나님의 전 인류 구원의 계획은 신비롭게 진행될 것입니다.

인간의 구원은 오직 하나님의 긍휼입니다. 하나님은 그의 긍휼로 그의 아들 예수 그리스도와 십자가 대속의 피의 복음 진리를 믿게 하며 그리스도 교회에 두십니다. 그러므로 우리는 하나님의 긍휼하심을 받고 때를 따라 돕는 은혜를 얻기 위하여 은혜의 보좌 앞에 담대히 나아가도록 하겠습니다.

오직 그리스도, 오직 믿음, 오직 긍휼, 오직 은혜를 구하며 살 것입니다. 쉬지 말고 기도할 것입니다. 즉시 기도하겠습니다.

살아계신 아버지 하나님!

하나님의 은혜를 감사합니다.

우리가 예수님을 하나님의 아들로 믿고 죄 사함 받을 수 있는 것은 전적으로 하나님의 긍휼로 인함을 믿습니다. 나 같은 강퍅한 죄인이요, 하나님께 순종하지 아니한 이방인인 자가 예수 그리스도를 믿고 구원을 받았다면 오늘날 불신의 상태로 예수 그리스도와 기독교를 대적하고 있는 유대인들도 하나님의 긍휼로 구원을 받을 미래가 열리리라 믿습니다.

인간의 구원은 오직 하나님의 은혜요 하나님의 긍휼뿐입니다. 오늘도 우리 모두는 십자가에 못 박히신 그리스도를 참되게 믿어 하나님의 긍휼하심을 받고 때를 따라 돕는 은혜를 얻기 위하여 담대히 은혜의 보좌 앞에 나갈 것입니다.

오늘도 하나님 나라 백성답게 살도록 하나님의 능력을 주시어 건강하게 하시고, 위기와 역경과 고난을 극복할 용기와 지혜와 담력을 주시옵소서.

예수님의 이름으로 기도하옵나이다. 아멘.

## 롬 11:32

- "모든 사람에게 긍휼을 베풀려 하심이로다"
  하나님의 지배적인 목적과 계획.
  불순종은 감옥.
  하나님의 긍휼은 해방.
- 하나님의 길은 끊임없는 긍휼.
  긍휼로 시작해서 긍휼로 끝맺는다.
  긍휼하심을 받도록 쉬지 말고 기도하라.

³² 하나님이 모든 사람을 순종하지 아니하는 가운데 가두어 두심은 모든 사람에게 긍휼을 베풀려 하심이로다

예수님은 그리스도시요 살아계신 하나님의 아들입니다. 예수님이 하나님의 아들 그리스도라는 증거로 십자가에서 우리 죄를 대신해서 피 흘려 죽으시고, 죽은 자들 가운데서 부활하셨습니다.

이 예수님이 하나님의 아들, 예수님이 그리스도, 예수님이 우리 죄를 대신해서 십자가에서 피 흘려 죽으시고 부활하셨다는 복음으로 우리 인생 모든 문제가 처리되고 해답을 얻습니다. 이 복음은 모든 믿는 자에게 구원을 주시는 하나님의 능력이 됩니다. 이 하나님의 아들 예수 그리스도의 복음, 그리스도 십자가 대속의 피의 복음으로 깊이 뿌리내리기를 기원합니다.

예수님의 신성의 하나님 되심과 십자가 대속의 피의 복음을 마음 중심에 믿고 구원을 받은 그리스도인은 하나님의 역사 진행 원리가 기계적 역사로 진행되는 과정이 아니라 하나님의 긍휼로 시작해서 긍휼로 끝맺어질 것을 믿어야 합니다.

저는 천국에 갔다 왔다는 간증을 별로 신뢰하지 않는 사람인데, 그래도 천국은 사랑이 가득한 곳이라는 말은 신뢰합니다.

어느 기자가 천국에 갔다 왔다는 사람에게 물었습니다.

"천국에 가득 차 있었던 것은 무엇인가요?"

천국에 다녀온 사람은 이렇게 답했습니다.

"사랑이었습니다. 조건 없는 위대한 사랑이 천국을 휘감고 있었습니다."

이렇게 답한 사람은 하버드 의학전문대학원의 교수이자 신경외과 의사인 이븐 알렉산더입니다. 그의 간증(「국민일보」, 2013.6.12)을 유의미하게 봅니다.

물론 하나님의 사랑은 거룩한 사랑입니다. 범죄한 인간들의 심판 이후에 따르는 하나님의 긍휼입니다. 그리스도 안에서 넘쳐 흐르는 하나님의 은혜요 긍휼입니다. 우리 자신의 공로나 자격이나 업적이나 노력과 관계 없이 그리스도께서 우리의 억만죄악을 대신하여 십자가 대속의 피 흘리심을 통한 은혜와 긍휼입니다.

우리 그리스도인의 생은 이 하나님의 긍휼로 시작해서 이 하나님의 긍휼로 천국으로 들어갈 것이며, 미래의 영원한 왕국에서도 이 넘쳐 흐르는 은혜와 긍휼로 살아갈 것입니다. 그러므로 그리스도의 재림과 영원한 세계를 사모하며 살기 바랍니다.

우리는 오늘 본문에서 전 인류를 향한 이러한 하나님의 지배적인 목적과 계획을 보고자 합니다.

본문 로마서 11장 32절을 보면 "하나님이 모든 사람을 순종하지 아니하는 가운데 가두어 두심은 모든 사람에게 긍휼을 베풀려 하심이로다"라고 하였습니다.

이 말씀은 지금까지 유대인과 이방인을 향한 하나님의 지배적인 목적과 계획의 요약입니다.

여기서 불순종은 하나님이 모든 사람을 감금시켜 두신 일종의 감옥입니다. 하나님의 긍휼이 그들을 풀어줄 때를 제외하고는 거기에서 벗어날 가능성이 전혀 없는 감옥에 비유됩니다.

이것이 지금까지 바울이 전개한 로마서의 논증입니다. 로마서 처음 세 장에서 바울은 모든 인간은 죄를 범해 죄책을 지니고 있으며, 핑계 댈 수 없다는 것을 보여 주었고, 그 다음에 로마서 3장 21절부터는 예수 그리스도를 믿는 믿음을 통한 은혜에 의한 구원의 길을 보여 주었습니다.

바울은 갈라디아에서도 말했습니다.

> 성경이 모든 것을 죄 아래에 가두었으니 (갈 3:22).

> 우리는 율법 아래에 매인 바 되고 계시될 믿음의 때까지 갇혔느니라 이같이 율법이 우리를 그리스도께로 인도하는 초등교사가 되어 (갈 3:23-24).

이처럼 인간의 불순종은 감옥이며, 하나님의 긍휼이 그것으로부터 우리를 해방시켜 줍니다(존 스토트, 『로마서 강해』).

한편, 불순종에 갇혀 있는 "모든 사람"과 하나님이 긍휼을 베푸실 "모든 사람"은 누구입니까?

어떤 사람은 "만인 구원설"로 말하나, 그것은 아닙니다. 이 구절은 구원 과정 가운데 하나님의 목적이 유대인과 이방인 모두 감람나무에 접붙임 하시려는 데 있다는 뜻입니다. 그리하여 하나님은 긍휼로 두 무리 속에서 중생하는 자들을 교회에 두십니다.

바울은 죄에서나 구원에 있어서나 유대인과 이방인 간에 차이가 없다고 논증하려고 애썼습니다. 이제 바울은 그들이 함께 불순종이 감옥에 있었던 것처럼 함께 하나님의 긍휼의 자유를 누릴 것이라고 하는 것입니다.

더구나 바울은 이스라엘과 이방인이 누릴 미래의 "충만함"에 대해 예언했습니다. 이 두 "충만함"이 융합되었을 때 구속받는 거대한 수의 사람들, 아무라도 능히 셀 수 없는 큰 다국적 무리(계 7:9), 이전에는 아담 안에 있었으나 이제는 그리스도 안에 있으며, 그리스도의 넘쳐 흐르는 은혜와 그리스도와 함께 생명 안에서 왕 노릇 하는 "많은 사람"으로 구성된 새로운 인류가 실현될 것입니다.

하나님의 길은 "끊임없는 긍휼", 이방인과 유대인 모두의 충만함을 이루는 긍휼, "한명도 예외 없이 모든 사람이라기보다는 차별 없이 모든 사람"에게 내려지는 긍휼로 끝맺어질 것입니다(존 스토트, 『로마서 강해』).

그러므로 우리 모두는 하나님의 긍휼하심을 받고 때를 따라 돕는 은혜를 얻기 위하여 은혜의 보좌 앞에 담대히 나아갈 것입니다. 그리스도인의 시작은 하나님이 긍휼로 시작해서 하나님의 긍휼로 천국에 들어가며, 미래의 세계에서 그리스도의 넘쳐 흐르는 은혜와 긍휼 속에서 살게 될 것입니다. 오실 그리스도를 대망하면서 오직 그리스도, 오직 믿음, 오직 하나님의 긍휼을 구하며 살고, 성령의 권능을 받아 세계 복음화의 일꾼으로 살기를 기원합니다.

살아계신 아버지 하나님!
하나님의 은혜를 감사합니다.
억만죄악의 인간은 오직 하나님의 긍휼로 그리스도 안에 들어와 그리스도의 넘치는 은혜와 긍휼로 살아간다고 믿습니다. 오늘도 우리를 불쌍히 여기사 범사에 긍휼을 베풀어 주시옵소서. 하나님의 뜻에 무지하고, 그리스도의 계명 순종에 무딘 저희들을 용서해 주옵소서. 그러나 우리에게 소망이 있는 것은 긍휼이 많으신 하나님께서 우리를 이미 긍휼로 부르시고 긍휼로 그리스도 안에 들어오게 하셨으니 천국 가는 걸음걸음마다 긍휼을 베풀어 주옵소서. 오늘의 삶에 고난과 역경이 많이 있으나 유대인과 이방인들이 그리스도 안에서 새로운 인류로 창조된 새로운 세계, 영원한 영광의 왕국이 기다리고 있으니, 절망하지 말고, 믿음을 갖고 전진해 가게 해 주옵소서. 오늘도 이같이 살도록 우리로 건강하게 하시고, 성령의 권능을 부으셔서 하나님 사랑과 이웃 사랑의 계명을 지키면서, 영광의 세계의 선구자로 살아가게 하여 주옵소서.
예수님의 이름으로 기도하옵나이다. 아멘.

## 4) 송영
(11:33-36)

# 359

## 롬 11: 33-36

- "그에게 영광이 세세에 있을지어다 아멘"
  바울의 위대한 송영.
- 두 가지 돈호법(頓呼法).
  유대인 거부와 하나님의 선하심 사이의 조화 강조 후 하나님께 송영.
  하나님의 지혜와 주권을 인정하고 찬미로 끝맺는다.
  오직 하나님의 영광을 위하여!

> ³³ 깊도다 하나님의 지혜와 지식의 풍성함이여, 그의 판단은 헤아리지 못할 것이며 그의 길은 찾지 못할 것이로다 ³⁴ 누가 주의 마음을 알았느냐 누가 그의 모사가 되었느냐 ³⁵ 누가 주께 먼저 드려서 갚으심을 받겠느냐 ³⁶ 이는 만물이 주에게서 나오고 주로 말미암고 주에게로 돌아감이라 그에게 영광이 세세에 있을지어다 아멘

예수님은 그리스도시요 살아계신 하나님의 아들입니다. 예수님이 하나님의 아들 그리스도라는 증거로 십자가에서 우리 죄를 대신해서 피 흘려 죽으시고, 죽은 자들 가운데서 부활하셨습니다.

이 예수님이 하나님의 아들, 예수님이 그리스도, 예수님이 우리 죄를 대신해서 십자가에서 피 흘려 죽으시고 부활하셨다는 복음으로 우리 인생 모든 문제가 처리되고 해답을 얻습니다. 이 복음은 모든 믿는 자에게 구원을 주시는 하나님의 능력이 됩니다. 이 하나님의 아들 예수 그리스도의 복음, 그리스도 십자가 대속의 피의 복음으로 깊이 뿌리내리기를 기원합니다.

예수님의 신성의 하나님 되심과 십자가 대속의 피의 복음을 마음 중심에 믿고 억만죄악을 사함 받아 하나님과 화해가 이루어지며 그리스도와 연합된 그리스도인은 이 그리스도 복음 진리를 인식하는 순간 만강의 감사와 찬미를 하나님께 돌리지 않을 수 없습니다. 저는 저 자신의 구원에 대해 놀라며 감사와 찬미를 드리는 것이 제 자신의 신앙의 기초입니다. "나 같은 죄인을 구원하시다니 놀랍다"라는 것입니다.

그러나 사도 바울은 그리스도의 사도답게 인류 구원의 미래에 대한 하나님의 경륜과 주권 앞에 놀라며 감탄하는 찬미의 송영을 드립니다. 지금까지 바울은 로마서 1장부터 8장까지 개인 구원론의 찬미의 개가를 부른 바 있습니다.

이제는 불신 유대인들의 미래의 민족적 회심을 성령의 감동으로 예언하며 유대인과 이방인들이 그리스도 안에서 연합할 것을 바라보면서 하나님과 우리 주 예수 그리스도에 대한 위대한 송영을 하고 있습니다.

오늘 바울의 송영에 대한 개요를 먼저 보도록 하겠습니다.

본문 로마서 11장 33-36절을 보면 "33 깊도다 하나님의 지혜와 지식의 풍성함이여, 그의 판단은 헤아리지 못할 것이며 그의 길은 찾지 못할 것이로다 34 누가 주의 마음을 알았느냐 누가 그의 모사가 되었느냐 35 누가 주께 먼저 드려서 갚으심을 받겠느냐 36 이는 만물이 주에게서 나오고 주로 말미암고 주에게로 돌아감이라 그에게 영광이 세세에 있을지어다"라고 하였습니다.

사도 바울은 지금까지 유대인의 거부와 하나님의 선하심 사이의 조화를 크게 강조한 후 마지막 이 부분에서 이 모든 일 속에 드러나 있는 하나님의 지혜와 주권을 인정하고 찬미하는 것으로 끝맺습니다. 모든 주석가들이 입을 모아 이 위대한 송영이 성경에서 찾아볼 수 있는 가장 영광스럽고 놀랍고 고귀한 말씀들 중 하나라고 합니다.

그래서 어떤 주석가는 다음과 같이 말합니다.

> 영감 받은 기록 가운데서 가장 장엄한 돈호법(頓呼法)이다(로이드 존스, 『로마서 강해 11』).

돈호법이란 수사법의 하나로서 갑자기 상대를 부르는 것으로 수사 효과를 나타내는 방법입니다.

오늘 본문은 깜짝 놀라는 두 가지 돈호법으로 해석되고 있습니다.

**하나**는 바울이 유대 민족과 관련된 하나님의 크신 목적에 대해 하나님께서 유대인이나 이방인 모두에게 긍휼을 베푸시기 위해 그들을 가두신 것에 대해 오늘 본문으로 놀라움을 표현했다는 것입니다. 이것은 틀림없는 사실입니다.

**또 다른 하나**는 송영의 이유가 바울이 로마서 전체에서 말한 모든 내용을 묵상하면서 자신의 생각과 느낌을 표현하는 것이라고 봅니다. 그것은 바울이 처음 출발했던 요점으로 오늘 본문 바로 앞 절, 곧 32절에서 언급한다고 보기 때문입니다.

이 견해도 또한 옳다고 봅니다. 바울은 어떻게 하나님이 죄인들을 자신과 올바른 관계를 맺도록 하는 방법을 보여 주셨는지, 어떻게 그리스도께서 우리의 죄를 위해 죽으셨으며, 우리를 의롭다 하기 위해 살아나셨는지, 어떻게 그리스도인들의 삶이 율법 아래서가 아니라 성령 안에서 이루어지는지, 그리고 어떻게 하나님이 이스라엘의 충만함과 이방인의 충만함을 그분의 새로운 공동체 안에 통합시키기로 계획하시는지 보여 주었다고 보는 것입니다.

이것도 틀림없는 사실입니다. 바울은 이렇게 인류를 향한 웅대한 하나님의 구원의 역사를 영감으로 기록한 후 위대한 송영을 하나님께 드리지 않을 수 없었습니다.

오늘 본문 송영의 주제는 자격 없는 유대인과 이방인에게 그분의 위대한 자비를 보여 주신 하나님이 얼마나 크신 분인가를 찬양하는 것입니다. 인간의 죄에 대한 이해는 참담한 타락과 불순종의 불신에도 불구하고 주어진 하나님의 자비의 깊이에 대해 더욱 이해하도록 인도하며, 따라서 바울은 송영을 통해 은혜의 깊이와 풍성함, 그리고 헤아리지 못할 하나님의 판단을 노래하고 있습니다.

해당 본문의 송영은 연속되는 세 부분으로 이루어져 있습니다.

**첫째**, 세 가지 신적 속성(33절)
**둘째**, 하나님의 마음을 헤아릴 수 없다는 점에 관한 세 가지 질문(34-35절)
**셋째**, 모든 것의 이유와 목적 되시는 하나님에 관한 세 가지 전제(36절)

그러므로 하나님의 아들 예수 그리스도의 대속의 죽음으로 말미암아 구원받은 우리 모두는 오직 그리스도, 오직 믿음, 오직 은혜, 오직 하나님의 영광을 위하여 살 것입니다. 먹든지 마시든지 무엇을 하든지 다 하나님의 영광을 위하여 살 것입니다.

---

살아계신 아버지 하나님!

하나님의 은혜를 감사합니다.

억만죄악을 가진 인간들에 대한 하나님의 웅대한 구원의 계획을 듣게 하시니 감사합니다. 하나님께서는 우리의 악한 죄악에도 불구하고 그의 아들 예수 그리스도의 대속의 죽음으로 죄 사함을 얻게 하여 하나님과 화목하게 하신 은총에 감사하오며, 무한하신 하나님의 자비의 풍성함을 찬양합니다.

더욱이 오늘의 강퍅한 불신 유대인들을 향하신 하나님의 자비가 계획되어 있어서 마지막 날 유대인들과 이방인들이 그리스도 안에서 충만함을 누릴 미래의 세계를 우리로 알게 하시니 감사하옵나이다. 우리는 다만 하나님과 예수 그리스도 앞에 부복하여 찬미의 경배를 드릴 뿐입니다.

우리가 먹든지 마시든지 무엇을 하든지 다 하나님의 영광을 위하여 살도록, 오늘도 우리로 건강하게 하시고 건전하게 하시며, 성령을 부으셔서 하나님 사랑과 이웃 사랑의 증인으로 살아가게 하여 주옵소서.

예수님의 이름으로 기도하옵나이다. 아멘.

# 롬 11 : 33

- "깊도다 하나님의 지혜와 지식의 풍성함이여"
  하나님의 세 가지 신적 속성(풍성함, 지혜, 지식)의 찬미.
- 우리는 하나님의 지혜와 지식의 풍성함 앞에 엎드려 경배할 뿐이다.
  오직 하나님의 영광을 위하여 살라.
  오직 십자가 대속의 피의 복음을 위하여 살라.

$^{33}$ 깊도다 하나님의 지혜와 지식의 풍성함이여, 그의 판단은 헤아리지 못할 것이며 그의 길은 찾지 못할 것이로다

 예수님은 그리스도시요 살아계신 하나님의 아들입니다. 예수님이 하나님의 아들 그리스도라는 증거로 십자가에서 우리 죄를 대신해서 피 흘려 죽으시고, 죽은 자들 가운데서 부활하셨습니다.

 이 예수님이 하나님의 아들, 예수님이 그리스도, 예수님이 우리 죄를 대신해서 십자가에서 피 흘려 죽으시고 부활하셨다는 복음으로 우리 인생 모든 문제가 처리되고 해답을 얻습니다. 이 복음은 모든 믿는 자에게 구원을 주시는 하나님의 능력이 됩니다. 이 하나님의 아들 예수 그리스도의 복음, 그리스도 십자가 대속의 피의 복음으로 깊이 뿌리내리기를 기원합니다.

 예수님의 신성의 하나님 되심과 십자가 대속의 피의 복음을 마음 중심에 믿고 참된 구원을 확신한 그리스도인은 억만죄악의 인간들을 향

하신 하나님의 풍성한 은혜를 항상 기억하며 살고, 그 풍성하심의 최고의 현현인 그리스도 십자가 대속의 피의 복음의 풍성한 은혜를 날마다 기억하고 감사하며 살아야 합니다. 우리는 항상 예수님의 십자가 사랑만 생각하기 쉽지만, 그보다 앞서 자기 아들을 아끼지 아니하시고 우리 모든 사람을 위하여 내어 주신 하나님의 사랑과 그 풍성함을 기억해야 합니다.

우리는 성부, 성자, 성령 삼위 하나님의 존재를 바로 이해하고, 그 하나님의 신적 속성을 찬양해야 합니다. 하나님의 풍성함, 하나님의 지혜, 하나님의 지식의 세 가지 속성을 찬양해야 합니다. 그리고 그 하나님의 세 가지 속성의 최고의 현현인 하나님의 아들 예수 그리스도와 그의 십자가 피의 복음을 위해 살아야 합니다.

우리는 오늘 본문에서 사도 바울의 하나님의 세 가지 신적 속성에 대한 위대한 송영을 보고자 합니다.

본문 로마서 11장 33절을 보면 "깊도다 하나님의 지혜와 지식의 풍성함이여, 그의 판단은 헤아리지 못할 것이며 그의 길은 찾지 못할 것이로다"라고 하였습니다.

이 본문을 해석하는 두 가지 방법이 있습니다.

**하나**는 하나의 진리, 곧 하나님의 지혜와 지식의 두 가지 속성을 언급한다는 것입니다.

**또 다른 하나**는 두 개의 진리, 즉 한편으로는 하나님의 부요함을, 다른 한편으로는 하나님의 지혜와 지식을 언급한다는 것입니다. 이 후자는 우리 성경 번역과 다릅니다.

우리는 다수의 주석가들이 선호하는 후자의 견해를 따르고자 합니다. 그에 따르면, 오늘 본문은 "깊도다 하나님의 풍성함과 지혜와 지식이여"라고 번역됩니다. 그리하여 하나님의 속성을 풍성함, 지혜, 지식의 세 속성으로 나누어 각각 송영을 드린다고 봅니다.

먼저 바울은 하나님의 풍성함의 깊음을 찬양합니다. 인간들의 온갖 풍성함은 너무 얕고, 곧 그 끝에 다다르고 맙니다. 그러나 하나님의 풍성함은 참으로 깊습니다. 바울은 이미 로마서 2장 4절에서 "그의 인자하심과 용납하심과 길이 참으심이 풍성함"을 말하였고, 9장 25절에서는 "그 영광의 풍성함"을, 10장 12절에서는 "그를 부르는 모든 사람에게 부요하시도다"라고 하였습니다.

성경 다른 곳에서 하나님을 "긍휼에 풍성하신 하나님"(엡 2:4)으로 묘사하고, "측량할 수 없는 그리스도의 풍성함"(엡 3:8)을 말합니다. 그리하여 우리의 구원은 하나님의 풍섬함으로부터 오는 선물이며, 그것을 받은 사람들은 무한히 풍요롭게 만들어 준다는 것입니다. 그러니 우리가 어찌 하나님과 예수 그리스도 앞에 엎드려 찬미하지 않을 수 있겠습니까.

또 바울은 하나님의 지혜의 깊음을 찬양합니다. 하나님은 만사를 그의 영광을 향해 조정하고 처리하며 다스리시고, 자신의 목적과 경륜을 성취하십니다. 이것이 바로 하나님의 지혜입니다. 이 하나님의 지혜는 그리스도 앞에 감추어 있는 것으로 십자가에서 나타났으며, 하나님의 구원의 목적에서 나타난 것입니다.

하나님의 아들의 성육신, 대속의 죽음, 장사, 부활이 하나님의 지혜의 가장 찬란한 가시적 표현입니다. 십자가의 도가 하나님의 지혜입니다. 예수 그리스도와 그의 십자가가 하나님의 지혜입니다(고전 1:21-24). 이 하나님의 지혜는 우리의 측량을 넘어서는 깊이입니다.

또한, 바울은 하나님의 지식의 깊음을 찬양합니다. 하나님은 만물을 하나씩 분명하고 확실하고 무오한 눈으로 보고 계십니다. 여기서 만물은 현존하고 있고, 과거에 존재했고, 또 앞으로 계속 존재할 모든 것을 가리키고, 모든 것은 하나님 앞에 벌거벗은 것같이 드러납니다. 이것이 하나님의 지식입니다. 하나님은 모든 것을 알고 계시며 하나님은 전지하십니다.

그리하여 하나님의 지혜나 지식은 우리의 측량을 넘어서는 깊이이기 때문에, 또한 하나님의 풍성함은 측량할 수 없는 깊음 때문에, 우리는 하나님과 예수 그리스도 앞에 엎드려 송영을 드리는 것입니다.

모든 그리스도인은 참되게 예수 그리스도와 그리스도의 십자가 사건을 확신하고 체험하여, 하나님의 풍성과 지혜와 지식의 측량할 수 없는 깊음을 깨달아야 합니다. 그리하여 오직 그리스도, 오직 믿음, 오직 은혜, 오직 하나님의 영광을 위하여 살고, 그리스도 십자가 피의 복음을 위하여 살며, 성령 충만 받아 언제나 하나님을 향한 경배와 찬양이 삶 속에서 드러나시기를 기원합니다.

살아계신 아버지 하나님!
하나님의 은혜를 감사합니다.
우리가 참되게 예수님의 신성의 하나님 되심과 십자가 대속의 죽음의 사건을 마음 중심에 믿고 확신할 수 있기를 기도합니다.

예수 그리스도와 그의 십자가 사건은 곧 하나님의 풍성하심과 하나님의 지혜와 지식의 현현이라고 믿습니다. 그래서 사도 바울처럼 "깊도다 하나님의 지혜와 지식의 풍성함이여"라고 깜짝 놀라는 감격으로 하나님과 그의 아들 예수 그리스도 앞에 부복하여 찬송과 영광을 진심으로 드리게 하여 주옵소서. 그리고 입술의 찬미의 열매 뿐만 아니라, 우리 자신을 드려 오직 하나님의 영광을 위하여, 그리고 십자가 대속의 피의 복음을 위해 살게 해 주시기를 기도합니다.

이를 위해 오늘도 갈대 같이 연약한 우리의 의지와 감정을 붙들어 주시고, 건강하게 하셔서 생활 속에서 삼위일체 하나님을 향한 하나님의 능력이 나타나게 하여 주옵소서.

예수님의 이름으로 기도하옵나이다. 아멘.

# 361

## 롬 11: 33

- "그의 판단은 헤아리지 못할 것이며 그의 길은 찾지 못할 것이로다"
  하나님의 판단은 하나님의 경륜과 목적.
  역사 중에 나타나는 하나님의 섭리.
- 하나님의 손의 심판과 하나님의 섭리의 길은 어둠과 비밀에 싸여 있다.
  계시된 하나님의 말씀과 나타난 하나님의 섭리 따라 순종하며 살라.

33 깊도다 하나님의 지혜와 지식의 풍성함이여, 그의 판단은 헤아리지 못할 것이며 그의 길은 찾지 못할 것이로다

예수님은 그리스도시요 살아계신 하나님의 아들입니다. 예수님이 하나님의 아들 그리스도라는 증거로 십자가에서 우리 죄를 대신해서 피 흘려 죽으시고, 죽은 자들 가운데서 부활하셨습니다.

이 예수님이 하나님의 아들, 예수님이 그리스도, 예수님이 우리 죄를 대신해서 십자가에서 피 흘려 죽으시고 부활하셨다는 복음으로 우리 인생 모든 문제가 처리되고 해답을 얻습니다. 이 복음은 모든 믿는 자에게 구원을 주시는 하나님의 능력이 됩니다. 이 하나님의 아들 예수 그리스도의 복음, 그리스도 십자가 대속의 피의 복음으로 깊이 뿌리내리기를 기원합니다.

예수님의 신성의 하나님 되심과 십자가 대속의 피의 복음을 마음 중심에 믿고 참된 구원을 받은 그리스도인은 항상 복종하여 두렵고 떨림

으로 자신의 구원을 이루며 살아갑니다(빌 2:12). 우리를 향한 하나님의 경륜과 목적은 헤아리지 못하며, 또한 하나님의 심판과 하나님의 섭리의 길은 어둠과 비밀에 싸여 있습니다.

다만 우리는 이미 계시된 하나님의 말씀과 나타난 하나님의 섭리를 따라 순종하며 살아갈 수 있습니다. 그래서 저는 일상적인 일과 사명에는 헌신하며 살되, 새로운 야망이나 계획을 세워 하나님의 뜻을 이루고자 하지 않고, 하나님의 섭리가 나타날 때까지 기다립니다.

이런 저의 행동은 어찌 보면 무능하게 보일 수도 있고 답답하게 보일 수도 있습니다. 과연 무능하고 답답합니다. 그 무능과 어리석음과 답답한 것의 집약체가 오늘의 충성교회의 십자가 대속의 피의 복음, 카톡 선교와 피의 복음 문서 발간입니다. 하나님께 모든 영광을 돌립니다.

우리는 오늘 본문의 사도 바울의 말씀을 들으면서 이런 태도가 하나님의 경륜과 목적과 섭리에 어긋나지 않는다고 믿습니다. 오늘 본문 로마서 11장 33절 후단을 보면 "그의 판단은 헤아리지 못할 것이며 그의 길은 찾지 못할 것이로다"라고 하였습니다.

여기서 그의 판단은 하나님의 경륜과 목적을 말하고, 역사 중에 구현되는 하나님의 섭리를 가리킵니다. 우리는 이런 하나님의 판단을 헤아리지 못합니다. 수레 바퀴가 굴러가고 있고, 섭리가 펼쳐지고 있으나, 우리는 그분이 어떤 생각을 갖고 계신지 알지 못합니다.

그것은 헤아리지 못할 것입니다. 이것은 하나님의 경륜에 대한 우리의 적극적 결론을 완전히 무력화시킬 뿐만 아니라, 호기심 어린 우리의 모든 탐구도 철저히 거부합니다.

감추어진 일은 우리에게 속한 것이 아닙니다(신 29:29). 하나님의 길은 바닷속에 있습니다(시 77:19). 하나님이 하시는 것을 우리가 지금은 알지 못합니다. 우리는 하나님의 과정을 이해할 수 없고, 하나님을 헤아리지도 못합니다.

그러나 하나님의 입의 판단과 우리의 의무의 길은 감사하게도 단순하고도 쉽습니다. 그것은 대로(大路)입니다. 반면에 하나님의 손의 심판과 하나님의 섭리의 길은 어둠과 비밀에 싸여 있습니다(매튜 헨리,『로마서 주석』).

그러므로 우리는 그것을 알아보려고 파고들 것이 아니라 조용히 그것을 존중하고 묵묵히 순종해야 합니다. 우리가 지금까지 로마서 9-11장을 통해 보아온 것같이 유대인은 거부하고 이방인은 받아들이는 교리와 그리고 때가 되면 유대인을 다시 선택한다는 교리가 이것을 말하고 있습니다.

이런 일들 곧 어떤 사람은 선택하고 어떤 사람은 거부하는 것은 신비한 과정으로 인간의 추측이 전혀 불가능한 영역에 속해 있습니다. 그러나 사실은 하나님 아버지의 눈에 보시기에 좋아서 하시는 일입니다.

이런 방법들을 우리가 "깊도다"라고 말할 수밖에 없는 일들로서 도저히 설명할 수 없는 것입니다. 하나님은 자기 뒤에 흔적이나 발자국을 남겨 두시지 않고, 자기 앞에 비추는 길을 만드시지 않습니다.

그러나 하나님의 섭리의 길은 아침마다 새롭습니다. 하나님은 똑같은 길을 가시지 않기 때문에 그 추적이 불가능합니다. 그러므로 우리 모두는 이미 계시된 하나님의 말씀과 나타나는 하나님의 섭리에 따라 순종하며 살아가야 합니다.

오직 그리스도, 오직 믿음, 오직 예수 보혈 신앙으로 우리 신앙과 생활의 유일의 법칙인 성경 말씀에 순종하며 살아가고, 하나님의 섭리가 분명히 나타날 때까지 기다리며, 하나님보다 앞서서 걷고자 하는 우매자가 되지 말 것입니다. 즉시 기도드리겠습니다.

살아계신 아버지 하나님!

하나님의 은혜를 감사합니다.

하나님의 판단은 헤아리지 못할 것이며 하나님의 길은 찾지 못할 것이라는 말씀을 들으면서, 우리가 하나님의 피조물인 것을 오늘 자각하게 하시니 감사합니다. 오묘한 일은 우리 하나님께 속하고 나타난 일은 우리에게 속하였음을 믿고, 우리에게 명백히 계시된 하나님의 말씀을 우리 생활과 삶의 유일의 법칙으로 알고 순종하며 살게 하여 주옵소서. 하나님의 심판과 섭리의 길은 어둠과 비밀에 싸여 있으니, 교만하게 그것을 알아보려고 파고들지 말게 하시고, 나타난 섭리 따라 살도록 인내와 믿음을 주시옵소서. 하나님의 섭리의 길은 아침마다 새로우심으로 날마다 새로운 믿음, 새로운 은혜를 구하며 살도록 도와주시고, 교만하게 하나님보다 앞서 나가는 자들이 되지 않게 도와주옵소서. 오늘도 삶에 필요한 은혜를 얻기 위해 은혜의 보좌 앞에 나아가오니 우리로 먼저 건강하게 하시고 우리의 필요를 채워 주옵소서.

예수님의 이름으로 기도하옵나이다. 아멘.

## 롬 11 : 34

- "누가 주의 마음을 … 누가 주의 모사가 되느냐"
  창조주와 피조물 사이에 큰 거리 존재.
  그러나 그리스도를 모심으로 그리스도의 마음을 가질 수 있다.
- 그리스도의 영의 내주 인도 속에 살 수 있다.
  이 임마누엘 행복을 누리며 살라.

³⁴ 누가 주의 마음을 알았느냐 누가 그의 모사가 되었느냐

예수님은 그리스도시요 살아계신 하나님의 아들입니다. 예수님이 하나님의 아들 그리스도라는 증거로 십자가에서 우리 죄를 대신해서 피 흘려 죽으시고, 죽은 자들 가운데서 부활하셨습니다.

이 예수님이 하나님의 아들, 예수님이 그리스도, 예수님이 우리 죄를 대신해서 십자가에서 피 흘려 죽으시고 부활하셨다는 복음으로 우리 인생 모든 문제가 처리되고 해답을 얻습니다. 이 복음은 모든 믿는 자에게 구원을 주시는 하나님의 능력이 됩니다. 이 하나님의 아들 예수 그리스도의 복음, 그리스도 십자가 대속의 피의 복음으로 깊이 뿌리내리기를 기원합니다.

예수님의 신성의 하나님 되심과 십자가 대속의 피의 복음을 마음 중심에 믿고 예수 그리스도의 십자가 보혈의 공로로 죄 사함 받으면 하나님과 화해가 이루어지며 그리스도와 연합됩니다. 다른 표현으로 말

하면 임마누엘 하나님을 모시고 사는 자가 됩니다. 예수 그리스도가 곧 임마누엘 하나님이시기 때문입니다. 여기에 인생의 진정한 행복이 있습니다.

그러나 세상은 하나님께서 그 자신을 계시하러 보내신 하나님의 아들 예수 그리스도를 알지 못하고 믿지 못하기 때문에 영원을 사모하나(전 3:11), 하나님을 만날 수도 없고 모실 수도 없습니다. 그래서 중국 도연명 시인의 『도화원기』에 나오는 복사꽃 피는 마을에 대한 신선 사상으로 승화시킬 뿐입니다.

오늘 본문에서 사도 바울은 하나님과 인간 사이의 큰 거리와 불균등의 존재를 우리에게 인식시킵니다. 그러나 하나님은 친히 자원하여 낮아지셔서 인류를 찾아주시는 십자가 대속의 피의 언약의 길을 주셨습니다.

우리는 먼저 사도 바울의 인간 존재의 피조성에 관한 말씀을 듣겠습니다. 오늘 본문 로마서 11장 34절을 보면 "누가 주의 마음을 알았느냐 누가 그의 모사가 되었느냐"라고 합니다. 먼저 "누가 주의 마음을 알았느냐"라고 합니다.

어떤 피조물이 하나님의 내각 회의에 참석하고, 예수 그리스도처럼 하나님의 품속에 거할 수 있었습니까?

어떤 피조물이 하나님의 경륜에 참여한 적이 있으며, 또한 하나님의 섭리를 보고 하나님이 취하시는 길을 알 수 있습니까?

하나님과 인간 사이, 창조주와 피조물 사이에는 너무나 큰 거리와 불균등이 존재하기 때문에, 여기서 이런 긴밀성과 친밀성에 관한 생각은 영원히 배제됩니다.

또 본문에서 바울은 "누가 그의 모사가 되겠느냐"라고 합니다. 하나님께는 모사가 필요 없습니다. 왜냐하면, 하나님 자신이 무한히 지혜로우시기 때문입니다. 따라서 어떤 피조물도 하나님의 모사가 될 수 없습니다.

이것은 마치 태양 앞에서 촛불을 비추는 것과 같습니다. 이 말은 이사야 40장 13, 14절 "누가 여호와의 영을 지도하였으며 그의 모사가 되어 그를 가르쳤으랴 그가 누구와 더불어 의논하셨으며 누가 그를 교훈하였으며 그에게 정의의 길로 가르쳤으며 지식을 가르쳤으며 통달의 도를 보여 주었느냐"라고 하는 말씀을 언급한 것 같습니다.

이것은 하나님의 섭리의 모든 방법에 적용될 수 있습니다. 인간은 그 누구도 세상을 운영하는 법에 관해 하나님께 지시하거나 하나님을 가르치려 하는 일은 있을 수 없습니다.

이처럼 하나님과 피조물 사이의 간격은 너무 큽니다. 그러므로 처음부터 인간은 하나님을 창조주로 순종할 책임을 지고 있었습니다. 그런데 인간들은 하나님을 그들의 축복과 상급으로 모실 길은 전혀 없었습니다.

다만 하나님 편에서 친히 자원하여 낮아지셔서 인류를 찾아 주시는 길밖에 다른 방법이 없었습니다. 그것이 곧 바로 하나님이 기쁘시게 취하신 중보자 예수 그리스도의 은혜의 언약이었습니다.

그래서 사도 바울은 고린도전서 2장 16절에서 "누가 주의 마음을 알아서 주를 가르치겠느냐"라고 의문을 제기한 후 곧 이어서 "그러나 우리가 그리스도의 마음을 가졌느니라"라고 하였습니다.

이 말씀은 그리스도인이 하나님의 아들 예수 그리스도를 영접하여 그의 마음속에 모실 때, 참신자는 그리스도의 영을 소유하게 되고, 그리하여 그들의 행복에 필요할 만큼은 충분히 하나님의 마음을 알게 된다는 것을 암시합니다.

우리가 임마누엘 하나님 되시는 예수 그리스도를 모시고 살 때 하나님의 마음을 알아 진정한 행복자로 사는 것이며, 그리스도의 말씀과 그리스도의 영의 인도 따라 살 수 있는 것입니다. 그러므로 우리 모두는 신성의 하나님의 아들 예수 그리스도와 십자가에 못 박히신 그리스도만을 믿고, 의지하고, 그리스도의 영의 인도 따라 살아야 합니다. 이것이 인생의 본분이요, 또한 임마누엘 행복의 길입니다. 기도하겠습니다.

살아계신 아버지 하나님!
하나님의 은혜를 감사합니다.
하나님께 범죄하여 하나님을 떠난 인생들이 하나님을 알지 못하고 흑암 속에 거할 때, 하나님께서 그의 아들 예수 그리스도를 통해서 우리를 찾아 주시고, 하나님 아버지 품속에 거하신 예수 그리스도를 통해 우리로 하나님을 알게 하시고 하나님의 마음을 알게 하심을 감사하옵나이다.
사도 바울의 선언대로 누가 주의 마음을 알았으며, 누가 주의 모사가 되겠습니까?

그러나 예수 그리스도를 마음 중심에 모시게 됨으로 우리가 그리스도의 마음, 곧 하나님의 마음을 갖게 됨을 감사합니다.

이제 임마누엘 되시는 예수 그리스도를 모시고 사는 행복자로서 그리스도의 말씀과 그리스도의 영의 인도 따라서만 살아가도록 믿음을 더하여 주옵소서.

오늘도 그리스도의 영, 성령의 충만을 받고 하나님의 능력을 따라 복음과 함께 고난을 기꺼이 받으며 살게 하시고, 무엇보다 우리로 건강하게 해 주셔서, 맡긴 사명을 다하게 해 주옵소서.

예수님의 이름으로 기도하옵나이다. 아멘.

## 롬 11: 35

- "누가 주께 먼저 드려서 갚으심을 받겠느냐"
  하나님은 누구에게도 채무자가 아니시다.
- 우리는 주의 손에서 받은 것으로 주께 드린다.
  우리는 무익한 종.
  거룩한 산 제물로 드리라.

³⁵ 누가 주께 먼저 드려서 갚으심을 받겠느냐

예수님은 그리스도시요 살아계신 하나님의 아들입니다. 예수님이 하나님의 아들 그리스도라는 증거로 십자가에서 우리 죄를 대신해서 피 흘려 죽으시고, 죽은 자들 가운데서 부활하셨습니다.

이 예수님이 하나님의 아들, 예수님이 그리스도, 예수님이 우리 죄를 대신해서 십자가에서 피 흘려 죽으시고 부활하셨다는 복음으로 우리 인생 모든 문제가 처리되고 해답을 얻습니다. 이 복음은 모든 믿는 자에게 구원을 주시는 하나님의 능력이 됩니다. 이 하나님의 아들 예수 그리스도의 복음, 그리스도 십자가 대속의 피의 복음으로 깊이 뿌리내리기를 기원합니다.

예수님의 신성의 하나님 되심과 십자가 대속의 피의 복음을 마음 중심에 믿고 구원받은 그리스도인은 자신의 구원받은 지위에 대한 바른 인식을 갖고 살아야 합니다. 먼저 자신이 피조물인 것을 알아야 하고,

피조물인 자신이 하나님께 반역했던 억만죄악의 죄인임을 깨닫고, 자신이 소유한 몸과 각종 은사와 지혜와 지식과 자신이 소유한 부와 명예와 권력 등이 다 하나님께로부터 왔음을 바로 인식하고, 그것들을 하나님께 반환해 드리는 삶을 살아야 합니다.

그러므로 참된 구원받은 그리스도인들이 하나님과 그리스도 교회를 섬길 때 주의 손에서 받은 것으로 주께 드린다는 사실을 바로 깨달아 봉사와 헌신에서 자랑하거나 하나님과 그리스도 교회에 급부를 요구하거나 해서는 안 됩니다. 우리는 무익한 종으로 우리가 하여야 할 일을 한 것뿐입니다.

그러나 그리스도 교회에서 헌금 많이 하거나, 봉사 많이 하면 교만해지고, 또 자신이 그리스도 교회에 봉사한 급부를 청구하는 악한 무리도 있습니다. 하나님과 우리 주 예수 그리스도는 채무자가 아닙니다. 예수 그리스도는 머리시요, 교회는 그리스도의 몸이라는 사실을 잊으면 이런 우매와 죄악이 나타나게 되어 있습니다.

우리는 사도 바울의 말씀을 듣고 그리스도인으로서 하나님과 그리스도 교회에 대한 바른 자세를 갖고 섬기는 자가 되어야겠습니다.

오늘 본문 로마서 11장 35절을 보면 "누가 주께 먼저 드려서 갚으심을 받겠느냐"라고 합니다.

이 말씀은 바울이 욥기 41장 11절 말씀 "누가 먼저 내게 주고 나로 하여금 갚게 하겠느냐"라는 히브리어 본문을 의역한 것입니다. 이 욥기 본문은 여호와의 말씀(욥 38-41장) 거의 마지막에 나옵니다.

여기서 하나님은 욥에게 자신이 모든 것을 주관하고 계심을 말씀하십니다. 이것이 욥기의 가장 중요한 주제라고 볼 수 있습니다. 곧 "온

천하에 있는 것이 다 내것이니라"라는 하나님의 말씀입니다.

욥은 혼란스러웠고, 하나님께서 왜 그리고 어떻게 세상에 모든 것이 욥 자신에 대항하여 공격하는지 물었습니다. 욥이 하나님의 하시는 일에 의심을 가질 때, 하나님은 욥의 의문에 대답하시는 대신에 자신의 온 피조물에 대한 절대주권을 선언하셨습니다.

온 천하에 있는 것이 다 여호와 하나님의 것이라는 말씀입니다. 바울은 이 욥기 본문에 충실하여 "누가 주께 먼저 드려서 갚으심을 받겠느냐"라고 하였습니다. 바울은 누구든 자기에게 하나님이 채무자라는 것을 증명해 보라고 도전하는 것입니다.

피조물 가운데 누가 하나님이 자기에게 빚졌다는 것을 증명할 수 있겠습니까?

우리가 하나님을 위해 무슨 일을 했든 또는 무엇을 바쳤든, 그것이 진정 인정할 만한 것이라도, 그것은 영원히 그러한 요구를 가로막는 것이 될 뿐입니다. 구약의 다윗은 "우리가 주의 손에서 받은 것으로 주께 드렸을 뿐이니이다"(대상 29:14)라고 기도하였습니다.

우리가 수행할 수 있는 모든 의무는 보답이 아니라 오히려 반환입니다. 바울은 "누가 갚으심을 받겠느냐"라고 하였습니다. 하나님은 누구에게나 빚진 자가 아니십니다. 도리어 우리가 하나님께 빚진 자입니다. 그러므로 로마서 11장의 전 과정을 통해 볼 때, 유대인의 자신의 특권이 그리스도 교회로 갔다고 불평할 수 없으며, 이방인에게 복음이 주어졌을 때 그것이 이방인에게 빚을 졌기 때문도 아닙니다(매튜 헨리, 『로마서 강해』). 하나님은 자신의 기쁘신 뜻대로 하신 것입니다.

십자가 대속의 피의 복음을 하나님의 은혜로 받은 그리스도인은 오직 그리스도, 오직 믿음, 오직 은혜를 구하며 살고, 복음에 빚진 자로서 선물로 받은 모든 은사를 오직 하나님의 영광을 위하여 살아야 할 것입니다. 기도하겠습니다.

살아계신 아버지 하나님!

하나님의 은혜를 감사합니다.

억만죄악의 인생들에게 복음의 빛을 비추어서 예수님이 하나님의 아들이심을 믿고 죄 사함 받아 어두운 우리의 눈을 열어 주시니 감사합니다. 우리가 한낱 피조물에 불과한 자임을 알게 하시고, 하나님께서 모든 만물의 소유자시요 주권자이심을 믿게 하시니 감사합니다.

그러므로 우리가 하나님께로부터 받은 것을 하나님께로 반환시킨다는 사실을 바로 깨닫고, 우리가 가진 모든 은사, 곧 부와 명예와 지혜와 능력과 건강과 미와 가정과 사회도 모두 하나님께서 주신 은혜의 선물임을 믿습니다.

누가 감히 주께 먼저 드려서 갚으심을 받을 자가 있겠습니까?

오늘도 우리가 주의 손에서 받은 것으로 풍성하게 주께 드릴 수 있도록 우리의 건강을 지켜 주시고 건전한 정신을 주어 하나님 사랑과 이웃 사랑의 전도자로 살게 하여 주옵소서.

예수님의 이름으로 기도하옵나이다. 아멘.

## 롬 11: 36

- "만물이 주에게서 나오고 주로 말미암고 주에게로 돌아감이라"
  하나님은 만물의 창조자, 유지자, 상속자.
- 만물의 원천, 수단, 목표.
  창조, 섭리, 심판의 대권 선언.
  하나님의 절대주권 앞에 복종하고 경배하라.

**36** 이는 만물이 주에게서 나오고 주로 말미암고 주에게로 돌아감이라 그에게 영광이 세세에 있을지어다 아멘

예수님은 그리스도시요 살아계신 하나님의 아들입니다. 예수님이 하나님의 아들 그리스도라는 증거로 십자가에서 우리 죄를 대신해서 피 흘려 죽으시고, 죽은 자들 가운데서 부활하셨습니다.

이 예수님이 하나님의 아들, 예수님이 그리스도, 예수님이 우리 죄를 대신해서 십자가에서 피 흘려 죽으시고 부활하셨다는 복음으로 우리 인생 모든 문제가 처리되고 해답을 얻습니다. 이 복음은 모든 믿는 자에게 구원을 주시는 하나님의 능력이 됩니다. 이 하나님의 아들 예수 그리스도의 복음, 그리스도 십자가 대속의 피의 복음으로 깊이 뿌리내리기를 기원합니다.

예수님의 신성의 하나님 되심과 십자가 대속의 피의 복음을 마음 중심에 믿고 구원받은 그리스도인은 그의 인생관, 세계관, 우주관에 있

어서 코페르니쿠스적 전환을 받습니다. 구원받기 이전에는 인간 중심적 세계관, 혹은 자기 중심적 세계관을 갖고 살며, 우주 생성 및 창조에 관해서는 대체로 불가지론적 사고로 사는 것이 보통입니다.

그러나 예수님을 하나님의 아들로 믿고 죄 사함 받아 어두운 영혼의 마음의 눈이 열리게 되면, 자신의 피조성과 창조주 하나님의 존재를 인식하게 됩니다. 그리고 신앙이 성장하고 교리에 이해가 깊어지면, 하나님께서 그의 아들 예수 그리스도로 말미암아 모든 세계를 지으셨다는 지식을 갖게 됩니다. 하나님은 창조의 원천이시요, 유지자이시며, 만물의 상속자이십니다.

이에 관한 포괄적 지식을 사도 바울은 우리에게 제시합니다. 우리는 하나님의 절대주권 앞에 엎드려 경배하고 순종의 삶을 살아야 합니다. 그 순종의 방법이 그의 아들 예수 그리스도를 믿는 것입니다.

오늘 본문 로마서 11장 36절을 보면 "이는 만물이 주에게서 나오고 주로 말미암고 주에게로 돌아감이라 그에게 영광이 세세에 있을지어다 아멘"이라고 합니다.

바울은 모든 것을 하나님의 주권으로 연결시킵니다. "이는 만물이 주에게서 나오고 주로 말미암고 주에게로 돌아감이라"라고 합니다.

이 말은 하나님께서 전부가 되신다는 것입니다. 하늘과 땅의 모든 것, 특히 우리의 구원과 관련되어 있는 일들이나 우리의 평화에 속해 있는 일들이 창조를 통해 그분에게서 나오고, 섭리의 능력을 통해 그분으로 말미암고, 그 최종적 성향과 결과를 통해 그분께 돌아갑니다.

만물은 그 샘이자 원천이신 하나님으로부터 나와서 그 전달자이신 신인(神人) 예수 그리스도로 말미암아 궁극적 대상인 하나님께 돌아갑니다. 이 세 가지 사실은 일반적으로 하나님과 그 피조물 사이의 모든 인과관계에 포함되어 있습니다.

주에게서 나온다는 것은 그분이 최초의 효과적 원인이라는 것을 말하고, 주로 말미암는다는 것은 그분이 최고 지배의 원인이라는 뜻이며, 주에게로 돌아간다는 것은 그분이 최종 원인이라는 의미입니다.

이것은 주께서 만물을 지으셨기 때문입니다(계 4:11). 만일 만물이 그분에게서 나오고, 그분으로 말미암는다면, 그것이 그분에게 돌아가고, 그분을 위해 존재해야 하는 것이 당연한 이치입니다. 그것은 필연적 과정입니다.

본문 로마서 11장 36절과 흡사한 말씀으로 골로새서 1장 16절이 있습니다. 해당 본문을 보면 "만물이 그에게서 창조되되 하늘과 땅에서 보이는 것들과 보이지 않는 것들과 혹은 왕권들이나 주권들이나 통치자들이나 권세들이나 만물이 다 그로 말미암고 그를 위하여 창조되었고"라고 하였습니다.

하나님의 만물의 주권에 관한 말씀은 고린도전서 8장 6절, 고린도후서 5장 18절에서도 같은 사상을 볼 수 있습니다. 이것은 기독교 신관의 웅대한 전모를 간략한 어귀에 담고 있는 것입니다. 우리는 하나님의 창조, 섭리, 심판의 대권을 선포하는 이 말씀 앞에 엎드려 경배하고 복종하며 살아야 마땅합니다.

그러므로 우리 모두는 오직 그리스도, 오직 믿음, 오직 은혜, 오직 하나님의 영광을 위하여 살아야 하며, 비록 우리가 하나님의 뜻을 알지 못하는 경우라도 진행되어 가는 하나님의 섭리 앞에 절대 순종하며 살아야 할 것입니다. 성령의 충만을 구해 하나님 사랑과 이웃 사랑의 전도자로 살기를 기원드립니다.

<hr />

살아계신 아버지 하나님!

하나님의 은혜를 감사합니다.

우리가 어두운 세상에 미아로 버림받은 상태에 있었을 때에는 자신이 누구이며, 어디로부터 와서 무엇을 위해 살다가 어디로 가는지도 모르는 불쌍한 존재였습니다. 그러나 하나님께서 그의 아들 예수 그리스도를 보내셔서 예수 그리스도와 그의 십자가 대속의 죽음의 진리를 믿게 하셔서 우리 어둔 눈을 밝혀 주심을 감사하옵나이다. 우리가 창조자 하나님께서 지으신 피조물이요, 하나님께서 우리가 사는 동안 통치하시고 섭리 보존하시다가, 마지막 하나님께로 돌아간다는 웅대한 하나님의 교리와 위대한 하나님의 주권을 알게 하시니 감사합니다. 바울이 오늘 성령의 감동으로 밝히고 있는 만물이 주에게서 나오고 주로 말미암고 주에게로 돌아간다는 하나님의 대권 선언을 듣게 하시니 감사합니다.

그렇다면 우리는 절대주권자 하나님과 그의 아들 예수 그리스도의 말씀과 뜻을 쫓아 순종하며 살게 하시되, 비록 알지 못하는 고난과 역경의 섭리 속에서도 기쁘게 순종하며 살도록 은혜를 베풀어 주옵소서. 우리로 건강하게 하시고 창조·섭리·심판의 하나님의 존재에 대한 믿음을 더하여 주옵소서.

예수님의 이름으로 기도하옵나이다. 아멘.

## 365

## 롬 11 : 36

- "그에게 영광이 세세에 있을지어다 아멘"
  최종적 송영.
- 만물이 주에게서 나오고 주로 말미암고 주에게로 돌아갈 것이기 때문.
  오직 하나님의 영광을 위하여 ( *Soli Deo Gloria* ).

³⁶ 이는 만물이 주에게서 나오고 주로 말미암고 주에게로 돌아감이라 그에게 영광이 세세에 있을지어다 아멘

예수님은 그리스도시요 살아계신 하나님의 아들입니다. 예수님이 하나님의 아들 그리스도라는 증거로 십자가에서 우리 죄를 대신해서 피 흘려 죽으시고, 죽은 자들 가운데서 부활하셨습니다.

이 예수님이 하나님의 아들, 예수님이 그리스도, 예수님이 우리 죄를 대신해서 십자가에서 피 흘려 죽으시고 부활하셨다는 복음으로 우리 인생 모든 문제가 처리되고 해답을 얻습니다. 이 복음은 모든 믿는 자에게 구원을 주시는 하나님의 능력이 됩니다. 이 하나님의 아들 예수 그리스도의 복음, 그리스도 십자가 대속의 피의 복음으로 깊이 뿌리내리기를 기원합니다.

예수님의 신성의 하나님 되심과 십자가 대속의 피의 복음을 마음 중심에 믿고 구원받은 그리스도인은 자신이 받은 구원에 대하여 만강의 감사를 갖고 오직 하나님의 영광을 위하여 살아야 합니다. 억만죄악의

인생들의 구원을 위해, 하나님은 그의 아들 예수 그리스도를 이 세상에 보내시어 대속의 죽음을 당하게 하시고, 이 십자가 대속의 피의 복음 진리를 하나님의 성령님은 믿도록 은혜를 베푸셨습니다.

우리의 구원은 창세전에 성부 하나님, 성자 예수님, 성령님의 삼위일체 하나님 간의 구속 협약에서 시작되었으며, 역사 속에서 구속 협약이 시행되었으니, 곧 은혜의 언약이요, 십자가 대속의 피의 언약이었습니다. 우리의 구원은 하나님의 값없이 주시는 은혜의 선물입니다.

그런데 왜 하나님께서 이 일을 행하셨습니까?

이 모든 일은 오직 하나님의 영광을 위해 예정된 것입니다. 태초에 하나님께서는 자신의 영광을 위해 사람을 만드셨습니다. 웨스트민스터 소요리문답 첫 번째 문답은 다음과 같습니다.

> 문: 사람의 제일 되는 목적은 무엇인가?
> 답: 사람의 제일 되는 목적은 하나님을 영화롭게 하는 것과 그를 영원토록 즐거워하는 것이다.

인간은 하나님의 영광을 위하여 창조되었습니다. 동시에 구원에 있어서도 동일합니다. 타락한 인간의 구원이 존재하는 유일한 이유, 그것은 하나님의 영광입니다.

오늘 본문은 이 진리를 가장 분명하게 선언합니다.

본문 로마서 11장 36절을 보면, "이는 만물이 주에게서 나오고 주로 말미암고 주에게로 돌아감이라 그에게 영광이 세세에 있을지어다 아멘"이라고 합니다.

영광을 오직 하나님께만 돌려야 하는 이유는 "만물이 주에게서 나오고 주로 말미암고 주에게로 돌아감"이기 때문입니다. 하늘과 땅의 모든 창조의 제1 원인, 주권적 지배자, 그리고 최종적 목적으로서의 하나님의 보편적 행위는 우리의 찬양이 되어야 마땅합니다.

하나님의 하신 일들에 대해 만물이 보편적으로 하나님을 찬양하지만, 그의 성도들은 특별히 하나님을 송축해야 합니다. 성도들은 모든 피조물들을 지으신 하나님을 송축해야 합니다(시 145:10).

지금까지 바울은 인간에 관한 하나님의 경륜에 대해 광범위하고 정곡을 찔러 가며 말하였습니다. 그러나 결국 그는 하나님의 절대주권을 인정하는 것으로 끝맺었습니다. "그에게 영광이 있을지어다 아멘" 하고 최고 송영을 드리는 것입니다.

이것은 학문적 논쟁이 아니라 기독교적 변증을 위한 길입니다. 그 전제가 무엇이든, 결론은 하나님의 영광이 되어야 합니다. 신학과 송영은 분리되어서는 안 됩니다.

한편으로 신학 없이는 송영이 있을 수 없습니다. 알지 못하는 신을 예배하는 것은 불가능합니다. 모든 참된 예배는 하나님의 성경 안에 나타난 하나님의 자기 계시에 대한 반응이며, 하나님의 인격과 하나님의 사역에 대한 고찰로부터 생기는 것입니다(존 스토트, 『로마서 강해』). 바울로 하여금 마지막 송영을 하도록 한 것은 로마서 1-11장에 나오는 엄청난 진리들입니다. 신학이 없는 예배는 우상 숭배로 변질되고 맙니다. 진리의 말씀인 성경은 하나님에 대한 예배를 일으킵니다.

그러나 다른 한편으로 송영이 없는 신학이 있어서도 안 됩니다. 학문적 관심만 갖는 것은 근본적으로 문제가 있습니다. 하나님은 냉정하고 비판적이며 과학적인 관찰과 평가의 대상이 아닙니다. 하나님에 대한 참된 지식은 언제나 우리를 예배와 송영으로 이끕니다.

그러므로 하나님의 아들 예수 그리스도를 믿음으로 하나님에 대한 바른 지식을 가진 그리스도인은 오직 하나님의 영광을 위하여 송영의 삶을 살아야 합니다. 오직 그리스도, 오직 믿음 오직 은혜, 오직 하나님의 영광을 위하여 사는 자들이 되도록 기도하겠습니다.

살아계신 아버지 하나님!

하나님의 은혜를 감사합니다.

기독교의 근간이 되는 핵심 교리를 해명하고 확인한 바울이 마지막에 하나님께 송영을 드리는 것을 본받아, 우리도 우리가 아는 성부, 성자, 성령 삼위 하나님의 사역을 들으면서 하나님께 영광을 돌려드립니다. 하나님은 만물의 근원이시고, 그 생성 발전의 주관자이시며, 그 종국적 목적이신 사실을 믿으면서 "그에게 영광이 세세에 있을지어다"라고 고백하고 아멘으로 확증합니다. 우리는 전무이고 하나님은 전부이심을 믿습니다. 미천한 죄인이지만 하나님의 아들 예수 그리스도의 십자가 대속의 보혈을 믿는 신앙으로 구원받게 하신 아버지 하나님께 모든 영광을 돌립니다. 오늘도 오직 하나님의 영광을 위하여 살 수 있도록 우리로 건강하게 하시고, 하나님의 능력을 주셔서 세상 속에서 하나님 나라 백성답게 살아가게 하여 주옵소서.

예수님의 이름으로 기도하옵나이다. 아멘.

# 제3부

# 실천 편
(12:1-15:13)

제1장 몸과 마음의 헌신 (12:1-2)

제2장 은사 사용에서 겸손 (12:3-8)

제3장 사랑의 실천 (12:9-21)

제4장 권세자들에 대한 복종과 사랑과 거룩함 (13:1-14)

제5장 관용의 필요성 (14:1-15:13)

## 366

## 롬 12:1-15:13

- 하나님의 의의 실천편의 개요.
  로마의 그리스도인들에게서 기대되는 태도와 행동.
- 몸과 마음의 헌신(12:1-2).
  은사 사용에서 겸손(12:3-8).
  사랑의 실천(12:9-21).
  권세자들에 대한 복종(13:1-14).
  관용의 필요성(14:1-15:13).
  교리와 실천의 결합.
  오직 믿음으로 하나님 사랑과 이웃 사랑 실천.

¹ 그러므로 형제들아 내가 하나님의 모든 자비하심으로 너희를 권하노니 너희 몸을 하나님이 기뻐하시는 거룩한 산 제물로 드리라 이는 너희가 드릴 영적 예배니라 ² 너희는 이 세대를 본받지 말고 오직 마음을 새롭게 함으로 변화를 받아 하나님의 선하시고 기뻐하시고 온전하신 뜻이 무엇인지 분별하도록 하라

예수님은 그리스도시요 살아계신 하나님의 아들입니다. 예수님이 하나님의 아들 그리스도라는 증거로 십자가에서 우리 죄를 대신해서 피 흘려 죽으시고, 죽은 자들 가운데서 부활하셨습니다.

이 예수님이 하나님의 아들, 예수님이 그리스도, 예수님이 우리 죄를 대신해서 십자가에서 피 흘려 죽으시고 부활하셨다는 복음으로 우리 인생 모든

문제가 처리되고 해답을 얻습니다. 이 복음은 모든 믿는 자에게 구원을 주시는 하나님의 능력이 됩니다. 이 하나님의 아들 예수 그리스도의 복음, 그리스도 십자가 대속의 피의 복음으로 깊이 뿌리내리기를 기원합니다.

예수님의 신성의 하나님 되심과 십자가 대속의 피의 복음을 마음 중심에 믿고 구원받은 그리스도인은 오직 예수님을 하나님의 아들 그리스도로 믿는 믿음으로 살아갑니다. 믿음으로 의롭다 함을 얻었으니, 이제는 올바른 행위를 결단하면서 사는 것이 아닙니다.

이 그리스도인의 의는 믿음으로 믿음에 이르게 하는 의입니다(롬 1:17). 따라서 그리스도인의 시작이나 과정에 있어서 예수 그리스도를 믿는 믿음이 전부입니다. 신자인 우리가 하나님을 사랑하고 이웃을 사랑하는 행위는 예수 그리스도를 믿는 믿음의 순종이며, 또한 하나님이 그렇게 할 수 있도록 모든 힘을 공급하십니다. 우리는 예수 그리스도와 그의 십자가의 도를 믿는 자에게 임하는 하나님의 능력으로 살아가며, 하나님께서 우리 안에서 행하신 일에 대하여 항상 감사하며 살아갑니다.

이 말을 신학적으로 표현하면 예수 그리스도와 그의 십자가 대속의 피의 복음 진리의 교리와 실천은 결합되어 있다는 것입니다. 사도 바울의 가르침에서 우리가 명확하게 배우는 것은 바로 이 교리와 실천을 결합시킨다는 것입니다.

그리하여 로마서 1장에서 "오직 의인은 믿음으로 말미암아"(롬 1:17) 의로운자에 대한 진술로부터, 그것의 당연한 결과인 "그가 살리라"(롬 1:17) 로 나아갑니다. 사도 바울은 이렇게 교리 진술 후 즉시 그리스도인의 삶의 방식에 관해 언급하기 시작합니다(존 스토트, 『로마서 강해』).

그리하여 로마서 전체를 개관할 때, 지금까지 로마서 1장부터 제 11장까지는 교리편을, 그리고 제12장 이하에는 실천편이 전개됩니다. 교리를 밝히고 거기에 그 교리를 믿는 믿음으로 실천을 권장하는 것입니다.

그러나 바울의 이러한 실천 윤리는 단지 개인적 윤리가 아니라, 예수 그리스도의 죽음과 부활로써 만들어 낸 새로운 공동체의 특징들을 묘사하는 데 관심을 가지고 있습니다.

우리는 세세한 사항들을 살펴보기 전에 로마서 12-15장의 내용에 대한 개요를 보고자 합니다.

**로마서 12장 1-2절**은 전체 관련 부분(12:1-15:13)의 전형 역할을 합니다. 즉, "너희 자신을 전적으로 하나님께 드리라. 옛 세상의 질서를 본받지 말고 새로운 사고 방식이 너희 삶을 변화시키게 하라"입니다.

**로마서 12장 3절에서 15장 13절**은 이러한 헌신의 본질을 구체적 방식으로 설명합니다.

- 로마서 12:3-8: 은사 사용에서 겸손
- 로마서 12:9-21: 사랑의 실천
- 로마서 13:1-14: 권세자들에 대한 복종
- 로마서 14:1-15:13: 관용의 실천

로마서 14장과 15장 1-13절은 유대인과 이방인 사이의 긴장이 존재했던 로마 교회의 상황을 구체적으로 가리키는 것으로 보는 주석가도 있습니다(토마스 슈라이너, 『로마서 강해』).

한편, 로마서 12-15장에 나오는 바울의 윤리적 교훈이 바울이 예수님의 가르침을 직접, 간접적으로 수없이 많이 언급하는 것으로 보는 주석가도 있습니다(존 스토트, 『로마서 강해』). 이것은 모든 성경의 원리라고 믿습니다.

앞으로 우리는 이에 관한 예수 그리스도와 그의 십자가에 대한 교리를 실천으로 결합시킨 로마서 말씀을 구체적으로 볼 것입니다. 기독교는 단순히 하나의 교리요 가르침이 아니라 하나의 삶입니다. 기독교는 하나의 사고 방식일 뿐만 아니라 하나의 삶의 방식이요 행동 방식입니다.

기독교는 오직 하나님의 아들 예수 그리스도를 믿는 믿음으로 하나님과 이웃에게 봉사하는 종교입니다. 이 믿음은 성령을 임하게 하여 계명을 실천할 수 있는 힘을 공급해 줍니다. 곧 하나님의 능력입니다.

그러므로 우리 모두는 오직 그리스도, 오직 믿음 오직 하나님의 은혜로, 성령 충만 받아 하나님 사랑과 이웃 사랑의 전도자로 살아갈 것입니다. 즉시 기도하겠습니다. 기도는 믿음의 실천이기 때문입니다.

살아계신 아버지 하나님!

하나님의 은혜를 감사합니다.

우리로 썩어져 가는 구습을 쫓는 옛사람을 벗어 버리고, 예수님을 하나님의 아들 그리스도로 믿고 심령으로 새롭게 되어 새사람으로 살게 하심을 감사합니다.

우리가 예수님을 하나님의 아들, 예수님을 십자가에 못박히신 그리스도로 믿는 믿음을 가질 때 구원을 주시는 하나님의 능력을 얻게 됨을 믿습니다. 이 예수 그리스도를 믿는 믿음으로 하나님의 능력을 받아 다시 오실 그리스도를 소망하며 살고, 하나님 사랑과 이웃 사랑을 실천하며 살 수 있음을 감사합니다.

십자가 대속의 피의 복음을 믿는 우리가 이러한 새로운 그리스도인의 삶을 능력 있게 살도록 오늘도 우리로 건강하게 해 주시고, 건전한 정신을 갖고 고결한 그리스도인의 삶을 살아가도록 은혜를 베풀어 주옵소서.

예수님의 이름으로 기도하옵나이다. 아멘.

# 제1장

## 몸과 마음의 헌신
(12:1-2)

## 367

## 롬 12:1-2

- "그러므로 형제들아"
  로마서 12장은 기독교 규칙서의 축소판.
  복음에 입각한 올바른 행동 지침의 모음집.
- 복음 전도의 생명은 교리적 진리를 실천하고 적용하는 데 있다.
  그러나 진리의 실천은 교리적 결과이다.
  그러므로 오직 그리스도, 오직 믿음, 오직 예수 보혈 신앙으로 진리를 실천하고 적용하라.

¹ 그러므로 형제들아 내가 하나님의 모든 자비하심으로 너희를 권하노니 너희 몸을 하나님이 기뻐하시는 거룩한 산 제물로 드리라 이는 너희가 드릴 영적 예배니라 ² 너희는 이 세대를 본받지 말고 오직 마음을 새롭게 함으로 변화를 받아 하나님의 선하시고 기뻐하시고 온전하신 뜻이 무엇인지 분별하도록 하라

예수님은 그리스도시요 살아계신 하나님의 아들입니다. 예수님이 하나님의 아들 그리스도라는 증거로 십자가에서 우리 죄를 대신해서 피 흘려 죽으시고, 죽은 자들 가운데서 부활하셨습니다.

이 예수님이 하나님의 아들, 예수님이 그리스도, 예수님이 우리 죄를 대신해서 십자가에서 피 흘려 죽으시고 부활하셨다는 복음으로 우리 인생 모든 문제가 처리되고 해답을 얻습니다. 이 복음은 모든 믿는 자에게 구원을 주시는 하나님의 능력이 됩니다. 이 하나님의 아들 예수 그리스도의 복음, 그리

스도 십자가 대속의 피의 복음으로 깊이 뿌리내리기를 기원합니다.

　예수님의 신성의 하나님 되심과 십자가 대속의 피의 복음을 마음 중심에 믿고 구원받은 그리스도인은 예수님의 가르침과 예수님의 영으로 영감을 받아 쓴 사도들의 교리적 진리를 반드시 실천하고 적용하며 살아야 합니다. 그리스도인은 진정한 자유인이나 기독교 진리 안에서 자유인입니다. 진리가 그리스도인을 자유롭게 하는 것입니다.
　그러면 진리가 무엇입니까?
　물론 진리는 하나님의 아들 예수 그리스도이십니다. 기독교에서 말하는 진리는 인격자이신 예수 그리스도이십니다. 예수 그리스도는 모든 진리의 왕이요, 근원이요, 완성입니다. 모든 그리스도인은 이 진리 되신 예수 그리스도를 믿는 믿음으로 진리 따라 사는 자입니다. 중생한 그리스도인은 진리 되신 예수 그리스도를 믿을 때 진리의 영, 성령이 임하여 우리 마음을 율법에 맞게 하여 예수 그리스도의 모든 교훈과 계명을 기꺼이 지키며 순종하게 합니다.
　만일 그리스도인이라 하면서도 예수 그리스도와 그의 계명을 순종하고 지키지 않는다면 참된 구원받은 그리스도인이라 할 수 없습니다. 기독교의 교리와 그 실천은 분리될 수 없는 것입니다.
　그러므로 기독교의 근간이 되는 핵심 교리를 분명히 해명하고 확인한 사도 바울은 로마서 12장에서 그 주요 의무를 강조합니다. 기독교는 관념의 종교가 아니라, 진리에 따른 실천적 종교입니다. 기독교는 예수 그리스도로 말미암아 새사람이 된 사람의 마음과 삶을 개혁시키는 것입니다.

물론 그리스도인의 실천의 기초는 기독교의 교리와 그에 대한 믿음에 두어져야 합니다. 그리스도인의 하나님 사랑과 이웃 사랑의 실천은 우리가 은혜로 구원을 받았으니, 그 은혜를 갚기 위해 실천하는 것이 아닙니다.

그리스도인의 순종은 항상 예수 그리스도를 믿는 믿음의 순종이며, 또한 하나님은 그렇게 할 수 있는 힘을 공급하십니다. 그리스도인의 생활의 시작도 예수 그리스도를 믿는 믿음이며, 과정도 예수 그리스도를 믿는 믿음이며, 오직 믿음의 순종으로 섬기는 것입니다.

그래서 바울은 지금까지 모든 기독교에 대한 중요 교리를 마치면서, 로마서 12장 1절에서 "그러므로 형제들아"라고 시작하고 있습니다. 이런 시작은 이전 교리의 설명의 연속인 것입니다.

복음 전도의 생명은 교리적 진리를 실천하고 적용하는 데 있습니다. 그래서 바울은 로마서 12장부터는 그리스도인의 생활 규칙서의 축소판이요 그리스도인의 올바른 생활 지침의 모음집으로 열거하고 있습니다.

육신을 갖고 있는 중생한 그리스도인은 육신의 소욕이 아니라 성령을 따라 순종하면서 이 생활 지침을 실천해야 합니다. 참된 그리스도인은 예수 그리스도와 그리스도의 영에 순종할 때 하나님의 능력이 나타나고 기꺼이 계명을 순종하게 됩니다. 앞으로 우리는 몸과 마음의 헌신(12:1-2), 은사 사용에서 겸손(12:3-8), 사랑의 실천(12:9-21)에 관한 의무를 볼 것입니다.

우리는 앞서 들은 바대로 로마서 12장 1절이 "그러므로 형제들아"라고 시작한 것을 기억해야 합니다. "그러므로"라는 말은 로마서의 지금까지 바울 자신이 로마서 11장까지 숙고하고 설명해 온 교리적 교훈 전체를 염두에 두고 한 말입니다.

이것이 바로 그리스도인다운 삶을 살 수 있는 참된 교리의 적용 방식입니다. 그리스도인의 행실은 이 위대한 교리의 결과인 것입니다. 이것이 소위 선한 삶을 영위하고 있는 휴머니스트들과의 차이입니다.

예수 그리스도의 대속의 죽음을 믿고 그 믿음을 통해 나오는 하나님의 능력을 좇아서 행하여 나오는 실천만이 기독교적 행위입니다. 십자가 대속의 피의 복음의 교리와 관계 없이 결과된 선행은 기독교적 가치가 아닙니다. 그 동기는 하나님의 영광이 아니요, 개인의 영광을 추구하는 공리주의입니다.

그러므로 우리 모두는 로마서 11장까지 전개된 기독교의 구원론의 교리를 따라 오직 그리스도, 오직 믿음, 오직 예수 보혈 신앙으로 성령 충만 받아 우리의 모든 의무를 기꺼이 실천하고 순종할 것입니다. 즉시 예수 그리스도로 말미암아 성령을 충만히 부어 주옵소서라고 기도하겠습니다.

살아계신 아버지 하나님!
하나님의 은혜를 감사합니다.
우리는 이제 기독교 구원론에 관한 교리를 듣고 확신한 후 그리스도인의 의무를 실천할 때가 되었다고 믿습니다. 기독교는 단순한 사색의 철학이나 종교가 아니라 기독교적 삶의 실천의 종교임을 믿습니다.

그러므로 그리스도인은 교리와 삶의 실천을 분리해서는 안 되고 오직 십자가 대속의 죽음과 부활을 믿는 믿음을 통해 임하는 성령의 능력으로 사랑의 계명을 기꺼이 지켜야 한다고 믿습니다. 그래서 우리는 앞으로 기독교의 규칙서의 축소판으로서 모음집인 그리스도인의 생활 지침이 로마서 12장 이후 주어짐을 감사합니다.

우리가 이를 기꺼이 실천하고 적용하도록 우리에게 예수 그리스도를 믿는 믿음을 더해 주시고, 복음의 능력, 하나님의 능력, 성령의 능력을 받아서 하나님 사랑과 이웃 사랑의 의무를 기꺼이, 그리고 즐겁게 하도록 도와주옵소서. 이를 위해 무엇보다도 우리의 건강을 지켜 주시고 시험에 들지 않게 지켜 주시고 형제를 사랑하고 부지런하여 게으르지 말고 열심을 품고 주를 섬기게 하여 주옵소서.

예수님의 이름으로 기도하옵나이다. 아멘.

# 368

## 롬 12:1-2

- "형제들아 내가 하나님의 모든 자비하심으로 권하노니"
  산 제물로 드리라는 권면의 방식.
- 그것은 마음(정서적)에 호소.
  뜨거운 정서적 호소.
  형제를 자기와 동일시하여 사랑하라.

> 1 그러므로 형제들아 내가 하나님의 모든 자비하심으로 너희를 권하노니 너희 몸을 하나님이 기뻐하시는 거룩한 산 제물로 드리라 이는 너희가 드릴 영적 예배니라 2 너희는 이 세대를 본받지 말고 오직 마음을 새롭게 함으로 변화를 받아 하나님의 선하시고 기뻐하시고 온전하신 뜻이 무엇인지 분별하도록 하라

예수님은 그리스도시요 살아계신 하나님의 아들입니다. 예수님이 하나님의 아들 그리스도라는 증거로 십자가에서 우리 죄를 대신해서 피 흘려 죽으시고, 죽은 자들 가운데서 부활하셨습니다.

이 예수님이 하나님의 아들, 예수님이 그리스도, 예수님이 우리 죄를 대신해서 십자가에서 피 흘려 죽으시고 부활하셨다는 복음으로 우리 인생 모든 문제가 처리되고 해답을 얻습니다. 이 복음은 모든 믿는 자에게 구원을 주시는 하나님의 능력이 됩니다. 이 하나님의 아들 예수 그리스도의 복음, 그리스도 십자가 대속의 피의 복음으로 깊이 뿌리내리기를 기원합니다.

예수님의 신성의 하나님 되심과 십자가 대속의 피의 복음을 마음 중심에 믿고 구원받은 그리스도인은 우리 몸을 하나님이 기뻐하시는 거룩한 산 제물로 드리라는 권면 속에 사는 자들입니다. 이러한 산 제물로 드리라는 권면은 지성적 이해로부터 시작해서 감정적(정서적) 호소로 이어져야 하고, 그럴 때 인간은 자신의 의지를 하나님과 그리스도께 순종하여 몸을 하나님이 기뻐하시는 산 제물로 드릴 수 있는 것입니다.

인간이라는 존재는 지성, 감정, 의지라는 인격적 요소로 구성된 존재이기 때문에 그리스도인의 삶도 먼저 지성(이지)으로부터 시작해야 합니다. 그리스도인들은 단순히 자기들의 느낌과 충동에 따라서 살아가는 사람이 아닙니다.

사람은 진리에 대한 이해로 통제를 받습니다. 그리스도인들은 자기들이 누구인지 알고 있습니다. 또한, 자기들이 그에 합당하게 행동해야 한다는 것을 인식하고 있습니다.

그래서 우리는 앞서 "그러므로"라는 말씀을 들었습니다. 이 말은 바로 그리스도인들이 그들의 삶을 영위하기 위한 지성적인 논리였습니다. 그리스도인의 행실은 기독교 교리의 결과인 것입니다.

그러나 두 번째 그리스도인의 거룩한 삶의 동기가 있습니다. 그것은 감정적이요 정서적인 것입니다.

오늘 본문 로마서 12장 1절을 보면 "그러므로 형제들아 내가 하나님의 모든 자비하심으로 너희를 권하노니 너희 몸을 하나님이 기뻐하시는 거룩한 산 제물로 드리라 이는 너희가 드릴 영적 예배니라"라고 하였습니다.

우리가 오늘 강해할 내용, "형제들아 내가 하나님의 모든 자비하심으로 너희를 권하노니"의 말씀을 상고하고자 합니다. 물론 이 말씀은 앞서 언급한 대로 그리스도인의 영적 삶의 동기의 두 번째로 마음에 호소하는 것입니다.

복음의 호소는 단순히 지성만을 향하지 않습니다. 항상 정서들을 수반합니다. 이는 늘 마음을 포함하는 것입니다. 신앙이란 매마른 것이 아니며, 매마른 신학이 아닙니다. 참된 신앙과 참된 신학은 항상 마음을 움직이는 것입니다.

이런 점에서 그리스도인의 믿음의 독특성이 있습니다. 이 점에서 인도주의자들의 부족한 모습이 드러납니다. 그들은 정서적 요소를 전혀 갖고 있지 못합니다. 그들의 호소는 단순히 지성적 태도에 관한 것뿐입니다(로이드 존스, 『로마서 강해 12』).

그들은 학식이 있고 두뇌를 가진 자들입니다. 그들은 도덕적 삶을 강조하고 상식을 존중합니다. 그들에게 있어서 궁극적인 문제는 그들이 차갑다는 것입니다. 그들에게는 뜨거움의 요소가 전혀 없습니다. 그들은 불쌍한 죄인을 멸시합니다.

그러나 중생한 그리스도인은 지성뿐만 아니라 감정적 요소에도 똑같은 관심을 가집니다. 죄인들에 대한 불쌍한마음과 긍휼의 마음을 갖습니다.

그래서 오늘 바울은 "형제들아 내가 하나님의 모든 자비하심으로 너희를 권하노니"라고 하는 것입니다.

여기서 "모든 자비하심"이란 "모든 자비하심들"이라는 복수입니다. 하나님의 자비는 선택, 부르심, 의롭게 하심, 성결케 하심, 미래의 영화 등에서 보인 자비를 가리키는 것입니다. 이 하나님의 자비는 매일 같이 임하고, 반복해서 임합니다.

이 "하나님의 자비"는 다른 표현으로는 "하나님의 긍휼"입니다. 하나님의 긍휼이 큰 줄을 아는 신자들은 자신을 항상 산 제물로 하나님께 드릴 것입니다. 그래서 바울은 로마 교인들에게 애정과 긍휼이 가득 담긴 말로 "형제들아"라고 자기와 동일시하여 부르면서, "내가 하나님의 모든 자비하심으로 너희를 권하노니"라고 권면하는 것입니다.

그러므로 우리 모두는 이 하나님의 긍휼하심을 받고 때를 따라 돕는 은혜를 얻기 위하여 은혜의 보좌 앞에 담대히 나갈 것입니다. 오직 그리스도, 오직 믿음, 오직 예수 보혈 신앙으로 뜨거운 마음을 갖고 하나님 사랑과 이웃 사랑의 전도자로 살기를 기원합니다.

살아계신 아버지 하나님!
하나님의 은혜를 감사합니다.
억만죄악의 인생들이 예수 그리스도의 십자가 대속의 죽음의 공로로 죄 사함 받고 자유인이 되었음을 감사합니다. 그러나 이 자유는 그리스도 안에서 자유로서 예수 그리스도를 위하여 우리 몸을 드리는 자유라고 믿습니다.
우리는 죄인된 자신이 죄 사함 받고 의롭다 하심을 얻어 그리스도와 연합되어 임마누엘 예수님을 모시고 사는 자임을 먼저 지성적으로 확신합니다. 그렇다면 우리의 행실은 거룩해야 하고, 우리를 위해서가 아니라 하나님과 예수 그리스도를 위해서 사는 자 되어야 함을 믿습니다. 이제는 우리의 삶의 동기가 예수 그리스도임을 믿습니다. 이때 우리는 냉냉한 지성적 아는 것만으로 예수 그리스도를 섬길 것이 아니라, 뜨거운 마음으로 하나님과 예수 그리스도를 섬기고 이웃을 사랑해야 하리라 믿습니다. 그래서 오늘 우리는 하나님이 기뻐하시는 거룩한 산 제물로 드리라는 권면을 애정 어린 권고로 받습니다.

예수 그리스도로 말미암아 성령을 충만히 부으셔서, 성령으로 말미암은 뜨거운 마음을 갖고 하나님 사랑과 이웃 사랑을 실천하게 하여 주옵소서. 무엇보다 우리로 건강하게 허시고 건전하게 해 주시는 하나님의 긍휼하심을 받고 때를 따라 돕는 은혜를 얻고자 은혜의 보좌 앞에 나아갑니다. 구원을 베풀어 주옵소서.

예수님의 이름으로 기도하옵나이다. 아멘.

# 369

## 롬 12:1-2

- "형제들아 내가 하나님의 모든 자비하심으로 권하노니"
  대단히 애정 어린 간청.
  하나님의 긍휼, 복음의 긍휼을 깨달으라.
- 바로 알고 깨닫고 그 긍휼에 보답하라.
  자신을 감사의 제물로 드리며 살라.

¹ 그러므로 형제들아 내가 하나님의 모든 자비하심으로 너희를 권하노니 너희 몸을 하나님이 기뻐하시는 거룩한 산 제물로 드리라 이는 너희가 드릴 영적 예배니라 ² 너희는 이 세대를 본받지 말고 오직 마음을 새롭게 함으로 변화를 받아 하나님의 선하시고 기뻐하시고 온전하신 뜻이 무엇인지 분별하도록 하라

예수님은 그리스도시요 살아계신 하나님의 아들입니다. 예수님이 하나님의 아들 그리스도라는 증거로 십자가에서 우리 죄를 대신해서 피 흘려 죽으시고, 죽은 자들 가운데서 부활하셨습니다.

이 예수님이 하나님의 아들, 예수님이 그리스도, 예수님이 우리 죄를 대신해서 십자가에서 피 흘려 죽으시고 부활하셨다는 복음으로 우리 인생 모든 문제가 처리되고 해답을 얻습니다. 이 복음은 모든 믿는 자에게 구원을 주시는 하나님의 능력이 됩니다. 이 하나님의 아들 예수 그리스도의 복음, 그리스도 십자가 대속의 피의 복음으로 깊이 뿌리내리기를 기원합니다.

예수님의 신성의 하나님 되심과 십자가 대속의 피의 복음을 마음 중심에 믿고 구원받은 그리스도인은 하나님께서 자신에게 베푸신 긍휼이 얼마나 큰 것인가를 깊이 자각해야 합니다. 이 하나님의 긍휼의 깊이와 높이와 너비를 아는 정도에 따라 하나님과 그리스도께 대한 헌신 및 신앙의 성숙 정도가 결정됩니다.

하나님의 긍휼은 날마다 우리에게 샘처럼 솟아 흐르지만, 특히 십자가 대속의 피의 복음의 긍휼에서 찬란하게 드러났습니다. 나 같은 죄인을 구원하시다니, 하나님의 긍휼이 무한하신 것입니다.

저는 이 사실을 뼛속 깊이 자각하기 때문에 날마다 하나님의 은혜와 긍휼을 구하며 살고 있습니다. 그래서 보잘것없는 존재이지만, 그 하나님의 긍휼에 만에 하나라도 보답하고자 제 자신의 몸과 마음과 모든 은사를 하나님께 드리고자 하면서 살고 있습니다. 하나님께 모든 영광을 돌려드립니다.

오늘 본문에서 사도 바울은 로마 교회 신자들을 향하여 이런 하나님이 긍휼을 상기시키면서 자신의 몸을 하나님께 드리라는 권면을 하고 있습니다.

본문 로마서 12장 1절을 보면 "그러므로 형제들아 내가 하나님의 모든 자비하심으로 너희를 권하노니 너희 몸을 하나님이 기뻐하시는 거룩한 산 제물로 드리라 이는 너희가 드릴 영적 예배니라"라고 하였습니다.

사도 바울은 "하나님의 모든 자비하심으로 너희를 권하노니"라고 하면서, 대단히 애정 어린 간청을 하고 있습니다. 이 말을 듣고 우리는 그것을 받아들이지 않을 수 없습니다. 이것은 참으로 감화력이 넘치는 주장입니다(매튜 헨리, 『로마서 주석』).

하나님 안에 존재하는 풍성한 긍휼이 있습니다. 이는 하나님으로부터 나오는 풍성한 긍휼로서 즉 샘 속에 있는 긍휼과 거기서 흘러 나오는 물줄기 속에 있는 긍휼이 있다는 것입니다.

그러나 하나님의 긍휼은 특별히 앞서 우리가 로마서 11장에서 살펴본 복음의 긍휼입니다. 유대인이 불신앙으로 말미암아 박탈당하고 상실한 것을 이방인에게 이전시킨 것(엡 3:4-6)으로서, 다윗에게 허락한 확실한 은혜입니다(사 55:3).

하나님은 자비의 하나님이십니다. 그러므로 우리는 우리의 몸을 그분께 드려야 합니다. 그러면 하나님은 우리를 기꺼이 사용하실 것입니다. 또 하나님은 우리의 체질이 어떠한지 잘 아십니다. 그것은 하나님이 무한한 이해력을 갖고 계시기 때문입니다.

우리는 하나님으로부터 날마다 하나님의 긍휼, 특히 우리 몸에 베푸시는 긍휼의 열매를 받습니다. 하나님이 우리 몸을 만드셨고, 하나님이 그것을 지탱하십니다. 하나님이 그것을 사셨고, 하나님이 그 위에 큰 존귀를 두셨습니다. 우리가 소멸 되지 않는 것, 우리 영혼이 생명을 유지하고 있는 것은 하나님의 긍휼 때문입니다(매튜 헨리, 『로마서 주석』).

그중에서도 가장 큰 긍휼은 그리스도께서 자신의 몸과 영혼을 죄의 제물로 주셨다는 것입니다. 즉, 예수 그리스도께서는 우리를 위해, 그리고 우리에게 자신을 주셨다는 것입니다. 따라서 이런 긍휼을 받은 우리는 그 긍휼에 보답해야 마땅합니다. 우리 자신을 감사의 제물로 드려야 합니다.

우리의 존재, 우리의 소유, 우리의 능력 등 모든 것을 다 드려야 합니다. 그럴지라도 우리가 받은 풍성한 긍휼에 비하면 너무나 빈약한 보답입니다.

그러므로 우리 모두는 십자가 대속의 피의 복음의 긍휼을 바로 깨닫고 확신하여 오직 그리스도, 오직 믿음, 오직 은혜, 오직 하나님의 긍휼을 구하며 살고, 성령 충만 받아 하나님 사랑과 이웃 사랑의 전도자로 살아야 마땅하겠습니다.

살아계신 아버지 하나님!
하나님의 은혜를 감사합니다.
우리는 오늘 하나님의 모든 자비하심으로 권면한다는 애정 어린 간청을 들으면서 우리를 향하신 하나님의 자비, 하나님의 긍휼의 풍성함을 깨닫기를 기도합니다. 하나님의 긍휼은 샘처럼 끊임없이 흘러서 우리에게 흘러 온다는 사실을 알게 하시니 감사합니다.
우리는 하나님으로부터 날마다 하나님의 긍휼, 특히 우리 몸에 베푸시는 긍휼의 열매를 받고 살고 있습니다. 하나님께서 우리 몸을 만드셨고, 하나님께서 그것을 지탱하시며 타락한 죄의 몸을 하나님의 아들 그리스도의 피로 사셔서 존귀로 관을 씌워 주셨으니 실로 황공무지하옵나이다.
하나님의 가장 큰 긍휼은 십자가 대속의 죽음을 통한 복음의 긍휼이라 믿습니다. 이런 하나님의 긍휼을 받고 사는 우리는 마땅히 그에 대한 보답이 있어야 하리라 믿습니다.

우리로 먼저 이 그리스도 십자가 대속의 피의 복음의 긍휼을 깊이 깨닫고 체험하게 하시고, 그리하여 우리의 소유와 능력, 그리고 은사들을 하나님과 그리스도께 드리며 사는 자들이 되도록 은혜를 베풀어 주옵소서. 오늘도 우리로 몸의 건강을 주시고, 하나님의 능력을 주셔서 하나님의 긍휼, 복음의 긍휼에 보답하는 하루가 되도록 인도하여 주옵소서.

예수님의 이름으로 기도하옵나이다. 아멘.

## 370

## 롬 12:1-2

- "너희 몸을 하나님이 기뻐하시는 거룩한 산 제물로 드리라"
  강조된 그리스도인의 의무.
- 너희 몸은 몸과 영혼을 포함한 전 인격.
  그리스도 안에 거하여 그리스도를 통해 하나님께 전 인격과 행함을 바치라.
  하나님과 예수 그리스도의 노예로 살라.
  의의 무기로 하나님께 드리라.

1 그러므로 형제들아 내가 하나님의 모든 자비하심으로 너희를 권하노니 너희 몸을 하나님이 기뻐하시는 거룩한 산 제물로 드리라 이는 너희가 드릴 영적 예배니라 2 너희는 이 세대를 본받지 말고 오직 마음을 새롭게 함으로 변화를 받아 하나님의 선하시고 기뻐하시고 온전하신 뜻이 무엇인지 분별하도록 하라

　예수님은 그리스도시요 살아계신 하나님의 아들입니다. 예수님이 하나님의 아들 그리스도라는 증거로 십자가에서 우리 죄를 대신해서 피 흘려 죽으시고, 죽은 자들 가운데서 부활하셨습니다.
　이 예수님이 하나님의 아들, 예수님이 그리스도, 예수님이 우리 죄를 대신해서 십자가에서 피 흘려 죽으시고 부활하셨다는 복음으로 우리 인생 모든 문제가 처리되고 해답을 얻습니다. 이 복음은 모든 믿는 자에게 구원을 주시는 하나님의 능력이 됩니다. 이 하나님의 아들 예수 그리스도의 복음, 그리스도 십자가 대속의 피의 복음으로 깊이 뿌리내리기를 기원합니다.

예수님의 신성의 하나님 되심과 십자가 대속의 피의 복음을 마음 중심에 믿고 구원받은 그리스도인은 자신의 전 인격과 몸을 기꺼이 하나님께 드리며 사는 자가 됩니다. 이것은 그리스도인이 반드시 지켜야 할 그리스도인의 의무입니다.

그것은 자신이 과거에는 사탄의 노예였으나, 이제는 예수 그리스도께서 십자가 대속의 죽음의 속전으로 우리를 사서 그리스도의 지체로 삼으셨기 때문에 우리는 하나님과 예수 그리스도의 노예로 살아야 합니다. 그러므로 예수 그리스도의 십자가 대속의 피 흘리심의 공로로 구원받은 그리스도인은 "너희 몸을 하나님이 기뻐하시는 거룩한 산 제물로 드리라"라는 요구를 받은 것입니다.

우리는 이때 오해해서는 안 되는 것이 있으니, 우리가 자신을 하나님께 드림으로써 자신을 구원하는 것이 아니라는 것입니다. 오직 예수 그리스도께서 유일한 한 제물이 되어 우리 대신 하나님께 드리셨기 때문에, 오직 예수 그리스도를 믿는 믿음으로 자신을 하나님께 드리는 것입니다. 우리 몸의 지체를 의의 무기로 하나님께 드리는 것입니다.

이에 대한 과오를 범하는 것이 가톨릭 구원관입니다. 그들은 오직 예수 그리스도를 믿는 믿음으로가 아니라 믿음과 동시에 스스로 행함을 통해 하나님께 드린다고 합니다. 그러나 이것은 잘못으로 종교개혁의 원인이 되었습니다.

우리는 오늘 본문을 읽으면서 우리 자신을 하나님께 드리라는 강조된 그리스도인의 의무에 관해 먼저 개관해 보고자 합니다.

본문 로마서 12장 2절 중단을 보면 "너희 몸을 하나님이 기뻐하시는 거룩한 산 제물로 드리라"라고 합니다.

여기서 제물은 율법하에서 드려졌떤 희생 제물을 암시합니다. 구약 시대 이것은 하나님께 제공되도록 준비되어, 제단에서 하나님 앞에 봉헌되거나 바쳐졌습니다.

이를 배경으로 사도 바울은 "너희 몸을" 드리라고 하는 것입니다. 여기서 "너희 몸"은 우리 자신 전체를 의미합니다. 구약 시대 희생 제사 시에 짐승의 몸 전체가 바쳐졌기 때문입니다. 이것은 몸과 영혼이 다 포함된 개념입니다.

구약 시대 제물은 제사장에 의해 죽임을 당했으나 제물의 소유자에 의해 하나님께 바쳐졌습니다. 제물을 바치는 백성은 그 제물의 머리 위에 손을 얹음으로써, 그것을 통해 자기의 모든 권리, 자격 그리고 권익을 하나님께 이전시켰습니다.

이런 구약 시대의 하나님께 드리는 희생 제사의 제물과 제사장은 신약 시대 제물이 되고 제사장 되시는 하나님의 아들 예수 그리스도의 예표였습니다. 예수님은 구약 시대 피의 희생 제사법의 완성이셨습니다. 예수님은 그 자신이 제물이요 제사장으로서 우리를 대신하여 자기를 단번에 하나님께 드려서 죄를 없이 하여 주셨습니다.

이제 신약 시대에는 누구든지 제물 되고 제사장 되시는 예수님의 십자가 대속의 죽으심을 믿음으로써 죄 사함을 받고, 자신도 그리스도 안에서 제물이요 제사장이 됩니다. 그러므로 베드로는 "예수 그리스도로 말미암아 하나님이 기쁘게 받으실 신령한 제사를 드릴 거룩한 제사장이 될지니라"(벧전 2:5)라고 하였습니다.

예수 그리스도를 통해서 하나님께 바쳐진 우리의 전 인격과 행함은 하나님의 영광을 위해 드려지는 화목 제물과 같습니다. 이것은 자유의사에 따라 오직 믿음으로 기꺼이 하나님께 바쳐집니다. 하나님께 우리 몸을 바치는 것은 죄를 없애는 것일 뿐만 아니라, 몸을 하나님을 섬기는 영혼의 종이요, 노예로 되고자 함입니다. 또한, 이것은 우리 몸의 지체를 의의 무기로 하나님께 드리는 것입니다.

그러므로 십자가 대속의 피의 복음을 마음 중심에 믿는 우리는 예수 그리스도로 말미암아 우리 몸의 지체를 하나님께 드리도록 해야겠습니다. 이를 통해 하나님의 영광을 위하여 사는 것입니다. 오직 그리스도, 오직 믿음으로 성령 충만 받아 하나님 사랑과 이웃 사랑의 전도자로 살기 바랍니다.

살아계신 아버지 하나님!

하나님의 은혜를 감사합니다.

억만죄악의 우리가 예수 그리스도로 말미암아 죄 사함을 받았으니, 이제 자기가 원하는 대로 사는 것이 아님을 믿습니다. 우리는 예수 그리스도로 말미암아 하나님이 기쁘시게 받으실 신령한 제사를 드릴 거룩한 제사장이 되었습니다. 그러므로 우리는 오늘 본문에서 너희 몸을 하나님이 기뻐하시는 산 제물로 드리라는 권고를 받고 있습니다.

과거에는 우리가 사탄의 노예가 되어 불의의 무기로 죄에게 내주는 자였으나, 이제는 예수 그리스도를 믿고 그리스도 안에서 우리 지체를 의의 무기로 하나님께 드리는 자가 됨을 감사하옵나이다.

이제는 내가 사는 것이 아니요 오직 내 안에 그리스도께서 사시는 것이라 믿습니다. 그러므로 이제 내가 육체 가운데 사는 것은 나를 사랑하사 나를 위하여 자기 자신을 버리신 하나님의 아들을 믿는 믿음 안에서 사는 것임을 또한 믿습니다.

오직 그리스도, 오직 믿음, 오직 예수 보혈 신앙으로 살도록 우리의 믿음을 더해 주시고 세상 속에서 하나님 나라 백성답게 살도록 무엇보다도 우리를 건강하게 해 주시고 지혜와 능력을 주시고 시련을 극복할 하나님의 능력을 부어 주옵소서. 그리하여 하나님 사랑과 이웃 사랑의 증인으로 살게 하여 주옵소서.

예수님의 이름으로 기도하옵나이다. 아멘.

## 롬 12:1-2

- "너희 몸을 하나님이 기뻐하시는 거룩한 산 제물로 드리라"
  살아 있고 거룩한 제사를 드리라.
- 구원받은 자도 죄가 몸 안에 잔존한다.
  이 죄는 신자를 주장할 기회를 노리고 있다.
  그리스도의 영으로 몸의 행위를 죽이며 살라.
  썩어져 가는 구습을 좇는 옛사람을 벗으라.
  경건에 이르도록 자신을 연단하라.

[1] 그러므로 형제들아 내가 하나님의 모든 자비하심으로 너희를 권하노니 너희 몸을 하나님이 기뻐하시는 거룩한 산 제물로 드리라 이는 너희가 드릴 영적 예배니라 [2] 너희는 이 세대를 본받지 말고 오직 마음을 새롭게 함으로 변화를 받아 하나님의 선하시고 기뻐하시고 온전하신 뜻이 무엇인지 분별하도록 하라

예수님은 그리스도시요 살아계신 하나님의 아들입니다. 예수님이 하나님의 아들 그리스도라는 증거로 십자가에서 우리 죄를 대신해서 피 흘려 죽으시고, 죽은 자들 가운데서 부활하셨습니다.

이 예수님이 하나님의 아들, 예수님이 그리스도, 예수님이 우리 죄를 대신해서 십자가에서 피 흘려 죽으시고 부활하셨다는 복음으로 우리 인생 모든 문제가 처리되고 해답을 얻습니다. 이 복음은 모든 믿는 자에게 구원을 주시는 하나님의 능력이 됩니다. 이 하나님의 아들 예수 그리스도의 복음, 그리

스도 십자가 대속의 피의 복음으로 깊이 뿌리내리기를 기원합니다.

　예수님의 신성의 하나님 되심과 십자가 대속의 피의 복음을 마음 중심에 믿고 구원받은 그리스도인은 죄 사함 받은 자신의 몸에 여전히 죄가 잔존해 있음을 알아야 합니다. 이 죄는 항상 자기가 주장할 기회를 노리고 있습니다.
　우리 몸 안에 남아 있는 죄는 우리의 힘으로 없애거나 제어할 수 없고 오직 우리 안에 거하시는 성령으로 말미암아 죄를 죽일 수 있습니다. 성령님은 오직 예수 그리스도를 믿는 믿음으로 역사하기 때문에 복음을 받은 그리스도인은 반드시 쉬지 말고 기도해야 합니다.
　저는 이 진리를 누구보다 깊이 자각하는 자로서 반드시 일을 하기 전에, 길을 떠나기 전에, 누구와 만나기 전에, 또 누구와 교제하거나 공적 임무를 수행하기 전에 간절히 짧게나마 기도합니다.
　중요한 사항은 이미 정시 기도 시간에 기도해 왔지만, 동시에 그것을 실시하는 때에도, 그 이전에 반드시 기도해야 합니다.
　성령님은 오직 십자가 대속의 피의 복음과 그것을 믿는 믿음과 기도를 통해서 역사하심으로, 오직 예수 그리스도를 믿는 믿음으로 기도하고 모든 일을 수행해야 합니다. 이것이 십자가 피의 복음 받은 그리스도인이 살아 있고 거룩한 제사를 드리는 삶입니다.
　오늘 우리는 이에 대한 사도 바울의 권면을 듣고자 합니다.
　본문 로마서 12장 1절 중단을 보면 "너희 몸을 하나님이 기뻐하는 거룩한 산 제물로 드리라"라고 합니다.

"거룩한 산 제물로 드리라"라고 하는데 그것은 구체적으로 어떤 의미입니까?

다른 표현으로는 "살아 있고 거룩한 제사를 드리라"라는 말입니다.

왜 구원받은 그리스도인들에게 이런 권면을 합니까?

다시 말하자면 이미 죄 사함을 받은 자들인 그리스도인들에게 왜 이런 권면을 합니까?

그것은 구원받은 그리스도인의 몸 안에 죄가 아직 잔존하고 있기 때문입니다. 이 죄는 항상 자기가 주장할 기회를 노리고 있습니다. 이것은 하나님께서 구원의 경륜 속에서 결정하신 일입니다. 이것은 그 모형으로서 이미 구약 시대 가나안 땅으로 이스라엘 백성이 들어갔을 때, 그곳에 있는 모든 원수를 다 멸절시키지 않은 것과 같은 것입니다. 이스라엘은 그 원수들과 타협하지 않고 싸워야만 했습니다.

신약 시대 구원받은 그리스도인들에게도 정확히 똑같은 일을 하게 하십니다. 우리 몸 안에 죄가 있는 것입니다. 그래서 구원받은 그리스도인들에게 오늘 본문에서 보듯이 "너희 몸을 하나님이 기뻐하시는 거룩한 산 제물로 드리라"라고 하는 것입니다. 우리는 이와 같이 살아 있고 거룩한 제사를 드려야만 합니다.

먼저 우리는 우리 몸을 산 제물로 드려야 합니다. 그것은 율법하의 제물처럼 죽임을 당하는 것이 아니라 살아 있는 우리 몸을 하나님께 드리는 것입니다. 몸을 산 제물로 만드는 분은 믿음으로 말미암아 영혼 속에 거하시는 예수 그리스도이십니다.

그래서 그리스도인은 오직 예수 그리스도를 믿는 믿음으로 사는 것이며, 쉬지 말고 그 믿음을 실천하는 기도 속에 사는 것입니다.

다음으로 우리는 거룩한 제사를 드려야 합니다. 하나님께 바쳐져야 하기 때문에 모든 제물은 거룩해야만 합니다. 우리의 마음과 삶은 하나님의 본질과 뜻에 합당해야 합니다. 이것은 우리 힘으로 안 되고 성령으로 말미암아 그리스도와 연합될 때 가능합니다.

우리가 그리스도와 연합되어 그리스도의 지체가 되어야 합니다. 그리스도의 지체가 된 우리 몸은 이제 그리스도께 종으로 내주어 거룩함에 이르러야 합니다(롬 6:19).

하나님의 뜻에 따르는 것이 거룩함입니다. 우리 몸은 성령의 전입니다. 그러므로 몸을 성결케 하라는 명령을 받는 것입니다.

신성의 하나님의 아들과 그의 십자가 대속의 죽음을 마음 중심에 믿는 자는 자신의 몸을 거룩한 산 제물로 드리며 살아야 합니다. 이것은 오직 예수 그리스도를 믿는 믿음으로, 오직 기도함으로, 오직 성령의 충만함 받고 살아야 한다는 것을 의미합니다.

예수 그리스도로 말미암아 성령의 충만을 받고 그리스도의 종으로 거룩함에 이르도록 기도하겠습니다. 하나님 사랑과 이웃 사랑의 전도자로 살도록 기도하겠습니다.

살아계신 아버지 하나님!
하나님의 은혜를 감사합니다.
예수 그리스도로 말미암아 구원받은 우리가 어떻게 살아야 합니까?
우리 몸을 하나님이 기뻐하시는 산 제물로 드리며 살라고 합니다.

우리는 비록 우리가 예수님을 하나님의 아들로 믿고 죄 사함 받고 구원을 받은 자이지만 여전히 우리는 사망의 몸을 가진 자임을 알고 있습니다. 우리의 몸 안에 아직 죄가 잔존해 있음을 우리는 영적으로 깨닫습니다. 우리가 조금만 믿음에서 떠나 방심하면, 이 죄가 기회를 타서 우리를 시험에 들게 하고 실족하게 합니다.

우리가 이 사실을 뼛속 깊이 자각하도록, 우리의 교만을 깨닫게 하시고 오직 그리스도, 오직 믿음, 오직 기도하며 살게 하여 주옵소서. 쉬운 일이나 어려운 일이나 자신의 교만을 십자가에 못 박으면서 말씀과 성령의 인도 속에 살도록 믿음과 은혜를 베풀어 주옵소서. 그리스도 예수의 사람들은 육체의 욕심과 함께 그 정욕과 탐심을 십자가에 못 박았음을 믿고, 오직 성령으로 살고, 성령으로 행하며 살게 하여 주옵소서. 우리의 육체의 건강도 보존하여 주옵소서.

예수님의 이름으로 기도하옵나이다. 아멘.

## 롬 12:1-2

- "이는 너희가 드릴 영적 예배니라"
  "영적 예배"(Spiritual worship)로도, "이치에 합당한 예배"(Reasonable service)로도 번역된다.
  구약의 의식적 제사에 대하는 내적이고 중심적인 참된 예배.
- 삶 전체를 통해서 하나님을 예배하는 것.
  우리 몸으로 수행하는 구체적인 봉사 행위로 표현되어야 한다.

¹ 그러므로 형제들아 내가 하나님의 모든 자비하심으로 너희를 권하노니 너희 몸을 하나님이 기뻐하시는 거룩한 산 제물로 드리라 이는 너희가 드릴 영적 예배니라 ² 너희는 이 세대를 본받지 말고 오직 마음을 새롭게 함으로 변화를 받아 하나님의 선하시고 기뻐하시고 온전하신 뜻이 무엇인지 분별하도록 하라

예수님은 그리스도시요 살아계신 하나님의 아들입니다. 예수님이 하나님의 아들 그리스도라는 증거로 십자가에서 우리 죄를 대신해서 피 흘려 죽으시고, 죽은 자들 가운데서 부활하셨습니다.

이 예수님이 하나님의 아들, 예수님이 그리스도, 예수님이 우리 죄를 대신해서 십자가에서 피 흘려 죽으시고 부활하셨다는 복음으로 우리 인생 모든 문제가 처리되고 해답을 얻습니다. 이 복음은 모든 믿는 자에게 구원을 주시는 하나님의 능력이 됩니다. 이 하나님의 아들 예수 그리스도의 복음, 그리스도 십자가 대속의 피의 복음으로 깊이 뿌리내리기를 기원합니다.

예수님의 신성의 하나님 되심과 십자가 대속의 피의 복음을 마음 중심에 믿고 구원받은 그리스도인은 비로소 삼위일체 하나님에 대한 바른 인식을 갖게 되어 삼위 하나님께 예배하고자 하는 마음이 생깁니다. 무소부재하신 하나님의 속성을 깨닫게 됨으로 자신의 삶 전체를 통해서 하나님을 예배하며 사는 자가 됩니다.

예배에 관하여는 모든 그리스도인이 다 잘 알고, 중요하게 생각합니다. 그러나 그 "예배"에 대한 인식이 다른 경우가 많습니다. 무엇보다도 예수님을 하나님의 아들 그리스도라는 진리를 참되게 믿지 못한 신자들이 많으므로 "영과 진리"로 드리는 예배를 진리가 없는 열정적인 감정으로만 드리고자 하기도 합니다.

또한, 구약 시대 의식적 제사처럼 외형적 예배에 치중하기도 합니다. 화려하게 치장된 교회 공간에서 웅장한 음악을 들으며 스크린에 비치는 멋진 영상에 감동되면서 예배를 드리기도 합니다.

그러면 이런 예배가 과연 영적 예배가 됩니까?

이치에 합당한 예배가 될 수 있습니까?

이에 대한 사도 바울의 말씀을 듣고자 합니다.

오늘 본문 로마서 12장 1절을 보면 "그러므로 형제들아 내가 하나님의 모든 자비하심으로 너희를 권하노니 너희 몸을 하나님이 기뻐하시는 거룩한 산 제물로 드리라 이는 너희가 드릴 영적 예배니라"라고 합니다.

"이는 너희가 드릴 영적 예배니라"라고 할 때에 여기서 이 말씀은 "영적 예배"(Spiritual worship) 로도 보고(RSV), "이치에 합당한 예배(Reasonable service) 로도 번역되고 있습니다(AV). 그러나 칼빈을 비롯한 다수의 주석가는 후자, 즉 "이치에 합당한 예배"로 보고 있습니다.

우리는 지금까지 로마서 11장을 통해 하나님의 긍휼에 대한 위대한 교리를 들었습니다. 그래서 바울은 오늘 본문에서 "그러므로 형제들아 내가 하나님이 모든 자비하심으로 너희를 권하노니"라는 말로 하나님의 자비와 긍휼에 감사하는 보답을 말하였습니다.

우리는 그리스도 십자가 대속의 피의 복음의 긍휼을 받은 자이기에 오늘 본문에서 "너희 몸을 하나님이 기뻐하시는 산 제물로 드리라"라고 하였습니다. 그리고 곧 이어서 바울은 우리 몸을 드리는 것이 우리가 드릴 "영적 예배"라고 합니다.

이 "영적 예배"를 "이치에 합당한 예배"(Reasonable service)로 이해할 때, 이 "영적 예배"는 하나님을 섬기는 것입니다. 이 하나님을 섬기는 일은 "너희 몸을 하나님이 기뻐하시는 거룩한 산 제물로 드리는 것"이기 때문에 단순히 내적이고 추상적이고 신비적이기만 한 예배는 어떤 것도 하나님을 기쁘시게 하지 못합니다.

그것은 우리 몸으로 수행하는 구체적인 봉사 행위로 표현되어야만 합니다. 살아계시고 참되신 하나님을 공적 예배 속에서만 경배하는 것이 아닙니다. 그것도 예배의 일부이지만, 동시에 우리의 삶 전체를 통해 하나님을 예배하는 것입니다.

그러면 우리가 어떻게 우리 몸을 산 제물로 드리는 영적 예배를 드릴 수 있습니까?

기독교 초기 위대한 설교자로 알려진 크리소스톰이 이렇게 말하였습니다.

눈은 악을 보지 않으면 제사가 된다. 혀는 비루한 말을 하지 않으면 제사가 된다. 손은 죄를 짓지 않으면 번제가 된다. 그리고 그 이상으로 우리는 더욱 적극적으로 선을 행하여야 한다. 손은 구제를 하고, 입은 우리를 저주하는 자를 축복하고, 귀는 틈나는 대로 하나님의 음성을 들을 때 그것은 산 제사가 되는 것이다(로이드 존스, 『로마서 강해 12』).

이것이 과연 하나님이 기뻐하시는 거룩한 제사로 드리는 것이며, 우리가 드려야 할 "이치에 합당한 예배"로 드리는 것이 될 것입니다. 이때 우리가 주의할 것은 외형적 예배가 아니라 "이치에 합당한 예배" 곧 "정신적, 영적 예배"가 되어야 합니다.

우리 모두 예수님을 하나님의 아들 그리스도로 믿어 하나님을 바로 알고, 하나님께 이치에 합당한 예배, 영적 예배를 드려야겠습니다. 우리의 삶 전체를 통해 하나님을 예배하는 자가 되어야겠습니다.

살아계신 아버지 하나님!
하나님의 은혜를 감사합니다.
하나님께 범죄하여 하나님을 알지 못하고 우상 숭배 속에 산 우리를 하나님의 긍휼로 인하여 예수님을 하나님의 아들 그리스도로 믿어 죄 사함 받게 하고 하나님께 예배하며 사는 자가 되게 하심을 감사하옵나이다. 그래서 우리는 오늘 사도 바울의 우리 몸을 하나님께 산 제물로 드리는 영적 예배자가 되어야 한다는 말씀을 받습니다.

우리가 우리 몸을 산 제물로 드리는 예배는 영적 예배요 이치에 합당한 예배가 되어야 한다는 말씀을 믿습니다. 특히, 우리는 어떻게 하여야 우리 몸을 산 제물로 드리는 영적 예배를 드릴 수 있는가에 대한 구체적인 요구도 받고 있습니다.

우리는 적극적으로 선을 행하고, 우리의 손은 구제를 하고, 입은 저주하는 자를 축복하고, 귀는 틈나는 대로 하나님의 말씀을 듣고 하나님의 음성을 깨달아야 한다는 사실을 믿습니다. 이것은 우리의 삶 전체를 통해 하나님을 예배하는 것임을 믿습니다.

우리로 오늘도 이러한 이치에 합당한 예배를 삶 속에서 수행하도록 우리로 건강하게 해 주시고, 우리 마음속에 하나님의 사랑을 성령님께서 부으셔서 하나님 사랑과 이웃 사랑의 전도자로 살아가게 해 주옵소서. 예수님의 이름으로 기도하옵나이다. 아멘.

## 롬 12:2

- "너희는 이 세대를 본 받지 말고"
  그리스도인의 삶의 큰 원수는 이 세대.
- 세대는 시간적 세상.
  세상은 하나님 떠난 사고 방식으로 산다.
  세상과 타협하지 말라.
  교회 안에 세상 정신을 몰아내라.

² 너희는 이 세대를 본받지 말고 오직 마음을 새롭게 함으로 변화를 받아 하나님의 선하시고 기뻐하시고 온전하신 뜻이 무엇인지 분별하도록 하라

예수님은 그리스도시요 살아계신 하나님의 아들입니다. 예수님이 하나님의 아들 그리스도라는 증거로 십자가에서 우리 죄를 대신해서 피 흘려 죽으시고, 죽은 자들 가운데서 부활하셨습니다.

이 예수님이 하나님의 아들, 예수님이 그리스도, 예수님이 우리 죄를 대신해서 십자가에서 피 흘려 죽으시고 부활하셨다는 복음으로 우리 인생 모든 문제가 처리되고 해답을 얻습니다. 이 복음은 모든 믿는 자에게 구원을 주시는 하나님의 능력이 됩니다. 이 하나님의 아들 예수 그리스도의 복음, 그리스도 십자가 대속의 피의 복음으로 깊이 뿌리내리기를 기원합니다.

예수님의 신성의 하나님 되심과 십자가 대속의 피의 복음을 마음 중심에 믿고 거듭난 그리스도인의 삶은 하나님 중심, 성경 중심, 교회 중심의 사고 방식으로 사는 자입니다. 이때 그리스도인의 삶의 큰 원수는 이 세상 혹은 이 세대입니다. 그것은 그리스도인이 이 세상을 피하지 않고, 이 세상과 타협하여 신앙의 타락을 가져오는 것이기 때문입니다.

우리는 오늘 본문에서 엄숙한 경고를 받습니다.

본문 로마서 12장 2절을 보면 "너희는 이 세대를 본받지 말고 오직 마음을 새롭게 함으로 변화를 받아 하나님의 선하시고 기뻐하시고 온전하신 뜻이 무엇인지 분별하도록 하라"라고 합니다.

본문은 먼저 "너희는 이 세대를 본받지 말고"라고 분명히 밝힙니다. 여기서 "이 세대"는 시간적 세상입니다. 인간 역사는 몇 세대로 나뉘어져 있고, 각 세대에는 그 특색이 있습니다.

이런 세대 속에 사는 그리스도인들은 "이 세대를 본받지 말라"라고 명령받는 것입니다. 그리스도인들이 새롭게 함의 역사에서 가장 큰 원수는 이 세대를 피해야 하는데, 곧 이 세상과 타협하는 것입니다.

그러면 이 세상의 실체는 무엇입니까?

한마디로 말해서 세상은 물질적인 우주를 의미하지 않고 사고 방식이나 관점을 의미합니다. 물론 그 말이 우리 주위에 있는 물리적 우주를 가리키는 때도 있습니다. 그것은 문맥을 통해 결정해야 합니다.

오늘 본문에서 이 세대, 곧 이 세상은 사고 방식이나 관점을 의미하는데 이에 대한 다양한 설명을 할 수 있습니다. 우리는 이 세상과 타협하지 않기 위하여 이 세상에 관한 몇 가지 성경적 관점을 알아야겠습니다(로이드 존스, 『십자가와 구속』).

**첫째**, 신약성경에서 세상이라는 말을 통해서 가장 우선적으로 나타내려고 하는 것은 하나님과 무관하게 생각되거나 조직되거나 영위되는 삶입니다.

**둘째**, 세상이라는 말은 인류 타락의 결과로 마귀에 의해서 주도되는 삶과 행동으로 규정될 수 있습니다. 세상이란 하나의 사고 방식, 즉 하나님을 떠나 있을 뿐 아니라 주도적으로 마귀에게 통제되는 삶의 방식을 의미합니다.

**셋째**, 세상이라는 말은 "육체"라는 용어에 함축되어 있습니다. 이 육체는 성경에서 세상적 사고 방식과 세상적 삶을 나타내는 말로 쓰여지고 있습니다. 그래서 세상이라는 말은 "성령을 따라 행하는" 것보다 "육체를 따라 행하는" 것을 의미합니다.

그러므로 본문에서 사도 바울은 "너희는 이 세대를 본받지 말고"라고 하는 것입니다. 곧 이 세상과 타협하지 말라는 것입니다. 예수님의 제자들은 이 세상과 타협하지 않는 자들이 되어야 합니다.

이 말은 세상에 따라 변하지 말라는 것입니다. 우리는 세상의 일들에 타협해서는 안 됩니다. 그것들은 가변적이고 그 유행은 사라지는 것입니다.

그리스도인은 육신의 정욕이나 안목의 정욕에 따르지 말아야 합니다. 그리스도인은 죄악에 빠져 있는 세상 사람들의 삶을 따르거나 이 세상 풍조를 따라 살아서는 안 됩니다(엡 2:2).

다시 말해 우리는 다수를 따라 악을 행하지 말아야 합니다. 만일 죄인들이 우리를 유혹한다면 그들에게 동조하지 말고, 그 자리에서 그들을 반대해야 합니다. 또한, 어떤 일이 그 자체로서는 죄와 무관하고 죄가 아닌 일들에 대해서도 우리는 세상의 풍습과 길을 따라가서는 안 됩니다.

참기독교는 순진한 외고집에 크게 좌우됩니다. 그러나 우리는 무례하거나 방자해서는 안 됩니다. 세상 속에서 본성의 빛과 민족의 관습은 우리의 지침이 되어야 합니다. 이런 일들이 우상 숭배가 아닌 한, 복음의 규칙은 반대를 위한 법칙이 아니라 방향 제시의 법칙 구실을 해야 합니다.

끝으로 우리가 세상과 타협해서는 안 된다고 하여 세상에서 일어나는 모든 변화에 대하여 무관심해서는 안 됩니다. 세상의 어떤 영역에서든지 새로운 빛이나 지식이 주어지면 그것에 대해서 우리의 눈을 열어야 합니다. 그러나 우리가 먼저 그런 방면에서 어떤 도움을 얻을 수 없다고 말하는 일에서부터 시작해야 합니다. 왜냐하면, 그것은 "세상"이기 때문입니다.

우리는 세상을 본받지 말라는 말씀을 듣고 있습니다. 우리의 사고방식, 우리의 사상 및 실재들은 위로부터 주어진 계시, 곧 하나님의 말씀인 성경 속에서만 계시의 통제를 받아야 합니다. 교회 안에 세상 정신이 들어오지 못하도록 영적 파수꾼이 되어야 합니다.

오직 그리스도, 오직 믿음, 오직 은혜, 오직 성경, 오직 하나님의 영광만이 우리 삶의 지침이고, 세상 판단의 기준입니다. 예수 그리스도와 그의 십자가가 전부요 궁극적인 기준입니다. 기도하시겠습니다.

살아계신 아버지 하나님!

하나님의 은혜를 감사합니다.

기독교는 성경이 신앙과 생활의 유일의 법칙 위에 서 있음을 믿습니다. 그러므로 성경 곳곳에서 그리스도인은 세상을 본받지 말라는 말씀을 듣습니다. 사도 바울은 오늘 본문에서 로마 교인들을 향하여 "너희는 이 세대를 본받지 말라"라는 경고를 하고 있습니다. 세상은 사탄이 지배하는 삶의 방식을 갖는 곳으로 새롭게 함의 역사에 가장 큰 원수입니다. 우리는 절대로 세상과 타협하지 않을 것이며, 육체를 따라 살지 말고 성령을 따라 살 것입니다.

우리가 예수 그리스도와 그리스도의 십자가에 참된 뿌리를 갖는 믿음이 없으면 세상의 새로운 변화와 지식에 흔들리기 쉽습니다. 우리에게 믿음을 더하여 주셔서 이런 시험에 들지 않도록 도와주시기를 기도합니다. 때가 악하므로 그리스도 교회 안에도 세상 정신이 들어와 자리를 잡고자 하고 있습니다. 기독교 인도주의자들의 윤리적 교훈, 유보적 칭의론, 동성애, 그리스도 십자가 피의 복음의 무지와 멸시 등이 교묘하게 활동하고 있습니다. 이에 대해 우리 그리스도인들이 하나님의 전신 갑주를 입고 복음의 파수꾼이 되게 하여 주시며, 세상과 타협하지 않는 자들이 되도록 우리를 붙들어 주옵소서. 우리에게 거룩한 영을 부어 주어 진리의 빛으로 분별하게 해 주옵소서.

예수님의 이름으로 기도하옵나이다. 아멘.

# 374

## 롬 12:2

- "오직 마음을 새롭게 함으로"
  마음을 새롭게 함은 영혼의 질적 변화를 의미.
- 물과 성령으로 거듭난다(요 3:5).
  예수 그리스도와 그의 십자가를 믿음으로 거듭난다.
  성령님에 의해 마음이 새로워진다.
  예수 그리스도를 믿고 성령으로 충만을 받으라.

² 너희는 이 세대를 본받지 말고 오직 마음을 새롭게 함으로 변화를 받아 하나님의 선하시고 기뻐하시고 온전하신 뜻이 무엇인지 분별하도록 하라

예수님은 그리스도시요 살아계신 하나님의 아들입니다. 예수님이 하나님의 아들 그리스도라는 증거로 십자가에서 우리 죄를 대신해서 피 흘려 죽으시고, 죽은 자들 가운데서 부활하셨습니다.

이 예수님이 하나님의 아들, 예수님이 그리스도, 예수님이 우리 죄를 대신해서 십자가에서 피 흘려 죽으시고 부활하셨다는 복음으로 우리 인생 모든 문제가 처리되고 해답을 얻습니다. 이 복음은 모든 믿는 자에게 구원을 주시는 하나님의 능력이 됩니다. 이 하나님의 아들 예수 그리스도의 복음, 그리스도 십자가 대속의 피의 복음으로 깊이 뿌리내리기를 기원합니다.

예수님의 신성의 하나님 되심과 십자가 대속의 피의 복음을 마음 중심에 믿고 참된 구원을 받은 그리스도인은 영혼의 구원을 받은 자로서 영혼의 질적 변화를 받은 자입니다. 이러한 영혼의 구원은 인간의 노력이나 수련으로 되는 것이 아니라 물과 성령으로 거듭남을 통해 이루어집니다(요 3:5).

한 자연인이 예수님을 하나님의 아들 그리스도로 믿을 때, 하나님의 성령님의 주도적인 역사로 그 자연인 속에 새로운 성향, 새로운 마음을 받습니다. 인간은 타락의 결과로 영혼이 죽어 있고 육으로 난 자입니다. 그래서 예수님은 이렇게 말씀하셨습니다.

> [6] 육으로 난 것은 육이요 영으로 난 것은 영이니 [7] 내가 네게 거듭나야 하겠다 하는 말을 놀랍게 여기지 말라(요 3:6-7).

사도 바울은 이에 대한 예수님의 거듭남의 원리를 기억하면서 "오직 마음을 새롭게 하라"라고 말합니다.

본문 로마서 12장 2절을 보면 "너희는 이 세대를 본받지 말고 오직 마음을 새롭게 함으로 변화를 받아 하나님의 선하시고 기뻐하시고 온전하신 뜻이 무엇인지 분별하도록 하라"라고 하였습니다.

사도 바울은 로마 교인들에게 "마음을 새롭게 함으로"라고 중요한 진리를 선언합니다. 여기서 "마음을 새롭게 함"이란 성령님에 의해 우리 마음이 새로워짐을 의미합니다.

그것은 마음의 외관의 변화가 아니라, 영혼의 질적 변화를 말합니다. 그것은 새 마음과 새 영을 만드는 것과 같습니다. 즉, 영혼의 새 기질과 성향, 새 공감과 반향을 일으키는 것입니다.

이성은 계발되고, 양심은 부드러워지고, 생각은 교정되고, 의지는 하나님의 뜻에 굴복하며, 감정은 영적, 천상적 속성으로 바뀝니다. 그리하여 사람이 과거의 그가 아니게 되며, 옛것은 지나가고 모든 것이 새롭게 됩니다.

그는 새 목적을 갖고 새 원리, 새 법칙에 따라 행동하게 됩니다. 마음은 우리를 지배하는 핵심 요소입니다. 따라서 마음을 새롭게 하는 것이야말로 전 인격을 새롭게 하는 것입니다. 생명의 근원이 거기서 나기 때문입니다(잠 4:23).

이렇게 마음을 새롭게 함으로 변화를 받는 것은 수동태로서 변화시키는 주체가 성령님이시고, 성령님이 우리 자신의 중심을 뚫고 새로운 피조물로 새롭게 빚어내시는 것을 말합니다. 그런데 이러한 성령님은 예수 그리스도와 그의 말씀을 통해서만 사람들에게 역사하신다는 사실을 기억해야 합니다.

그러므로 성령님의 역사를 입고자 한다면 그 사람은 예수 그리스도와 그의 십자가의 복음을 들어야 하고 믿어야 합니다. 이것은 인간의 책무요 의무입니다. 타락한 인간은 자신의 마음을 새롭게 함을 받기 위해 먼저 지성적으로 예수 그리스도와 그의 말씀, 그의 십자가 대속의 피의 복음을 이해하고 간직하고 기도해야 합니다.

그럴 때 때가 되면, 하나님의 성령님께서 역사하셔서 마음으로 예수 그리스도와 그의 진리 말씀을 믿게 하여 영혼의 구원을 얻게 하는 것입니다. 자신이 중생하지 못한 자임을 깨닫는 자는 영혼의 구원을 사모하고, 예수님을 하나님의 아들로 믿고 철저히 회개하여 예수 그리스도만을 바라보아야 합니다.

이것이 성령님의 역사로 그리스도인 삶의 진정한 시작이요, 심령 천국, 임마누엘의 삶이 이루어지는 순간이 됩니다.

우리 모두 예수 그리스도와 십자가에 못 박히신 그리스도를 바라보고 기도해야겠습니다. "나는 죄인입니다. 나를 불쌍히 여기소서"라고 기도해야겠습니다. 그리하여 영혼의 구원을 받고 말할 수 없는 영광스러운 즐거움으로 기뻐하는 자가 되기를 기원합니다. 그리고 나아가 오직 그리스도, 오직 믿음, 오직 예수 보혈 신앙으로 성령 충만을 받아 하나님의 기뻐하시고 온전하신 뜻이 무엇인지 분별하며 살기를 바랍니다.

살아계신 아버지 하나님!

하나님의 은혜를 감사합니다.

사탄과 동맹하여 하나님께 반역하여 하나님의 진노의 형벌에 처해진 인간은 출생할 때부터 하나님과 교제할 수 있는 영이 죽어 있고 육을 가진 자로 태어남을 믿습니다. 그러므로 예수님은 사람이 물과 성령으로 거듭나지 아니하면 하나님의 나라에 들어갈 수 없다고 말씀하셨습니다.

우리를 불쌍히 여기셔서 하나님의 아들 예수 그리스도와 그의 십자가 대속의 죽음을 믿도록 성령님의 역사가 우리에게 주어지기를 간절히 기도합니다.

이 성령님의 주도적인 역사에 의하여서만 우리 마음이 새롭게 됨을 믿습니다. 우리는 명목적인 그리스도인이 아니라, 마음을 새롭게 함으로 변화를 받은 거듭난 그리스도인, 영혼의 구원을 받은 그리스도인이 되도록 은혜를 베풀어 주옵소서.

그리하여 옛것은 지나가고 모든 것이 새로운 피조물로 하나님과 우리 주 예수 그리스도를 사랑하고 섬기게 하여 주옵소서. 이미 영혼의 구원받은 그리스도인에게는 오늘도 육신도 건강하게 지켜 주셔서 세상 속에서 하나님 사랑과 이웃 사랑의 증인으로 살아가게 해 주옵소서.

예수님의 이름으로 기도하옵나이다. 아멘.

## 롬 12:2

- "오직 마음을 새롭게 함으로 변화를 받아"
  변화는 거듭남의 열매.
- 성화 과정은 계속된다.
  영원을 향하는 순례자이다.
  변화란 성령께서 죄의 전 본성을 하나님의 형상으로 갱신하는 은혜의 사역이다.
  변화를 받으라는 인간이 성령님의 사역에 협력하라는 의미.
  오직 그리스도, 오직 믿음, 오직 은혜, 오직 하나님의 영광을 위해 살라.

² 너희는 이 세대를 본받지 말고 오직 마음을 새롭게 함으로 변화를 받아 하나님의 선하시고 기뻐하시고 온전하신 뜻이 무엇인지 분별하도록 하라

예수님은 그리스도시요 살아계신 하나님의 아들입니다. 예수님이 하나님의 아들 그리스도라는 증거로 십자가에서 우리 죄를 대신해서 피 흘려 죽으시고, 죽은 자들 가운데서 부활하셨습니다.

이 예수님이 하나님의 아들, 예수님이 그리스도, 예수님이 우리 죄를 대신해서 십자가에서 피 흘려 죽으시고 부활하셨다는 복음으로 우리 인생 모든 문제가 처리되고 해답을 얻습니다. 이 복음은 모든 믿는 자에게 구원을 주시는 하나님의 능력이 됩니다. 이 하나님의 아들 예수 그리스도의 복음, 그리

스도 십자가 대속의 피의 복음으로 깊이 뿌리내리기를 기원합니다.

　예수님의 신성의 하나님 되심과 십자가 대속의 피의 복음을 마음 중심에 믿고 영혼이 중생한 그리스도인은 마음을 새롭게 함을 받은 자로서 변화를 받아야 합니다. 영혼의 질적 변화를 받고 새 마음과 새 영을 받은 자는 필연적으로 새 목적을 갖고 새 원리, 새 법칙에 따라 행동합니다.

　이것을 신학적으로는 성화라고 합니다. 신자가 구원받을 시 그리스도와 연합되는데, 이때 칭의와 성화가 동시에 일어납니다. 이때 칭의는 단번에 완성되는 하나님의 법적 행위이나, 성화는 일평생에 걸쳐 이루어집니다. 이때 성화의 주체는 성령님이시고, 인간은 성령님과 협력하여 변화를 받아야 합니다.

　그래서 이 변화는 하나의 의무입니다. 하나님의 일이나 우리가 협력하여 변화를 받아야 합니다.

　오늘 본문에서 사도 바울은 이에 대한 대단히 중요한 명령을 합니다. 본문 로마서 12장 2절을 보면 "너희는 이 세대를 본받지 말고 오직 마음을 새롭게 함으로 변화를 받아 하나님의 선하시고 기뻐하시고 온전하신 뜻이 무엇인지 분별하도록 하라"라고 하였습니다.

　"오직 마음을 새롭게 함으로 변화를 받으라"라고 하는 것입니다. 변화시키는 주체는 하나님(성령님) 이시지만, 인간이 협력해야 하는 의미임을 밝힙니다. 우리는 하나님께서 성화를 위해 정하고 준비하신 수단을 사용해야 합니다.

예컨대, 우리를 돌이키는 분은 하나님이십니다. 이때에만 우리는 하나님께로 돌이키게 됩니다. 그러나 우리는 우리의 행위가 돌아가도록 해야 합니다. 우리는 우리 영혼을 복된 성령님의 변화시키는 능력 안에 두어야 합니다. 그리고 하나님께 은혜를 구해야 합니다.

새사람은 하나님과 성령님에 의해 창조되지만, 우리는 그것을 입고(엡 4:24), 완전을 향해 전진해야 합니다. 이 사실을 더 구체적으로 말하자면, 예수님의 십자가 보혈을 믿고 구원받은 그리스도인 안에는 성령님이 계시는데, 이 성령께서 우리 속에 역사하시도록 우리는 항상 성령의 충만을 받아야 합니다.

그러므로 오늘 본문은 "오직 마음을 새롭게 함으로 변화를 받으라"라고 하는 것입니다. 이는 우리가 예수 그리스도 십자가 보혈의 씻김을 받고 구원을 받았어도 우리 안에 죄가 잔존한다는 사실 때문입니다. 우리가 갖는 사망의 몸은 죽어야 우리는 죄로부터 완전 자유할 것입니다.

이런 까닭으로 우리는 날마다 마음을 새롭게 함으로 변화를 받아야 합니다. 성령의 인도를 받고 성령이 말씀하시는 것을 실천해야 합니다.

이 사실을 구체적으로 말하자면 우리는 전적으로 새로운 방식으로 생각해야 합니다. 우리가 날마다 직면하는 우리 인생의 모든 난제들을 새로운 방식으로 접근해야 합니다.

이때 우리는 자신에게 내가 구원받은 목적은 무엇인가로부터 출발해야 합니다. 구원의 교리를 즐거워하며, 성찬의 참여를 기뻐하고, 예수님의 피의 능력을 의지해야 합니다. 이것이 우리를 그리스도인답게 만듭니다.

그러나 우리 구원의 궁극적인 목적은 새로운 인간성을 내는 데 있음을 알아야 합니다. 우리는 아담 안에서 그리스도 안에 들어왔습니다. 그리스도는 우리의 머리이십니다. 그리스도께서는 우리를 깨끗하게 하여 선한 일을 열심히 하는 그리스도의 백성이 되게 하심을 믿어야 합니다(딛 2:14).

우리는 매일 자신에게 나는 더 이상 흑암에 속해 있지 않고, 하나님께 속한 백성임을 말하고 생각해야 합니다. 그리고 우리가 무엇을 위해 사는가를 생각할 때 물론 하나님의 영광을 위하여 사는 자임을 기억해야 합니다.

십자가 대속의 피의 복음을 마음 중심에 믿고 중생한 그리스도인은 이렇게 항상 새로운 관점을 갖고 살아야 합니다. 우리는 영원을 향하여 가는 순례자임을 기억해야 합니다. 우리의 본향인 하늘 나라, 그리스도의 왕국을 향해 나가는 자임을 기억하며 살아야 합니다.

16세기 종교개혁가들은 이런 삶을 오직 그리스도, 오직 믿음, 오직 은혜, 오직 성경, 오직 하나님의 영광을 위해 살라고 정리하였습니다. 예수 그리스도로 말미암아 성령의 충만을 받고 하나님 사랑과 이웃 사랑을 실천하는 하나님 나라 백성들로 열심히 살기를 기원드립니다.

살아계신 아버지 하나님!

하나님의 은혜를 감사합니다.

우리가 예수 그리스도의 십자가 대속의 피 흘리심의 공로로 구원을 받았으나 그것으로 끝난 것이 아님을 믿습니다.

구원받은 우리는 마음을 새롭게 함으로 변화를 받아야 합니다. 날마다 성령님의 인도를 받고 성령님께서 말씀하시는 것을 실천해야 합니다. 성화의 주체는 성령님이시나, 우리도 성령님의 역사에 협력해야 한다고 믿습니다. 그래야 우리는 오직 마음을 새롭게 함으로 변화를 받으라는 오늘의 말씀을 성취할 수 있다고 믿습니다.

우리는 영혼의 구원을 받고, 하늘 나라를 향하여 가는 순례자임을 믿습니다. 우리는 우리가 받은 구원의 교리를 즐거워하고 기꺼이 성찬에 참여하여 성령님의 역사에 순응할 것입니다. 우리는 더 이상 세상에 속한자가 아니라 그리스도 안에 있는 자인즉, 거룩하게 살고, 선한 일을 열심히 하는 하나님의 백성으로 살아야 한다고 믿습니다.

이를 위해 오늘도 우리의 건강을 지켜 주시고 건전한 정신을 주어서 세상 속에서 고결한 그리스도의 인격을 드러내고, 하나님 사랑과 이웃 사랑의 계명을 기꺼이 지키는 자들이 되도록 인도하여 주옵소서. 예수님의 이름으로 기도하옵나이다. 아멘.

## 롬 12:2

- "하나님의 선하시고 기뻐하시고 온전하신 뜻이 무엇인지 분별하도록 하라" 그리스도인의 행동 목표는 하나님의 뜻과 일치시키는 것.
- 하나님의 뜻은 신약성경의 계시로 그의 아들을 통해 우리에게 말씀하셨다. 마음을 새롭게 함으로 변화를 받은 자들만이 하나님의 뜻을 분별한다. 먼저 예수 그리스도를 믿고 거듭나는 자가 되라.

² 너희는 이 세대를 본받지 말고 오직 마음을 새롭게 함으로 변화를 받아 하나님의 선하시고 기뻐하시고 온전하신 뜻이 무엇인지 분별하도록 하라

예수님은 그리스도시요 살아계신 하나님의 아들입니다. 예수님이 하나님의 아들 그리스도라는 증거로 십자가에서 우리 죄를 대신해서 피 흘려 죽으시고, 죽은 자들 가운데서 부활하셨습니다.

이 예수님이 하나님의 아들, 예수님이 그리스도, 예수님이 우리 죄를 대신해서 십자가에서 피 흘려 죽으시고 부활하셨다는 복음으로 우리 인생 모든 문제가 처리되고 해답을 얻습니다. 이 복음은 모든 믿는 자에게 구원을 주시는 하나님의 능력이 됩니다. 이 하나님의 아들 예수 그리스도의 복음, 그리스도 십자가 대속의 피의 복음으로 깊이 뿌리내리기를 기원합니다.

예수님의 신성의 하나님 되심과 십자가 대속의 피의 복음을 마음 중심에 믿고 참된 구원을 받은 그리스도인은 심령을 새롭게 함으로 변화를 받아 하나님의 선하시고 기뻐하시고 온전하신 뜻이 무엇인지 분별하며 사는 자입니다. 그리스도인들과 세상의 지식인들과 구별되게 만드는 결정적인 차이는 그리스도인들은 새로운 마음, 곧 그리스도의 마음을 가지고 있다는 것입니다.

그래서 중생한 그리스도인은 마음을 새롭게 함으로 변화를 받아 하나님의 뜻이 무엇인지 분별하며 그 뜻을 따라가는 것입니다. 오늘 우리는 이에 관한 말씀을 듣고자 합니다.

오늘 본문 로마서 12장 2절을 보면 "너희는 이 세대를 본받지 말고 오직 마음을 새롭게 함으로 변화를 받아 하나님의 선하시고 기뻐하시고 온전하신 뜻이 무엇인지 분별하도록 하라"라고 하였습니다.

본문은 "오직 마음을 새롭게 함으로 변화를 받아 하나님의 선하시고 기뻐하시고 온전하신 뜻이 무엇인지 분별하도록 하라"라고 합니다.

이것은 중생한 그리스도인의 행동 목표를 말하고 그 목표는 하나님의 뜻과 일치시키는 데 있습니다. 여기서 말하는 하나님의 뜻은 우리의 의무에 관해 계시된 그분의 뜻 곧 주 우리 하나님이 우리에게 요구하시는 것으로 이해되어야 합니다.

이것은 전반적인 하나님의 뜻인데, 천사들에 의해 이루어진 것처럼 우리에 의해서도 이루어지게 해 달라고 기도하는 뜻으로 거룩함도 여기에 포함됩니다. 특히, 하나님의 뜻은 신약성경에 계시되어 있고, 거기서 그분은 이 마지막 날에 그의 아들을 통해 우리에게 말씀하셨습니다.

이 마지막 날 하나님의 아들 예수 그리스도를 통하여 말씀하신 하나님의 뜻은 본문에 따르면 세 가지 내용이 함축되어 있습니다.

**첫째**, 오직 마음을 새롭게 함으로 변화를 받은 자들만이 하나님의 선하시고 기뻐하시고 온전하신 뜻이 무엇인지 가장 잘 증명할 수 있습니다. 우리가 중생하여 새로워진 마음을 가지고 영적으로 생각하고 성경을 연구하며, 이러한 교리들을 견고히 붙잡을 때 하나님의 뜻이 선하다는 것을 발견합니다. 그러므로 자연인은 참되게 예수님을 하나님의 아들로 믿고 거듭나야 하나님의 뜻을 따를 수 있습니다.

**둘째**, 하나님의 뜻은 선하시고 기뻐하시고 온전하신 뜻입니다. 이 세 가지는 율법의 탁월한 속성에 해당됩니다. 그것은 선합니다(미 6:8). 그것은 선과 악의 영원한 식별에 정확히 일치합니다. 그것은 본질상 선합니다.

또 하나님의 뜻은 기뻐하는 것입니다. 그것은 우리를 기뻐하는 것이 아니라 하나님을 기쁘시게 합니다. 그래서 하나님의 호의를 목적으로 달성할 수 있는 유일한 길은 하나님의 뜻을 준수하는 것입니다.

또 다른 하나님의 뜻은 온전하다는 것입니다. 거기에는 아무것도 덧붙여질 필요가 없습니다. 계시된 하나님의 뜻은 믿음과 실천을 위하여 충분한 규범으로서 그 안에는 하나님의 사람을 온전하게 하고 모든 선한 일을 행할 능력을 갖추게 하는 데 충분한 모든 것을 담고 있습니다(딤후 3:16,17).

**셋째**, 하나님의 뜻은 그리스도인들로 하여금 선하시고 기뻐하시고 온전하신 하나님의 뜻이 무엇인지 증명하는 데 관심을 두도록 이끌니다. 즉, 판단력과 찬동하는 마음을 갖고 그것을 아는 것이요, 경험적으로 그것을 아는 것이요, 그것에 대한 순종의 경험을 통해 하나님의 뜻이 탁월함을 아는 것입니다. 그것은 지극히 선한 것을 분별하는 것입니다(매튜 헨리, 『로마서 강해』).

그러므로 우리 모두는 먼저 예수님을 하나님의 아들 그리스도로 믿고 중생하여 마음을 새롭게 함으로 변화를 받아야 합니다. 이때 우리가 힘써야 할 이 새롭게 함의 효과는 하나님의 선하시고 기뻐하시고 온전하신 뜻이 무엇인지 분별하는 것입니다.

우리 모두는 오직 그리스도, 오직 믿음, 오직 은혜, 오직 예수 보혈 신앙으로 마음을 새롭게 함으로 변화를 받아 우리 삶의 궁극적인 목적이 우리를 하나님의 뜻과 일치시키며 사는 것입니다. 우리 모두 예수 그리스도로 말미암아 성령의 충만을 받고 하나님 사랑과 이웃 사랑을 실천하며 살아서 하나님의 뜻과 일치시키며 사는 자들이 되도록 기도하겠습니다.

살아계신 아버지 하나님!
하나님의 은혜를 감사합니다.
우리가 예수님을 그리스도로 믿지 않고 우리의 뜻대로 그리고 세상의 풍속대로 살 때가 있었음을 기억합니다. 그때 우리는 율법으로 말미암는 죄의 정욕이 우리 지체 중에 역사하여 우리로 사망을 위하여 열매를 맺고 살았음을 기억합니다.

그러나 이제는 예수 그리스도를 믿고 얽매였던 것에 대하여 죽었음으로 율법에서 벗어나 하나님을 위하여 열매를 맺게 하심을 감사합니다. 우리는 예수 그리스도를 믿고 새사람이 되었으므로 우리는 마음을 새롭게 함으로 변화를 받아 하나님의 선하시고 기뻐하시고 온전하신 뜻이 무엇인지 분별하게 하여 주옵소서. 우리 그리스도인의 삶의 목표가 여기에 있음을 믿습니다.

우리가 이렇게 탁월한 분별력을 가진 자가 되어 우리 심령이 하나님의 뜻을 사랑하고, 그것을 실천하고, 그 맛과 향기를 느끼며 살게 하여 주옵소서. 이를 위하여 오늘도 우리로 건강하게 하시고, 우리 마음속에 하나님의 사랑을 부어 주셔서 기꺼이 하나님과 그리스도께 순종하며 살게 하여 주옵소서.

예수님의 이름으로 기도하옵나이다. 아멘.

# 제2장

## 은사 사용에서 겸손
(12:3-8)

## 롬 12:3-8

- 은사 사용에서 겸손.
  교회에서 지체로서의 임무.
- 교회 봉사의 미덕은 겸손.
  받은 은사대로 겸손히 섬기라.
  그 비결은 중생하여 우리 몸을 날마다 산 제물로 드리는 자가 되는 것.
  성령으로 봉사하라.

³ 내게 주신 은혜로 말미암아 너희 각 사람에게 말하노니 마땅히 생각할 그 이상의 생각을 품지 말고 오직 하나님께서 각 사람에게 나누어 주신 믿음의 분량대로 지혜롭게 생각하라 ⁴ 우리가 한 몸에 많은 지체를 가졌으나 모든 지체가 같은 기능을 가진 것이 아니니 ⁵ 이와 같이 우리 많은 사람이 그리스도 안에서 한 몸이 되어 서로 지체가 되었느니라 ⁶ 우리에게 주신 은혜대로 받은 은사가 각각 다르니 혹 예언이면 믿음의 분수대로, ⁷ 혹 섬기는 일이면 섬기는 일로, 혹 가르치는 자면 가르치는 일로, ⁸ 혹 위로하는 자면 위로하는 일로, 구제하는 자는 성실함으로, 다스리는 자는 부지런함으로, 긍휼을 베푸는 자는 즐거움으로 할 것이니라

예수님은 그리스도시요 살아계신 하나님의 아들입니다. 예수님이 하나님의 아들 그리스도라는 증거로 십자가에서 우리 죄를 대신해서 피 흘려 죽으시고, 죽은 자들 가운데서 부활하셨습니다.

이 예수님이 하나님의 아들, 예수님이 그리스도, 예수님이 우리 죄를 대신해서 십자가에서 피 흘려 죽으시고 부활하셨다는 복음으로 우리 인생 모든 문제가 처리되고 해답을 얻습니다. 이 복음은 모든 믿는 자에게 구원을 주시는 하나님의 능력이 됩니다. 이 하나님의 아들 예수 그리스도의 복음, 그리스도 십자가 대속의 피의 복음으로 깊이 뿌리내리기를 기원합니다.

　예수님의 신성의 하나님 되심과 십자가 대속의 피의 복음을 마음 중심에 믿고 거듭난 그리스도인은 그리스도 복음에 입각한 그리스도인의 삶을 살아야 합니다. 그것은 각인의 그리스도인들이 받은 은사가 다 다르기 때문에 복음의 은혜로 겸손히 교회 다른 지체들을 성령으로 섬겨야 합니다.

　그리스도인들은 본질상 그리스도의 몸의 지체이기 때문에 그리스도 교회에 함께 모이는 사람들입니다. 이때 서로 다른 은사들을 가진 그리스도인들이 교회 안에 모이게 되면 필연적으로 각인들이 받은 은사로 인하여 교회가 유익을 얻게 되지만 또한 분쟁과 교만과 시기와 다툼이 생기게 됩니다.

　저는 지금까지 수십 년 동안 그리스도 교회를 평신도로서, 집사로서, 장로로서, 그리고 목사로 섬기는 동안 특별한 은사를 가진 자가 겸손을 미덕으로 알고 섬기지 않으므로 교회가 큰 고통을 당하는 것을 수없이 체험하였습니다. 저는 이 기회에 은혜와 은사에 관한 구별을 명백히 하면서 오늘 본문의 주제 "은사 사용에서 겸손"에 관해 보고자 합니다.

은사와 은혜는 크게 다릅니다. 둘 다 하나님에게서 왔습니다. 구원을 위하여 은혜가 주어지고 다른 사람의 유익과 구원을 위하여 은사가 주어집니다. 은혜가 없는 곳에도 은사가 있을 수 있고, 은사를 받은 사람이 하나님의 은총에서 전연 떠나 있을 수가 있습니다.

은사가 인간에게 주는 신령한 자비이지만 하나님을 만족할 조건은 못 됩니다. 고린도 교회는 은사가 풍부하였으나 혼란에서 온 많은 잘못된 일이 있었습니다. 이런 은사 사용의 문제들은 여전히 로마에 있는 교회에서도 일어났습니다.

그리하여 사도 바울은 오늘 본문에서 그리스도 교회 생활 속에서 그리스도인들의 성령의 은사의 표준 문제를 다루고 있습니다. 우리는 로마서 12장 3-8절의 주제인 그리스도 교회에서 지체로서의 임무에 관해 먼저 개론적 관찰을 하고자 합니다. 그 핵심은 "은사 사용에서의 겸손"입니다.

먼저 로마서 12장 3절을 보면 "내게 주신 은혜로 말미암아 너희 각 사람에게 말하노니 마땅히 생각할 그 이상의 생각을 품지 말고 오직 하나님께서 각 사람에게 나누어 주신 믿음의 분량대로 지혜롭게 생각하라"라고 합니다.

이 권면은 앞서 로마서 12장 1-2절의 하나님께 전적으로 헌신하라는 요청 후에 나온다는 사실을 먼저 기억해야 합니다. 그리스도인은 먼저 예수님을 하나님의 아들 그리스도로 믿고 중생하여 날마다 자신의 몸을 하나님이 기뻐하시는 산 제물로 드리는 자가 되어야 합니다.

그런 후에 그리스도 교회에서 그리스도 몸의 지체로서 은사 사용을 권면으로 시작하면서 각 사람에게 나눠주신 믿음의 분량대로 지혜롭게 생각하라고 권면합니다(3절). 그리고 이어서 로마서 12장 4-5절은 3절의 권면에 대한 근거로서 설명합니다. 교회에서 분명히 나타나는 차이점들은 하나님의 계획의 일부이며, 인간의 몸의 통일성 및 다양성과 유사합니다.

또 로마서 12장 6-8절은 일곱 개의 다양한 은사들을 항목별로 설명합니다. 여기서 강조점은 은사가 사용되는 방식 혹은 하나님이 각 사람에게 주신 은사에 전념할 필요성에 있습니다. 그것은 한마디로 은사 사용에서의 겸손입니다. 그리스도 교회 봉사의 미덕은 겸손인 것입니다.

그러므로 우리 모든 그리스도인은 예수님을 하나님의 아들 그리스도로 믿고 반드시 중생한 자가 되어 하나님께 날마다 거룩한 산 제물로 드리는 영적 예배자의 신분과 은혜 속에서 자신에게 주어진 은사를 성령으로 봉사해야 합니다.

오직 그리스도, 오직 믿음, 오직 은혜, 오직 성령으로 기도하며, 성령으로 받은 은사를 겸손하게 그리스도 교회에서 나타내고 섬기기를 기원합니다. 예수 그리스도로 말미암아 성령을 풍성히 받도록 기도하겠습니다.

살아계신 아버지 하나님!

하나님의 은혜를 감사합니다.

억만죄악의 죄인이 하나님의 아들 예수 그리스도의 십자가 대속의 피의 공로로 영혼의 구원을 받고 자신을 돌아보면서 자신이 가진 모든 은사는 모두 하나님께로부터 받은 것임을 믿습니다. 그러므로 복음 받은 그리스도인이 필연적으로 그리스도 교회를 섬길 때 우리가 가진 은사가 교회의 유익을 위해, 그리고 하나님의 영광을 위해 사용되어야 한다고 믿습니다.

그러나 영혼의 구원받은 우리도 여전히 옛사람의 속성을 가지고 있어서 자신이 가진 특별한 은사를 과시하고 자랑하며, 자신이 가진 은사가 없는 성도들을 무시하고, 그 위에 군림하고자 하는 사탄의 근성, 죄악의 근성이 있음을 고백합니다. 세상은 겸손의 특성을 연약으로 취급합니다.

그러나 우리는 우리가 가진 은사로 그리스도 교회와 연약한 형제자매를 섬길 때 낮은 자세로, 만인의 종으로서 섬기도록 우리 영혼에 은혜의 빛을 비추어 주옵소서. 그리하여 우리가 받은 은혜로 겸손히 그리스도 교회를 섬기게 하여 주옵소서. 허물을 보면 덮어 주고, 연약하면 도와주고, 부족하면 힘이 되어주는 은사 사용자가 되게 하여 주옵소서. 성령으로 봉사하는 종이 되게 하여 주옵소서.

내 자신의 힘이 아닌 하나님의 능력, 복음의 능력으로 섬기는 자가 되도록 은혜를 베푸시고, 무엇보다 건강을 주셔서 주신 건강의 은사로 겸손하게 받은 은사를 사용하게 하여 주옵소서.

예수님의 이름으로 기도하옵나이다. 아멘.

## 롬 12:3

- "내게 주신 은혜로 말미암아 너희 각 사람에게 말하노니"
  지혜의 은혜와 사도직의 은혜 때문에 말함.
- 그리스도인의 삶은 모두 은혜에 속한다.
  은혜의 보좌 앞에 담대히 나가 은혜를 얻으라.

³ 내게 주신 은혜로 말미암아 너희 각 사람에게 말하노니 마땅히 생각할 그 이상의 생각을 품지 말고 오직 하나님께서 각 사람에게 나누어 주신 믿음의 분량대로 지혜롭게 생각하라

예수님은 그리스도시요 살아계신 하나님의 아들입니다. 예수님이 하나님의 아들 그리스도라는 증거로 십자가에서 우리 죄를 대신해서 피 흘려 죽으시고, 죽은 자들 가운데서 부활하셨습니다.

이 예수님이 하나님의 아들, 예수님이 그리스도, 예수님이 우리 죄를 대신해서 십자가에서 피 흘려 죽으시고 부활하셨다는 복음으로 우리 인생 모든 문제가 처리되고 해답을 얻습니다. 이 복음은 모든 믿는 자에게 구원을 주시는 하나님의 능력이 됩니다. 이 하나님의 아들 예수 그리스도의 복음, 그리스도 십자가 대속의 피의 복음으로 깊이 뿌리내리기를 기원합니다.

예수님의 신성의 하나님 되심과 십자가 대속의 피의 복음을 마음 중심에 믿고 중생한 그리스도인은 자신의 구원이 전적으로 하나님의 은

혜로 된 것임을 믿습니다. 하나님의 선물로 된 것이니 자랑할 것이 없습니다. 그리스도인의 삶은 모두 은혜에 속한 것입니다.

은혜란 무엇입니까?

이는 받을 만한 자격이 없는 자에게 주어지는 하나님의 전적인 호의입니다. 우리 자신이 전적으로 그러한 것을 받을 만한 자격이 없음에도 불구하고 하나님의 은혜로부터 온 것입니다. 그래서 사도 바울은 고린도 교인들에게 "내가 나 된 것은 하나님의 은혜로 된 것"(고전 15:10) 이라고 하였습니다.

오늘 본문에서도 바울은 로마에 있는 교인들에게 동일한 하나님의 은혜로 말미암아 말하고 있습니다.

본문 로마서 12장 3절을 보면 "내게 주신 은혜로 말미암아 너희 각 사람에게 말하노니 마땅히 생각할 그 이상의 생각을 품지 말고 오직 하나님께서 각 사람에게 나누어 주신 믿음의 분량대로 지혜롭게 생각하라"라고 합니다.

바울은 먼저 엄숙한 선언으로 시작합니다. "내게 주신 은혜로 말미암아 너희 각 사람에게 말하노니"라고 말합니다. 사도 바울이 이 의무의 필요성과 탁월성을 이해하게 된 것은 지혜의 은혜가 있었기 때문입니다. 또한, 이렇게 권위를 갖고 그것을 강조하고 명령할 수 있는 것은 사도직의 은혜 때문이었습니다.

바울은 이미 하나님의 은혜로 다메섹 도상에서 구원을 받았으며, 그는 은혜로 말미암아 사도가 되었고(롬 1:5), 하나님의 은혜를 모든 교회에 전할 임무를 받은 자(엡 3:8)였습니다. 그래서 바울은 "너희 각 사람에게 말하노니"라고 사명을 받은 자로서 그리스도의 전권 대사로서의 권위로 각 사람에게 고하는 것입니다.

바울이 각 사람에 보내는 메시지는 "마땅히 생각할 그 이상의 생각을 품지 말고"라고 합니다. 교만은 우리 모두의 뼈 속에서 자라난 죄입니다. 그러므로 우리는 그것에 대해 경계하고 대비할 필요가 있습니다.

우리는 우리 자신에 대해 과대 평가하거나 우리 자신의 판단과 능력과 인격과 실천에 대해 지나치게 높은 평가를 하지 않도록 조심해야 합니다. 우리는 자만에 빠지거나 우리 자신의 지혜와 다른 재능을 지나치게 과신하거나 함으로써, 우리 자신이 무언가 된 줄로 착각해서는 안 됩니다(갈 6:3).

그러나 우리 자신을 죄의 종과 세상의 하수인으로 살 수 없는 존재로서, 그보다는 훨씬 고상한 존재로 생각할 수 있고, 또 그렇게 생각해야 합니다. 이때에도 우리는 우리 자신과 우리 자신의 능력, 재능, 은혜 등에 대해서는 다른 곳이 아니라 오직 하나님으로부터 받았다는 사실을 기억하고, 겸손하고 절제된 생각을 가져야 합니다.

그리스도인의 삶은 모두 하나님의 은혜에 속한 것입니다. 그래서 오늘 본문에서 바울은 서두에 "내게 주신 은혜로 말미암아"라고 말하였습니다. 그리스도인의 삶의 어떤 부분에서도 자랑할 만한 여지가 전혀 존재하지 않습니다.

그래서 바울은 이렇게 말하고 있는 것입니다.

"나는 먼저 받은 것 외에 아무것도 가지고 있지 않다. 내 직분 자체, 내 소명, 내 능력들, 내가 나 된 모든 것, 내가 행한 모든 것은 오직 하나님의 은혜의 결과이다. 나는 권위를 가지고 있다. 그러나 그 권위도 하나님께서 내게 주신 권위일 뿐이다."

그러므로 우리 모두는 그리스도 십자가 대속의 피의 은혜를 힘입고 은혜의 보좌 앞에 담대히 나가 때를 따라 돕는 은혜를 얻도록 기도하겠습니다. 오직 그리스도, 오직 은혜, 오직 예수 보혈 신앙으로 성령의 권능을 받아 하나님 사랑과 이웃 사랑의 은혜의 증인으로 살도록 기도하겠습니다.

살아계신 아버지 하나님!
하나님의 은혜를 감사합니다.
억만죄악을 가진 저를 구원해 주신 하나님의 무한한 은혜에 감사하고 찬양을 드립니다. 타락한 우리는 뼈 속 깊이 부패된 존재로서 교만은 우리의 인격 깊숙한 곳에 자리 잡고 있음을 믿습니다.
그리하여 타락한 옛사람은 그리스도와 함께 십자가에 못 박혀 죽은 존재임을 믿고, 오직 예수 그리스도를 믿는 믿음의 은혜로 살아가도록 도와주옵소서.
그리스도인의 삶의 시작도, 과정도, 마지막도, 사명도, 은사도, 보상도 모두 하나님과 우리 주 예수 그리스도의 은혜라고 믿습니다. 나의 나된 것은 하나님의 은혜로 된 것임을 신앙이 자랄 수록 더 깊게 자각합니다. 그리스도인의 삶은 모두 하나님의 은혜에 속한 것임을 믿습니다.
그러므로 절대로 자신을 과대 평가하지 말고, 자기보다 남을 낫게 여기며, 모든 것이 하나님의 은혜로 온 것임을 믿어 오직 그리스도, 오직 믿음, 오직 은혜를 구하며 살게 하여 주옵소서.

그리하여 오늘도 때를 따라 돕는 은혜를 얻기 위하여 은혜의 보좌 앞에 담대히 나가 구합니다. 무엇보다 우리로 건강하게 하시고, 하나님의 사랑을 우리 마음에 부어 주셔서, 하나님 사랑과 이웃 사랑의 은혜의 증인으로 살아가게 하여 주옵소서.

예수님의 이름으로 기도하옵나이다. 아멘.

## 379

## 롬 12:3

- "하나님께서 각 사람에게 나누어 주신 믿음의 분량"
  "믿음의 분량"이란 영적 은사의 분량.
- 신앙의 강약이 아니고 은사의 성질.
  각인이 받은 직능의 차이.
  은사를 주신 성령의 주권성에 순종하여 그리스도의 종으로 받은 은사를 사용하라.

³ 내게 주신 은혜로 말미암아 너희 각 사람에게 말하노니 마땅히 생각할 그 이상의 생각을 품지 말고 오직 하나님께서 각 사람에게 나누어 주신 믿음의 분량대로 지혜롭게 생각하라

예수님은 그리스도시요 살아계신 하나님의 아들입니다. 예수님이 하나님의 아들 그리스도라는 증거로 십자가에서 우리 죄를 대신해서 피 흘려 죽으시고, 죽은 자들 가운데서 부활하셨습니다.

이 예수님이 하나님의 아들, 예수님이 그리스도, 예수님이 우리 죄를 대신해서 십자가에서 피 흘려 죽으시고 부활하셨다는 복음으로 우리 인생 모든 문제가 처리되고 해답을 얻습니다. 이 복음은 모든 믿는 자에게 구원을 주시는 하나님의 능력이 됩니다. 이 하나님의 아들 예수 그리스도의 복음, 그리스도 십자가 대속의 피의 복음으로 깊이 뿌리내리기를 기원합니다.

예수님의 신성의 하나님 되심과 십자가 대속의 피의 복음을 마음 중심에 믿고 참된 구원을 받은 그리스도인은 자신이 그리스도인으로서 가진 모든 것이 하나님의 은혜의 결과로 된 것이고, 또 동시에 자신은 몸 된 그리스도 교회의 한 지체로서 하나님께서 각 사람에게 나누어 주신 영적 은사의 분량대로 그리스도 교회를 그리스도의 종으로 섬겨야 한다는 교리를 바르게 인식해야 합니다.

이 교리를 알지 못하면 자신이 받은 어떤 특별한 은사가 자기 자신의 것인 줄로 알고, 그 특별한 은사를 자신의 분수에 넘치게 그리스도 교회 안에서 활용하므로 교회에 상처를 주고 편당을 만들고, 우월한 자로 군림하게 됩니다. 이것이 성경에 나온 고린도 교회의 문제였습니다.

고린도 교회 안에서 눈에 크게 띄게 발생했던 문제들은 여전히 로마에 있는 교회나 다른 여러 교회들 속에서도 일어났습니다. 심지어 제가 섬기는 교회에서도 나타나 교회에 고통을 주었습니다.

그래서 저는 오늘 본문 로마서 12장 3절의 원리를 더 자세히 증거하고자 하는 것입니다.

오늘 본문 로마서 12장 3절을 보면 "내게 주신 은혜로 말미암아 너희 각 사람에게 말하노니 마땅히 생각할 그 이상의 생각을 품지 말고 오직 하나님께서 각 사람에게 나누어 주신 믿음의 분량대로 지혜롭게 생각하라"라고 합니다.

오늘 본문에서 "오직 하나님께서 각 사람에게 나누어 주신 믿음의 분량대로 지혜롭게 생각하라"라는 말씀을 보고자 합니다.

여기서 "믿음의 분량"이란 말씀부터 먼저 분명히 이해하고 시작하고자 합니다. "믿음의 분량"이란 신앙의 강약을 말함이 아니고, 은사의 성질을 가리킵니다. 다시 말하면 각 개인이 받은 직능의 차이를 말합니다. 다른 표현으로 말하면 "영적 은사의 분량"입니다.

우리는 바울이 여기서 영적 은사의 분량을 믿음의 분량으로 부르고 있음을 주목해야 합니다. 그것은 믿음이 근본 은혜이기 때문입니다. 우리가 갖고 있거나 행하는 선은 무엇이든 믿음 안에서 발견되고 믿음으로부터 나오는 한, 옳고 기뻐하시는 것입니다.

이 믿음은 물론 하나님의 선물입니다. 따라서 믿음과 그것에 수반되는 다른 영적 은사들은 분량에 따라 곧 무한한 지혜자이신 하나님께서 우리에게 주시는 양에 따라 주어집니다.

우리 주 예수 그리스도께서는 성령을 받으실 때 한량없이 받으셨습니다(요 3:34). 그러나 성도들은 분량대로 그것을 받습니다.

> 우리 각 사람에게 그리스도의 선물의 분량대로 은혜를 주셨나니(엡 4:7).

우리가 알 듯이 한량없이 은사를 받은 예수 그리스도는 온유하고 겸손하셨습니다. 그렇다면 모자라서 아까워하는 우리가 어떻게 교만하고 자만에 빠지겠습니까.

더구나 하나님께서 은사를 우리에게만이 아니라 다른 사람들에게도 나누어 주셨습니다. 본문을 보면 "각 사람에게 나누어 주신"다고 하였습니다. 우리는 성령에 대한 독점권이 없습니다. 영적 은사의 유일한 소유자가 되는 특허권도 없습니다. 이에 교만할 이유가 전혀 없습니다.

다른 사람들도 우리만큼 자신들의 분량을 갖고 있습니다. 하나님은 모든 성도에게 공통의 하나님이시고, 예수 그리스도는 공통의 뿌리이십니다. 성도들의 덕은 모두 하나님께로부터 나온 것입니다.

그러므로 마치 우리만 천국의 특혜를 누리고, 지혜가 우리에게서 끝나야 하는 백성들인 것처럼, 우리 자신을 높이고 다른 사람들을 멸시하는 것은 전혀 어울리지 않는 일입니다.

그러므로 우리 모두는 그리스도 십자가 대속의 피의 복음의 은혜로 구원을 받은 자로서 하나님께서 각 사람에게 나누어 주신 영적 은사의 분량대로 성령의 주권에 순종하여 그리스도의 종으로 교회를 섬길 것입니다. 오직 그리스도, 오직 믿음, 오직 은혜를 구하며 살고, 성령 충만 받아 받은 은사를 하나님 사랑과 이웃 사랑의 증인으로 살아가기를 간절히 기원드립니다.

살아계신 아버지 하나님!

하나님의 은혜를 감사합니다.

억만죄악을 가진 죄인을 하나님의 아들 예수 그리스도의 십자가 대속의 보혈로 죄 사함 받게 하여 구원의 은혜를 베풀어 주신 하나님께 무한한 감사와 찬양을 올려드립니다.

이런 죄인을 구원해 의롭다 하신 하나님께서, 또 우리에게 영적 은사들을 주시어 하나님과 그리스도 교회를 섬기게 하심을 감사하옵나이다. 우리가 구원받은 자이어도 우리의 인격 속에 남아 있는 교만은 하나님께로부터 받은 영적 은사들을 자기것인양 생각하여 자기를 과시하고 드러내어 그리스도 교회 안에 있는 다른 형제자매들을 무시하고 상처를 준다는 사실을 경고 받아야 한다고 믿습니다.

하나님께서는 영적 은사들을 우리에게만이 아니라 다른 사람들에게도 나누어 주신다는 사실을 기억하여 자신이 받은 은사를 하나님과 그리스도 교회에 기쁜 마음으로 그리스도의 종으로 섬겨야 한다는 말씀을 우리가 경건히 받아야겠습니다.

무엇보다도 우리로 오늘도 건강하게 하시고 건전한 정신을 주시고, 하나님의 사랑을 우리 마음에 부어 주셔서 받은 영적 은사를 하나님 사랑과 이웃 사랑의 증인으로 사용하게 도와주옵소서.

예수님의 이름으로 기도하옵나이다. 아멘.

## 롬 12:3

- "마땅히 생각할 그 이상의 생각을 품지 말고 … 지혜롭게 생각하라"
  자신에게 나누어 주신 은사를 확인하라.
- 어떤 은사도 과대, 과소 평가하지 말라.
  받은 은사를 개인적인 방식으로 살피지 말고, 경쟁적인 의미에서 은사를 비교하지 말라.
  모두 하나님께서 각 사람에게 주신 것으로 그리스도 교회 안에 있음을 알고, 그리스도의 종으로 섬기라.

³ 내게 주신 은혜로 말미암아 너희 각 사람에게 말하노니 마땅히 생각할 그 이상의 생각을 품지 말고 오직 하나님께서 각 사람에게 나누어 주신 믿음의 분량대로 지혜롭게 생각하라

예수님은 그리스도시요 살아계신 하나님의 아들입니다. 예수님이 하나님의 아들 그리스도라는 증거로 십자가에서 우리 죄를 대신해서 피 흘려 죽으시고, 죽은 자들 가운데서 부활하셨습니다.

이 예수님이 하나님의 아들, 예수님이 그리스도, 예수님이 우리 죄를 대신해서 십자가에서 피 흘려 죽으시고 부활하셨다는 복음으로 우리 인생 모든 문제가 처리되고 해답을 얻습니다. 이 복음은 모든 믿는 자에게 구원을 주시는 하나님의 능력이 됩니다. 이 하나님의 아들 예수 그리스도의 복음, 그리스도 십자가 대속의 피의 복음으로 깊이 뿌리내리기를 기원합니다.

예수님의 신성의 하나님 되심과 십자가 대속의 피의 복음을 마음 중심에 믿고 참된 영혼의 구원을 받은 그리스도인은 자기를 위하여 살지 않고, 자신을 구원해 주신 하나님과 그의 아들 예수 그리스도, 그리고 그리스도 교회를 섬기기 위하여 살아야 한다는 사실을 깊이 자각해야 합니다. 하나님은 자신이 구원을 베푼 하나님의 자녀들에게 영적 은사를 나누어 주시어 그 분량대로 하나님과 그리스도 교회를 섬기게 하셨습니다.

그러므로 구원받은 모든 그리스도인은 자신이 하나님께로부터 받은 은사를 확인하여, 그 받은 은사대로 예수 그리스도와 그리스도 교회를 섬겨야 합니다. 다른 사람에게 하나님께서 나누어 주신 은사를 탐내지 말 것이며, 흉내 내지도 말고, 또 비교하지도 말고, 시기하지도 말 것입니다. 하나님은 각 사람에게 그가 행한 대로 상을 주어 갚아 주실 것입니다.

그러므로 하나님께서 각 사람에게 주신 어떤 은사도 과대, 과소 평가 해서는 안 됩니다. 우리는 본문 말씀을 들으면서 이 사실을 또 한번 확신해야겠습니다.

오늘 본문 로마서 12장 3절을 보면 "내게 주신 은혜로 말미암아 너희 각 사람에게 말하노니 마땅히 생각할 그 이상의 생각을 품지 말고 오직 하나님께서 각 사람에게 나누어 주신 믿음의 분량대로 지혜롭게 생각하라"라고 합니다.

본문에서 보면 "마땅히 생각할 그 이상의 생각을 품지 말고"라고 하는데 우리는 앞서 오직 하나님께서 각 사람에게 나누어 주신 믿음의 분량, 곧 영적 은사의 분량대로 지혜롭게 생각하라는 말씀을 들었습니다.

여기서 중요한 요점은 영적 은사들은 우리의 것이 아니니 우리가 결코 자랑할 것이 전혀 아니라는 뜻입니다. 은사들은 온전히 하나님의 것이요 그리스도의 것입니다.

그러므로 우리는 결코 어떤 은사도 과대, 과소 평가하지 말아야 합니다. 고린도 교회에 있었던 그리스도인들이 혼란에 빠진 것도 방언 은사를 과대 평가하고 있었기 때문이었습니다.

또 어떤 경우에는 설교자들이 인기를 얻고 우상화될 수도 있습니다. 이것도 어떤 은사들의 중요성을 과대 평가하는 위험 요소입니다.

또한, 정반대의 위험에 빠지지 않는 것도 동등하게 중요합니다. 어떤 은사의 중요성을 결코 낮게 평가하지 말아야 합니다. 때로 어떤 그리스도인들은 "나는 교회 안에서 아무것도 아니다. 내가 가진 은사는 아무 가치도 없다"라고 말할 때가 있습니다. 그러나 이것은 겸손이 아닙니다. 그 사람은 하나님께서 자신에게 나누어 주신 영적 은사를 멸시하고 있는 것입니다.

모든 것이 중요합니다. 우리는 어떤 은사들을 과대 평가하지 말아야 합니다. 또 다른 은사들을 과소 평가하는 일도 하지 말아야 합니다. 우리 자신이나 다른 누구에게 대해서도 그렇게 하지 말아야 합니다. 과대 평가하여 거만해지는 것은 나쁜 것입니다. 또 다른 사람을 무시하는 것도 동등하게 나쁩니다.

이 일에 바른 균형을 유지하는 방식은 은사들에 대한 바른 관점을 얻는 것입니다. 이런 영적 은사들은 천성적으로 주어지는 것이 아니고 또 인간적인 것도 아니며 다 하나님으로부터 주어졌다는 사실을 이해하는 것입니다.

우리는 영적 은사들을 개인적인 방식으로 살펴보지 말아야 합니다. 우리는 경쟁적인 의미에서 은사를 서로 대조하고 비교하지 말아야 하며 시기하지 말아야 합니다.

우리는 그 은사가 그리스도 교회 안에 있다니 정말 얼마나 놀라운 특권이며, 어떤 은사든지 가질 수 있다는 것이 얼마나 놀라운 특권인가라고 해야 합니다. 그 은사가 무엇인가는 문제 되지 않습니다.

놀라운 것은 하나님께서 우리를 하나님의 눈 속에서 바라보시고 우리를 여기에 두셨다는 사실입니다. 그리고 하나님께서 어떤 은사를 믿음의 분량에 따라서 나누어 주셨다는 것입니다(로이드 존스,『로마서 강해 12』).

우리는 그리스도 교회에 관한 우리의 전체 개념의 차원에서 상세하게 적용해야 합니다. 그때에 우리는 그것이 얼마나 중요한지를 알게 됩니다.

그렇다면 여러분이 받은 은사는 무엇입니까?

그것이 여러분의 삶 속에서 어떻게 작용하고 있습니까?

섬기는 그리스도 교회에서 하나님께서 나누어 주신 은사로 그리스도의 종으로 섬기기를 바랍니다. 오직 그리스도, 오직 믿음, 오직 은혜를 구하여 받은 은사로서 그리스도 교회에 충성하시기를 기원합니다.

살아계신 아버지 하나님!

하나님의 은혜를 감사합니다.

하나님께서는 그의 아들 예수 그리스도의 십자가 대속의 피의 복음으로 우리를 구원하신 후, 우리가 하나님과 예수 그리스도를 섬기고, 그리스도 교회를 섬기도록 각 사람에게 영적 은사를 나누어 주심을 믿습니다. 하나님께서 각 사람에게 주권적으로 나누어 주신 은사인즉 크거나 작거나 모두 귀한 것이라 믿습니다.

그러므로 우리는 어떤 은사도 과대 평가하지 말것이며, 또 과소 평가도 말 것입니다. 타인이 가진 영적 은사와 자신이 가진 은사를 개인적으로 비교하지도 말고, 또 탐내지도 말며, 시기하지도 말 것입니다. 마지막 날에 하나님은 주실 상이 있는데 각 사람이 그가 행한 대로 갚아 주실 것이라 믿습니다.

형제, 자매를 사랑하고 즐거워하는 자들과 함께 즐거워하고 우는 자들과 함께 우는 자들이 되게 하여 주옵소서. 자기보다 남을 낫게 여기는 겸손으로 교회의 안과 밖에서 덕을 세우는 자들이 되게 하여 주옵소서. 무엇보다도 이런 섬김의 종들이 되도록 우리의 건강을 지켜 주옵소서.

예수님의 이름으로 기도하옵나이다. 아멘.

## 롬 12:4

- "우리가 한 몸에 많은 지체를 가졌으나"
  교회의 본질로서 지체 비유.
- 교회는 그리스도의 몸.
  ① 모든 성도는 그리스도 안에서 한 몸.
  ② 성도들은 그리스도 몸의 지체들.
  ③ 모든 지체가 같은 기능을 갖지 않음.
  머리 되신 그리스도께 순종하고 그리스도 몸의 한 지체로서 받은 사명에 충성하라.

⁴ 우리가 한 몸에 많은 지체를 가졌으나 모든 지체가 같은 기능을 가진 것이 아니니

예수님은 그리스도시요 살아계신 하나님의 아들입니다. 예수님이 하나님의 아들 그리스도라는 증거로 십자가에서 우리 죄를 대신해서 피 흘려 죽으시고, 죽은 자들 가운데서 부활하셨습니다.

이 예수님이 하나님의 아들, 예수님이 그리스도, 예수님이 우리 죄를 대신해서 십자가에서 피 흘려 죽으시고 부활하셨다는 복음으로 우리 인생 모든 문제가 처리되고 해답을 얻습니다. 이 복음은 모든 믿는 자에게 구원을 주시는 하나님의 능력이 됩니다. 이 하나님의 아들 예수 그리스도의 복음, 그리스도 십자가 대속의 피의 복음으로 깊이 뿌리내리기를 기원합니다.

예수님의 신성의 하나님 되심과 십자가 대속의 피의 복음을 마음 중심에 믿고 거듭나게 된 그리스도인은 그리스도의 몸으로서의 교회의 일원이 됩니다. 예수 그리스도는 그리스도 교회의 머리로서 그리스도의 몸 된 교회의 중심이십니다.

모든 그리스도인은 그리스도의 몸으로서의 교회에 대한 바른 이해를 반드시 바로 이해하고 머리 되신 그리스도께 순종하고 몸의 다른 지체 위에 군림하려 하지 말고 그리스도 몸의 한 지체로서 다른 지체들을 사랑하고 섬기는 자가 되어야 합니다. 그리스도의 몸 된 교회에서 이 교리가 매우 중요하기 때문에 사도 바울은 몸의 지체의 비유로 설명하였습니다.

오늘 본문 로마서 12장 4절을 보면 "우리가 한 몸에 많은 지체를 가졌으나 모든 지체가 같은 기능을 가진 것이 아니니"라고 하였습니다.

이 말씀에는 크게 세 가지 중요한 의미를 갖고 있습니다(매튜 헨리, 『로마서 주석』).

**첫째**, 모든 성도는 그리스도 안에서 한 몸을 이루고 있습니다. 이때 그리스도는 그 몸의 머리로서, 그 연합체의 공통적 중심입니다. 신자들은 세상에서 무질서하게 아무렇게나 나뒹구는 덩어리가 아니라 유기적으로 서로 연결되어 있습니다. 그들은 하나의 공통된 머리에 연합되어 있고 하나의 공통된 성령에 의해 활동하고 살아 움직이는 존재들입니다.

몸에는 생명이 있는 관계, 유기적 연합이 있습니다. 그 연합은 피순환 체계, 혈관 체계, 신경 조직을 통해서 공급됩니다. 그것이 이 유기적 연합의 기초입니다.

혈액을 뿜어내는 주요한 혈관을 가진 심장이 있습니다. 그 주요한 혈관이 그 심장에서 나가 뻗어 가면서 나뉘어지고 계속 세분되어 결국 아주 작은 모세혈관까지 이어집니다. 그것은 모두 한 체계의 부분들로 하나의 혈관 체계입니다.

신경 조직도 역시 마찬가지입니다. 미세한 말초신경에까지 그러한 체계가 이어집니다. 그런데 그 모든 것을 궁극적으로 추적해 올라가 보면 뇌속에 또는 척추 안에 있는 중추신경과 만나게 됩니다.

그래서 바울은 2000년 전 성령의 감동으로 "우리가 한 몸에 많은 지체를 가졌으나"라고 한 것입니다.

**둘째**, "한 몸에 많은 지체를 가진 결과", 성도들 개인은 이 몸의 지체들로서 그 구성원을 이룹니다. 그들은 전체보다는 적지만 전체와 연관되어 있고 머리로부터 생명과 영을 공급받습니다.

그 몸의 어떤 지체는 다른 지체보다 더 크고 더 유용합니다. 각 지체는 분량대로 머리로부터 영을 받습니다. 만일 새끼 손가락이 다리만큼 양분을 받는다면 얼마나 불편하고 부당한 일이 되겠습니까.

우리는 우리가 전체가 아니라는 것을 기억해야 합니다. 만일 우리가 그렇게 생각한다면 마땅히 해야 할 생각을 벗어나는 것입니다. 우리는 다만 부분이요 지체들입니다.

**셋째**, "모든 지체가 같은 기능을 가진 것이 아니다"라는 것입니다. 각 지체는 정해진 자기만의 위치와 기능이 있습니다. 눈의 본분은 보는 것이고, 손의 본분은 일하는 것입니다. 마찬가지로 신비적인 몸에서도 어떤 지체는 어떤 종류의 사역을 감당하도록 자격이 주어지거나 부르심을 받습니다.

그러므로 그리스도 왕국의 관원들, 사역자들, 백성들은 그들 나름의 직분을 갖고 있고 그 직분을 수행할 때에 다른 사람들을 방해하거나 그들과 충돌해서는 안 됩니다.

이러한 그리스도의 몸이라는 교회의 신비는 인간이 예수님을 하나님의 아들, 예수님을 그리스도로 믿고 그리스도 안에 들어와 머리 되신 그리스도와 연합할 때 이루어지는 복음의 신비입니다.

우리 모두는 참된 십자가 피의 복음 신앙을 회복하고 오직 그리스도, 오직 믿음, 오직 은혜를 구하며 살고 머리 되신 그리스도의 통치에 절대 순종하면서 그리스도의 몸의 한 지체로서 자신에게만 주어진 사명과 기능에 충성할 것입니다. 기도하겠습니다.

살아계신 아버지 하나님!

하나님의 은혜를 감사합니다.

오늘 우리는 교회가 그리스도의 몸이라는 진리를 바로 깨닫고 우리가 예수 그리스도를 모시고 살 때에 그 그리스도의 몸의 한 지체가 되었다는 사실을 깊이 깨닫기를 기도합니다.

모든 성도는 그리스도 안에서 한 몸을 이루고 있으며 머리 되신 그리스도와 연합되어 있고 한 성령님에 의하여 살아 움직이는 존재들임을 믿습니다. 우리 그리스도인 개개인은 그리스도 몸의 한 지체들로서 전체와 연관되어 있고 머리 되신 그리스도로부터 생명과 영을 공급받으며 산다고 믿습니다.

이때 모든 지체가 같은 기능을 가진 것이 아니고 각 지체는 정해진 자기만의 위치와 기능이 있음을 바로 깨닫고 다른 형제자매들과 충돌하거나 방해하거나 시기하지 않도록 우리에게 참된 믿음과 깨달음을 허락해 주시옵소서. 우리 모두 머리 되신 그리스도께 절대 순종하고 그리스도 교회 안에서 각자에게 주어진 사명과 기능에 충성하게 하여 주옵소서.

이를 위해 오늘도 우리로 건강하게 하시고 하나님의 사랑을 성령으로 말미암아 우리 마음에 부어 주셔서 기꺼이 다른 지체들을 사랑하고 섬기게 하여 주옵소서.

예수님의 이름으로 기도하옵나이다. 아멘.

# 382

## 롬 12:5

- "서로 지체가 되었느니라"
  그리스도인은 서로 관계 속에 있다.
- 우리가 갖고 있는 것은 다 받은 것.
  우리 자신을 위해서가 아니라 다른 사람의 유익을 위해 받은 것.
  자신이 받은 은사를 자기 개인의 은사로 생각 말고 다른 지체들을 섬기라.
  오직 그리스도, 오직 믿음, 오직 기도로 하나님과 그리스도의 뜻에 순종하며 살라.

> 5 이와 같이 우리 많은 사람이 그리스도 안에서 한 몸이 되어 서로 지체가 되었느니라

예수님은 그리스도시요 살아계신 하나님의 아들입니다. 예수님이 하나님의 아들 그리스도라는 증거로 십자가에서 우리 죄를 대신해서 피 흘려 죽으시고, 죽은 자들 가운데서 부활하셨습니다.

이 예수님이 하나님의 아들, 예수님이 그리스도, 예수님이 우리 죄를 대신해서 십자가에서 피 흘려 죽으시고 부활하셨다는 복음으로 우리 인생 모든 문제가 처리되고 해답을 얻습니다. 이 복음은 모든 믿는 자에게 구원을 주시는 하나님의 능력이 됩니다. 이 하나님의 아들 예수 그리스도의 복음, 그리스도 십자가 대속의 피의 복음으로 깊이 뿌리내리기를 기원합니다.

예수님의 신성의 하나님 되심과 십자가 대속의 피의 복음을 마음 중심에 믿고 죄 사함 받아 그리스도와 연합된 신자는 몸 된 그리스도 교회의 한 지체가 되었으며 그리스도 교회 다른 성도들도 그리스도 안에서 한 몸이 되어 서로 지체가 되었다는 교리를 깊이 깨닫고 이에 따라 다른 사람들의 유익을 위해 섬겨야 한다는 사실입니다. 그리하여 오직 몸의 머리 되신 그리스도께만 복종하며 살아야 합니다.

수년 전 우리 교단(예장 대신)에서 큰 은사로 교회를 크게 부흥시킨 한 목사님이 교단의 지도자로 선출되었습니다. 이 목사님은 교단 신문에 "얼굴에 똥 발린 목사들"이라는 제목으로 칼럼을 썼습니다(「교회신보」, 2013.11.23). 즉, 1년에 세례를 12명에게도 못 주는 목사는 얼굴에 똥 발린 불량품이라고 하였습니다.

이 목사님은 그분이 받은 은사를 자기 개인의 은사로 생각하고 그것을 과시한 것입니다. 그러나 이런 모습은 성경적이 아닙니다. 사도 바울은 이에 대해 분명한 가르침을 줍니다.

오늘 본문 로마서 12장 5절을 보면 "이와 같이 우리 많은 사람이 그리스도 안에서 한 몸이 되어 서로 지체가 되게 하였느니라"라고 하였습니다.

본문에서 바울은 "서로 지체가 되게 하였느니라"라고 하였습니다. 그리스도의 몸으로서 교회의 각 지체는 전체 및 다른 모든 지체의 선과 유익을 위해 각각의 위치와 본분을 갖고 있습니다.

우리는 그리스도의 지체일 뿐만 아니라 서로의 지체가 되었습니다. 우리는 서로 관계 속에 있습니다. 따라서 서로를 위해 할 수 있는 모든 선을 행하고, 공동의 유익을 위해 협력해야 합니다. 이것은 고린도전서 12장 4절 이하에 상세히 예증되어 있습니다.

그러므로 우리는 우리 자신의 능력에 대해 자만에 빠져서는 안 됩니다. 왜냐하면, 우리가 갖고 있는 것은 무엇이나 받은 것인데 그것도 우리 자신을 위해서가 아니라 다른 사람들의 유익을 위해 받은 것이기 때문입니다.

사람들은 자기들의 은사를 자기 개인의 은사로 생각하려는 경향이 있습니다. 자기들 혼자 독립적으로 존재하고 다른 사람들은 전혀 생각지 아니하는 그런 경향이 있습니다. "내가 얻은 것이 이것이다"라고 생각하고는 자기들의 은사를 과시하고 싶어 합니다.

고린도 교회에서 모든 그리스도인은 방언으로 말하고 싶어 했습니다. 이미 모든 사람들이 동시적으로 그 일을 하고 싶어 했던 것 같습니다. 그러나 그것이야 말고 바울이 고쳐 주어야 했던 오류였습니다. 그래서 몸을 유추하여 그 일을 교정해 주었습니다.

이것을 의학적 차원에서 예증해 보면 더 쉬운 이해를 가질 수 있습니다. 몸의 어떤 부분이 독자적으로 작용하는 순간 그것은 몸의 이상이 생긴 것입니다. 자신의 의사와 관계 없이 독립적으로 작용하거나 몸이 다른 지체들과 동떨어지게 작용한다면 자신이 아프다는 것을 의미하는 것입니다(로이드 존스, 『로마서 강해 12』).

우리 몸의 지체는 각각 특별한 역할이 몸 전체를 위한 것이어야 합니다. 몸은 항상 전체로서 작용하도록 되어 있는 것입니다. 인간의 건강이란 자기가 몸을 가진 사실을 잊고 있는 상태와 조건이라고 할 수 있습니다.

우리가 기억해야 하는 큰 요점은 각 지체의 역할이 항상 머리의 뜻과 조정에 복종하고 굴복해야 한다는 것입니다. 우리 모두는 교회의 머리 되신 예수 그리스도께 굴복해야 한다는 것을 인식해야 합니다.

우리는 언제 움직일지 그때를 결정하지 않습니다. 무엇을 해야 할지 우리가 결정하지 않습니다. 오직 머리 되신 그리스도께서 결정하십니다. 저는 이 진리를 굳게 믿기에 하나님의 섭리가 분명히 밝혀지기 전에는 결코 움직이지 않습니다.

그래서 저는 무능한 사람으로 비판받습니다. 그렇습니다. 저는 무능한 사람이요 판단력이 부족한 사람이고 결단력도 없는 사람입니다. 다만 머리 되신 그리스도께서 저를 통치하시고 인도해 주시기를 끊임없이 기도하는 사람입니다.

그러나 이 자세가 오늘 본문 진리의 요체라고 믿기에 오직 그리스도, 오직 믿음, 오직 은혜, 오직 기도, 오직 성령으로 살고 성령의 충만을 받아 하나님 사랑과 이웃 사랑의 전도자로 살아야 한다고 믿습니다. 기도하시겠습니다.

살아계신 아버지 하나님!

하나님의 은혜를 감사합니다.

오늘 우리는 그리스도 교회의 일원으로서 우리가 받은 은사를 어떻게 섬겨야 하는가를 듣게 하시니 감사합니다. 왜냐하면, 우리는 우리가 가진 은사를 자기의 은사로 생각하기 쉽기 때문입니다.

우리는 그리스도 안에서 한 몸이 되어 서로 지체가 되었다는 말씀을 바르게 이해하고 순종해야 한다고 믿습니다. 우리는 독자적으로 존재하는 자가 아니요 서로 관계 속에 있음을 믿습니다. 그래서 우리는 서로를 위해 할 수 있는 모든 선을 행해야 하고 공통의 유익을 위해 협력해야 한다고 교훈을 받습니다.

우리는 자신의 능력에 대해 자만하지 말고 오직 몸 된 그리스도 교회의 머리 되신 예수 그리스도께 절대 복종하며 서로가 지체로서 섬기며 살아야 한다고 배웁니다.

우리가 이런 교회 구조와 섬김의 원리에 확실한 이해로 뿌리가 내리도록 도와주시고 믿음을 주시옵소서. 우리가 서로 지체로서 섬기도록 오늘도 우리로 건강하게 하시고 건전한 정신을 주어 몸 된 그리스도 교회를 잘 섬기게 하여 주옵소서. 우리는 이미 그리스도와 함께 십자가에 못 박혀 죽었고 하나님의 아들 예수 그리스도를 믿는 믿음 안에서 사는 자가 되었음을 깊이 자각하게 해 주옵소서.

예수님의 이름으로 기도하옵나이다. 아멘.

# 롬 12:5

- "이와 같이 그리스도 안에서 한 몸이 되어"
  교회와 교회의 지체 의식.
- 교회 연합 운동(에큐메니칼 운동)의 문제점.
  본질적 교리의 일치시에 교회 연합 가능.
  교회 연합은 믿음, 교리 이해에 있어서 연합이어야 한다.

⁵ 이와 같이 우리 많은 사람이 그리스도 안에서 한 몸이 되어 서로 지체가 되었느니라

예수님은 그리스도시요 살아계신 하나님의 아들입니다. 예수님이 하나님의 아들 그리스도라는 증거로 십자가에서 우리 죄를 대신해서 피 흘려 죽으시고, 죽은 자들 가운데서 부활하셨습니다.

이 예수님이 하나님의 아들, 예수님이 그리스도, 예수님이 우리 죄를 대신해서 십자가에서 피 흘려 죽으시고 부활하셨다는 복음으로 우리 인생 모든 문제가 처리되고 해답을 얻습니다. 이 복음은 모든 믿는 자에게 구원을 주시는 하나님의 능력이 됩니다. 이 하나님의 아들 예수 그리스도의 복음, 그리스도 십자가 대속의 피의 복음으로 깊이 뿌리내리기를 기원합니다.

예수님의 신성의 하나님 되심과 십자가 대속의 피의 복음을 마음 중심에 믿고 거듭난 그리스도인은 죄 사함 받고 그리스도와 연합한 자가

됩니다. 그리하여 몸 된 그리스도 교회의 일원이 됩니다. 교회의 일원으로서 몸으로서의 교회 안에 있는 여러 다른 그리스도인 지체들과 한 몸이 되어 서로 지체가 되었습니다.

그 결과 모든 성도는 그리스도 안에서 한 몸을 이루고 하나의 공통된 머리에 연합되고 한 성령에 의해 활동하고 움직이는 존재가 되었습니다. 그리스도인은 서로 관계 속에서 서로를 위해 선을 행하고 공통의 유익을 위해 협력하게 되었습니다.

그런데 이런 그리스도의 몸으로서의 교회 안의 지체들의 연합과 같은 차원에서 이제는 교회와 교회의 지체 의식도 관심을 가질 수가 있습니다. 우리는 그리스도인들의 교회 연합에 대한 관심과 논쟁의 시대에 살고 있습니다. 소위 교회 일치 운동에 관한 문제입니다.

이에 대한 대표적인 기구가 세계교회협의회(WCC)입니다. 한국 교회는 WCC의 교회 연합 기구에 대해 찬반이 분명하고 뜨거운 논쟁 거리입니다. 현재 한국 교회에서는 예장통합, 기장, 성공회, 기감, 구세군, 복음교회 등이 회원으로 가입되어 있습니다.

반면에 예장합동, 고신, 대신, 합신 등의 개혁 교회 측 교단들은 WCC 가입을 적극적으로 거부하고 있으며 복음과 교리의 변질이라고 비판하고 있습니다.

이러한 그리스도 교회의 연합에 관한 근거가 되는 말씀 중 하나가 오늘의 본문입니다.

본문 로마서 12장 5절을 보면 "이와 같이 우리 많은 사람이 그리스도 안에서 한 몸이 되어 서로 지체가 되게 하였느니라"라고 하였습니다.

우리는 이 본문에서 교회 연합에 관한 바울의 가르침을 숙고해 보고자 합니다(로이드 존스,『로마서 강해 12』참조).

**첫째 전제**는 교회는 그리스도의 몸이라는 것입니다. 본문은 "우리 많은 사람이 그리스도 안에서 한 몸이 되어"라고 하였습니다. 교회는 인간적 제도가 아니라 신령한 사회, 초자연적 사회이며 영적 단체입니다.

교단의 합병 문제라든지 교회와 교회 연합의 요점은 교회가 영적 그리스도의 몸이요, 영적 단체라는 것입니다.

**둘째 전제**는 교회는 하나라는 것입니다. 본문은 "이와 같이 우리 많은 사람이 그리스도 안에서 한 몸이 되어"라고 하였습니다. 여기에 교회의 하나 됨에 대한 직접적 가르침이 있습니다. 예수님께서도 요한복음 17장에서 대제사장적 기도에서 교회의 하나 됨을 기도하셨습니다.

**셋째 전제**는 그 교회의 하나 됨은 영접 연합이라는 것입니다. 요한복음 15장에서 예수님도 "나는 포도나무요 너희는 가지니"(요 15:5)라고 말씀하셨습니다. 그리스도 교회는 하나의 유기체이지 하나의 조직이 아닙니다.

이것이 오늘날 소위 교회의 연합 운동(Ecumenical movement)이라고 불리는 것을 통해서 나타나는 경향에서 보이는 문제의 핵심입니다. 즉, 그 운동은 하나의 유기체로서가 아니라 하나의 조직이라는 관점에서 이루어지고 있다는 것입니다.

오늘 본문에서 말하는 하나 됨은 인간적 연합이 아니라는 것입니다. 본문은 "이와 같이 우리 많은 사람이 그리스도 안에서 한 몸이 되어 서로 지체가 되었느니라"라고 말하고 있습니다. 이 말씀은 몸의 예증으로서 그리스도 교회의 경우에도 이것은 초자연적 연합이 되어야 하는 것입니다.

그리스도께서 머리가 되시고 그로부터 모든 충만이 나옵니다. 참된 그리스도 교회의 연합은 전인의 연합이요, 교리적 연합이 아니면 안 됩니다. 본질적 교리에 대한 심한 불일치에도 불구하고 교회와 교회의 연합은 불가한 것입니다. 교리는 교회 연합에 있어서 생명의 요소가 되는 본질적인 것입니다.

우리 교회는 변화 무쌍한 오늘의 세상에서 변하지 않는 십자가 대속의 피의 복음을 끊임없이 강조하는 것이 진정한 개혁이라 믿고 있습니다. 우리는 여기에 어긋나는 어떤 연합에도 타협하지 않을 것입니다.

그러므로 모든 그리스도 교회는 십자가 대속의 피의 복음을 모든 설교에 있어서 정점에 두고 설교해야 한다고 믿습니다. 오직 그리스도, 오직 믿음, 오직 은혜, 오직 성경만이 개혁 교회 교리의 핵심이고 연합의 기초입니다. 기도하시겠습니다.

살아계신 아버지 하나님!

하나님의 은혜를 감사합니다.

우리는 예수님을 하나님의 아들 그리스도로 믿고 죄 사함 받아 그리스도와 연합된 자임을 믿는자로서 그리스도 안에서 교회의 모든 지체들이 한 몸이 된 것을 믿어 서로 지체가 된 것을 의심치 않습니다. 그런데 이러한 연합의 원리가 교회와 교회의 지체 의식에서도 반영될 수 있음으로 교회 연합 운동이 일어났다고 믿습니다.

그러나 이러한 교회 연합 운동에서 중요한 것은 본질적 교회에 있어서 일치 시에 교회 연합이 가능하다는 사실을 명심할 필요가 있음을 듣고 있습니다. 교회 연합은 하나의 조직으로의 연합이 되어서는 안 되고 영적 연합이 되어야 한다고 믿습니다.

단순한 "형제애"라는 관점에서만 보고 교회 연합을 하다 보면 궁극적으로 그리스도 교회는 타락의 길에 설 수 있다는 위험을 직시해야 한다고 경고를 받아야 합니다. 우리는 모든 교회는 결코 변하지 않는 그리스도 십자가 대속의 피의 복음 진리를 강조하는 교회 간에 연합이 되어야 한다고 믿습니다.

그리스도 교회의 진정한 부흥의 주인 되신 그리스도께서 우리를 도와주시고 모든 그리스도 교회의 주인으로서 역사하시고 인도하시고 다스려 주시옵소서.

예수님의 이름으로 기도하옵나이다. 아멘.

# 384

## 롬 12:6

- "우리에게 주신 은혜대로 받은 은사가 다르니"
  영적 은사들의 본질.
- ① 그리스도 몸에 속한 자에게 주어짐.
  ② 성령님이 주심.
  ③ 모두에게 다 주어짐.
  ④ 은사는 서로 다름.
  오직 하나님의 영광을 위하여, 교회의 덕을 세우기 위하여 받은 은사를 사용하라.

> ⁶ 우리에게 주신 은혜대로 받은 은사가 각각 다르니 혹 예언이면 믿음의 분수대로,

예수님은 그리스도시요 살아계신 하나님의 아들입니다. 예수님이 하나님의 아들 그리스도라는 증거로 십자가에서 우리 죄를 대신해서 피 흘려 죽으시고, 죽은 자들 가운데서 부활하셨습니다.

이 예수님이 하나님의 아들, 예수님이 그리스도, 예수님이 우리 죄를 대신해서 십자가에서 피 흘려 죽으시고 부활하셨다는 복음으로 우리 인생 모든 문제가 처리되고 해답을 얻습니다. 이 복음은 모든 믿는 자에게 구원을 주시는 하나님의 능력이 됩니다. 이 하나님의 아들 예수 그리스도의 복음, 그리스도 십자가 대속의 피의 복음으로 깊이 뿌리내리기를 기원합니다.

예수님의 신성의 하나님 되심과 십자가 대속의 피의 복음을 마음 중심에 믿고 중생할 때 그리스도와 연합된 자가 됩니다. 머리 되신 그리스도의 몸의 한 지체가 됩니다. 이때 하나님은 그리스도의 몸에 속한 지체들에게 그리스도의 몸을 섬길 은사를 주십니다.

이렇게 그리스도의 몸의 한 지체가 된 그리스도인들은 적어도 한 가지 이상의 은사를 모두 가지고 그리스도의 몸을 위해 그 기능을 수행하게 됩니다. 그리고 각 사람이 받은 은사는 서로 다릅니다. 이것이 영적 은사들의 본질입니다.

그러므로 그리스도의 몸의 한 지체가 된 그리스도인들은 이런 영적 은사들의 본질을 바르게 이해하여 자신이 받은 은사를 가지고 하나님의 영광을 위하여 그리고 몸 된 그리스도 교회의 덕을 세우기 위하여 사용해야 합니다.

오늘날 그리스도 교회에 영적 은사들의 본질에 대한 바른 이해가 얼마나 필요한지 말로 다 할 수 없습니다. 은사를 가진 자들은 대부분 그것을 자랑하고 과시하며 다른 지체들을 무시하고 그 위에 군림하고자 합니다.

여러분이 어떤 은사를 가진 자가 그 은사 사용으로 다른 지체에게 시기를 일으키고 비교 의식을 갖게 하고 그런 은사 없는 자신에게 좌절감과 비하를 일으키는지 주의해 보기 바랍니다. 아니면 그 은사 사용으로 인해 더욱 하나님을 사랑하고 이웃을 사랑하게 하는지 살펴보시기 바랍니다.

우리는 오늘 본문에서 바울이 제시한 영적 은사들의 본질을 살펴보면서 하나님이 우리에게 주신 은사들을 자랑하지 말고 또한 사용하지 않고 사장시키지 말고 겸손과 자기 부인으로 다른 사람의 유익을 위해 사용해야겠습니다.

오늘 본문 로마서 12장 6절을 보면 "우리에게 주신 은혜대로 받은 은사가 각각 다르니"라고 합니다.

이 짧은 본문에는 적어도 네 가지 의미의 영적 은사들의 본질이 나타납니다.

**첫째**, 은사들은 그리스도의 몸에 속한 자들에게만 주어진다는 것입니다. 다시 말해서 거듭난 사람들에게 주어진 것이지 다른 사람에게는 주어지지 않습니다. 그래서 본문은 "우리에게"로 시작하였습니다. 영적 은사들은 중생하여 그리스도의 몸의 한 지체가 된 자들에게만 주어지는 것입니다.

**둘째**, 은사들은 하나님께서 곧 성령님께서 각 사람에게 주신다는 것입니다. 각 사람에게 은사를 나누어 주시는 일을 결정하시는 이는 성령님이십니다. 자신이 노력으로 어떤 은사를 받았다고 생각하면 성령을 거스르는 죄악에 빠지게 됩니다. 본문은 분명히 "우리에게 주신 은혜대로"라고 합니다.

그러므로 자신이 하나님께로부터 받은 은사를 자랑해서는 안 되고, 비교해서도 안 되며, 사장시켜 놓아도 안 되고, 겸손하게 자기를 부인하면서 그리스도의 몸의 다른 지체를 성령의 능력으로 섬겨야 합니다.

**셋째**, 은사들은 모든 그리스도인에게 주어졌다는 것입니다. 몸의 모든 지체는 그 나름의 은사의 역할과 지위를 가지고 있습니다. 물론 어떤 사람들은 두 가지 은사를 가지고 있을 수 있습니다. 바울이 바로 그런 사람이었습니다.

여러분도 한 가지 이상의 은사를 가질 수 있습니다. 그러나 중요한 것은 우리 각자가 그리스도의 몸의 지체로서 한 가지 은사를 꼭 가지고 있다는 것을 인식하는 것입니다. 본문을 다시 보면 "은혜대로 받은 은사"라고 합니다.

**넷째**, 은사들은 서로 다르다는 것입니다. 오늘 본문을 보면 "우리에게 주신 은혜대로 받은 은사가 각각 다르니"라고 하였습니다. 고린도의 성도들이 혼란을 겪게 된 것은 그들은 다 방언으로 말하기를 원하였다는 것입니다. 그리스도인들에게 주어진 은사들은 서로 다르다는 것을 이해해야 합니다.

예수님의 신성의 인격과 대속의 죽음과 부활의 사역을 믿고 중생한 그리스도인은 그리스도의 몸으로서 이런 영적 은사들의 본질을 바르게 이해해야 합니다. 그럴 때 다른 사람이 가진 은사에 감사하고 도움을 받으며 자기도 받은 은사를 자랑하지 않고, 또한 사용하지 않아 사장시키지 않고 겸손과 자기 부인으로 다른 사람의 유익을 위해 자신을 사용하는 데 열심을 낼 것입니다.

오직 그리스도, 오직 믿음, 오직 은혜, 오직 성령으로 살고 행하며, 성령 충만 받아 받은 은사를 가지고 하나님의 영광을 위하여, 그리고 그리스도 교회의 덕을 세우기 위하여 사용하는 자들이 되기를 간절히 기원합니다.

살아계신 아버지 하나님!

하나님의 은혜를 감사합니다.

예수님의 신성의 하나님의 아들 되심을 믿고 죄 사함 받아 하나님과 화해가 이루어지고 그리스도와 연합된 그리스도인들은 그리스도의 몸의 한 지체가 됨을 믿습니다. 그리고 그리스도 몸의 한 지체로 편입된 그리스도인들은 모두 하나님께서 나누어 주신 은사를 받게 되고 어떤 사람은 여러 가지 은사를 받을 수도 있으나 적어도 모든 그리스도인은 다 어떤 한 가지 은사는 받았다는 사실을 우리가 듣게 되니 감사하옵나이다.

우리는 자격 없는 자이나 하나님께서 우리에게 주신 은혜대로 받은 은사는 각각 서로 다르다는 사실을 들을 때 우리는 비록 작은 은사라 할지라도 사용하지 않고 사장시켜서는 안 된다고 믿습니다. 더욱이 하나님께서 선물로 주신 은사인즉 우리가 가진 재능을 자랑해서는 안 되고 다만 겸손하게 그리고 자기 부인의 태도로 다른 사람들의 유익을 위해 우리 자신을 사용하는 자들이 되기를 기도합니다.

주님은 죽도록 충성하라고 명하셨으니 게으르지 말고 열심을 품고 주를 섬기도록 도와주옵소서. 이런 섬김을 위해 무엇보다도 우리를 건강하게 하시고 건전하게 하셔서 하나님의 영광을 위하여 그리스도 교회의 덕을 세우기 위하여 기쁜 마음으로 섬기도록 하나님의 사랑을 우리 마음에 부어 주옵소서.

예수님의 이름으로 기도하옵나이다. 아멘.

## 385

## 롬 12:6

- "혹 예언이면 믿음의 분수대로"
  사도 시대 이후 은사들은 종결되었는가?
  아니다.
- 성령의 주권성을 인정하라.
  예언과 설교는 차이가 있다.
  예언은 미래사 예언이 아니라 성령의 영감으로 주어진 즉각적 하나님의 말씀으로써 기독교 믿음과 모순되지 않는 메시지이다.
  남용될 수 없다.

> ⁶ 우리에게 주신 은혜대로 받은 은사가 각각 다르니 혹 예언이면 믿음의 분수대로,

예수님은 그리스도시요 살아계신 하나님의 아들입니다. 예수님이 하나님의 아들 그리스도라는 증거로 십자가에서 우리 죄를 대신해서 피 흘려 죽으시고, 죽은 자들 가운데서 부활하셨습니다.

이 예수님이 하나님의 아들, 예수님이 그리스도, 예수님이 우리 죄를 대신해서 십자가에서 피 흘려 죽으시고 부활하셨다는 복음으로 우리 인생 모든 문제가 처리되고 해답을 얻습니다. 이 복음은 모든 믿는 자에게 구원을 주시는 하나님의 능력이 됩니다. 이 하나님의 아들 예수 그리스도의 복음, 그리스도 십자가 대속의 피의 복음으로 깊이 뿌리내리기를 기원합니다.

예수님의 신성의 하나님 되심과 십자가 대속의 피의 복음을 마음 중심에 믿고 구원받은 그리스도인은 성령이 임하는 자가 됩니다. 그리하여 모든 그리스도인은 성령이 그리스도인 안에 내주하시고 인도, 역사하시는 은혜를 받고 사는 자가 됩니다.

이때 성령님의 내주, 인도, 역사 시에 성령의 직접적 영감을 받을 수도 있습니까?

이는 어려운 문제입니다. 물론 여기서 성령의 영감이란 사도들에게 임한 정도의 권위 있는 직접적 영감은 아닙니다. 그것은 도리어 사도들에 의해 영감으로 주어진 하나님의 말씀에 모순되지 않는 하나님의 말씀으로서의 경고와 권면과 교훈으로서의 영감입니다.

이런 성령의 직접적인 영감이 가능합니까?

이에 대해서는 격렬한 반대가 있습니다. 특히, 오늘 본문 말씀과도 관련되어 있습니다.

오늘 본문 로마서 12장 6절 후단을 보면 "혹 예언이면 믿음의 분수대로"라고 합니다.

여기서 "예언"은 단순히 미래를 예언하는 것이 아니고 하나님의 말씀으로서 경고와 권면과 교훈과 판단 등을 주는 데 있습니다(고전 14:3). 이때 보수주의 신학자들은 교회 시대에는 예언이 설교로 대치되었다고 말합니다. 그 이유로서 예언이 권면, 안위를 그 작용으로 한 것인 만큼 설교도 그러하다는 것입니다(박윤선, 『로마서 주석』).

그리하여 예언 사역은 사도 시대에만 있었던 단회적인 것이라고 합니다. 현대 교회에 있어서 예언이 있다는 것을 적극 부인하며, 우리에게는 성경이 있기 때문에 예언보다 성경의 권위를 세우는 것입니다.

제 개인적으로는 이 견해는 원칙적으로는 맞다고 봅니다. 그러나 저는 예언과 설교는 차이가 있다고 봅니다. 설교는 설교자가 시간을 갖고 연구하고 생각하고 자료를 참조하여 전하는 메시지입니다. 이때 물론 성령의 감동을 받아서 준비하는 것입니다.

그러나 예언은 미래사를 예언하는 샤머니즘 예언이 아니라 성령의 감동으로 순간적으로 주어진 하나님의 말씀으로서 기독교 믿음과 모순되지 않는 메시지입니다. 예언과 설교 사이의 차이는 "즉각성"입니다. 성경에 계시된 말씀이 즉각적으로 주어지고 임한다는 것입니다(로이드 존스, 『로마서 강해 12』).

그러므로 설교자나 교사도 역시 예언자일 수 있습니다. 예컨대, 제가 설교를 하거나 기도를 할 때에 제 자신이 준비한 말이 아닌데도 그 말이 그 순간에 주어질 때가 있습니다. 그렇다면 예언은 설교 중간에 올 수도 있습니다.

아주 짧은 메시지이나 그때 임하는 말씀은 설교한 자신이 도리어 그 말을 듣고 있는 것입니다. 물론 그 메시지는 성경의 권위에 따라 판단되어야 합니다.

오늘날 복음 전도자들도 성경 말씀 계시가 허용하는 한도 안에서 당연히 선지자이고 그리하여 미래를 예언할 수 있는 것입니다. 설교 자체가 인간의 영원한 상태에 관해 말하는 것이기 때문에 미래 상태에 대해 직접 언급하게 됩니다. 그러나 설교와 예언의 차이는 즉각성입니다. 예언은 설교 중이거나 기도하는 중에 즉각적이고 직접적으로 주어지는 것입니다.

그래서 예언은 마음대로 해서는 안 되고 오늘 본문에서 "혹 예언이면 믿음의 분수대로"라고 하였습니다. 여기서 "믿음"은 헬라 원어에 따르면 "그 믿음"입니다. 믿음에 정관사가 붙어 있습니다.

그래서 "믿음의 분수대로"란 "그 믿음의 추론에 의하여"라고 할 것입니다. 즉, 예언자가 자기의 소유한 신앙에 맞도록 예언 행위를 해야 되거나, 혹은 예언을 하되 신앙과 관련 있게 해야 된다는 뜻입니다. 그러므로 앞서 언급한 대로 선지자(혹은 목사가, 목사도 선지자입니다)는 반드시 그의 메시지가 기독교 믿음과 어떤 면에서도 모순되지 않도록 해야 된다는 것입니다.

목사는 선지자인즉 십자가 피의 복음에 뿌리를 내리고 성령의 감동을 받도록 항상 기도하고, 하나님의 말씀을 사랑하고 순종하며 건전한 교리의 테두리 안에서 성령님의 가르침을 받아야 합니다.

우리 모두 오직 그리스도, 오직 믿음, 오직 은혜, 오직 성령으로 충만 받아 그리스도께서 주신 선지자 사명에 충성하는 자들이 되어야겠습니다. 기도하시겠습니다.

살아계신 아버지 하나님!

하나님의 은혜를 감사합니다.

오늘 우리는 은사 사용에 있어서 예언하는 태도에 관한 말씀을 바로 이해하고 오해가 없기를 기도합니다. 특히, 우리가 받은 은사가 예언이면 믿음의 분수대로 하라는 말씀을 들었습니다. 목사들은 선지자들이고 심지어 일반 신자도 예수님을 그리스도로 믿어 그리스도 안에 거하면 그리스도께서 부어 주신 선지자 성품을 갖는 자가 된다고 믿습니다. 종교개혁은 만인 제사장주의이고 또 성령을 받게 되어 동시에 선지자도 되었은즉 오늘의 말씀은 모든 중생한 그리스도인들에게 해당된다고 믿습니다.

특히, 사도 시대 이후는 예언의 은사가 종결되고 설교가 대신한다고 보수주의자들은 말합니다. 과연 설교 자체는 인간의 영원한 상태에 관해 말하는 것이기 때문에 미래 상태에 대해 직접 언급하게 됨을 믿습니다. 그러나 우리는 예언의 은사는 미래사에 대한 예언이 아니라 하나님의 말씀으로서 경고와 교훈과 안위의 말씀이 기독교 믿음과 모순되지 않는 메시지라고 믿습니다.

설교와 예언의 차이는 그 즉각성입니다. 그리하여 설교 중간에 자기가 의도하지 않는 말씀이 주어지기도하고 기도할 때에도 전혀 예기치 않는 하나님의 말씀과 뜻이 나타나서 자신이 그 메시지를 듣는 때도 있다고 믿습니다. 이런 의미에서 우리는 예언을 사모해야 한다고 믿습니다.

오늘 우리는 오는 세계에 대한 선구자로서 오실 그리스도에 대한 예언을 선포하며 때로 즉각적으로 주어진 하나님의 말씀을 전파하는 자로 살도록 우리로 건강하게 하시고 건전하게 하여 주옵소서.

예수님의 이름으로 기도하옵나이다. 아멘.

# 386

## 롬 12:6-8

- "혹 섬기는 일이면 섬기는 일로"
  자기 은사에만 관심을 가지라.
- 은사를 나누어 주시는 분은 성령님.
  예언의 은사 뒤에 섬김의 은사 나온다.
  이 은사가 매우 중요하다.
  초대 교회 집사직 탄생의 기원.
  받은 은사를 사용하라.

⁶ 우리에게 주신 은혜대로 받은 은사가 각각 다르니 혹 예언이면 믿음의 분수대로, ⁷ 혹 섬기는 일이면 섬기는 일로, 혹 가르치는 자면 가르치는 일로, ⁸ 혹 위로하는 자면 위로하는 일로, 구제하는 자는 성실함으로, 다스리는 자는 부지런함으로, 긍휼을 베푸는 자는 즐거움으로 할 것이니라

예수님은 그리스도시요 살아계신 하나님의 아들입니다. 예수님이 하나님의 아들 그리스도라는 증거로 십자가에서 우리 죄를 대신해서 피 흘려 죽으시고, 죽은 자들 가운데서 부활하셨습니다.

이 예수님이 하나님의 아들, 예수님이 그리스도, 예수님이 우리 죄를 대신해서 십자가에서 피 흘려 죽으시고 부활하셨다는 복음으로 우리 인생 모든 문제가 처리되고 해답을 얻습니다. 이 복음은 모든 믿는 자에게 구원을 주시는 하나님의 능력이 됩니다. 이 하나님의 아들 예수 그리스도의 복음, 그리

스도 십자가 대속의 피의 복음으로 깊이 뿌리내리기를 기원합니다.

예수님의 신성의 하나님 되심과 십자가 대속의 피의 복음을 마음 중심에 믿고 죄 사함 받아 하나님과 화해가 이루어지면 그리스도와 연합한 자가 됩니다. 곧 그리스도의 몸의 한 지체가 됩니다. 다시 말하면 교회는 그리스도의 몸인데, 몸 된 그리스도 교회의 한 지체가 됩니다.

그래서 앞서 우리는 "우리 많은 사람이 그리스도 안에서 한 몸이 되어 서로 지체가 되었느니라"(롬 12:5)라는 말씀을 들었습니다. 이때 중생하여 그리스도 안에 거하는 그리스도인은 적어도 한 가지 이상의 은사는 가진 자가 됩니다. 그리고 그 자신이 받은 은사로 교회의 한 지체로서 섬기는 자가 되는 것입니다.

이때 우리는 한편으로는 우리가 가진 재능을 자랑해서는 안 되고 다른 한편으로는 그것을 사용하지 않고 사장시켜도 안 됩니다. 다른 사람들의 유익을 위해 우리 자신을 사용하는 데 게으르지 않도록 조심해야 합니다.

그렇다고 우리는 주어진 은사를 사용하되 그 은사 밖으로 나가려는 소원을 가지면 안 됩니다. 자신이 가진 은사가 무엇이든지 간에 그 은사에만 관심을 써야 합니다. 다른 사람의 은사를 부러워하는 눈초리를 보이거나 시기하고 비평적인 눈초리를 보내지 말아야 합니다.

사도 바울은 오늘 본문에서 은사들의 다양성을 우리에게 보여 줌으로써 이 점을 드러내고 있습니다. 전체 은사들의 목록을 본문에서 일견한 뒤에 하나하나 보도록 하겠습니다.

본문 로마서 12장 6-8절을 보면 "⁶ 우리에게 주신 은혜대로 받은 은사가 각각 다르니 혹 예언이면 믿음의 분수대로, ⁷ 혹 섬기는 일이면 섬기는 일로, 혹 가르치는 자면 가르치는 일로, ⁸ 혹 위로하는 자면 위로하는 일로, 구제하는 자는 성실함으로, 다스리는 자는 부지런함으로, 긍휼을 베푸는 자는 즐거움으로 할 것이니라"라고 하였습니다.

우리는 바로 앞서 "혹 예언이면 믿음의 은사대로"라는 말씀을 상고하였습니다. 그리고 그에 뒤이어 "혹 섬기는 일이면 섬기는 일로"는 말씀이 나옵니다. 우리는 이 섬김의 문제를 알아보고자 합니다.

이 "섬기는 일"에 관한 은사는 바울이 말한 목록 중에 즉시 예언의 은사 다음에 열거되고 있습니다. 이것은 그리스도 교회의 역사에 대해서 이 섬김의 은사가 얼마나 중요한지를 우리는 자주 발견합니다.

그리스도 교회의 생활과 기능을 위해서 상당량의 일이 있음이 틀림없습니다. 예를 들어, 교회 건물이 있습니다. 사람들이 함께 모여서 복음을 듣기 위해서 그 건물이 필요합니다. 그리고 그 건물은 관리되어야 합니다.

여러 방면에서 그 건물은 돌보아야 합니다. 어느 교회든지 교회를 유지하기 위해 필요한 여러 기능을 감당하기 위해서는 또 다른 여러 본질적인 조직이나 업무의 일이 반드시 생겨나기 마련입니다. 사도행전에서 일곱 집사 제도가 생긴 이유도 여기에 있습니다.

섬김의 제목 밑에 집사들이 수행하는 보편적인 일들이 들어가 있습니다. 물론 사도 바울은 어떤 특정인을 따로 떼어서 생각하기보다는 이 은사를 부여받은 사람들을 생각하면서 그 은사를 다루고 있습니다.

바울은 이렇게 말하고 있다고 봅니다.

"만일 너희가 교회 생활과 관련된 실천적이고 외적인 문제를 다룰 수 있는 은사를 받았다면 모든 사람을 위해서 그 은사를 사용하는 것이 마땅하다"(로이드 존스, 『로마서 강해 12』)

그래서 오늘 본문은 "혹 섬기는 일이면 섬기는 일로"라고 말하였습니다. 누구든지 십자가 피의 복음 받아 그리스도의 몸에 들어온 자라면 받은 은사를 그 몸의 한 지체로 활용해야 합니다. 자신이 받은 은사가 무엇이든지 그 은사를 사용해야 합니다.

설교의 은사를 받은 설교자가 교회를 찾아온 처음 사람들에게 마음에 감동되는 메시지를 전하는 것은 사전에 섬김의 은사를 가진 봉사자들의 따뜻한 섬김과 봉사로 분위기를 만들 때 가능한 것입니다. 그리스도 교회는 단순한 조직체가 아니라 성령 안에서 하나 되는 유기적 조직입니다.

섬김의 은사를 가진 자가 성령으로 봉사하고 섬길 때 교회 예배는 활력을 갖고 그리스도 안에서 성령의 매는 줄로 하나가 되는 예배 공동체가 될 수 있습니다. 그러므로 우리 모두는 오직 그리스도, 오직 믿음, 오직 예수 보혈, 오직 성령으로 봉사하고 성령으로 기도하는 사랑의 공동체가 되도록 기도해야겠습니다. 그럴 때 교회는 참된 부흥의 길이 열리게 될 것입니다. 즉시 기도하겠습니다.

살아계신 아버지 하나님!

하나님의 은혜를 감사합니다.

억만죄악을 가진 우리를 예수님의 대속의 피로 구원하여 그리스도 안에 거하게 하시고 몸 된 그리스도 교회의 한 지체로 만들어 주심을 감사하옵나이다.

우리는 가진 은사가 작든 크든 모두 하나님께서 주셔서 그리스도 교회의 몸을 섬기게 하셨으니 우리가 그리스도의 몸의 한 지체로서 기능을 성실히 수행하도록 믿음을 주시고 이해력을 주시옵소서. 다른 지체들의 은사를 시기 말고 간섭하지도 말고 오직 받은 은사를 머리 되신 그리스도의 명령과 뜻을 따라 충성을 다해 섬기게 하옵소서.

우리의 섬김으로 다른 지체들이 힘을 얻고 그리고 더 나아가 모든 지체가 하나 되어 그리스도의 십자가 대속의 피의 복음이 날마다 선포되는 교회가 되고 처음 오는 자들이 감동받아 한 지체로 섬기는 부흥이 이루어지게 하여 주옵소서. 우리가 다른 지체를 섬길 때 기도하여 성령 충만을 받아 성령으로 봉사하는 자들이 되게 하여 주옵소서.

예수님의 이름으로 기도하옵나이다. 아멘.

## 롬 12:7

- "혹 가르치는 자면 가르치는 일로"
  가르침의 은사.
- 성경으로 가르치는 직책.
  많은 이단의 거짓 가르침과 초신자들을 위해 교회에서 중요한 은사.
  성경을 연구하고 묵상하고 정리하여 가르칠 준비를 하라.
  먼저 예수님의 신성의 인격과 대속의 죽음의 사역에 뿌리를 내리고 이 진리를 가르치라.

7 혹 섬기는 일이면 섬기는 일로, 혹 가르치는 자면 가르치는 일로.

예수님은 그리스도시요 살아계신 하나님의 아들입니다. 예수님이 하나님의 아들 그리스도라는 증거로 십자가에서 우리 죄를 대신해서 피 흘려 죽으시고, 죽은 자들 가운데서 부활하셨습니다.

이 예수님이 하나님의 아들, 예수님이 그리스도, 예수님이 우리 죄를 대신해서 십자가에서 피 흘려 죽으시고 부활하셨다는 복음으로 우리 인생 모든 문제가 처리되고 해답을 얻습니다. 이 복음은 모든 믿는 자에게 구원을 주시는 하나님의 능력이 됩니다. 이 하나님의 아들 예수 그리스도의 복음, 그리스도 십자가 대속의 피의 복음으로 깊이 뿌리내리기를 기원합니다.

예수님의 신성의 하나님 되심과 십자가 대속의 피의 복음을 마음 중심에 믿고 확신을 얻어 거듭난 그리스도인은 그리스도와 연합된 자가 된다는 것을 우리는 잘 알고 있습니다. 그리하여 머리 되신 그리스도의 몸의 한 지체가 되는 것입니다. 그리고 그리스도 교회의 공동체로 참여하여 예배를 드리고 그리스도 교회의 한 지체로서 활동하게 됩니다.

이때 하나님께로부터 가르침의 은사를 받은 그리스도인은 그가 받은 귀한 가르침의 은사를 잘 발휘하여 몸 된 그리스도 교회를 세우는 데 중요한 역할을 해야 합니다. 그리스도인이 예수님의 신성의 하나님 되심과 십자가 대속의 피의 복음 진리를 확신한다면 그는 일차적으로 복음을 모르는 주위의 형제들에게 가르칠 소명을 마땅히 가져야 합니다.

그러나 그리스도 교회는 가르치는 은사 가진 신자가 매우 적어 교사가 부족할 뿐 아니라 오늘날 수많은 거짓 이단들의 가르침 때문에 그리스도 교회에서 가르침의 은사가 매우 중요할 때가 되었습니다. 무엇보다도 문제는 예수님이 하나님의 아들이라는 신성의 진리를 확신하지 못하는 교사들이 무조건 교사로 세움 받아 가르치고 있는 현실 때문에 교회 교사들부터 하나님의 아들 예수 그리스도 복음을 다시 듣고 중생해야 합니다.

이런 점에서 초대 교회는 오늘의 교회 형편보다 가르침의 은사를 가진 교사들이 자격을 갖춘자가 더 많았으리라 봅니다. 그것은 그들이 비록 오늘날과 같은 현란한 신학은 없다고 할지라도 예수님의 신성의 하나님의 아들 되심과 십자가 대속의 피의 복음을 확신하고 성경을 하나님의 말씀으로 확신한 그리스도인들이 더 많았기 때문이라 봅니다.

그리스도 교회는 지상에서 하나님의 나라를 나타내는 가장 강한 구체적 현시인즉 교사로서의 목사부터 예수님을 하나님의 아들로 참되게 믿고 확신하여 가르치는 일을 하여야 할 것입니다. 이 사실을 이미 예견하였는지 모르지만 사도 바울은 로마에 있는 교회에게 가르치는 은사에 전념할 것을 말하였습니다.

본문 로마서 12장 7절을 보면 "혹 섬기는 일이면 섬기는 일로 혹 가르치는 자면 가르치는 일로"라고 하였습니다. "혹 가르치는 자면 가르치는 일로"라고 하는 것입니다.

여기서 가르침은 예언과 구별되고 권면하는 것과도 구별됩니다. 예언은 앞서 살핀 바와 같이 즉각적이고 직접적인 영감의 요소를 가지고 있는 반면에 가르침의 경우에는 준비를 통해서 나오는 은사라는데 차이가 있습니다.

이 가르치는 은사는 고린도전서 12장 28절(교사)과 에베소서 4장 11절(목사와 교사로)에도 소개되는 영적 은사입니다. 사도행전 2장 42절에서는 가르치는 은사가 초대 교회의 시대 4대 기능(가르침, 교제, 떡을 뗌, 기도) 중 하나이고 그 중에서도 첫 번째로 나옵니다.

목회서신(디모데전후서, 디도서)에서 가르침은 교회 삶에서 중요한 요소로 많은 거짓 가르침 때문에 누구도 부인할 수 없는 중요한 위치를 차지합니다.

특히, 목회서신에서 바울은 디모데에게 다음과 같이 말했습니다.

> **14** 네 속에 있는 은사 곧 장로의 회에서 안수 받을 때에 예언을 통하여 받은 것을 가볍게 여기지 말며 **15** 이 모든 일에 전심 전력하여 너의 성숙함을 모든 사람에게 나타나게 하라 **16** 네가 네 자신과 가르침을 살펴 이 일을 계속하라 이것을 행함으로 네 자신과 네게 듣는 자를 구원하리라 (딤전 4:14-16).

여기서 디모데는 "연구하여" 할 수 있는 한 최선을 다해 자신을 준비하라는 권면을 받고 있습니다. 그것은 바로 오늘 본문의 위대한 "가르침의 임무"를 위해서인 것입니다.

연구하고, 읽고, 생각하고, 묵상하고, 정리하는 일을 하지 않는 교사는 오늘 본문 "가르치는 자면 가르치는 일로"라는 권면을 철저하게 이행하고 있지 않는 사람입니다.

저도 목사의 소명인 가르침의 은사를 개발하고 증진하기 위해 촌음을 아껴 연구하고 묵상하고 정리하는 일을 끊임없이 하고 있습니다. 그러므로 하나님의 은혜로 나이가 들었으나 영력이 쇠퇴하지 않고 작년보다는 금년에 진보가 있다고 믿습니다.

가르침의 은사를 가진 교사의 임무는 믿는자들을 세워 주고 믿음 안에서 그들을 견고히 확립시켜 주는 것입니다. 가르침은 매우 실질적인 은사입니다. 그러므로 바울은 오늘 본문에서 가르침의 은사를 받았다면 교사로서 활동하라고 하고 그 일에만 전념하라는 것입니다.

우리 모두 먼저 예수님의 신성의 하나님의 아들 되심과 십자가 대속의 피의 복음을 믿어 확신하고 그 확신한 진리를 잘 연구하고 준비하여 교회 안에 있는 자들에게 피의 복음 진리를 마음 중심에 심도록 잘 가르쳐야겠습니다.

오직 그리스도, 오직 믿음, 오직 은혜, 오직 예수 보혈 신앙으로 성령 충만 받아 각인이 받는 은사를 최대한 사용하여 그리스도 십자가 대속의 피의 복음의 빛이 찬란하게 비치는 교회가 되도록 섬겨야겠습니다. 기도하시겠습니다.

살아계신 아버지 하나님!
하나님의 은혜를 감사합니다.
우리는 오늘 사도 바울이 강조한 그리스도의 몸 된 교회 안에서 가르침의 은사를 가진 자가 가르치는 일로 전념할 것을 중요한 교훈으로 받습니다.
수많은 거짓 이단의 거짓 가르침과 시대 풍조에 편승한 자유주의자들의 득세로 교회가 세속화되어 예수님의 신성의 하나님의 아들 되심과 십자가 대속의 피의 복음 진리를 가르치는 은사를 가진 교사가 사라져 가는 위기의 순간에 우리는 서 있다고 믿습니다. 하나님과 우리 주 그리스도께서 세상과 세상 속에 둔 교회를 통치하시고 돌보시기 때문에 음부의 권세가 그리스도 교회를 이기지 못하리라 믿습니다.
그러나 우리는 우리 주 그리스도께서 나누어 주신 은사대로 몸 된 교회를 충성하여 섬겨야 한다고 믿습니다. 가르침의 은사는 존귀한 하나님의 선물인즉 가르치는 일로 전심하게 우리를 도와주옵소서.
목사도 교사의 하나인즉 참되게 예수님의 하나님의 아들 되심과 십자가 대속의 피의 복음의 진리를 확신하고 참된 이해를 마음 중심에 가져 중생한 자로서 그리스도 교회를 십자가 대속의 피의 복음 진리의 교회로 세워야 하는 것이 첫 번째 과제요 사명이라 믿습니다.

우리 모두는 예수님이 하나님의 아들이라는 진리의 복음에 참된 뿌리를 갖고 이를 증거하기 위해 신구약 성경을 심도 깊게 연구하여 신구약을 관통하는 예수 그리스도를 발견하고 확신하도록 은혜를 베풀어 주시기를 간절히 기도합니다.

오늘도 우리가 주님으로부터 받은 은사로 충성하도록 우리로 건강하게 하시고 우리가 지금 당장 직면하고 있는 인생의 난제로부터 해결받게 하여 주옵소서.

예수님의 이름으로 기도하옵나이다. 아멘.

# 388

## 롬 12:8

- "혹 위로하는 자면 위로하는 일로"
  위로의 은사.
  위로하는 일에 전념하라.
- 가르침과 위로의 차이.
  가르침은 성경 내용을 나누는 것.
  위로는 일상에 성경 진리를 적용하는 것.
  위로는 중요한 목사의 사역(바나바의 사역).
  위로는 양심과 마음과 의지에 직접 말함으로써 심오한 목회 사역 감당.

> ⁸ 위로하는 자면 위로하는 일로, 구제하는 자는 성실함으로, 다스리는 자는 부지런함으로, 긍휼을 베푸는 자는 즐거움으로 할 것이니라

예수님은 그리스도시요 살아계신 하나님의 아들입니다. 예수님이 하나님의 아들 그리스도라는 증거로 십자가에서 우리 죄를 대신해서 피 흘려 죽으시고, 죽은 자들 가운데서 부활하셨습니다.

이 예수님이 하나님의 아들, 예수님이 그리스도, 예수님이 우리 죄를 대신해서 십자가에서 피 흘려 죽으시고 부활하셨다는 복음으로 우리 인생 모든 문제가 처리되고 해답을 얻습니다. 이 복음은 모든 믿는 자에게 구원을 주시는 하나님의 능력이 됩니다. 이 하나님의 아들 예수 그리스도의 복음, 그리스도 십자가 대속의 피의 복음으로 깊이 뿌리내리기를 기원합니다.

예수님의 신성의 하나님 되심과 십자가 대속의 피의 복음을 마음 중심에 믿고 구원받은 그리스도인은 몸 된 그리스도 교회의 한 지체가 되어 그 자신이 받은 은사로 교회를 섬기는 자가 됩니다. 이런 은사 가운데 목회 사역의 중요한 은사가 위로입니다.

물론 목사는 교사이기 때문에 마땅히 가르치는 은사가 필수적입니다. 그러나 목사는 냉철한 이성도 필요하지만 따뜻한 가슴도 필요한 것입니다. 그러나 가르침의 은사는 없지만 위로의 은사를 특별하게 갖는 자도 있으니 이런 사람은 목사가 되어 가르치려 하지 말고, 자신이 받은 위로의 은사로 위로하는 일에 전념해야 합니다.

우리는 오늘 본문의 말씀을 들으면서 이에 대한 중요한 교훈을 얻고자 합니다. 본문 로마서 12장 8절을 보면 "혹 위로하는 자면 위로하는 일로, 구제하는 자는 성실함으로, 다스리는 자는 부지런함으로, 긍휼을 베푸는 자는 즐거움으로 할 것이니라"라고 하였습니다.

우리는 오늘 "혹 위로하는 자면 위로하는 일로"라는 말씀을 듣습니다. 이 말씀은 위로하는 자는 위로하는 일에 전념하라는 것입니다. 그 일에 집중하라고 합니다.

가르치는 일이 교사의 사역이라면, 위로하는 일은 목사의 사역입니다. 물론 목사도 교사의 하나이기 때문에 당연히 가르치는 일을 하지만 위로하는 일은 목사가 힘써서 잘 해야 할 일입니다. 그것은 모든 설교는 권면이나 위로와 함께 종용으로 끝나야 하기 때문입니다.

권위할 때 용기를 북돋아 주거나, 책망하거나, 일깨워 주거나, 자극을 주거나, 적용하도록 요청하거나, 기도하도록 요청하는 것입니다. 다시 말하면 십자가 대속의 복음 진리와 규칙을 사람들의 경우와 상황에 보다 세밀하게 적용시켜 실천하도록 강조하는 것입니다.

우리는 이때 가르침의 은사와 위로의 은사의 구분을 바로 이해할 필요가 있습니다. 그것은 가르치는 일에 아주 정확한 사람들이 위로하는 일에는 아주 냉소적이고 재능이 없는 경우가 많기 때문입니다. 물론 그 반대도 마찬가지입니다.

가르침은 일차적으로 지성에 호소합니다. 복음 지식을 전달하려는 의도를 가지고 가르치는 것입니다. 만일 그 일을 해내지 못하면 그것은 가르침에 실패하는 것입니다.

그러나 위로는 사람의 양심과 감정 방면의 운동을 일으키는 것입니다. 그래서 가르침과 위로의 본질적인 차이가 여기에 있습니다. 어떤 의미에서 위로는 가르침 다음에 오는 것입니다.

먼저 지식을 줍니다. 복음 진리를 제시합니다. 그런 다음에 위로는 그 진리를 부각시켜 주는 것입니다. 우리가 모든 설교는 권면이나 위로나 종용으로 끝나야 한다고 하는 이유가 여기에 있습니다.

그러므로 교사는 더 날카로운 머리를 필요로 하고 목사는 더 따스한 가슴을 필요로 합니다. 따라서 이 은사들이 분명히 분리되어 있는 곳에서는 그 사역을 그 재능에 따라 분리시켜 주는 것이 교회에 덕을 세우는 일입니다. 예컨대, 한 사람이 가르침의 은사를 가진 자로서 다른 사람을 능가하나 위로의 은사에서는 그 사람이 다른 사람보다 못할 경우에는 그들의 재능에 따라 분리시켜 주라는 것입니다.

그리고 책임을 지는 사역이 무엇이든 간에 우리는 그것에 최선을 다해야 합니다. 우리의 사역에 전념하는 것은 우리의 시간과 생각을 그것에 최대한 투자하는 것이고, 그것을 위해 모든 기회를 활용하는 것이며, 그것을 잘 하기 위해 힘을 다하는 것입니다.

우리 모두 십자가 대속의 피의 복음의 진리에 깊이 뿌리를 내려야 할 것입니다. 그리고 하나님께서 각 사람에게 주신 은사를 확인해야 합니다. 받은 은사가 위로하는 은사라면 가르침의 은사를 시기 말고 위로의 은사로 교회 지체들을 위로하고 권면하는 일에 헌신할 것입니다.

특히, 그리스도 교회 목사님들은 먼저 가르침의 은사대로 진리를 가르치되 따스한 가슴으로 복음 진리를 선포하고 권면할 것입니다. 우리 모두 오직 그리스도, 오직 은혜, 오직 기도로 성령의 충만을 받고 받은 은사를 따뜻한 가슴으로 모든 기회에 잘 활용하는 자들이 되어야겠습니다. 기도하시겠습니다.

살아계신 아버지 하나님!

하나님의 은혜를 감사합니다.

하나님께서는 자비하셔서 우리를 죄악 세상에서 불러 예수님을 하나님의 아들 그리스도로 믿게 하여 몸 된 그리스도 교회의 지체로 삼으심을 감사하옵나이다. 그리고 그리스도의 몸의 한 지체로서 그리스도 몸의 다른 지체들을 섬기라고 각각의 그리스도인들에게 여러 가지 은사들을 주심을 믿습니다. 우리 모두는 자신이 받은 은사를 반드시 확인하고 그 은사를 모든 기회에 활용해야 한다고 믿습니다.

특히, 오늘 우리가 듣고 있는 위로의 은사는 존귀한 은사인즉 이 위로의 은사를 받은 자라면 위로 하는 일에 전념하라는 권면을 듣습니다. 가르침의 은사와 위로의 은사는 다르다는 사실을 알고 받은 은사대로 각각 교회의 덕을 세우도록 섬길 것입니다. 특히, 목회자들은 더 따스한 가슴을 갖고 복음 진리를 선포하고 위로하고 권면하고 종용할 것입니다.

우리가 남에게 측은히 여김을 받지 않도록 우리를 모두 건강하도록 은혜를 베풀어 주시고 위로의 은사를 가진 은사의 사역에 전념하도록 믿음과 사랑을 부어 주옵소서.

예수님의 이름으로 기도하옵나이다. 아멘.

## 롬 12:8

- "구제하는 자는 성실함으로"
  구제의 은사.
- 구제하는 자는 교회 구제 사역의 직분자 혹은 각 개인.
  구제는 다른 동기 없이 순수한 마음으로.
  구제할 때 오른손이 하는 것을 왼손이 모르게 하라.
  오직 하나님께 영광을 위하여!
  오직 그리스도로 인생 문제의 답을 얻으라!

⁸ 위로하는 자면 위로하는 일로, 구제하는 자는 성실함으로, 다스리는 자는 부지런함으로, 긍휼을 베푸는 자는 즐거움으로 할 것이니라

예수님은 그리스도시요 살아계신 하나님의 아들입니다. 예수님이 하나님의 아들 그리스도라는 증거로 십자가에서 우리 죄를 대신해서 피 흘려 죽으시고, 죽은 자들 가운데서 부활하셨습니다.

이 예수님이 하나님의 아들, 예수님이 그리스도, 예수님이 우리 죄를 대신해서 십자가에서 피 흘려 죽으시고 부활하셨다는 복음으로 우리 인생 모든 문제가 처리되고 해답을 얻습니다. 이 복음은 모든 믿는 자에게 구원을 주시는 하나님의 능력이 됩니다. 이 하나님의 아들 예수 그리스도의 복음, 그리스도 십자가 대속의 피의 복음으로 깊이 뿌리내리기를 기원합니다.

예수님의 신성의 하나님 되심과 십자가 대속의 피의 복음을 마음 중심에 믿고 참된 중생을 얻은 자는 십자가 대속의 피의 사랑에 대한 깊이와 높이와 넓이와 길이가 어떠함을 더 많이 깨달아 가야 합니다.

이런 하나님의 사랑, 곧 자기 아들을 아끼지 아니하시고 우리 모든 사람을 위하여 내주신 이가 어찌 그 아들과 함께 모든 것을 우리에게 주시지 아니하겠느냐는 하나님 사랑의 부요함을 맛보고 누리며 살아야 합니다.

제가 초신자 시절 제가 섬기던 교회에 협동장로로 섬기던 분이 계셨습니다. 이 분은 중소기업가셨습니다. 그분의 초대로 그분의 집에 가서 식사 대접도 받고, 선교 헌금을 주어 생도 선교를 하도록 하셨습니다.

그분의 집에 가서 보니 벽에 시편 116편 12절 말씀이 쓰여진 액자가 걸려 있었습니다.

내게 주신 모든 은혜를 내가 여호와께 무엇으로 보답할까 (시 116:12).

저는 생각하기를 그 장로님은 십자가 대속의 피의 복음의 부요를 참되게 깨닫고 개인적으로 구제하는 사역을 감당하셨다고 봅니다.

그리스도 교회 안에서, 그리고 한 그리스도인으로서 그리스도인의 구제하는 일은 매우 중요하다고 봅니다. 사도 바울은 오늘 본문에서 여러 가지 은사 중 하나로 이 구제하는 은사를 들고 있습니다. 로마서 12장 8절을 보면 "구제하는 자는 성실함으로"라고 합니다.

"구제하는 자"는 누구를 가리킵니까?

여기에는 크게 두 가지 견해가 있습니다. 어떤 주석가는 각각 한 가지 은사로 제한하지만 우리는 두 가지 모두를 포함한다고 봅니다.

**첫째**, "구제하는 자"는 교회의 공적 재산을 분배하는 일을 맡고 있는 집사들이라고 합니다(몽고메리 보이스, 『로마서 강해』).

**둘째**, "구제하는 자"는 개인적인 것이라고 합니다(로이드 존스, 『로마서 강해 12』).

다음에 본문에서 중요한 요점은 "성실함"으로입니다. 이 내용이 앞서 언급한 구제하는 자들이 취할 자세이기 때문에 그 뜻을 정확하게 밝힐 필요가 있습니다.

여기서 "성실함"이란 원어의 뜻은 '단순성'입니다. 이 의미는 인색하지 않게 '관대함으로'라는 뜻일 수도 있고, 이면에 다른 동기를 갖지 말고 '진실하게'라는 뜻일 수도 있습니다.

그러면 우리는 이제 "구제하는 자는 성실함으로"라는 말씀의 구체적 내용을 두 가지 경우의 구제하는 자의 형편에 따라 살펴보고자 합니다.

**첫째**, 구제하는 자는 그리스도 교회의 구제 사역의 청지기인 직분자들로서 이들은 돈을 거두어 그것을 가난한 자들의 필요에 맞추어 나누어 주었습니다. 그들은 그 일을 성실함으로 해야 했습니다. 곧 후하고 신실하게 감당해야 했습니다.

자기들이 받은 것을 자기들 자신을 위한 용도로 쓰거나 어떤 악한 의도를 가지고 또는 인위적으로 그것을 분배하거나 해서는 안 됩니다. 가난한 자들에게 역정을 내거나 투정을 부려서도 안되고 그들을 무시하는 태도를 취하여서도 안 됩니다. 오직 진실함과 성실함으로 행하되 하나님을 영화롭게 하고 선을 행하는 목적 외에 다른 목적으로 그것을 사용해서는 안 됩니다.

**둘째**, 구제하는 일은 개인적으로 하는 일도 포함되어야 합니다. 여기서 구제하는 자란 다른 사람들에게 줄 수 있고 궁핍한 자들을 도울 수 있는 처지에 있게 된 사람들을 가리킵니다. 그들은 자기들의 풍성한 데서 줄 수 있습니다.

그러나 돈을 가지고 있으나 주는 은사를 갖지 못한 사람들이 많습니다. 이것은 주는 것도 다른 모든 은사와 마찬가지로 은사입니다. 그런데 본문에서는 이 주는 것을 "성실함"으로 해야 한다고 합니다. 이는 인색하지 않게 관대함으로 다른 동기를 갖지 말고 진실하게 하는 것입니다.

이런 점에서 어떤 사람들은 지극히 가난하지만 성실함과 진실함으로 구제하는 사람들이 있습니다. 이분들은 십자가 대속의 피의 복음의 감격을 갖고 그리스도의 말씀에 순종하는 자들로 순수한 동기를 가지고 있습니다.

예수님은 산상설교에서 다음과 같이 말씀하셨습니다.

사람에게 보이려고 그들 앞에서 너희 의를 행하지 않도록 주의하라 (마 6:1).

³ 너는 구제할 때에 오른손이 하는 것을 왼손이 모르게 하여 ⁴ 네 구제함을 은밀하게 하라 은밀한 중에 보시는 너의 아버지께서 갚으시리라 (마 6:3-4).

어떻게 구제의 성실함이나 순수성을 나타낼 수 있습니까?

먼저 예수님의 신성의 인격과 그리스도 십자가 대속의 피의 사랑을 깊이 인식하고 그 사랑에 반응하는 것이며 그리스도의 말씀에 순종하는 것입니다. 이는 그리스도께서 하늘 나라에서 주실 상을 바라보는 것입니다.

오직 그리스도, 오직 믿음, 오직 은혜, 오직 예수 보혈 신앙으로 성령 충만 받고 성령으로 말미암아 하나님 사랑이 우리 마음에 충만히 부은 바 되도록 기도하겠습니다. 그 하나님 사랑으로 순수한 구제의 사람이 되어 동기 없이 구제하는 자들이 되어야겠습니다. 기도하시겠습니다.

살아계신 아버지 하나님!

하나님의 은혜를 감사합니다.

우리의 억만죄악을 그 아들의 십자가 대속의 죽음의 피 흘리심으로 사해 주심을 실로 만입을 열어 찬양합니다.

하나님과 우리 주 그리스도께서 주신 모든 은혜를 우리가 무엇으로 보답하겠습니까?

다만 우리 자신과 우리에게 주신 모든 것으로 하나님께 드리고, 그리스도의 몸 된 교회를 진실함과 성실함으로 섬기고 이웃을 네 몸과 같이 사랑하며 구제할 수 있기를 기도합니다.

우리는 풍성한 하나님의 은혜를 받은데 비하여 너무나 인색하오니 우리의 마음을 넓혀 주시고 하나님의 사랑을 우리 마음에 부어 주사 인색하지 않고 관대함으로 섬기게 하시고 이면에 다른 동기를 갖지 않고 구제하는 손이 되게 하여 주옵소서. 그리스도 교회를 집사로서 섬긴 자가 사례를 바라는 악인도 있음을 아오니 동기가 불순한 섬김의 직분자들을 교회에서 쫓아내 주셔서 교회가 든든히 서가고 날마다 구원 얻는 무리가 더해 가게 해 주옵소서.

무엇보다도 우리를 건강하게 하시고 생계에 어려움 없도록 우리의 생업을 지켜 주시며 우리의 직장과 산업을 평안하게 축복하여 주셔서 동기 없이 진실하고 성실하게 구제하고 섬기게 하여 주옵소서.

예수님의 이름으로 기도하옵나이다. 아멘.

## 390

## 롬 12:8

- "다스리는 자는 부지런함으로"
  다스림(지도력)의 은사.
- 집안에서, 교회 안에서의 지도력.
  부지런함으로 하라.

**8** 위로하는 자면 위로하는 일로, 구제하는 자는 성실함으로, 다스리는 자는 부지런함으로, 긍휼을 베푸는 자는 즐거움으로 할 것이니라

　예수님은 그리스도시요 살아계신 하나님의 아들입니다. 예수님이 하나님의 아들 그리스도라는 증거로 십자가에서 우리 죄를 대신해서 피 흘려 죽으시고, 죽은 자들 가운데서 부활하셨습니다.
　이 예수님이 하나님의 아들, 예수님이 그리스도, 예수님이 우리 죄를 대신해서 십자가에서 피 흘려 죽으시고 부활하셨다는 복음으로 우리 인생 모든 문제가 처리되고 해답을 얻습니다. 이 복음은 모든 믿는 자에게 구원을 주시는 하나님의 능력이 됩니다. 이 하나님의 아들 예수 그리스도의 복음, 그리스도 십자가 대속의 피의 복음으로 깊이 뿌리내리기를 기원합니다.

　예수님의 신성의 하나님 되심과 십자가 대속의 피의 복음을 마음 중심에 믿고 구원받은 그리스도인들은 그리스도 교회의 한 지체가 되어 하나님께로부터 받은 은사대로 자신에 대한 절제된 생각을 갖고 몸 된

그리스도 교회를 섬겨야 합니다. 하나님께 받은 은사를 자랑해서는 안 되고 그것을 사용하지 않고 사장시켜도 안 됩니다.

겸손과 자기 부인을 핑계로 자기 자신을 사용하는 데 게으르면 안 됩니다. 또한, 교회 안에서 얻은 지체들의 섬김을 위한 직분을 남용하거나 계급으로 생각하면 안 됩니다. 특히, 그리스도 교회 안에서 다스림의 은사, 곧 지도력을 하나의 계급으로 착각하여 다른 지체를 주관하려고 해서는 안 됩니다.

목사, 장로, 권사, 집사 등의 직분이 행하는 지도력은 계급이 아닙니다. 이런 교회 직분자들은 그들의 지도력 발휘에 있어서 열정과 정성을 다하는 부지런함으로 다스리는 것입니다.

오늘 본문에서 이 사실을 분명히 밝힙니다.

본문 로마서 12장 8절을 보면 "다스리는 자는 부지런함으로"라고 합니다. 여기서 사도 바울은 성도를 훈련시키는 데 있어서 목사들을 돕고 또 교회를 운영하는 데 있어서 목사들의 손, 눈, 입이 되었던 사람들 또는 성도들 가운데 다스리는 역할을 주로 담당했던 사역자들을 염두에 두고 말하는 것으로 보입니다. 왜냐하면, 우리는 말씀과 가르치는 일에 수고하는 자들이 다스린다는 말씀을 성경에서 보기 때문입니다.

디모데전서 5장 17절에서 다음과 같이 말합니다.

> 잘 다스리는 장로들은 배나 존경할 자로 알되 말씀과 가르침에 수고하는 자들에게는 더욱 그러할 것이니라 (딤전 5:17).

또 고린도전서 12장 28절에서 다음과 같이 말합니다.

> 하나님이 교회 중에 몇을 세우셨으니 첫째는 사도요 둘째는 선지자요 셋째는 교사요 그 다음은 능력을 행하는 자요 그 다음은 병 고치는 은사와 서로 돕는 것과 다스리는 것과 각종 방언을 말하는 것이라 (고전 12:28).

이는 교회에서 어떤 형태로든 다스리거나 주관하는 일을 하는 것을 뜻하는 것입니다. 이는 형제들을 돌보는 일이고 특히 장로들이 그 몫을 담당하게 되어 있습니다. 따라서 이런 사람들은 그 일을 하는 데 부지런함으로 해야 합니다.

그런데 사도 바울은 여기서 직분의 차원에서 이 문제를 다루고 있지 않습니다. 우리는 흔히 다스리는 것, 곧 지도력을 선지자와 교사들처럼 계급을 가리키는 것으로 생각하기 쉬우나, 바울은 결코 계급으로 나누지 않았습니다.

바울은 다만 은사에 관심을 가지고 있는 것입니다.

디모데전서 3장에서도 교회와 집의 문제를 이렇게 다루고 있습니다.

> 사람이 자기 집을 다스릴 줄 알지 못하면 어찌 하나님의 교회를 돌보리요 (딤전 3:8).

이것은 다스림이고 주관하는 것입니다. 바울은 이 다스림의 은사를 하나의 보편적인 은사로 다루고 있는 것입니다. 바울이 오늘 본문에서 "다스리는 자는 부지런함으로"라고 할 때, "다스리는 자"란 은사로서 다스림을 말하고 있습니다.

사람들은 교회에서 정치력을 행사할 수 있었습니다. 그러나 가르침의 은사나 설교의 은사를 받은 적이 없습니다. 데살로니가전서 5장 12-13절에서도 우리는 그것을 발견합니다.

> 형제들아 우리가 너희에게 구하노니 너희 가운데서 수고하고 주 안에서 너희를 다스리며 권하는 자들을 너희가 알고 그들의 역사로 말미암아 사랑 안에서 가장 귀히 여기며 너희끼리 화목하라(살전 5:12-13).

바울은 만일 너희가 다스림의 은사를 가졌다면 부지런함으로 그 일을 하고 간절함으로 하며 열심으로 하라는 것입니다. 다스림의 은사를 가진 자는 그 일에 전념하고 그 일을 하면서 그것이 바로 자기가 받은 은사임을 인식하며 거기에 자신을 온전히 전념시켜야 한다는 것입니다.

저는 우리 교회에 누가 "다스림의 은사"가 있는지 알고 있습니다. 목회자인 저에게 있으면 좋겠거니와 도리어 우리 가족인 사모에게 있습니다. 영적 눈이 어두워 잘 이해하지 못하는 성도들에게는 이것이 불만일 수 있습니다. 그러나 하나님께서 주시는 은사를 누가 부정하겠습니까. 다스리는 자는 부지런함으로 열과 성을 가지고 주장하는 자세가 아닌 본을 보이며 다스릴 것입니다. 사람이 어떤 은사를 가졌든지 있는 힘을 다해서 그 은사를 활용할 것입니다.

오직 그리스도, 오직 믿음, 오직 은혜를 구하며 받은 은사대로 그리스도께 충성을 다할 것입니다. 성령으로 말미암아 하나님의 사랑이 여러분의 마음에 부은바 되기를 간절히 기원합니다.

살아계신 아버지 하나님!

하나님의 은혜를 감사합니다.

하나님은 그의 아들 예수 그리스도의 몸 된 교회를 세우기 위해 교회의 각 지체들에게 각각 주신 은혜대로 은사를 나누어 주셨다고 믿습니다. 하나님께서 우리에게 주신 은혜대로 받은 은사가 각각 다르기 때문에 다른 지체가 가진 은사를 시기하지 말고 비교하지도 말 것입니다. 각 사람이 어떤 은사를 가졌든지 있는 힘을 다해서 그 은사를 활용할 것을 우리는 권고 받고 있습니다.

특히, 오늘 본문에서 다스림의 은사에 관한 말씀을 경청하여 다스리는 자는 부지런함으로 다스릴 것이며 다스림을 받는 자는 시기하거나 불만을 갖지 말 것을 우리가 배웠습니다.

그러나 우리는 영적 안목이 없거나 또는 시기심으로 다스리는 자를 하나님께서 주신 은사로 다스린다는 사실을 믿지 못할 때가 있으니 우리를 용서해 주시고 몸 된 그리스도 교회가 성령 안에서 각인의 은사 발휘로 하나가 되도록 지켜 주옵소서. 하나님께로부터 다스림의 은사를 받은 다스리는 자는 부지런함으로, 그리고 주장하는 자세가 아닌 겸손으로 다스리게 도와주옵소서. 그리하여 잘못하는 자들을 바로 잡고, 또한 잘못한 자들을 책망하고 훈계함으로 교회의 순결을 유지하도록 도와주옵소서.

예수님의 이름으로 기도하옵나이다. 아멘.

# 391

## 롬 12:8

- "긍휼을 베푸는 자는 즐거움으로 할 것이니라"
  긍휼을 베푸는 은사.
- 긍휼 베푸는 자는 일반인 혹은 특수 교회 사역자들.
  병든 자, 고난당한 자, 침체당한 자를 보살핌.
  교회에서는 주로 여자들이 담당.
  즐거움으로 하라.
  율법주의적 및 기계적으로가 아니라 기쁨에 차서 하라.
  그 마음에 하나님이 주시는 기쁨이 있어야 한다.

> ⁸ 위로하는 자면 위로하는 일로, 구제하는 자는 성실함으로, 다스리는 자는 부지런함으로, 긍휼을 베푸는 자는 즐거움으로 할 것이니라

예수님은 그리스도시요 살아계신 하나님의 아들입니다. 예수님이 하나님의 아들 그리스도라는 증거로 십자가에서 우리 죄를 대신해서 피 흘려 죽으시고, 죽은 자들 가운데서 부활하셨습니다.

이 예수님이 하나님의 아들, 예수님이 그리스도, 예수님이 우리 죄를 대신해서 십자가에서 피 흘려 죽으시고 부활하셨다는 복음으로 우리 인생 모든 문제가 처리되고 해답을 얻습니다. 이 복음은 모든 믿는 자에게 구원을 주시는 하나님의 능력이 됩니다. 이 하나님의 아들 예수 그리스도의 복음, 그리스도 십자가 대속의 피의 복음으로 깊이 뿌리내리기를 기원합니다.

예수님의 신성의 하나님 되심과 십자가 대속의 피의 복음을 마음 중심에 믿어 죄 사함 받고 하나님과 화해가 이루어지며 그리스도와 연합된 자는 심령 천국이 이루어지는 자가 됩니다. 임마누엘 되시는 예수님이 마음 중심에 계시고 자신은 하나님의 전, 성령의 전이 됩니다. 이것은 인간적 표현으로 천지개벽이 이루어졌다는 말입니다.

저는 개인적 체험을 그리스도인 전체의 교리화하는 데 대하여 두려움과 함께 큰 경계를 갖고 있습니다. 그러나 저는 어떤 특정인의 하나님과 그리스도께 대한 체험, 성령의 체험이 진실된 것이라면 존중해야 된다고 봅니다. 다만 그것을 보편화해서는 안 된다는 전제가 필요합니다.

우리가 믿는 하나님은 "큰 기쁨의 하나님"(시 43:4) 이시기 때문에 우리가 참된 믿음을 가질 때 소망의 하나님은 모든 기쁨과 평강을 믿음 안에서 우리에게 충만케 해 주십니다(롬 15:13). 그리스도인은 이런 하나님이 주시는 기쁨을 가지고 병든 자나 고난당하는 자, 가난한 자들에게 즐거움으로 긍휼을 베푸는 자가 될 수 있습니다.

만일 긍휼을 베푸는 자가 즐거움으로 하지 않고 율법주의적 및 기계적으로 한다면 그것은 상대방에게 상처와 고통을 줄 수 있습니다. 오늘 본문에서 사도 바울은 이 사실을 로마에 있는 교회에게 가르칩니다.

본문 로마서 12장 8절을 보면 "긍휼을 베푸는 자는 즐거움으로 할 것이니라"라고 하였습니다.

긍휼은 일반적으로 어려운 상황에 있는 자들을 돌보는 것을 의미합니다. 이때 남을 돌보거나 도와주는 자가 일시적으로 열심을 내다가 중도에 불쾌한 기분을 보이면 그것은 그 도움을 받는 상대방에게 불쾌

함과 상처를 줍니다. 모처럼 남을 도와주다가 도리어 남을 불쾌하게 하면 피차간에 덕이 못 됩니다. 이런 실수는 사람마다 하기 쉬운 일이기 때문에 주의가 필요한 것입니다.

오늘 본문은 긍휼을 베푸는 것이 하나님의 특별한 은사인 것을 말하고 긍휼을 베푸는 자는 즐거움으로 할 것이라고 합니다.

먼저 여기서 "긍휼을 베푸는 자"는 누구입니까?

우리는 두 종류의 긍휼을 베푸는 자를 생각합니다. 하나는 그 일에만 종사하는 일부 특수 교회 사역자들을 가리킵니다. 다른 하나는 어떤 일을 하든 긍휼을 베풀어야 한다는 일반적인 의미의 사람입니다.

먼저 긍휼을 베푸는 일에만 종사하는 일부 특수 교회 사역자들의 사역은 병든 자와 고난당한 자 및 가난한 자들을 보살피는 일입니다. 이 일은 일반적으로 이런 일로 교회에서 일꾼이 되었던 과부들의 몫이었습니다. 곧 여집사들이 담당했습니다(딤전 5:9, 10). 물론 다른 사람들도 있었지만 주로 여집사들이 담당했습니다.

그런데 이 일은 즐거움으로 행해져야 합니다. 여기서 "즐거움으로"란 "기쁜 열심, 사랑스러운 은혜, 명랑하게 지속되는 정다움"(이상근, 『로마서 주석』)입니다.

이것은 율법주의적인 방식으로 긍휼을 베풀지 말라는 것이며 사랑의 일을 하고 자비의 일을 하면서 기계적인 방식으로 행해서는 안 된다는 의미입니다.

이렇게 교회의 긍휼을 베푸는 자가 즐거움으로 해야 하지만 동시에 일반적으로 어떤 일을 하든 긍휼을 베푸는 은사를 가진 자는 즐거움으로 베풀어야 합니다. 인간은 기계가 아니기 때문에 마음에 즐거움으로 긍휼을 베풀 때에 그 목적을 달성할 수 있는 것입니다.

긍휼을 베푸는 은사를 받았다면 그 은사를 행사할 때 자신도 함께 그 은사에 맞도록 따라가라고 사도 바울은 말하고 있는 것입니다. 진심으로 밝고 행복한마음으로 참된 즐거움으로 그 일을 감당하라는 것입니다.

이를 위해 그리스도인들은 참된 복음의 빛을 받아 그 마음에 예수님이 주시는 기쁨이 있어야 하고, 고통 받는 자들을 돕는 데 주님께 쓰임 받는 놀라운 특권을 누리고 있음을 깨닫고 감사해야 합니다.

우리 모두 그리스도 십자가 대속의 피의 복음에 참된 뿌리를 갖고 예수 그리스도의 은혜의 뿌리를 통해 공급되는 즐거움으로 긍휼을 베푸는 자들이 되어야겠습니다. 오직 그리스도, 오직 믿음, 오직 은혜로 답을 얻고 살며, 성령의 권능을 받아 하나님 사랑과 이웃 사랑의 증인으로 살도록 기도하겠습니다.

살아계신 아버지 하나님!

하나님의 은혜를 감사합니다.

억만죄악을 사함 받고 하나님의 자녀가 되어 심령 천국을 이루며 살게 하신 은총을 찬양하고 영광을 하나님께 드립니다.

우리가 받은 하나님의 무한 사랑은 우리 안에만 머물지 않고 우리를 통해 세상에 증거 되고 다시 하나님께 돌아간다고 믿습니다. 우리가 십자가 대속의 피의 복음을 받을 때 그리스도 몸 된 교회를 섬기기 위한 각양 은사를 받는다고 믿습니다.

이 가운데 긍휼을 베푸는 은사는 주로 교회에서 맡는 특수 교회 사역자들이 맡지만 일반적인 의미에서도 긍휼을 베푸는 은사를 받은 자도 있다고 우리는 믿습니다. 이런 긍휼을 베푸는 은사를 받은 자는 즐거움으로 그 일을 하라는 권면을 우리가 듣습니다.

긍휼을 베풀 때 즐거운 얼굴을 하는 것은 긍휼을 받는 사람들에게 큰 안도감과 위로를 준다고 믿습니다. 그래서 우리는 율법주의적 및 기계적으로가 아니라 기쁨에 차서 하라는 말씀을 듣습니다.

큰 기쁨의 하나님께서 긍휼을 베푸는 자나 우리 모두에게 하나님이 주시는 기쁨이 넘치도록 은혜를 베풀어 주옵소서. 그리하여 즐거운 표정과 친절한 말 그리고 최대한 신속하고 민첩한 행동으로 병든 자, 고난당한 자, 상처 받은 자, 가난한 자들에게 긍휼을 베풀게 하여 주옵소서.

이를 위해 오늘도 우리로 건강하도록 은혜를 베푸시고 큰 믿음을 주셔서 마음의 즐거움으로 긍휼을 베푸는 자가 되게 하여 주옵소서.

예수님의 이름으로 기도하옵나이다. 아멘.

## 롬 12:3-8

- 은사 사용의 요약.
  로마서와 고린도전서 및 에베소서와의 비교 이해.
- 은사의 근원은 삼위일체 하나님.
  은사의 목적은 그리스도의 몸을 세우는 것.
  모든 은사 목록은 은사의 다양성을 강조.
  로마서의 은사 목록은 영적 은사에 대한 우리의 이해를 더 확대시킬 필요를 강조함.

[3] 내게 주신 은혜로 말미암아 너희 각 사람에게 말하노니 마땅히 생각할 그 이상의 생각을 품지 말고 오직 하나님께서 각 사람에게 나누어 주신 믿음의 분량대로 지혜롭게 생각하라 [4] 우리가 한 몸에 많은 지체를 가졌으나 모든 지체가 같은 기능을 가진 것이 아니니 [5] 이와 같이 우리 많은 사람이 그리스도 안에서 한 몸이 되어 서로 지체가 되었느니라 [6] 우리에게 주신 은혜대로 받은 은사가 각각 다르니 혹 예언이면 믿음의 분수대로, [7] 혹 섬기는 일이면 섬기는 일로, 혹 가르치는 자면 가르치는 일로, [8] 혹 위로하는 자면 위로하는 일로, 구제하는 자는 성실함으로, 다스리는 자는 부지런함으로, 긍휼을 베푸는 자는 즐거움으로 할 것이니라

예수님은 그리스도시요 살아계신 하나님의 아들입니다. 예수님이 하나님의 아들 그리스도라는 증거로 십자가에서 우리 죄를 대신해서 피 흘려 죽으

시고, 죽은 자들 가운데서 부활하셨습니다.

　이 예수님이 하나님의 아들, 예수님이 그리스도, 예수님이 우리 죄를 대신해서 십자가에서 피 흘려 죽으시고 부활하셨다는 복음으로 우리 인생 모든 문제가 처리되고 해답을 얻습니다. 이 복음은 모든 믿는 자에게 구원을 주시는 하나님의 능력이 됩니다. 이 하나님의 아들 예수 그리스도의 복음, 그리스도 십자가 대속의 피의 복음으로 깊이 뿌리내리기를 기원합니다.


　예수님의 신성의 하나님 되심과 십자가 대속의 피의 복음을 마음 중심에 믿고 죄 사함 받아 하나님과 화해가 이루어져 그리스도와 연합된 그리스도인은 자신이 그리스도의 몸의 한 지체가 되었다는 인식을 바로 가져야 합니다.

　그리고 동시에 머리 되신 그리스도의 몸의 한 지체로서 자신이 받은 은사를 몸 된 그리스도 교회를 섬기는 데 하나님께서 그에게 주신 은혜대로 사용해야 합니다. 그리고 더 나아가 그 은사로 세상 속에서 현실의 삶 속에 나타내어 하나님께 영광을 돌려야 합니다.

　우리는 지금까지 하나님이 우리에게 주신 은사의 절제된 사용에 관한 말씀을 듣고 왔습니다. 그런데 은사의 목록과 사용에 관한 바울의 언급은 로마서 12장 3-8절뿐만 아니라 고린도전서와 에베소서에도 동일하게 언급되고 있습니다. 그러나 약간의 다른 뉘앙스로 언급되고 있습니다.

　우리는 바울이 기록한 은사 사용의 목록을 보면서 신약성경 전체적인 관점에서 비교해 볼 필요가 있다고 봅니다. 제가 보기에는 로마서 12장에 나온 은사 목록은 고린도전서 및 에베소서에서 언급된 은사 목록과 상당한 차이가 있습니다. 그것은 그리스도인의 삶의 방식에 있어서 현실 생활에 매우 중요하다고 생각합니다. 그것은 우리가 흔히 영적인 관점에서만 보기 때문입니다.

우리가 지금까지 살펴본 로마서 12장에 나오는 영적 은사의 목록은 일곱 가지였습니다. 즉 예언, 섬기는 일, 가르치는 일, 위로하는 일, 구제하는 일, 다스리는 일, 그리고 긍휼을 베푸는 일 등의 일곱 가지입니다.

그런데 로마서에 나오는 이 일곱 가지 은사는 고린도전서에서 나오는 두개의 은사 목록(첫 번째 목록에는 아홉 개, 두 번째 목록에는 여덟 개)이나 에베소서 4장 11절에 나오는 다섯 개 은사의 짧은 목록보다 훨씬 덜 알려져 있습니다.

우리는 그 목록들의 유사점과 차이점 둘 다에 주목하는 것이 중요하다고 생각합니다. 그것은 앞서 언급한 대로 은사 목록 이해를 영적인 것으로만 주로 이해하여 영적 은사에 대한 우리의 이해를 너무 축소하여 현실 생활과 유리시키고 있기 때문입니다.

먼저 고린도전서 12장 8-10절에는 "지혜의 말씀, 지식의 말씀, 믿음, 병고치는 은사, 능력 행함, 예언함, 영을 분별함, 각종 방언 말함, 방언들 통역"의 아홉 가지 은사를 열거하고, 12장 28-30절에도 "사도, 선지자, 교사, 능력을 행함, 병 고치는 은사, 서로 돕는 것, 다스리는 것, 각종 방언 말하는 것"의 여덟 가지 은사를 열거하였습니다.

한편, 에베소서 4장 11절에는 "사도, 선지자, 복음 전하는 자, 목사와 교사"의 은사를 열거하고 있습니다.

우리는 이제 이 세 종류의 성경책에 열거된 은사들의 목록에 대한 유사점과 차이점을 알아보고자 합니다(존 스토트,『로마서 강해』참조).

**첫째**, 모든 은사 목록은 은사의 근원이 하나님과 그분의 은혜라는 데 동의합니다. 로마서에서는 그것이 성부 하나님이고, 에베소서에는 성자 하나님이며, 고린도전서에서는 성령 하나님이십니다. 삼위일체적 은혜의 은사이므로 이는 자랑하거나 시기해서는 안 됩니다.

**둘째**, 모든 은사 목록은 은사의 목적이 그리스도의 몸을 세우는 것과 관련되어 있습니다. 물론 에베소서 4장 12절에는 좀 더 명백하게 나와 있고, 고린도전서 14장 12절에는 우리가 각 은사를 그것들이 교회의 덕을 세우는 정도에 따라 평가해야 한다고 말하고 있습니다.

**셋째**, 모든 은사 목록은 은사의 다양성을 강조합니다. 고린도전서에 나오는 목록들을 연구하는 사람들은 초자연적인 것(방언, 예언, 병 고침, 능력 행함)에 초점을 맞추는 경향이 있지만, 로마서 12장에서는 예언을 제외하고는 모든 은사가 일반적인 것이거나 실제적인 것입니다. 즉, 섬기는 것, 가르치는 것, 권위, 다스리는 것 등이고 심지어 평범한 것(구제하는 것, 긍휼의 행위를 하는 것) 이기까지 합니다.

그러므로 우리는 이 점에서 로마서의 은사 목록에 대한 새로운 인식을 가지며 영적 은사에 대한 우리의 고정 관념을 더 실제적으로 확대할 필요가 있는 것입니다.

우리 모두 십자가 대속의 피의 복음에 뿌리를 내려 삼위 하나님으로부터 받은 은사를 그리스도 교회 몸의 지체로서 섬기고 동시에 세상 속에서도 실제 삶을 통해 받은 은사를 드러내 하나님께 영광을 돌려야 할 것입니다. 오직 그리스도, 오직 믿음으로 성령 충만 받아 하나님 사랑과 이웃 사랑의 전도자로 살기 기원 바랍니다.

---

살아계신 아버지 하나님!
하나님의 은혜를 감사합니다.
우리를 불신 세상에서 불러내어 예수님을 하나님의 아들로 믿게 하여 몸 된 그리스도 교회의 한 지체가 되게 하시고 그 한 지체로서 살도록 각 그리스도인에게 적어도 한 개 이상의 은사를 주어 그리스도를 섬기게 하심을 감사하옵나이다.
우리가 섬기는 예수 그리스도와 그리스도 교회는 우리의 삶의 목적이요 또한 인류 역사의 완성점이라고 믿습니다. 하나님께로부터 받은 영적 은사들을 자랑하거나 시기하지 말고 몸 된 그리스도 교회를 온 몸이 모르듯이 섬기는 자들이 되도록 풍성한 은사와 은혜를 주시옵소서. 모든 은사의 근원은 삼위일체 하나님이시고 은사의 목적은 그리스도의 몸을 세우는 것임을 바로 알게 하여 주옵소서.
특히, 우리가 로마서에서 지금까지 배운 일곱 가지 은사 목록은 예언만 빼면 모든 은사들이 일반적인 것이거나 실제적인 것임을 발견합니다. 우리는 주로 고린도전서 12장에 나타나는 초자연적 은사들, 예컨대, 방언이나 예언이나 병고침이나 능력 행함 등의 은사에 관심을 가져왔다고 믿습니다.

그러나 로마서 12장에서 나오는 영적 은사 목록들을 배우면서 세상에 나가 그리스도인으로 살 때에도 섬기고 가르치고 다스리고 구제하고 긍휼을 베푸는 것 등의 은사를 나타내야 할 것으로 믿습니다. 그리하여 하늘에 계신 하나님 아버지께 영광을 돌리는 삶을 살아야 한다고 믿습니다.

이를 위해 오늘도 우리로 건강하게 하시고 건전하게 해 주셔서 고결한 인격을 드러내고 하나님께서 주신 실제적인 은사들이 삶 속에서 나타나게 역사하여 주옵소서.

예수님의 이름으로 기도하옵나이다. 아멘.

## 롬 12:9-21

- 사랑의 실천 개관.
  십자가에서 나타난 "아가페" 사랑의 윤리.
- 형제들에 대한 우리의 의무.
  친구에 대한 빚진 사랑(9-16절).
  원수에 대한 빚진 사랑(14, 17-21절).
  두 가지 권면.

9 사랑에는 거짓이 없나니 악을 미워하고 선에 속하라 형제를 사랑하여 서로 우애하고 존경하기를 서로 먼저 하며 10 부지런하여 게으르지 말고 열심을 품고 주를 섬기라 11 소망 중에 즐거워하며 환난 중에 참으며 기도에 항상 힘쓰며 12 성도들의 쓸 것을 공급하며 손 대접하기를 힘쓰라 13 너희를 박해하는 자를 축복하라 축복하고 저주하지 말라 14 즐거워하는 자들과 함께 즐거워하고 우는 자들과 함께 울라 15 서로 마음을 같이하며 높은 데 마음을 두지 말고 도리어 낮은 데 처하며 스스로 지혜 있는 체 하지 말라 16 아무에게도 악을 악으로 갚지 말고 모든 사람 앞에서 선한 일을 도모하라 17 할 수 있거든 너희로서는 모든 사람과 더불어 화목하라 18 내 사랑하는 자들아 너희가 친히 원수를 갚지 말고 하나님의 진노하심에 맡기라 기록되었으되 원수 갚는 것이 내게 있으니 내가 갚으리라고 주께서 말씀하시니라 19 네 원수가 주리거든 먹이고 목마르거든 마시게 하라 그리함으로 네가 숯불을 그 머리에 쌓아 놓으리라 21 악에게 지지 말고 선으로 악을 이기라

예수님은 그리스도시요 살아계신 하나님의 아들입니다. 예수님이 하나님의 아들 그리스도라는 증거로 십자가에서 우리 죄를 대신해서 피 흘려 죽으시고, 죽은 자들 가운데서 부활하셨습니다.

이 예수님이 하나님의 아들, 예수님이 그리스도, 예수님이 우리 죄를 대신해서 십자가에서 피 흘려 죽으시고 부활하셨다는 복음으로 우리 인생 모든 문제가 처리되고 해답을 얻습니다. 이 복음은 모든 믿는 자에게 구원을 주시는 하나님의 능력이 됩니다. 이 하나님의 아들 예수 그리스도의 복음, 그리스도 십자가 대속의 피의 복음으로 깊이 뿌리내리기를 기원합니다.

예수님의 신성의 하나님 되심과 십자가 대속의 피의 복음을 마음 중심에 믿을 때, 그리스도인은 성령을 선물로 받고 이 성령으로 말미암아 하나님의 사랑이 마음에 부은바가 됩니다. 곧 십자가 대속의 피의 사랑, "아가페"의 사랑이 마음에 부은바가 됩니다.

기독교가 주장하는 이 "아가페"의 십자가 피의 사랑은 하나님에게서 유래되었습니다. 하나님은 사랑의 근본이신데 하나님께서는 그의 아들 독생자 예수 그리스도를 이 세상에 보내시어 십자가에서 대속의 죽음으로 죄인된 우리를 구속하심으로써 이 "아가페" 사랑이 나타났습니다. 인간은 이 십자가 대속의 피의 사랑을 받는 동시에 이 사랑을 소유하게 됩니다.

그리고 이 십자가 피의 사랑은 하나님 자신처럼 독립적이고 영원하며 불변적입니다. 이 사랑은 하나님 안에 근본을 가지고 나타나서 피조물들에게서 다시 하나님께로 돌아갑니다. 그리하여 악을 미워하고 선에 속하라고 권면하고 모든 사람 앞에서 선을 행하며 하나님께 영광을 돌리라고 하는 것입니다.

앞으로 우리는 이러한 "아가페" 사랑에 대한 권면을 계속하여 듣게 될 것입니다. 로마서 12장 9-16절의 친구에 대한 사랑과 로마서 12장 14, 17-21절의 원수에 대한 사랑의 말씀입니다. 오늘 본문은 이에 대한 '사랑의 실천 개관'입니다.

사도 바울은 지금까지 로마서에서 이 "아가페"에 대한 언급은 십자가에서 나타났으며(롬 5:8), 그 사랑이 성령으로 말미암아 우리 마음에 부은바 되었다고 말하였습니다(롬 5:5). 이 사랑은 하나님께서 우리를 놓치기를 끈질기게 거부하는(롬 8:35, 39) 하나님의 사랑에 대한 것이었습니다.

그러나 이제 바울은 기독교 제자도의 진수로서 "아가페" 사랑에 초점을 맞춥니다. 로마서 12-15장은 이 사랑이 우리의 모든 서로 간의 관계를 지배하고 형성하도록 하라는 지속적인 권고입니다.

바울은 먼저 친구에 대한 사랑을(롬 12:9-16) 언급하고 이어서 원수들에 대한 사랑에 대하여 썼습니다(롬 12:14, 17-21). 이에 대한 권면은 간단하지만 다양한 사례가 언급됩니다.

아가페 사랑은 그리스도의 제자들의 제복이요 우리 신앙의 대강령입니다. 그래서 9절에서 "사랑에는 거짓이 없나니"로 시작합니다. 아첨이나 겉치레가 아니라 실제로 사랑하라는 말입니다.

구체적으로 말하면 친구에게 빚진 사랑이 있고 원수에게 빚진 사랑이 있습니다. 먼저 본문에서는 친구에 대한 자신의 사랑을 보여 주어야 한다고 합니다.

10절을 보면 "형제를 사랑하여 서로 우애하고"라고 합니다. 먼저 우애하는 사랑입니다. 그리고 "존경하기를 서로 먼저 하며"(10절 후단)라고 하여 존경하는 사랑의 빚을 갚아야 합니다.

또 13절을 보면 "성도들의 쓸 것을 공급하며"라고 하여 베푸는 사랑의 빚을 갚으라고 합니다. 15절에서는 "즐거워하는 자들과 함께 즐거워하고 우는 자들과 함께 울라"라고 동정하는 사랑을 하라고 합니다. 그리고 16절에서는 "서로 마음을 같이 하며"라고 하여 연합하는 사랑을 힘쓰라고 합니다.

또 16절 후단에서는 "높은 데 마음을 두지 말고 도리어 낮은 데 처하며"라고 하여 겸손한 사랑을 하라고 합니다. 그리고 끝으로 형제에 대한 사랑의 마지막으로 18절에서 "할 수 있거든 너희로서는 모든 사람과 더불어 화목하라"라고 합니다.

그리고 형제 사랑에 대한 빚뿐만 아니라 원수에게 빚진 사랑도 하라고 합니다. 17절을 보면 "아무에게도 악을 악으로 갚지 말고"라고 합니다. 우리는 원수들에게 악을 행해서는 안 될 뿐만 아니라 "할 수 있는 한 선한 일을 도모하라"라고 합니다. "말로 너희를 박해하는 자를 축복하라"(14절)라고 하고, "네 원수가 주리거든 먹이고 목마르거든 마시게 하라"(20절)라고 행실로 원수에게 빚진 사랑을 하라고 합니다.

그리고 끝으로 두 가지 권면을 합니다. "악을 미워하고 선에 속하라"(9절)라고 하며, "모든 사람 앞에서 선한 일을 도모하라"(17절)라고 합니다.

어떻게 이런 아가페 사랑을 실천할 수 있습니까?

먼저 이 아가페 사랑, 그리스도 십자가 사랑을 받아서 그 사랑의 메아리로 살면 됩니다 그러므로 우리에게 주신 성령으로 말미암아 하나님의 사랑이 우리 마음에 부어지도록 기도할 것입니다. 오직 그리스도, 오직 믿음으로 성령 충만 받고 하나님 사랑과 이웃 사랑의 증인으로 살도록 기도하겠습니다.

살아계신 아버지 하나님!
하나님의 은혜를 감사합니다.
하나님께 범죄하고 하나님을 떠난 자기 사랑의 죄인들에게 하나님의 아들 예수 그리스도의 십자가 대속의 피의 사랑을 죄인된 우리로 믿고 마음에 부어 주셔서 하나님 사랑과 이웃 사랑의 증인으로 살도록 우리를 부르심을 감사하옵나이다.
사랑은 여기 있으니 우리가 하나님을 사랑한 것이 아니요 하나님이 우리를 사랑하사 우리 죄를 속하기 위하여 화목 제물로 그 아들을 보내신 아가페 사랑을 우리가 선물로 받아 사랑의 빚진 자로 살게 하셨다고 믿습니다. 이것이 예수 그리스도의 제자도의 진수라고 믿습니다.
그러므로 우리는 우리의 친구들에 대한 빚진 사랑이 있고 또한 원수들에게 빚진 사랑도 있음을 사도 바울의 성령의 감동된 말씀을 듣고 형제들에 대한 우리의 의무를 다 할 수 있기를 기도합니다. 우리는 여전히 심령이 사랑이 메마른 황폐한마음을 갖고 있으니 우리에게 주신 성령으로 말미암아 하나님의 사랑을 우리 마음에 충만히 부어 주시기를 기도합니다. 그리하여 모든 사람 앞에서 선을 행하여 하나님께 영광을 돌리기를 기도합니다.

오늘도 이 일로 부름 받은 저희들이 이 아가페 사랑의 증인으로 살도록 먼저 우리로 건강하게 하시고 복음의 능력으로 우리가 직면한 시련과 난제들을 극복하게 도와주옵소서. 그리스도 십자가 대속의 피의 사랑이 우리를 지배하고 밖으로 나타나게 하여 그 하나님 사랑이 하나님께로 돌아가게 은혜를 베풀어 주옵소서.

예수님의 이름으로 기도하옵나이다. 아멘.

# 제3장

# 사랑의 실천
(12:9-21)


1. 형제에 대한 사랑 (12:9-16)
2. 원수에 대한 사랑 (12:17-21)

# 1. 형제에 대한 사랑
(12:9-16)

## 394

## 롬 12:9

- 사랑에는 거짓이 없나니.
  "사랑"은 형제 상호 간에 지킬 공통적 의무.
- 사랑은 기독교 윤리의 전체를 표시하는 말, 곧 "아가페" 사랑.
  아가페는 완전하고 깨끗한 하나님의 사랑을 가리킴.
  이 아가페 사랑을 받고 소유하며 이 사랑으로 서로 사랑하라.

⁹ 사랑에는 거짓이 없나니 악을 미워하고 선에 속하라

예수님은 그리스도시요 살아계신 하나님의 아들입니다. 예수님이 하나님의 아들 그리스도라는 증거로 십자가에서 우리 죄를 대신해서 피 흘려 죽으시고, 죽은 자들 가운데서 부활하셨습니다.

이 예수님이 하나님의 아들, 예수님이 그리스도, 예수님이 우리 죄를 대신해서 십자가에서 피 흘려 죽으시고 부활하셨다는 복음으로 우리 인생 모든 문제가 처리되고 해답을 얻습니다. 이 복음은 모든 믿는 자에게 구원을 주시는 하나님의 능력이 됩니다. 이 하나님의 아들 예수 그리스도의 복음, 그리스도 십자가 대속의 피의 복음으로 깊이 뿌리내리기를 기원합니다.

예수님의 신성의 하나님 되심과 십자가 대속의 피의 복음을 마음 중심에 믿고 영혼의 구원을 받은 그리스도인은 성령으로 말미암아 하나님의 사랑, 곧 그리스도 십자가 대속의 피의 사랑이 마음에 부은바가 됩니다. 이 하나님의 사랑, 그리스도 십자가 대속의 피의 사랑을 "아가페"의 사랑이라고 성경은 부릅니다.

성경이 말하는 이 "아가페"의 사랑은 하나님에게서 유래되었습니다. 하나님은 사랑의 근본이신데 하나님은 독생자 예수 그리스도를 이 세상에 보내셔서 범죄한 인생을 구속하심으로써 이 사랑이 나타났습니다. 인간은 이 사랑을 예수 그리스도를 믿을 때 받는 동시에 이 사랑을 소유하게 됩니다.

이 "아가페"의 사랑은 완전하고 깨끗한 하나님의 사랑으로 육체적 사랑인 '에로스'나 형제 관계의 사랑인 '필리아'와 다릅니다. 하나님은 이 아가페 사랑의 근본으로서 성부와 성자의 관계가 이 사랑의 생활로 계시되었습니다(요 3:35, 5:20).

하나님은 이 아가페 사랑을 소유하시고 자기를 희생함으로써 이 사랑을 타나내신 예수 그리스도 안에서 이 사랑을 계시하신 것입니다. 이 사랑은 세상이나 교회를 일반적 의미에서 사랑하는 정도가 아니고 사람을 개인 개인 사랑하시는 사랑입니다.

이 아가페 사랑, 십자가 대속의 피의 사랑을 우리가 예수 그리스도를 믿을 때 받은 것입니다. 그리고 우리는 이 사랑을 받는 동시에 이 사랑을 소유하게 되었습니다. 그리하여 모든 중생한 그리스도인은 이 아가페 사랑을 받고 소유한 자로서 그리스도인 상호 간에 서로 사랑하라는 명령을 받는 것입니다. 이 아가페 사랑은 기독교 윤리의 전체를 표시하는 말이 되었습니다.

이제 사도 바울은 기독교 제자도의 진수로서 이 "아가페"의 사랑에 초점을 맞추어 권면합니다. 이에 대한 권면은 간단하지만 다양한 사례가 언급됩니다. 권면의 핵심은 형제 상호 간에 지켜야 할 우리의 공통적 의무로서 "사랑"입니다.

이 "사랑"이라는 말에 우리 모두가 서로 간에 지켜야 할 의무의 기초가 놓여 있습니다. 그러므로 바울은 이 "아가페" 사랑이라는 말을 먼저 언급하는데 그것은 예수 그리스도의 제자들의 제복이요 우리 신앙의 대강령입니다.

바울은 이 "아가페" 사랑을 언급함으로 그리스도의 제자도를 시작합니다

본문 로마서 12장 9절을 보면 "사랑에는 거짓이 없나니 악을 미워하고 선에 속하라"라고 합니다.

먼저 "사랑에는 거짓이 없나니"라고 합니다. "거짓이 없다"라는 말은 "위선이 없음"이라는 말을 번역한 것입니다. 위선자는 또한 가면을 쓰고 무대에서 연기하는 '배우'를 뜻했습니다.

그래서 사랑은 연극적일 수가 없다는 것입니다. 교회가 연극 무대로 변질 되어서는 안 됩니다. 사랑은 연극이 아니기 때문입니다. 그러나 유감스럽게도 그리스도 교회 안에 이런 연극적이며 가면적인 사랑이 많이 있습니다. 속으로는 미워하고 시기하면서도 얼굴을 대면할 때는 사랑의 미소를 머금습니다. 그리고 뒤로 돌아서서는 헐뜯습니다.

본문은 분명히 말합니다. "사랑에는 거짓이 없나니"라고 합니다. 아첨이나 겉치레가 아니라 실제로 사랑하라는 말입니다. 말과 혀로만 사랑하지 말고(요일 3:18), 진정한 사랑은 가식이 없는 사랑입니다.

속이기 위하여 원수에게 입맞춤하는 것이 아닙니다. 우리는 우리의 사랑의 진실함을 증명할(고후 8:8) 기회가 오면 감사해야 합니다. 우리

모두는 우리들의 친구들에게 빚진 사랑이 있고, 또 원수에게도 빚진 사랑이 있습니다. 우리는 앞으로 이런 사랑을 해야 할 권면을 계속 다양한 사례로 들을 것입니다.

우리는 이러한 아가페 사랑의 요구 앞에 또 한번 우문을 던집니다.

어떻게 이런 "아가페" 사랑을 할 수 있습니까?

앞서 언급한 대로 이 사랑이 예수 그리스도 십자가 대속의 피의 사랑에서 나타났습니다. 예수 그리스도를 믿고 영접할 때 이 사랑을 받고 동시에 이 사랑을 소유하게 됩니다.

하나님 사랑의 원천은 예수 그리스도를 믿는 것입니다. 이를 믿을 때 성령으로 말미암아 이 하나님의 사랑이 우리 마음에 부어집니다. 우리는 우리 마음에 부어진 하나님의 사랑을 가지고 하나님 사랑과 이웃 사랑을 하는 것입니다. 하나님께서 우리에게 주신 사랑을 다시 하나님께로 돌려보내 드리는 것입니다.

그러므로 우리 모두는 오직 그리스도, 오직 믿음, 오직 예수 보혈 신앙으로 하나님 사랑을 충만히 부음 받고 그 하나님 사랑으로 하나님 사랑과 이웃 사랑을 행할 것입니다. 진실로 거짓 없는 사랑을 행할 것입니다. 기도하겠습니다.

살아계신 아버지 하나님!

하나님의 은혜를 감사합니다.

우리는 어리석어서 우리가 남에게 친절과 선행을 행한다면 그것이 우리에게서 난 것으로 생각하고 만족과 자긍을 느낍니다.

그러나 이러한 사랑은 진리에 속한 사랑이 아니요 인본주의 사랑이요 기계적이며 자기 과시적 자기 가면의 사랑이라고 믿습니다. 이런 사랑은 사실은 사랑의 근본이신 하나님께서부터 나오는 아가페 사랑에 비하면 거짓의 사랑이라고 믿습니다. 오직 예수 그리스도의 십자가 대속의 사랑으로 계시된 하나님의 사랑을 받아 사랑해야 거짓이 없는 사랑을 한다고 믿습니다.

하나님 사랑의 원천은 예수 그리스도를 믿는 것임을 우리는 성경의 계시를 통해 깨닫습니다. 그리스도 십자가에서 계시된 아가페 사랑이 우리가 예수님을 하나님의 아들로 믿을 때 우리 마음에 성령으로 말미암아 부어짐으로 그 하나님 사랑을 소유하는 자가 되고 그 아가페 사랑으로 형제를 사랑하고 하나님을 사랑해야 한다고 믿습니다. 결국, 사랑이 하나님 안에 근본을 가지고 나타나서 피조물인 우리에게서 다시 하나님께로 돌아간다는 신비를 우리가 바로 깨닫기를 기도합니다.

그리하여 친구에 대하여 거짓이 없는 이 아가페 사랑을 하게 하시고 하나님께는 영광을 돌리게 하여 주옵소서. 무엇보다도 이 하나님의 사랑이 우리 마음에 충만히 부어져서 우리 마음속의 모든 영적 상처를 치유하게 하시고 시기와 원망으로부터 자유케 하여 우리로 건강한 정신과 건강한 몸을 갖고 형제에 대한 사랑의 의무를 다하게 하여 주옵소서.

예수님의 이름으로 기도하옵나이다. 아멘.

## 395

## 롬 12:10

- "형제를 사랑하여 서로 우애하고"
  우애하는 사랑.
- 중생하여 하나님의 가족 된 혈연적 사랑을 하라.
  비그리스도인 친척보다 동료 그리스도인에 대해 더 가까운 친근감.
  이런 하나님의 사랑을 부어 달라고 기도하라.

$^{10}$ 형제를 사랑하여 서로 우애하고 존경하기를 서로 먼저 하며

예수님은 그리스도시요 살아계신 하나님의 아들입니다. 예수님이 하나님의 아들 그리스도라는 증거로 십자가에서 우리 죄를 대신해서 피 흘려 죽으시고, 죽은 자들 가운데서 부활하셨습니다.

이 예수님이 하나님의 아들, 예수님이 그리스도, 예수님이 우리 죄를 대신해서 십자가에서 피 흘려 죽으시고 부활하셨다는 복음으로 우리 인생 모든 문제가 처리되고 해답을 얻습니다. 이 복음은 모든 믿는 자에게 구원을 주시는 하나님의 능력이 됩니다. 이 하나님의 아들 예수 그리스도의 복음, 그리스도 십자가 대속의 피의 복음으로 깊이 뿌리내리기를 기원합니다.

예수님의 신성의 하나님 되심과 십자가 대속의 피의 복음을 마음 중심에 믿고 거듭난 그리스도인은 그 마음에 임한 성령으로 말미암아 하나님의 사랑이 그 마음에 부음 받은 자가 됩니다. 다시 말하면 성령님

은 중생한 그리스도인을 하나님 사랑과 이웃 사랑의 율법에 맞게 해 주십니다.

그리하여 예수님을 하나님의 아들로 믿고 거듭난 그리스도인은 그가 받은 성령으로 말미암아 율법을 지키되 강제나 두려움으로가 아니라 기꺼이 자원하여 하나님 사랑과 이웃 사랑을 실천하는 것입니다. 성령을 받지 못한 자연인은 본성적인 자신의 가족 간 사랑은 할 수 있어도 친구된 이웃에 대한 사랑은 형식적이고 가식적일 수밖에 없습니다.

저와 여러분 모두는 예수님을 하나님의 아들, 예수님을 십자가에 못 박히신 그리스도로 참되게 믿고 중생한 자로서 친구에 대한 사랑을 혈연적 사랑 같은 그리스도 십자가 사랑으로 사랑할 수 있습니다. 그래서 사도 바울은 중생한 그리스도인들에게 형제간의 우애 사랑을 권면하고 있습니다.

본문 로마서 12장 10절을 보면 "형제를 사랑하여 서로 우애하고"라고 합니다.

여기서 중요한 말은 "우애하고"입니다. 이 "우애하다"라는 말은 그 원어적 의미가 가정에 관한 두 단어의 결합입니다. 즉, 자녀에 대한 부모의 사랑과 형제자매에 대한 서로 사랑이 결합된 말입니다.

이는 혈연 관계에 있는 사람들에게 적용된 말로서 바울은 이 말들을 하나님의 가족의 구성원들을 연합시켜 주는 다정하고 따뜻한 사랑으로 우리에게 말하는 것입니다. 진정한 그리스도인의 형제 사랑은 그리스도안에서 한 공동체된 형제자매를 중심으로 하는 사랑인 것입니다. 곧 하나님의 가족으로서 사랑입니다.

이런 형제간의 우애하는 사랑을 바울이 요구하는 것은 이미 앞서 로마서 12장 1-2절에서 그리스도인의 거듭난 존재임을 선언한 당연한 귀결입니다. 사도 바울은 "그러므로 형제들아 내가 하나님의 모든 자비하심으로 너희를 권하노니 …"라는 가르침을 알지 못하거나 그것들을 체험하지 못했다면 오늘 본문의 형제간의 우애하는 사랑의 요구는 할 수 없는 것입니다.

그러므로 오늘 본문 "형제를 사랑하여 서로 우애하고"라는 권고는 중생한 그리스도인에게만 주어지는 호소입니다. 중생하여 성령의 능력으로 하나님의 사랑이 그 마음에 부은바 된 자만이 참된 서로 우애하는 형제 사랑이 가능합니다.

중생하여 성령의 역사에 따른 사랑은 가장 진실하고 아낌없는 애정입니다. 샘에서 물이 흘러나오듯 자연스럽게 흐르는 친절을 의미하는 것입니다. 이것은 부모가 자녀에 대해 갖는 사랑과 같은 것으로 지극히 자비롭고 강제나 강요가 아닌 자연스러운 사랑입니다.

우리는 이런 사랑을 서로 행해야 합니다. 여러분이 이런 사랑을 행하려면 여러분의 마음속에 성령이 내주하여 새로운 본성이 자리 잡고 있어야 가능합니다. 여러분의 마음속에 하나님 사랑과 이웃 사랑의 법이 기록되어 있어야 합니다.

이런 형제 우애 사랑은 우리로 하여금 말과 행동을 통해 최대한 공손하고 정중한 자세를 취하도록 만들 것입니다. 우리는 서로에게 사랑의 은혜를 권장하고, 그리하여 우리가 남을 사랑하는 것을 의무로 삼을 때 남도 똑같이 우리를 사랑하는 것을 그들의 의무로 삼을 것입니다.

이 세상에서 사랑하고 사랑 받는 것보다 더 좋은 것이 어디 있겠습니까?

이미 예수님께서도 새 계명으로 다음과 같이 말씀하셨습니다.

> 서로 사랑하라 내가 너희를 사랑한 것같이 너희도 서로 사랑하라 (요 13:34).

예수님의 십자가 대속의 사랑을 믿고 체험한 그리스도인은 서로 사랑하게 되어 있습니다. 심지어 이런 형제 우애의 사랑은 비그리스도인의 친척들에게보다 더 깊은 애정을 갖고 나타나게 되어 있습니다.

우리 모두는 그리스도 십자가 대속의 피의 사랑을 마음 중심에 믿고 그 믿음을 통해 임하시는 성령으로 말미암아 하나님의 사랑이 우리 마음에 충만히 부은바 된 자들이 되도록 기도해야겠습니다. 오직 그리스도, 오직 믿음, 오직 예수 보혈 신앙으로 성령 충만, 사랑 충만 받아 하나님 사랑과 이웃 사랑을 행하는 자들이 되어야겠습니다. 즉시 기도하겠습니다.

살아계신 아버지 하나님!

하나님의 은혜를 감사합니다.

자기 중심으로 사는 우리, 자기애에 빠져 사는 우리를 불러서 그리스도 십자가 대속의 피의 사랑을 믿고 체험하게 하여 새로운 본성을 우리 마음에 심어 주심을 감사하옵나이다. 예수님을 하나님의 아들로 믿을 때 그 믿음으로 임하는 성령으로 말미암아 하나님의 사랑이 우리 마음에 부은바 된 삶을 살도록 우리를 구원해 주심을 감사합니다.

이렇게 예수 그리스도로 말미암아 그리고 성령으로 말미암아 우리 마음에 부은바된 하나님 사랑을 넘치는 샘으로 받아 우리도 우리의 친구에 대한 혈연적 사랑을 행하게 하여 주옵소서.

진정한 그리스도인의 형제 사랑은 그리스도 안에서 한 공동체 된 하나님의 가족으로서의 사랑이라고 믿습니다. 우리는 함께 예수님을 하나님의 아들로 믿어 하나님의 한 가족이 된 자로서 도리어 비그리스도인들인 우리 친척들보다도 더 깊은 애정과 이해를 가진다고 믿습니다. 우리는 세상 사는 동안에만이 아니라 영원한 나라에까지 그리스도 안에서 그들과의 우애는 계속될 것으로 믿습니다.

성령님이여, 우리의 마음을 하나님의 사랑으로 가득 채워 주옵소서. 기꺼이 그리고 자원하여 형제를 사랑하여 우애하게 하여 주옵소서. 세상이 이를 보고 그리스도의 사랑을 사모하게 하여 주옵소서.

예수님의 이름으로 기도하옵나이다. 아멘.

## 롬 12:10

- "존경하기를 서로 먼저 하며"
  존경하는 사랑.
- 어떻게?
  ① 자신이 남보다 더 악하다는 것을 인정하라.
  ② 다음 내게 있는 것은 다 하나님께 받은 것이다.
  형제 업적 찾아 가치 인정하고 칭찬하라 존경하기를 먼저 하라.
  자신의 죄인 됨과 악의 깊이를 더 잘 알아 가라.

¹⁰ 형제를 사랑하여 서로 우애하고 존경하기를 서로 먼저 하며

예수님은 그리스도시요 살아계신 하나님의 아들입니다. 예수님이 하나님의 아들 그리스도라는 증거로 십자가에서 우리 죄를 대신해서 피 흘려 죽으시고, 죽은 자들 가운데서 부활하셨습니다.

이 예수님이 하나님의 아들, 예수님이 그리스도, 예수님이 우리 죄를 대신해서 십자가에서 피 흘려 죽으시고 부활하셨다는 복음으로 우리 인생 모든 문제가 처리되고 해답을 얻습니다. 이 복음은 모든 믿는 자에게 구원을 주시는 하나님의 능력이 됩니다. 이 하나님의 아들 예수 그리스도의 복음, 그리스도 십자가 대속의 피의 복음으로 깊이 뿌리내리기를 기원합니다.

예수님의 신성의 하나님 되심과 십자가 대속의 피의 복음을 마음 중심에 믿고 죄 사함 받아 하나님과 화목하게 되어 그리스도와 연합된 신자는 자신이 몸 된 그리스도 교회의 한 지체임을 깨달아야 합니다. 그리하여 머리 되신 그리스도의 통치 아래 자신에게 주어진 은사를 발휘하여 다른 지체를 사랑하고 보호하고 존경해야 합니다.

여러분이 진실로 예수님을 하나님의 아들로 믿고 중생하였다면 자신의 과거 교만과 죄악을 깊이 깨닫는 자가 되어 있어야 합니다. 사실일지 아닐지 우리는 잘 모르지만 우리 안에 빛되신 그리스도께서 들어와 거하시면 우리는 억만죄악의 사람인 것을 깊이 자각하게 됩니다. 세상의 그 누구보다 더 악하다는 것을 인정하게 됩니다.

중생한 자가 되어 자신의 지위와 현재의 삶을 살펴볼 때에 자신에게 있는 것은 다 하나님께 받은 것이라는 사실도 깨닫게 됩니다. 그리고 다른 그리스도인에게도 하나님은 그분의 귀한 은사를 주어 그리스도 교회와 형제를 섬기게 하셨다는 사실을 바로 인식하고 그 형제를 존경하기를 서로 먼저해야 한다는 사실을 인식해야 합니다.

그래서 사도 바울은 중생하여 새사람이 된 그리스도인들을 향하여 이 세대를 본받지 말고 오직 마음을 새롭게 함으로 변화를 받아 형제를 사랑하여 서로 우애하고 존경하기를 먼저 하라고 권면하는 것입니다.

오늘 본문 로마서 12장 10절 후단을 보면 "존경하기를 서로 먼저 하며"라고 합니다.

"존경하기를 서로 먼저 하며"라는 말은 쉽게 말해서 높은 자리를 차지하려고 싸우는 대신에 우리는 다른 사람들에게 높은 자리를 내주어야 한다는 말입니다. 이것은 빌립보서 2장 3절에 설명되어 있습니다. 즉, "각각 자기보다 남을 낫게 여기고"라고 하는 것입니다.

이것이 충분한 이유가 있는 것은 만일 우리가 우리 자신의 마음을 헤아린다면 세상 그누구보다 자신이 더 악하다는 것을 인정할 것이기 때문입니다. 또한, 자기가 현재 소유한 모든 은사는 모두 하나님으로부터 받은 것입니다. 다른 사람에게도 하나님은 그의 뜻대로 은사를 주셨습니다.

그러므로 하나님께서 각 사람에게 주신 은사와 능력은 조금도 작은 것으로 여기면 안 됩니다. 누구든지 각 사람에게 그가 행한 대로 갚아주실 것이기 때문입니다. 우리 모두는 형제들의 은사와 은혜와 업적들을 찾아내 그들의 가치를 인정하고 그들을 칭찬하며 또 그들이 우리 자신보다 칭찬받는 것을 더 즐거워해야 합니다.

그래서 "존경하기를 서로 먼저 하며"라고 권면받는 것입니다. 이 말의 의미는 두 가지로 해석됩니다.

**하나**는 "너희 자신보다 다른 사람을 더 존경하라"(NIV) 로 해석됩니다. 이는 다른 성도들에게 호의를 베푸는 것을 의미합니다.

**다른 하나**는 "서로를 존경하는 데 있어서 뛰어나라"(RSV) 로 해석됩니다. 이는 우리 모든 힘을 다해 서로를 존경해야 함을 의미합니다. 오늘 본문의 "서로 먼저 하며"라는 단어의 기본적 의미는 "미리 가서 길을 보여라"입니다.

이 후자로 해석하는 견해가 다수입니다. 그래서 이 말은 '서로 존경하기를 경쟁하며' 또는 '앞에서 이끌며'라는 뜻이 됩니다. 우리의 모든 경쟁은 어떻게 하면 겸손하고 유익을 주고 낮아질 수 있는지에 집중되어 있어야 합니다. 디도서 3장 14절 이와 똑같은 의미를 갖고 있습니다.

좋은 일에 힘쓰기를 배우게 하라(딛 3:14).

그런데 우리가 다른 사람들을 먼저 존경하고 그들을 우리 자신보다 더 유능하고 더 가치 있다고 보아야 하지만 그것을 우리의 무익한 행동에 대한 핑계거리로 삼거나 그들의 섬김과 행함을 구실로 우리 자신의 안일과 게으름을 합리화시켜서는 안 됩니다.

개인의 성취를 가장 중요시하는 이 시대이지만, 사람들 대부분이 인정받지 못하는 이 시대에 존경하기를 서로 먼저 하는 것이 우리가 할 수 있는 가장 능력 있는 사역 중의 하나라고 할 수 있습니다.

어떻게 이것이 가능합니까?

물론 앞서 여러 번 언급했지만 참된 십자가 대속의 피의 복음의 빛을 받아 자신의 죄성을 깊이 깨닫고 자신의 모든 은사가 하나님께로부터 받은 것임을 믿고 확신할 때 존경하기를 서로 먼저 하는 자가 될 수 있습니다. 오직 그리스도, 오직 믿음, 오직 은혜만을 구하며 살고 성령으로 말미암아 하나님의 사랑이 우리 마음에 부은바 되도록 기도하고 또 기도해야겠습니다.

살아계신 아버지 하나님!

하나님의 은혜를 감사합니다.

나 중심, 자기애에 빠진 저를 사랑하셔서 예수님을 하나님의 아들로 믿고 그리스도 십자가 대속의 피의 사랑을 깨닫게 하심을 감사합니다. 그리하여 어둔 눈이 열려 자신의 억만죄악을 발견하고 나 자신의 모든 은사와 능력과 지위와 영광이 다 하나님의 은혜로 된 것임을 믿게 하시니 감사하옵나이다.

이렇게 마음이 새롭게 되어 변화된 자가 살아야 할 중요한 진리를 우리가 받게 되니 그것은 형제를 사랑하여 서로 우애하고 존경하기를 서로 먼저 하는 자가 되어야 한다는 권면입니다. 오늘날 개인의 성취를 가장 중요시하는 시대이나 동시에 사람들 대부분이 인정받지 못하는 이 시대에 우리가 자기보다 남을 낫게 여기고 존경하기를 서로 먼저 하는 가장 능력 있는 사역을 해야 한다고 믿습니다.

이를 위해 오늘도 우리로 모두 건강하게 해 주셔서 다른 사람들을 세우는 일에 앞장 서도록 도와주시옵소서. 항상 자신의 눈에 들보를 보게 하시고 형제의 업적을 찾아 가치를 인정하고 칭찬하는 자가 되도록 우리 마음을 넓혀 주옵소서. 우리에게 주신 성령으로 말미암아 하나님의 사랑을 충만히 우리 마음에 부어 주옵소서.

예수님의 이름으로 기도하옵나이다. 아멘.

## 롬 12:11

- "부지런하여 게으르지 말고 열심을 품고 주를 섬기라"
  "열심을 품고"는 "영으로 타올라" 혹은 "영에 뜨거워지고"라는 뜻.
- 영적 열정은 성령님의 역사로 가능.
  믿음과 성령으로 충만을 받고 주를 섬기라.

**11** 부지런하여 게으르지 말고 열심을 품고 주를 섬기라

예수님은 그리스도시요 살아계신 하나님의 아들입니다. 예수님이 하나님의 아들 그리스도라는 증거로 십자가에서 우리 죄를 대신해서 피 흘려 죽으시고, 죽은 자들 가운데서 부활하셨습니다.

이 예수님이 하나님의 아들, 예수님이 그리스도, 예수님이 우리 죄를 대신해서 십자가에서 피 흘려 죽으시고 부활하셨다는 복음으로 우리 인생 모든 문제가 처리되고 해답을 얻습니다. 이 복음은 모든 믿는 자에게 구원을 주시는 하나님의 능력이 됩니다. 이 하나님의 아들 예수 그리스도의 복음, 그리스도 십자가 대속의 피의 복음으로 깊이 뿌리내리기를 기원합니다.

예수님의 신성의 하나님 되심과 십자가 대속의 피의 복음을 마음 중심에 믿고 구원받은 그리스도인은 그리스도의 영, 곧 성령님을 소유한 자가 됩니다. 성령님은 그리스도의 영이요 하나님의 영이요 하나님과 일체이신 삼위일체 제3위의 성령 하나님이십니다.

그리하여 그리스도인이 성령님을 모시고 산 자가 된다는 것은 곧 하나님과 예수 그리스도를 모시고 산다는 것과도 같습니다. 성령님은 예수 그리스도와 일체이신 분이기 때문입니다.

그래서 성경은 "누구든지 그리스도의 영이 없으면 그리스도의 사람이 아니라"(롬 8:9)라고 말합니다. 그리스도인은 예수 그리스도를 믿을 때 "양자의 영"을 받아 하나님을 아빠 아버지라고 부르며 사는 것입니다. 그리고 "너희는 성령을 따라 행하라"라고 요구받는 것입니다.

이렇게 성령을 모시고 자신이 성령의 전이 되어 사는 그리스도인은 "성령의 충만을 받으라"라고 명을 받습니다. 예수님을 인간이 섬긴다는 것은 오직 성령으로 섬길 수 있는 것입니다.

그런데 신자들은 성령을 잘 모릅니다. 그래서 그들은 성령 없이 기도하려고 하며 성령 없이 가르치며 성령 없이 하나님께 가며 성령 없이 모든 일을 수행하며 모든 일이 잘 되었다고 큰 소리칩니다. 그리고 이러한 사람들을 훌륭한 그리스도인이라고 합니다(존 오웬, 『성령론』).

또한, 비록 예수님을 하나님의 아들로 믿어 성령을 받은 자라도 자신을 지배하는 창조적인 하나님의 능력, 성령의 능력이 없을 때에는 하나님과 하나님의 영이 자신을 지배하지 않고 있다는 증거인 것을 알아야 합니다. 성령 하나님이 자기를 지배하고 있는 동안에는 막연하거나 게으르거나 아무래도 좋다거나 혹은 그렇지 아니하면 잠자는 것같이 그저 평안히 지내려 하지 않는 것입니다.

그래서 사도 바울은 자기 몸을 산 제물로 드리는 영적 예배자들인 중생한 그리스도인들을 향하여 이렇게 권고하고 있습니다.

로마서 12장 11절에 보면 "부지런하여 게으르지 말고 열심을 품고 주를 섬기라"라고 하였습니다.

여기서 중요한 것이 "열심을 품고"입니다. "열심을 품고"란 "영에 뜨거워지고" 혹은 "영으로 타올라"라는 뜻입니다. 여기서 "영"은 성령님을 언급하는 것이며 이는 타오르는 등불이 아니라 물이 부글부글 끓어 넘치는 주권자를 묘사합니다(존 스토트, 『로마서 강해』).

그래서 어떤 주석가는 "성령의 불"로 해석하기도 합니다. 오순절 날 "불의 혀"처럼 갈라지는 모습으로 오신 오순절 다락방을 배경으로 보는 것입니다. 그리하여 모든 그리스도인 안에 내주하고 계시는 성령을 가리켜 말씀하고 있습니다.

바울이 본문에서 "부지런하여 게으르지 말고 열심을 품고 주를 섬기라"라고 한 것은 모든 그리스도인 속에 계시는 불 타오르는 성령님이 계시기 때문인 것입니다. 기질적으로 어떤 사람은 느리고 게으른 사람일 수도 있습니다.

또 어떤 그리스도인은 무기력하고 소극적인 기질을 가질 수도 있습니다. 그러나 그런 것들은 문제가 되지 않습니다. 성령 안에서 사는 그리스도인은 활력이 넘치는 것이 될 수 있기 때문입니다. 그래서 바울은 다른 성경에서 "성령을 소멸치 말라"(살전 5:19)라고 하였습니다.

그런데 다수의 그리스도인들이 성령님이 그 안에 계신데도 왜 열심을 품지 않습니까?

그것은 성경을 매일 읽고 사모하지 않으며 또한 순종하지도 않고 너나아가 열심히 기도하지 않기 때문입니다. 말씀과 기도 없이는 성령의 불이 타오를 수 없는 것입니다. 성령님은 진리(말씀)의 영이시고 그리스도를 믿는 믿음 안에서 역사하시기 때문입니다. 기도할 때 성령님이 임하시기 때문입니다.

그러므로 예수님을 하나님의 아들로 믿고 중생한 그리스도인은 먼저 하나님의 나라와 그의 의를 구하도록 열심히 기도하고 진리 말씀을 사모하고 매일 영의 양식으로 말씀을 먹어야 합니다. 안주하지 말고 간절한 열심을 갖고 전진해 나가야 합니다. 이대로 그냥 살겠다면 그것은 타락하는 것입니다.

오직 그리스도, 오직 믿음, 오직 예수 보혈 신앙으로 성령의 충만을 받고 쉬지 말고 기도하여 부지런하여 게으르지 말고 불타오르는 성령의 역사로 주를 섬기기 바랍니다.

살아계신 아버지 하나님!
하나님의 은혜를 감사합니다.
우리같이 허약하고 용기도 부족하고 무능한 저희들에게 성령 하나님을 주셔서 우리 안에 거하게 하시고 우리가 성령님의 전이 된 것을 무한히 감사하옵나이다. 그러므로 우리는 우리 안에 계신 성령을 소멸하는 자가 되어서는 안 되고 성령님의 내주, 인도, 역사를 받고 사는 자들이 되도록 더욱 힘써야 되리라 믿습니다.

성령님은 물이 부글부글 끓어 넘치는 능력의 주권자이심을 우리가 말씀으로 듣고 기도하오니 성령님이여 끓어 넘치는 능력으로 우리를 다스려 주옵소서. 미지근하게 살지 말게 하시고 아무래도 좋다거나 현상 유지로 살려고 하지 말도록 성령님은 우리 마음을 불타오르게 하여 주옵소서.

 그리하여 어찌해서든지 하나님께서 나를 이 세상에 보내신 일을 이루어야겠다 하고 다른 사람들이 하지 못했던 일을 하도록 능력을 베풀어 주옵소서. 간절한 열정을 갖고 새로운 세계를 개척해야겠다고 하는 전진하는 자가 되고 부지런하여 게으르지 말고 열심을 품고 주를 섬기게 하여 주옵소서. 무슨 일을 하든지 마음을 다하여 주께 하듯 하고 사람에게 하듯 하지 말게 하도록 성령의 충만을 주어 가정에서나 직장에서나 사회에서 살아가게 하여 주옵소서.

예수님의 이름으로 기도하옵나이다. 아멘.

# 398

## 롬 12:11

- 주를 섬기라.
  부지런하여 게으르지 않고 주를 섬겨야 할 이유 여섯 가지.
- ① 우리는 주의 종.
  ② 하나님 사랑이 동기가 될 때 모든 것이 하나님이 은혜로 된 것임.
  ③ 우리는 그리스도와 연합되었음.
  ④ 주님은 항상 우리를 보고 계심.
  ⑤ 그리스도 심판대 앞에 서기 때문.
  ⑥ 그러므로 부지런하여 게으르지 말고 주를 섬기라.

**11** 부지런하여 게으르지 말고 열심을 품고 주를 섬기라

　예수님은 그리스도시요 살아계신 하나님의 아들입니다. 예수님이 하나님의 아들 그리스도라는 증거로 십자가에서 우리 죄를 대신해서 피 흘려 죽으시고, 죽은 자들 가운데서 부활하셨습니다.

　이 예수님이 하나님의 아들, 예수님이 그리스도, 예수님이 우리 죄를 대신해서 십자가에서 피 흘려 죽으시고 부활하셨다는 복음으로 우리 인생 모든 문제가 처리되고 해답을 얻습니다. 이 복음은 모든 믿는 자에게 구원을 주시는 하나님의 능력이 됩니다. 이 하나님의 아들 예수 그리스도의 복음, 그리스도 십자가 대속의 피의 복음으로 깊이 뿌리내리기를 기원합니다.

예수님의 신성의 하나님 되심과 십자가 대속의 피의 복음을 마음 중심에 믿을 때 그 믿음과 함께 하나님의 성령이 그리스도인의 마음 중심에 오셔서 임하시게 됩니다. 구원받은 그리스도인은 성령님을 모시고 사는 성령의 전인 것입니다. 그리고 이 성령은 불 같은 성령님으로서 우리 마음속에 불타오르는 열정을 일으키시는 분입니다.

그래서 우리는 성령을 소멸하지 말라는 명령을 받고 있는 것입니다. 우리 마음에 계신 성령님께서 불타오르는 열정으로 우리 마음을 일으켜 세워 부지런하여 게으르지 않고 주를 섬기게 하는 것입니다. 그러므로 우리는 다음과 같은 명령을 받고 삽니다.

술 취하지 말라 이는 방탕한 것이니 오직 성령으로 충만함을 받으라(엡 5:18).

부탁하건대 여러분 안에 성령이 거하시는 줄을 반드시 확신하고 성령님의 불타오르는 능력을 구하시기 바랍니다. 성령님은 신자의 모든 기능을 각성시켜서 주를 섬기기에 합당하게 하고 기꺼이 자원하여 그리스도를 열심을 품고 섬기도록 하십니다.

물론 성령님의 불 같은 열정으로 우리가 주를 섬기는 것이 마땅하지만 그 외에도 우리가 부지런하여 게으르지 않고 주를 섬겨야 할 이유가 많이 있습니다. 우리는 오늘 이에 대하여 여섯 가지 이유를 들어 살펴보고자 합니다(로이드 존스, 『로마서 강해 12』).

**첫째**, 우리는 그리스도의 종이라는 것입니다. 고린도전서 6장 19-20절에서 이렇게 말합니다.

> ¹⁹ … 너희는 너희 자신의 것이 아니라 ²⁰ 값으로 산 것이 되었으니 … (고전 6:19-20).

우리는 예수 그리스도의 피값으로 산 그리스도의 노예들입니다. 노예는 자신을 위해 살지 않고 오직 그의 상전만을 위해 사는 자입니다.

**둘째**, 그리스도 교회는 우리 교회, 내 교회가 아니고 그리스도의 교회이기 때문입니다. 우리는 그리스도 교회의 주인이신 주를 섬기는 것이지 나를 위한 것이 아니므로 게으를 수가 없습니다. 그리스도를 무시하거나 게으르게 섬기는 것은 하나님과 그리스도를 무시하고 불충하는 것입니다.

**셋째**, 우리는 모든 것이 다 하나님의 은혜로 된 것임을 알기 때문입니다. "나의 나 된 것은 하나님의 은혜로 된 것"(고전 15:10)입니다. 시편 기자는 이 사실을 인식하여 "내게 주신 모든 은혜를 내가 여호와께 무엇으로 보답할까"(시 116:12)라고 말하였습니다.

우리가 만일 갈보리 언덕의 십자가에서 하나님의 아들 그리스도께서 지불하신 대속의 죽음을 되돌아본다면 우리도 내게 주신 모든 은혜를 그리스도께 무엇으로 보답할까라고 고백하고 부지런하여 게으르지 말고 열심을 품고 주를 섬기게 될 것입니다.

유명한 18세기 경건주의 운동가 진젠도르프(1700-1760)가 십자가에 못 박히신 그리스도를 그린 그림을 바라본 결과로 큰 체험을 얻은 이야기가 있습니다. 그는 다음과 같은 주님의 음성을 들었습니다.

"내가 너를 위해서 이 일을 했다. 너는 나를 위해서 무엇을 하였느냐?"

**넷째**, 우리는 그리스도와 연합된 자들이라는 사실의 깊은 인식입니다. 이것이 섬김의 큰 동기가 될 수 있습니다. 하나님과 그리스도는 교회의 머리이시니 우리는 그 지체로 주를 섬겨야 하는 것입니다.

**다섯째**, 하나님과 그리스도께서는 항상 우리를 보고 계신다는 사실 때문에 우리는 게으를 수 없고 부지런하게 그리스도를 섬겨야 합니다. 보통 세상의 종들은 주인이 안 보면 게을러집니다. 그러나 그리스도인은 항상 우리를 감찰하시는 주님의 임재 속에 사는 자이니 게으를 수 없습니다.

**여섯째**, 우리는 훗날 그리스도 심판대 앞에 서서 계산할 때가 있기 때문에 열심을 품고 주를 섬겨야 합니다. 우리 모두는 그리스도께 우리가 행한 모든 일을 직고할 날이 있음을 기억하고 살아야 합니다.

그러므로 우리 모두는 불 같은 열정을 주신 성령님의 역사와 능력을 구하며 살아야겠습니다. 만일 우리를 지배하는 창조적인 하나님의 능력이 없을 때에는 하나님과 그리스도의 영이 나를 지배하지 않고 있다는 것을 알아야 합니다.

저는 이 사실을 너무나 깊이 있게 깨닫고 살기 때문에 한 순간도 영적인 긴장에서 벗어날 수 없음을 잘 알고 있습니다. 그래서 어떻게 하면 하나님께서 주신 사명을 다 이룰까 하고 생각하고 자든지 깨든지 걷든지 앉든지 생각하고 기도하고 살고자 노력하고 있습니다.

오직 그리스도, 오직 믿음, 오직 은혜를 구하며 살고 받은 은혜로 받은 사명을 부지런하여 게으르지 말고 열심을 품고 주를 섬기도록 해야겠습니다.

살아계신 아버지 하나님!

하나님의 은혜를 감사합니다.

하나님을 배반하고 하나님 없이 자기 사랑, 세상 사랑으로 사는 우리를 십자가 대속의 피의 사랑으로 구원하시고 그리스도와 연합되게 하시며 우리의 몸을 하나님의 전으로 삼고 우리 안에 하나님의 성령님께서 임재해 주심을 감사하고 감사하면서 하나님께 영광을 돌려드립니다.

그러나 우리가 비록 구원받아 성령님의 내주, 인도 역사 속에 사는 자이나 육신이 연약하여 성령의 소욕보다 육신의 소욕에 이끌리는 저희들을 불쌍히 여기시고 날마다 우리를 하나님의 능력으로 성령님의 불같은 역사로 구원하여 주옵소서. 우리는 죄의 노예에서 그리스도의 노예가 되었음을 기억하고 모든 것이 다 하나님의 은혜로 된 것임을 깨닫게 하시며 항상 우리를 감찰하시는 하나님을 기억하게 해 주옵소서. 우리가 그리스도를 섬기는 동기를 순수하게 해 주시고 그리스도 재림을 대망하면서 상급의 심판을 주실 그리스도의 심판대 앞에 설 것을 기억하여 게으르지 말고 부지런하여 열심을 품고 주를 섬기게 하여 주옵소서.

오늘도 연약한 우리가 기쁘게 주를 섬기도록 우리를 건강하게 하시고 건전하게 해 주셔서 먼저 하나님의 나라와 그의 의를 구하며 열심을 품고 주를 섬기는 자로 살게 도와주옵소서.

예수님의 이름으로 기도하옵나이다. 아멘.

# 399

## 롬 12:12

- "소망 중에 즐거워하며"
  그리스도 재림 소망을 견지함으로 현재의 고난 중에서도 즐거워함.
- "이미와 이제"의 긴장의 바른 이해를 가지라.
  빛과 소금의 건전한 삶과 동시에 인간 본성의 죄성을 알고 그리스도 재림을 갈망하며 살라.

**12** 소망 중에 즐거워하며 환난 중에 참으며 기도에 항상 힘쓰며

예수님은 그리스도시요 살아계신 하나님의 아들입니다. 예수님이 하나님의 아들 그리스도라는 증거로 십자가에서 우리 죄를 대신해서 피 흘려 죽으시고, 죽은 자들 가운데서 부활하셨습니다.

이 예수님이 하나님의 아들, 예수님이 그리스도, 예수님이 우리 죄를 대신해서 십자가에서 피 흘려 죽으시고 부활하셨다는 복음으로 우리 인생 모든 문제가 처리되고 해답을 얻습니다. 이 복음은 모든 믿는 자에게 구원을 주시는 하나님의 능력이 됩니다. 이 하나님의 아들 예수 그리스도의 복음, 그리스도 십자가 대속의 피의 복음으로 깊이 뿌리내리기를 기원합니다.

예수님의 신성의 하나님 되심과 십자가 대속의 피의 복음을 마음 중심에 믿고 중생한 그리스도인은 그리스도 교회의 지도자로서 그리고 건전한 그리스도인의 삶을 살려면 하나님 우편에 앉아 온 우주를 통치

하시는 예수님의 주 되심과 아울러 죄악 세상을 심판하러 다시 오실 재림의 그리스도를 분명하게 인식하고 살아야 합니다. 그러므로 구원 받은 그리스도인들이 죄악 세상에서 사회 정의를 위해 일하고 하나님이 좀 더 기뻐하실 만한 사회를 만들기 위해 더 개선시키기를 기대하는 것이 정당하지만 우리는 결코 사회를 완전하게 만들 수 없다는 것을 알아야 합니다.

우리는 복음의 변화시키는 능력과 그리스도의 빛과 소금의 건전한 영향력을 알지만 또한 죄악의 세력이 인간 본성과 인간 사회에 깊이 뿌리 박혀 있다는 것도 알고 있습니다. 우리는 그리스도께서 다시 오실 때 예수 그리스도만이 죄악 세력을 정복하고 영원한 공의와 평화의 나라를 세우실 것입니다.

우리는 그날을 열렬히 갈망합니다. 그래서 우리는 "소망 중에 즐거워하며" 살라는 권면을 받습니다.

오늘 본문 로마서 12장 12절의 서두를 보면 "소망 중에 즐거워하며"라고 합니다. 이 말씀은 그리스도인은 그리스도 재림이라는 종말적인 소망을 견지함으로 현재의 모든 고난 중에서도 기뻐해야 한다는 것입니다.

여기에는 매우 중요한 신학적 교리가 있습니다. "이미와 이제"의 긴장의 진리입니다. 그것은 이미 온 하나님의 나라와 이제 올 하나님의 나라의 교리입니다.

하나님의 나라는 예수님과 함께 이 세상에 왔습니다. 그러나 그것은 남김 없이 온 것은 아니었습니다. 그 하나님 나라의 완성은 아직 확정되지 않은 미래에 이루어질 것입니다. 우리는 지금 이미 온 하나님의 나라와 이제 올 하나님 나라의 중간기에 살고 있습니다.

그래서 앞서 언급한 바대로 우리는 복음의 능력과 온 우주를 통치하시는 예수 그리스도의 주권을 의지하며 빛과 소금으로 세상의 변혁을 위해 힘쓰지만 죄악의 세력이 근절되지 않고 우리 자신의 본성과 세상 속에 깊이 뿌리 박혀 있다는 것을 아는 것입니다. 그리고 오직 예수 그리스도께서 재림하실 때, 그분만이 죄악 세력을 정복하고 영원한 하나님 나라를 세울 것을 열렬히 갈망하는 것입니다.

이런 신학적 교리가 오늘 본문 말씀의 배경입니다. "소망 중에 즐거워하라"라는 것입니다. 이 말은 "소망 때문에" 혹은 "소망을 통해"로 읽을 수 있는데 곧 소망을 우리의 기쁨의 근거로 삼거나 고난의 때에 기쁨을 느끼는 도구로서 소망 안에서 우리의 어려움이 기쁨으로 바뀌는 것으로 보는 것입니다.

이렇게 소망 중에 즐거워할 수 있는 것은 앞서 언급한 "이미와 이제"라는 신학적 교리를 배경하고 있는 것입니다. 우리가 소망 중에 즐거워하는 것은 우리가 처한 세상이 악한 죄악 세력에 잡혀 있다는 것을 뜻합니다.

그러나 하나님께서는 그의 아들 예수 그리스도를 보내셔서 죄악 세상을 십자가에서 대속의 죽음으로 정복하시고 이를 믿는 자들에게 성령을 주셔서 성령님의 역사로 고난을 극복하게 하셨습니다. 그러나 성령의 은사는 처음 익은 열매의 맛보기(롬 8:23)로서 그리스도께서 재림 시에 완전한 것을 추수한다는 것입니다. 그러므로 우리는 그리스도 재림을 소망 중에 바라보며 즐거워할 수 있는 것입니다.

"이런 믿음을 우리에게 주시옵소서."

하나님의 아들 예수 그리스도께서 이 세상에 다시 오셔서 영원한 하나님의 나라를 세우실 것입니다. 우리는 바로 이 소망 안에서 즐거워하라고 권면받고 있습니다.

우리 모두 오직 그리스도, 오직 믿음, 오직 예수 보혈 신앙으로 성령의 충만을 받고 이 성령으로 말미암아 하나님의 사랑이 우리 마음에 부은바 되도록 기도하겠습니다. 그리고 "아멘 주 예수여 오시옵소서"라고 기도하겠습니다. 하나님의 사랑이 우리 마음에 부은바 되어 재림 소망 중에 고난의 세상에서 즐거워하며 살게 도와주옵소서.

살아계신 아버지 하나님!
하나님의 은혜를 감사합니다.
죄악 세상의 악을 취하여 살지 않고 성령님의 내주인도 역사를 받고 다시 오실 그리스도를 소망하면서 기쁨을 취하게 하심을 감사하옵나이다. 우리는 육신적 즐거움을 찾지 않고 영원한 하나님의 나라, 그리스도의 왕국의 완성을 바라보며 그 소망을 즐거워하며 사는 자임을 믿습니다. 세상의 기쁨은 일시적이요 도리어 고통을 가중시키는 원인이 기도하오나 하늘 나라 기쁨은 영속적이요 아무도 빼앗을 자가 없다고 믿습니다.
이미 온 예수 그리스도의 나라와 이제 앞으로 올 예수 그리스도의 재림시에 세워질 하나님 나라의 중간기에 사는 우리는 성령님의 처음 익은 열매를 맛보면서 살고 완전한 추수를 기다리는 소망으로 즐거워하며 살게 하여 주옵소서.

그렇다고 우리가 죄악 세상을 경원시하고 떠나 살 것은 아니고 우리가 속한 사회에서 빛과 소금으로 하나님이 기뻐하실 만한 사회를 만들기 위해 노력해야 한다고 믿습니다. 그러나 우리는 결코 완전한 사회를 만들 수 없다는 것도 알고 있습니다. 오직 다시 오실 그리스도께서 죄악 세상을 심판하고 영원한 하나님의 나라를 세우실 것입니다.

우리는 이것을 소망 중에 즐거워하며 고난을 극복하고 의롭게, 그리고 서로 사랑하며 살아가게 하여 주옵소서. 무엇보다 우리로 건강하게 하시고 건전한 정신으로 살아가도록 하나님의 능력을 베풀어 주옵소서. 예수님의 이름으로 기도하옵나이다. 아멘.

# 400

## 롬 12:12

- 환난 중에 참으며.
  하나님은 우리의 미래를 주관하신다.
  환난은 신자의 삶에 필수적 요소.
- 환난에 흔들리지 말라. 환난 중에 참으라.
  믿음의 주요 온전케 하시는 이인 예수를 바라보자.
  환난이 우리를 가르치도록 하고 환난을 통해서 배우라.

**¹²** 소망 중에 즐거워하며 환난 중에 참으며 기도에 항상 힘쓰며

예수님은 그리스도시요 살아계신 하나님의 아들입니다. 예수님이 하나님의 아들 그리스도라는 증거로 십자가에서 우리 죄를 대신해서 피 흘려 죽으시고, 죽은 자들 가운데서 부활하셨습니다.

이 예수님이 하나님의 아들, 예수님이 그리스도, 예수님이 우리 죄를 대신해서 십자가에서 피 흘려 죽으시고 부활하셨다는 복음으로 우리 인생 모든 문제가 처리되고 해답을 얻습니다. 이 복음은 모든 믿는 자에게 구원을 주시는 하나님의 능력이 됩니다. 이 하나님의 아들 예수 그리스도의 복음, 그리스도 십자가 대속의 피의 복음으로 깊이 뿌리내리기를 기원합니다.

예수님의 신성의 하나님 되심과 십자가 대속의 피의 복음을 마음 중심에 믿고 거듭난 그리스도인은 자신이 구원받을 만한 가치가 있고 성

품이 훌륭해서 구원받은 것이 아님을 뼛속 깊이 깨달아야 합니다. 우리는 세상의 자연인들보다 나은 것이 하나도 없는 자들입니다.

우리는 고집 세고 자기 것을 챙기고 자기 은사를 과시하고 남을 무시하며 성격에 있어서도 모난 부분을 많이 가진 자들입니다. 우리는 스스로 이런 것들을 고치고 새롭게 만들 수 없습니다.

이런 우리의 교만과 모난 부분들은 환난이 없으면 발견될 수도 없고 치료받지도 못합니다. 하나님은 이런 것들을 제거하기 위하여 우리에게 환난이라는 과정을 통과하도록 계획하셨습니다.

그러므로 구원받은 우리는 환난과 시련이 자신의 삶에 덮쳐올 때 그 환난이 우리를 가르치도록 하고 그 환난을 통해서 배워야 합니다. 그래서 우리가 당한 환난의 처지에서 참고 인내하면 그 환난을 통해서 좋은 것을 얻어낼 때를 만나게 될 것입니다.

그래서 바울은 오늘 본문 로마서 12장 12절에서 "환난 중에 참으며"라고 권면하고 있습니다.

여기서 "환난"이란 그 원어적 의미에서 보면 사람에게 무게를 누끼게 하여 사람을 부숴뜨리는 어떤 것을 의미합니다. 이런 환난과 시련이 여러 방면에서 우리에게 다가옵니다. 여러분도 여러 가지 환난과 시련으로 인내하는 분이 대부분이겠습니다만, 저도 동일한 환난을 당하되 제 생각으로는 나만큼 큰 심리적 압박과 시련을 당하는 경우도 많지 않으리라 생각하기도 합니다.

우리가 세상에서 비록 구원받은 그리스도인들이지만, 다른 형제늘도 동일한 고난을 당하고 있다고 생각하여 서로 위로를 받아야겠습니다. 그러나 만사가 하나님과 그리스도의 수중에서 결정된다는 사실을 우리가 믿을 때, 우리에게 오는 환난은 우리를 멸망시키려는 것이 아님을 굳게 믿을 것입니다.

그래서 사도 바울은 오늘 본문에서 "환난 중에 참으며"라고 말하였습니다. 우리는 우리에게 오는 환난을 보고 흔들리지 말아야 합니다. 불평하지 말 것입니다.

오히려 우리는 정반대의 일을 해야 합니다. "참으라", 인내하라고 하는 권면을 들어야 합니다. 우리는 이 세상에서 환난의 메시지야말로 가장 훌륭한 복음 전도 형식임을 알아야 합니다. 시련과 환난이 없으면 오히려 우리는 걱정해야 합니다.

모든 일이 다 잘되어 가고 모든 사람이 우리를 칭찬하고 어떠한 핍박이나 환난도 만나지 않는다면 바로 자신이 그리스도인인지 아닌지 심각하게 의문을 제기해야 할 때입니다. 징계를 받는 자는 사생자가 아니라 자녀들이기 때문입니다(히 12:7-8).

우리 하나님 아버지와 우리 주 예수 그리스도께서는 환난을 위해서 우리를 준비시키셨습니다. 예수님은 다음과 같이 말씀하셨습니다.

> 세상이 너희를 미워하면 너희보다 먼저 나를 미워한 줄 알라(요 15:18).

우리가 환난 중에 참는 것은 예수님이 가신 길을 뒤따라간다는 뜻이기도 합니다.

그래서 성경은 이렇게 말씀합니다.

> 믿음의 주요 온전케 하시는 이인 예수를 바라보자(히 12:2).

이것은 사실은 그리스도인만의 특권입니다. 우리는 환난을 주관하시는 분이 주시는 교훈을 환난을 통해 배웁니다. 우리의 모난 부분은 깎여야만 합니다. 우리가 잘되어 갈 때는 당연하게 생각했던 교만과 이기심을 버리게 될 것입니다.

환난은 여러 방면에서 우리를 가르쳐 줍니다. 어느 의미에서 환난은 놀라운 약재입니다. 그래서 시편 기자는 다음과 같이 말했습니다.

고난당하기 전에는 내가 그릇 행하였더니 이제는 주의 말씀을 지키나이다 (시 119:67).

성도들에게 당한 환난보다 그들에게 더 유익을 주는 것은 없었습니다. 하나님은 모든 것이 합력하여 선을 이루십니다.

그러므로 오직 그리스도, 오직 믿음, 오직 은혜, 오직 예수 보혈 신앙으로 소망 중에 즐거워하며 환난 중에 참는 성도들이 되도록 더 큰 은혜와 능력과 위로를 얻도록 기도하겠습니다.

살아계신 아버지 하나님!
하나님의 은혜를 감사합니다.
우리가 예수님을 하나님의 아들로 믿고 하나님의 자녀가 되면 환난이 사라지는 것이 아님을 우리는 배우고 있습니다. 하나님은 그 사랑하시는 자녀를 징계하시기 때문이며 환난이야말로 그리스도인에게 최고의 좋은 약재임을 배웁니다. 우리는 환난 당하기 전에는 우리 자신의 교만과 이기심 그리고 모난 성품들을 깨닫지 못합니다. 그러나 환난이 우리에게 올 때 우리는 더 온전한 그리스도인으로 자라게 됨을 믿습니다.

그러므로 환난이 올 때 흔들리지 말고 불평과 원망하지 말고 환난 중에 참는 자들이 되도록 은혜를 베풀어 주옵소서. 우리는 환난을 주관하시는 분은 하나님과 우리 예수 그리스도이심을 믿고 환난을 통해서 주시는 교훈을 배우고 교만을 회개하고 모난 성품을 다듬어 거룩하고 온유하고 겸손한 자들이 되도록 선한 은혜로 이끌어 주옵소서. 그러나 아버지 하나님이여 우리의 연약한 것을 기억하시고 우리가 감당치 못할 시험은 오지 않게 도와주시고 주관하여 주옵소서.

무엇보다도 건강하게 하여 주시고 피난처이신 그리스도께서 우리의 거처가 되어 주시고 주님의 평안을 우리에게 주시옵소서.

예수님의 이름으로 기도하옵나이다. 아멘.

# 401

## 롬 12:12

- "기도에 항상 힘쓰며"
  환난은 기도를 일으킨다.
  기도는 영혼의 호흡.
  하나님의 자녀에게 본능적인 것.
- 신실하고 부지런한 기도는 인생 문제 승리의 길.
  기도는 믿음의 실천.
  쉬지 말고 기도하여 하나님의 능력을 얻고 살라.

¹² 소망 중에 즐거워하며 환난 중에 참으며 기도에 항상 힘쓰며

예수님은 그리스도시요 살아계신 하나님의 아들입니다. 예수님이 하나님의 아들 그리스도라는 증거로 십자가에서 우리 죄를 대신해서 피 흘려 죽으시고, 죽은 자들 가운데서 부활하셨습니다.

이 예수님이 하나님의 아들, 예수님이 그리스도, 예수님이 우리 죄를 대신해서 십자가에서 피 흘려 죽으시고 부활하셨다는 복음으로 우리 인생 모든 문제가 처리되고 해답을 얻습니다. 이 복음은 모든 믿는 자에게 구원을 주시는 하나님의 능력이 됩니다. 이 하나님의 아들 예수 그리스도의 복음, 그리스도 십자가 대속의 피의 복음으로 깊이 뿌리내리기를 기원합니다.

예수님의 신성의 하나님 되심과 십자가 대속의 피의 복음을 마음 중심에 믿고 거듭난 그리스도인은 그 순간 마귀의 자녀에서 하나님의 자녀로 호적이 변화됩니다. 그리하여 새로운 삶이 시작됩니다. 그 새로운 삶의 시작의 첫 걸음이 하나님께 기도하며 산다는 것입니다.

엄마로부터 갓 태어난 아이가 울지 않으면 무슨 큰 이상이 있는 것입니다. 정상적인 아이로 태어난 갓난 아기들은 반드시 큰 소리로 울게 되어 있습니다. 엄마의 보호와 젖을 사모하는 본능을 갖고 태어났기 때문입니다.

마찬가지로 한 자연인이 하나님의 자녀로 태어난 순간 그 사람은 하나님께 간구하고 부르짖는 기도를 하게 되어 있습니다. 기도는 중생한 그리스도인의 본능적 욕구입니다. 그래서 보통 기도를 영혼의 호흡이라고 말합니다.

이런 기도를 통해 어린 아이가 부모의 보호와 양육 속에서 그의 인생의 모든 문제를 해결받고 건강하게 성장해 가는 것처럼 하나님의 자녀가 된 그리스도인들도 하나님 아버지께 기도하면서 그가 직면한 인생의 모든 문제를 해결받으며 살아가는 것입니다.

더구나 예수님을 하나님의 아들로 믿고 마귀의 자녀에서 하나님의 자녀로 다시 태어난 그리스도인은 옛날 그의 소유자였던 마귀와 세상의 질투와 공격 속에 놓인 자가 되어 그와 싸우면서 사는 존재가 되었습니다. 그리스도인은 세상과 세상 신 마귀와의 치열한 영적 싸움 속에서 살아가는 것입니다.

그러므로 예수님을 하나님의 아들로 믿는 믿음이 없이는 그리스도인은 세상에서 생존할 수가 없습니다. 매일의 사탄과 그의 졸개 세력들과 싸우는 영적 전쟁 속에서 삶을 영위해야 합니다. 그 믿음의 실천이 기도인즉 쉬지 말고 기도하며 살아야 하는 것입니다.

그러나 거듭난 그리스도인도 타락한 옛 본성을 갖고 있어서 기도에 게으르고 기도 없이 자기 힘으로 살고자 하는 경향이 있습니다. 이들에게 하나님은 환난과 역경을 주어서 밤낮으로 기도하며 살게 하여 그들의 영적 자녀로서의 삶을 보존해 주십니다. 그러므로 환난은 기도하게 만드는 것이니 주어진 환난에 낙심하지 말고 기도해야 하는 것입니다. 부지런하여 게으르지 말고 쉬지 않고 기도해야 하는 것입니다.

사도 바울은 이 진리를 우리에게 가르칩니다. 오늘 본문 로마서 12장 12절을 보면 "소망 중에 즐거워하며 환난 중에 참으며 기도에 항상 힘쓰며"라고 하였습니다.

소망 중에 즐거움이나 환난 중에 참음도 기도의 선물입니다. 12절의 세 가지 명령은 상호 관계를 가진 것으로 마지막에서 "기도에 항상 힘쓰며"로 셋을 하나로 결합 시킵니다. 환난은 성도의 삶에 필수적 요소인데 이 환난이 믿음을 촉진하고 우리로 하여금 더욱 하나님과 예수 그리스도를 신뢰하게 합니다.

그리고 그 믿음의 실천이 기도이기에 "기도에 항상 힘쓰며"라고 하는 것입니다. 여기서 "힘쓰며"라는 의미는 기도할 때 "지속적으로", 혹은 "계속하는" 의미의 뜻을 갖고 있습니다. 신실하고 부지런한 기도는 환난 시에 인생의 문제를 이기게 하는 최고의 길입니다.

그리스도인이 기도가 없으면 자신의 삶을 둘러싼 크고 작은 인생 문제들에 계속 휘들리게 될 것입니다. 기도를 통해서 환경도 변화시키게 되고 방해 세력이 사라지게 되기도 하고 역경과 환난을 극복할 하나님의 능력도 얻게 되며 때로는 돕는 사람이 나타나기도 합니다.

그래서 예수님은 제자들에게 "항상 기도하고 낙심하지 말아야 할 것"을 강조하셨습니다(눅 18:1). 기도가 구원받은 영혼의 호흡이라면 우리의 모든 시간은 기도하기 위해 주어진 것입니다. 기도하기 위해 시간을 갖지 않을 때에 우리의 생명은 헛되이 가짐이 됩니다.

우리가 "기도에 항상 힘쓰라", "쉬지 말고 기도하라"라고 한 것은 우리 그리스도인들이 할 일은 기도밖에 없다는 뜻이기도 합니다. 그것은 기도를 통해 하나님과 인격적으로 접촉되고 하나님의 은혜의 빛을 받기 때문입니다. 기도 시에 우리는 하나님의 임재 속에 들어가 그와 교제하는 것입니다.

그러므로 우리는 아무것도 염려 하지 말고 모든 일에 기도와 간구로 우리의 구할 것을 감사함으로 하나님께 아뢰어 예수 그리스도 안에서 하나님의 평강이 우리의 마음과 생각을 지키도록 해야겠습니다. 오직 그리스도, 오직 믿음, 오직 은혜는 오직 기도로 지켜지고 유지되고 하나님의 능력이 임합니다. 즉시 기도하겠습니다. 예수님의 피를 힘입고 은혜의 보좌 앞에 담대히 나가도록 하겠습니다.

살아계신 아버지 하나님!

하나님의 은혜를 감사합니다.

예수님은 죽은 자 가운데서 부활 승천하시어 하나님께로 돌아가신다고 가르칠 때에 제자들에게 최고의 선물을 주셨으니 곧 예수 그리스도 이름으로 기도하는 것이고, 예수님은 하늘과 땅의 모든 권세를 가진 그리스도로 취임하시어 제자들의 기도를 예수님 이름으로 구하면 응답하시겠다고 약속하셨습니다. 기도 응답은 예수님이 그리스도시라는 진리의 주관적 확신인 것임을 믿습니다. 그래서 예수님은 그리스도이시기에 지금도 우리의 기도에 신실하게 응답하고 계시는 것입니다.

우리가 예수님을 그리스도로 믿는 믿음은 기도를 일으키게 되어 있고 동시에 기도는 믿음의 최상의 실천임을 우리가 믿습니다. 오늘도 우리는 소망 중에 즐거워하며 환난 중에 참으며 기도에 항상 힘쓰라는 명령을 받습니다. 기도는 환난 시에 인생 문제 해결의 최상의 응답의 길임을 믿습니다. 동시에 기도는 우리의 인생 문제 해결의 길일 뿐 아니라 하나님 아버지께서는 우리의 기도와 그분의 기도 응답을 통해서 영광을 받으신다고 우리에게 가르치는 사실도 믿습니다.

그러므로 기도 없는 삶은 인생을 헛되게 살게 하는 것이며 기도는 성부, 성자, 성령의 삼위 하나님 앞에 나아가 하나님을 뵈옵고 경배하고 간구하며 교제하며 생명의 빛을 받고 온갖 좋은 것을 하나님의 자녀로서 받는 길입니다. 그러므로 오늘도 예수 그리스도 이름으로 이 시간 기도합니다.

무엇보다도 우리로 건강하게 하시고 환난에서 건지시며 하나님의 능력을 주셔서 세상 속에서 하나님 나라 백성답게 살게 하시고 우리가 섬기는 그리스도 교회가 예수 그리스도 이름의 반석 위에 굳게 서게 하시고 구원 얻는 무리가 날마다 더하게 하여 주옵소서.

예수님의 이름으로 기도하옵나이다. 아멘.

## 402

## 롬 12:13

- "성도들의 쓸 것을 공급하며"
  베푸는 사랑.
- 고난 속에 있는 가난한 성도들의 필요를 공급하는 의무 실천.
  동료 그리스도인이 우선.
  일반적, 국가적 가난한 자 공급이 아니다.
  청지기 정신으로 분별하여 행하라.
  개인적으로는 능력과 기회를 갖는 대로 구제할 준비를 갖추고 있으라.

¹³ 성도들의 쓸 것을 공급하며 손 대접하기를 힘쓰라

예수님은 그리스도시요 살아계신 하나님의 아들입니다. 예수님이 하나님의 아들 그리스도라는 증거로 십자가에서 우리 죄를 대신해서 피 흘려 죽으시고, 죽은 자들 가운데서 부활하셨습니다.

이 예수님이 하나님의 아들, 예수님이 그리스도, 예수님이 우리 죄를 대신해서 십자가에서 피 흘려 죽으시고 부활하셨다는 복음으로 우리 인생 모든 문제가 처리되고 해답을 얻습니다. 이 복음은 모든 믿는 자에게 구원을 주시는 하나님의 능력이 됩니다. 이 하나님의 아들 예수 그리스도의 복음, 그리스도 십자가 대속의 피의 복음으로 깊이 뿌리내리기를 기원합니다.

예수님의 신성의 하나님 되심과 십자가 대속의 피의 복음을 마음 중심에 믿고 중생한 그리스도인은 그가 속한 몸 된 그리스도 교회의 동료 그리스도인들에 대한 베푸는 사랑에 관심을 갖는 자가 됩니다. 그들은 그리스도 안에서 한 형제들이기 때문에 말로만 그들을 감싸 주고 존경하는 사랑으로 그치면 안 됩니다.

이 세상에서 성도들이 자연적 생계를 꾸리는 데 쓸 것이 부족한 것은 이상한 일이 아닙니다. 박해가 극심했던 초대 교회 당시에는 극도의 고난 속에 있는 성도들이 항상 옆에 있었습니다. 오늘날도 우리에게 가난한 성도들은 항상 옆에 있습니다.

그리하여 가진 성도들이 가지지 못한 성도들의 필요를 공급하는 것은 하나의 의무가 아닐 수 없습니다. 영혼을 구원하는 것만으로는 충분하지 않습니다. 우리는 지갑을 꺼내 배고픈 성도들에게 주어야 합니다.

그래서 사도 바울은 로마 교회의 성도들에게 이런 사실을 요구하는 것입니다. 본문 로마서 12장 13절 앞단을 보면 "성도들의 쓸 것을 공급하여"라고 하였습니다.

여기서 "공급하다"라는 말은 "코이노네오"로서 그 원어의 의미는 사람들의 필요와 고난을 나눈다는 뜻도 될 수 있고, 서로 복을 나눔으로 교제하라고 하는 의미이기도 합니다. 그리스도 교회는 성도들 간의 서로 복을 나눔으로 교제하여 기독교 공동체를 세워 나갈 수 있습니다.

우리가 그리스도 안에 있는 형제들을 구제하는 것은 마치 우리가 그들과 함께 고난받은 것처럼 그들의 쓸 것에 대한 책임감과 동료 의식으로부터 나와야 한다는 것도 암시합니다. 우리는 능력과 기회를 갖는 대로 누구든 궁핍한 자들을 구제할 준비를 하고 있어야 합니다.

그러나 우리는 성도들에 대해서 특별히 먼저 나누어 줄 의무를 짊어져야 합니다. 불신자들에게 베풀 통상적 사랑도 사랑이지만 동료 그리스도인들에게 더 특별히 베풀어야 합니다.

사도 바울은 갈라디아 교회에 대해 이렇게 권고했습니다.

> 그러므로 우리는 기회 있는대로 모든 이에게 착한 일을 하되 더욱 믿음의 가정들에게 할 지니라(갈 6:10).

이런 점에서 기독교는 공산주의와 확연히 구별됩니다. 분명히 기독교는 공산주의를 가르치지 않습니다. 사도행전 2장과 4장이 일종의 공산주의에 대한 시도를 묘사하는 것이라고 생각하는 자들이 있으나 그것은 그릇된 생각입니다.

기독교는 우리가 가진 것을 다 팔아 그것을 공동 소유로 만들어 어느 누구도 개인 사유 재산이나 개인 사유권을 갖지 않도록 해야 된다는 식으로 가르치지 않습니다. 기독교는 청지기 정신을 가르칩니다.

여러분은 자기의 소유를 가지면서도 사랑의 정신에 지배를 받아야 합니다. 그래서 만일 궁핍에 처한 형제를 보면 여러분이 가진 것 중에서 그 사람에게 주어야 합니다. 이것이 고린도후서 8장에 바울이 말하는 바입니다.

어느 누구도 모자람이 있거나 또는 어느 누구도 너무 지나치게 가지는 것이 없도록 해야 한다는 것입니다. 다른 사람들은 형제들 가운데 보이는 궁핍의 정도에 따라서 나누어 주어야 한다는 것입니다.

그리스도인은 자신이 가진 것에 대한 청지기입니다. 그것은 공산주의가 아닙니다. 공산주의는 법률 행위를 통해서 사람들을 강제적으로 평균화시키려고 합니다. 그러나 사랑의 기독교 법은 우리에게 살아 있는 정신으로 서로 간에 수준을 맞추라고 종용합니다.

그러므로 바울이 "성도들의 쓸 것을 공급하며"라고 하는 것은 강제적으로나 혹은 세속적인 박애 정신으로 참여하라고 요구하는 것이 아닙니다. 어떤 나라에서는 굶주리고 궁핍해 있습니다. 그렇다고 교회가 그런 보편적인 일에 반응하라고 하는 것이 아닙니다.

먼저 그리스도 안에서 한 지체가 된 "형제들"에게 쓸 것을 공급하라고 하는 것입니다. 앞서도 말했지만 믿음의 가정이 먼저입니다(갈 6:10). 그러므로 청지기는 이런 일에 분별력과 판단력을 가지고 거짓 성도들을 구별하고 참된 성도들의 쓸 것을 공급하는 선한 청지기가 되어야 합니다.

우리 모두 오직 그리스도, 오직 믿음, 오직 예수 보혈 신앙으로 인생 문제의 답을 얻고 살며 선한 청지기가 되어 자신의 소유를 탐욕적으로 지키려 하지 말고 성도들의 쓸 것을 공급하는 관대한 그리스도인들이 되도록 은혜를 구하겠습니다. 하나님의 풍성한 은혜가 우리의 마음을 넓혀 주시도록 기도하겠습니다.

살아계신 아버지 하나님!

하나님의 은혜를 감사합니다.

이전에는 우리와 관계 없던 사람들이 예수님을 하나님의 아들로 믿어 그리스도인이 되어 그리스도 교회의 한 지체가 되고 보니 주위에 있는 동료 형제들에 대한 궁핍에 한 몸의 지체로서 갖는 관심을 갖게 됩니다. 그러므로 우리는 성도들의 쓸 것을 공급하라는 권고를 받고 있습니다.

오늘날 우리가 형제를 사랑하되 영혼을 구원하는 것만으로는 충분하지 않고 친히 우리의 지갑을 열어 성도의 쓸 것을 공급해 주어야 한다고 믿습니다. 이때 우리가 인색함으로나 억지로 하지 않고 남의 눈치 때문이 아니라 그리스도 안에서 나누는 영적인 혈육의 정으로 사랑으로 나눔을 갖도록 우리의 믿음과 은혜를 주시길 기도합니다.

그리스도 교회는 공산주의식 강제 평등이 아니라 청지기 정신의 섬김의 원리 따라 움직이는 공동체인즉 우리는 이 청지기 정신으로 분별하여 선한 청지기로 사명을 할 수 있기를 기도합니다. 주님께서 우리의 마음을 넓혀 주어 관대한마음을 주시길 기도합니다. 우리로 건강하고 건전하게 하여 성도를 사랑하고 가난한 자의 쓸 것을 공급하는 관대한 자들이 되도록 은혜를 베풀어 주옵소서.

예수님의 이름으로 기도하옵나이다. 아멘.

# 403

## 롬 12:13

- "손 대접하기를 힘쓰라"
  대가 없이 초대하는 사랑.
- 예수님 말씀(나그네 영접).
  "힘쓰라"는 "추구하라" 혹은 "기회를 찾으라"는 의미.
  오늘의 이기적 문화 속에서 자기 집을 개방하는 성도가 있는가?

**13** 성도들의 쓸 것을 공급하며 손 대접하기를 힘쓰라

예수님은 그리스도시요 살아계신 하나님의 아들입니다. 예수님이 하나님의 아들 그리스도라는 증거로 십자가에서 우리 죄를 대신해서 피 흘려 죽으시고, 죽은 자들 가운데서 부활하셨습니다.

이 예수님이 하나님의 아들, 예수님이 그리스도, 예수님이 우리 죄를 대신해서 십자가에서 피 흘려 죽으시고 부활하셨다는 복음으로 우리 인생 모든 문제가 처리되고 해답을 얻습니다. 이 복음은 모든 믿는 자에게 구원을 주시는 하나님의 능력이 됩니다. 이 하나님의 아들 예수 그리스도의 복음, 그리스도 십자가 대속의 피의 복음으로 깊이 뿌리내리기를 기원합니다.

예수님의 신성의 하나님 되심과 십자가 대속의 피의 복음을 마음 중심에 믿고 거듭난 그리스도인은 재물에 대하여 자유를 얻는 은총을 얻는 자가 됩니다. 재물 우상, 돈 우상이 인간이 갖는 최고의 우상이기

때문에 자연인은 하나님보다 재물을 사랑하는 것이 보편적 현실인 것입니다.

그러나 예수님을 하나님의 아들 그리스도로 믿고 자신의 인생 문제를 예수 그리스도의 수중에 맡긴 그리스도인이라 할지라도 재물 사랑이나 돈 사랑은 여전히 해결해야 할 중대한 과제입니다. 돈과 재물은 인간 생존의 가장 기초적인 수단이기 때문에 중생한 그리스도인이라 할지라도 무관심할 수가 없습니다.

물론 무관심해서는 안 됩니다. 우선 이웃 사랑의 첫 번째 과제가 자신의 가족의 생계 부양이기 때문에 신약성경은 자신의 재물을 청지기 정신으로 관리 보존할 것을 가르치고 있습니다.

과연 한 중생한 그리스도인이 청지기 정신으로 자신의 돈과 재물을 성실하게 관리 보존한다면 가족 이외의 형제들에 대하여 어떤 태도를 가져야 합니까?

사도 바울은 로마서 12장 13절에서 "성도들의 쓸 것을 공급하여 손 대접하기를 힘쓰라"라고 권하고 있습니다. 우리는 앞서 "성도들의 쓸 것을 공급하여"라는 베푸는 사랑을 들었습니다. 우리는 능력과 기회를 갖는대로 누구든 궁핍한 자들을 구제할 준비를 하고 있어야 합니다. 특별히 성도들에 대해서 나누어줄 의무를 짊어져야 합니다.

사도 바울은 이어서 이 베푸는 사랑의 또 다른 측면을 언급합니다. "손 대접하기를 힘쓰라"라고 합니다. 자기 소유의 집을 갖고 있는 사람들은 선을 행하기 위해 돌아다니는 사람들이나 박해에 대한 두려움 때문에 피난처를 찾아 헤매는 사람들을 대접할 준비를 하고 있어야 합니다.

사도 바울 시대 당시에는 오늘날처럼 쉽게 몸을 의탁할 수 있는 여관이 많지 않았습니다. 설사 있더라도 당시 방황하는 그리스도인들은 그곳을 찾기 어려웠으며 또 그럴만한 돈도 없었습니다.

그러므로 그들을 대가 없이 맞아들이겠다고 초대하는 것은 특별한 사랑이었습니다.

그러면 오늘의 시대는 어떠합니까?

물론 이 명령은 절대로 폐지된 의무가 아닙니다. 오늘날 우리도 기회가 있는 대로 나그네들을 대접해야 합니다.

왜냐하면, 우리는 나그네의 마음을 모르기 때문입니다.

예수님께서는 이미 이에 관해 이렇게 말씀하셨습니다.

> 나그네 되었을 때에 영접하였고(마 25:35).

그래서 초대 교회의 지도자들에게는 손 대접하는 것이 필수 요건이었습니다. 예컨대, "감독은 … 나그네를 대접하며"(딤전 3:2), "혹은 나그네를 대접하며"(딤전 5:10), "(감독은) … 오직 나그네를 대접하며"(딛 1:8)라고 하였습니다.

여기서 "손 대접하기를 힘쓰라" 할 때의 원어의 의미는 손 대접하기를 추구하라는 뜻입니다. 이 말은 긍휼을 보여 주기 위해서 우리가 기회를 얻거나 또는 기회를 찾아야 한다는 것을 암시합니다.

창세기에 보면 아브라함과 롯에게서 이런 적극적인 손 대접 추구의 예가 나옵니다.

> 여호와께서 마므레의 상수리 나무들이 있는 곳에서 아브라함에게 나타나시니라 날이 뜨거울 때에 그가 장막 문에 앉아 있다가(창 18:1).

아브라함은 장막 문에 앉아서 선을 행할 기회를 기다리고 있었습니다.

또 성문에 앉아 있던 롯도(창 19:1) 손님을 집으로 초대해 친절을 베풀기 위해 손님을 기다리던 가운데 부지중에 천사를 대접한 자들이 되었습니다(히 13:2).

오늘날도 교회를 향해 예수님이 주신 사명은 제자들이 전도의 일환으로 손 대접하기를 힘쓰는 것입니다. 오늘날에도 이런 손 대접의 사랑은 반드시 필요합니다.

그러나 오늘날 이기적인 문화 속에서 우리가 사는 집의 문을 열 수 있는 성도들이 얼마나 있을지 의문입니다. 과거에 저도 초신자 시절 생도 선교를 위해 집을 개방한 적이 수년간 있었으나 그것은 가족의 무한한 헌신과 희생을 요구하는 것이기에 감히 은혜를 주시는 주님 이외에는 요구할 수 없다는 어리석은 생각이 듭니다.

우리 모두 오직 그리스도, 오직 믿음, 오직 은혜로 인생 문제의 답을 얻고 사는 가운데 용기를 내어 선교적 차원에서 손 대접하기를 힘쓰는 자들이 되도록 기도하겠습니다. 예수님의 사랑, 십자가 대속의 피의 사랑이 우리 마음에 부어지도록 기도하겠습니다.

살아계신 아버지 하나님!

하나님의 은혜를 감사합니다.

억만죄악의 사함을 받고 구원 얻은 그리스도인은 마땅히 예수님을 사랑하고 예수님의 명령인 서로 사랑하라는 계명을 지켜야 한다고 믿습니다. 우리는 실로 죄악이 관영한 자이나 그 죄악의 깊이를 모르고 예수님을 적게 사랑하는 죄를 용서해 주시기를 기도합니다.

우리는 죄 사함을 받은 일이 적은 자는 예수님을 적게 사랑한다는 주님의 말씀을 기억하면서 우리의 마음 눈을 열어 우리의 억만의 죄성을 깨닫게 하여 주옵소서. 그리하여 예수 그리스도의 십자가 무한 사랑을 바로 알고 그 사랑이 성령으로 말미암아 우리 마음에 부은바 되게 하여 주옵소서. 그리고 그 하나님의 사랑으로 우리도 형제들의 쓸 것을 공급하며 손 대접하기를 힘쓰는 자들이 되게 하여 주옵소서.

우리로 오늘도 건강하게 하시고 건전하게 하여 주셔서 고결한 인격과 아울러 감히 손 대접하는 기회를 추구하며 사는 제자들이 되도록 은혜를 베풀어 주옵소서.

예수님의 이름으로 기도하옵나이다. 아멘.

## 롬 12:14

- "박해하는 자는 축복하라 축복하고 저주하지 말라"
  원수에 대한 사랑.
- 박해하는 자에 관해 좋은 말을 하라.
  그들을 위해 기도하라.
  예수님의 십자가 사랑의 기도 "저들을 사하여 주옵소서."
  예수님이 주시는 법이요 그법에 대한 모범이다.

**14** 너희를 박해하는 자를 축복하라 축복하고 저주하지 말라

예수님은 그리스도시요 살아계신 하나님의 아들입니다. 예수님이 하나님의 아들 그리스도라는 증거로 십자가에서 우리 죄를 대신해서 피 흘려 죽으시고, 죽은 자들 가운데서 부활하셨습니다.

이 예수님이 하나님의 아들, 예수님이 그리스도, 예수님이 우리 죄를 대신해서 십자가에서 피 흘려 죽으시고 부활하셨다는 복음으로 우리 인생 모든 문제가 처리되고 해답을 얻습니다. 이 복음은 모든 믿는 자에게 구원을 주시는 하나님의 능력이 됩니다. 이 하나님의 아들 예수 그리스도의 복음, 그리스도 십자가 대속의 피의 복음으로 깊이 뿌리내리기를 기원합니다.

예수님의 신성의 하나님 되심과 십자가 대속의 피의 복음을 마음 중심에 믿을 때 자연인은 죄 사함을 받고 하나님과 화해가 이루어지며

그리스도와 연합된 자가 됩니다. 그리스도와 연합되었다는 말은 그리스도께서 내 안에, 내가 그리스도 안에 거한다는 말입니다.

예수님의 포도나무 비유(요 15장)에 따르면 예수님은 포도나무요 그리스도인은 가지입니다. 그래서 그리스도 안에 거한 우리는 열매를 많이 맺습니다. 그러나 우리 그리스도인이 그리스도와 연합되었을 때 박해의 열매도 받습니다.

그것은 그리스도인은 세상에 속하지 않고 세상에서 택하여 그리스도 안에 들어왔으므로 세상은 그리스도인을 미워한다는 것입니다. 사람들이 그리스도를 박해하였은즉 그리스도인 우리도 박해하는 것입니다. 예수님을 하나님의 아들로 믿고 하나님의 자녀가 된 그리스도인들은 권력자의 손이나 악한 자의 혀에 의해 박해를 받는 것은 매우 흔히 보는 그리스도인의 운명입니다.

그런데 성경은 우리 그리스도인들을 박해하는 자들을 축복하라는 가르침을 받습니다. 오늘 본문에서 사도 바울은 말로 박해하는 자들을 축복하라고 명합니다.

본문 로마서 12장 14절을 보면 "너희를 박해하는 자를 축복하라 축복하고 저주하지 말라"라고 합니다.

여기서 먼저 "박해하는 자를 축복하라"라는 말은 크게 네 가지 의미로 나누어 살펴볼 수 있습니다(매튜 헨리,『로마서 강해』).

첫째, "그들에 관해 좋은 말을 하라. 그들 속에 칭찬할 만한 것이나 찬양 받을 만한 어떤 점이 있다면, 그것을 들춰내 말함으로써 그들에게 영예가 돌아가도록 하라"라는 의미입니다. 즉, "축복하라"라는 말의 뜻은 "그들에게 좋은 것을 말하라"입니다. 이것이 박해받은 그리스도인의 첫 번째 대응입니다.

과거에 저는 청출어람(靑出於藍)의 젊은 학자들과 함께 근무한 적이 있었습니다. 그 가운데 정계와 관계 및 학계에서 뛰어난 활동을 하는데 그들에 관하여 저에게 그들의 인물평을 부탁한다면 그들에게 좋은 것을 말하리라는 생각을 갖고 있었습니다. 그런 기회는 오지 않았으나 어쨌든 몇 년간 함께 근무하다보면 서운한 것도 있었지만 다 잊어버리고 좋은 것을 이야기 하리라고 생각해 왔습니다.

물론 이런 경우는 박해받는 경우는 아니지만 중생한 그리스도인의 말은 혀를 금하여 악한 말을 그치며 그 입술로 거짓을 말하지 않으므로 좋은 날 보기를 원하는 자가 되어야 한다고 믿습니다.

**둘째**, "그들의 위치에 따라 그들을 존대하는 말을 사용하고 욕설에 욕설로, 독설에 독설로 반응하지 말라"라는 뜻이기도 합니다.

**셋째**, 우리는 절대로 어떤 복수든 구하지 말고 그들을 선대하고 그들의 선을 원해야 합니다.

**넷째**, 우리는 그들을 위해 기도함으로써 하나님께 그 소원을 바쳐야 합니다. 우리가 그들을 위해 무엇이든 해 줄 수 있는 힘이 없다고 할지라도 그들을 위해 기도할 때 우리의 선의를 입증할 것입니다. 왜냐하면, 그것은 주님께서 우리에게 하나의 법으로 그리고 그 법에 대한 모범으로 주신 것입니다.

그러므로 바울의 "너희를 박해하는 자를 축복하라 축복하고 저주하지 말라"라는 권고는 예수님의 산상수훈에 나오는 가르침에서 나온 것입니다(마 5:44, 눅 6:27-28). "원수를 사랑하고 너희를 박해하는 자를 위하여 기도하라"라는 가르침입니다.

이는 예수님께서 십자가에서 직접 본을 보이신 것입니다.

예수님은 이렇게 기도하셨습니다.

> 아버지 저들을 사하여 주옵소서 자기들이 하는 것을 알지 못함이니이다 (눅 21:34).

스데반 집사도 비슷하게 기도하였습니다.

> 주여 이 죄를 그들에게 돌리지 마옵소서 (행 7:60).

이것은 너무나 새로운 기도의 접근이고 우리 타락한 인간 본성을 거스르는 기도입니다. 이것은 우리의 인격으로 드릴 수 없는 것입니다. 우리가 예수님을 하나님의 아들로 믿고 성령을 받아 새로운 그리스도의 성품을 받을 때만이 가능합니다. 그래서 예수님을 하나님의 아들 그리스도로 믿고 예수 그리스도의 신성의 사랑의 성품을 받은 한국의 손양원 목사님이 자신의 두 아들을 살해한 자를 자신의 아들로 양자 삼고 원수를 사랑하는 "사랑의 원자탄"이 될 수 있었습니다.

우리 모두 참되게 예수님의 신성의 인격과 십자가 대속의 사역을 믿어 그리스도와 연합되어 그리스도의 성품을 받아 우리를 박해하는 자를 축복하고 저주하지 않으며 기도하는 자들이 되어야겠습니다. 오직 그리스도, 오직 믿음, 오직 은혜를 구하여 성령 충만 받고 하나님 사랑과 이웃 사랑의 전도자로 살아가기를 기원합니다.

살아계신 아버지 하나님!

하나님의 은혜를 감사합니다.

우리의 타락한 인간 본성은 이에는 이, 눈에는 눈이라는 동해복수법으로 살 수밖에 없는데 우리가 예수님을 하나님의 아들로 믿고 그리스도와 연합되어 그리스도의 성품을 받은 새로운 인류가 되고 보니 우리를 박해하는 자를 축복하고 저주하지 말라는 말씀을 감히 지킬 수 있게 됨을 감사하옵나이다. 이것은 예수님이 가르치신 원수 사랑이요 또한 예수님께서 십자가 대속의 죽음을 당하실 때 원수를 위해 기도하신 모본이라고 믿습니다.

그러므로 우리는 박해하는 자를 저주하지 말고 그들에 관해 좋은 말을 하고 그들을 위해 축복을 비는 기도를 하라는 명령을 지키기를 기도합니다. 오늘도 우리로 성령의 충만을 받고 원수를 사랑하며 하나님 사랑과 이웃 사랑을 실천하는 자들이 되도록 은혜를 베풀어 주옵소서. 무엇보다도 우리로 건강하게 하셔서 원수를 기꺼이 사랑하고 섬기며 살도록 도와주시고 감당할 수 없는 시험은 피하게 하여 주옵소서.

예수님의 이름으로 기도하옵나이다. 아멘.

# 405

## 롬 12:15

- "즐거워하는 자들과 함께 즐거워하라"
  동정하는 사랑.
- 예수 그리스도를 믿는 한 신앙 안에서 동료 의식 때문.
  그러나 즐거워하는 자들과 함께 즐거워하는 것은 어렵다.
  그것은 자아와 교만 때문이요 질투와 시기심 때문이다.
  거듭나야 한다.
  성령의 역사로 적극적으로 즐거워하라.

15 즐거워하는 자들과 함께 즐거워하고 우는 자들과 함께 울라

예수님은 그리스도시요 살아계신 하나님의 아들입니다. 예수님이 하나님의 아들 그리스도라는 증거로 십자가에서 우리 죄를 대신해서 피 흘려 죽으시고, 죽은 자들 가운데서 부활하셨습니다.

이 예수님이 하나님의 아들, 예수님이 그리스도, 예수님이 우리 죄를 대신해서 십자가에서 피 흘려 죽으시고 부활하셨다는 복음으로 우리 인생 모든 문제가 처리되고 해답을 얻습니다. 이 복음은 모든 믿는 자에게 구원을 주시는 하나님의 능력이 됩니다. 이 하나님의 아들 예수 그리스도의 복음, 그리스도 십자가 대속의 피의 복음으로 깊이 뿌리내리기를 기원합니다.

예수님의 신성의 하나님 되심과 십자가 대속의 피의 복음을 마음 중심에 믿고 죄 사함 받아 하나님과 화해가 이루어지며 그리스도와 연합된 자는 그리스도 안에서 모든 그리스도인과 더불어 그리스도의 몸의 한 지체가 됩니다. 그리고 예수 그리스도를 믿는 한 신앙 안에서 다른 그리스도인들에 대해 동료 의식이 생기게 됩니다. 그리하여 원리적으로 즐거워하는 자들과 함께 즐거워하고 우는 자들과 함께 우는 자들이 됩니다.

이 말씀은 원리적으로 당연한 진리이지만 사실은 대단히 그 말씀대로 따르기 어려운 진리입니다. 그리스도의 신비적인 몸의 지체들 간의 참사랑은 서로의 즐거움과 슬픔을 서로의 관심사로 만들고 또 더 나아가 우리 자신의 것으로 삼도록 가르치기 때문입니다.

우리가 보편적으로는 우는 자들과 함께 우는 것은 어려운 일이 아닙니다. 그것은 인간의 보편적인 경향이기 때문입니다. 그러나 즐거워하는 자들과 함께 즐거워하는 것은 쉽지 않습니다. 이는 우리가 다른 사람들에 대한 성공을 시기하고 질투하는 마음과 자신과의 비교 의식을 갖는 교만을 갖고 있기 때문입니다.

저도 특히 후자의 경우 즐거워하는 자들과 함께 즐거워할 수 있는 자가 되기 위해 지금도 매 사건마다 자신과 투쟁하고 있습니다. 제가 가진 시기심과 질투를 회개하고 그리스도의 마음으로 항상 바꾸는 생각을 해야 하는 죄인이기 때문입니다.

그러므로 우리는 엄숙한마음으로 바울의 명령을 하나님의 말씀으로 마음 중심에 받고 오직 예수님을 하나님의 아들 그리스도, 십자가에 못 박히신 그리스도로 믿는 신앙으로 오늘의 말씀을 기꺼이 지키는 자들이 되어야겠습니다.

본문 로마서 12장 15절을 보면 "즐거워하는 자들과 함께 즐거워하고 우는 자들과 함께 울라"라고 합니다.

우리는 오늘 본문에서 즐거워하는 자들과 함께 즐거워함을 우는 자들과 함께 울라는 것보다 앞서 놓고 있다는 사실을 보통으로 넘기면 안 된다고 봅니다.

둘 중의 어느 것이 더 어려운 것입니까?

깊이 생각해 보면 즐거워하는 자들과 함께 즐거워하는 것이 우는 자들과 함께 우는 것보다 훨씬 어려운 것입니다. 그것은 사실은 타락한 인간 본성의 속성상 전자가 훨씬 어려운 것입니다.

본성적으로 인간은 중생하지 않은 사람이라도 어떤 사람이 울고 있는 것을 보면 모종의 반응을 느낍니다. 보통의 경우에 대부분의 인간은 함께 울 준비가 되어 있습니다. 이것은 어떤 사람이 울고 있는 동안은 그 사람이 어려움에 처해 있다는 것을 의미합니다. 우리는 낮아져 있어 우는 사람들에 대해서 동정심을 가지는 것은 단순한 것입니다.

그러나 어떤 사람들이 성공했거나 큰 기쁨의 사실 앞에서는 함께 즐거워하기가 쉽지 않습니다. 그것은 우리의 본성 안에 교만이라는 비교 의식과 질투와 시기심이 있고 자아 우월 의식이 잠재해 있기 때문입니다. 이것은 인간이 하나님께 반역하여 타락의 결과로 일어난 교만의 죄인 것입니다.

어떤 사람이 실패하고 성공하지 못해 울고 슬퍼할 때 그 사람은 우리와 경쟁하는 상태에서 제외된 자들이기에 얼마든지 동정하고 함께 울어줄 수 있습니다. 그러나 성공한 자들의 성공에 대한 즐거움은 질투와 시기심을 유발하여 겉으로는 즐거워하는 척할 수 있으나 적극적으로 즐거워하지 못합니다.

세상 사람들 가운데 스토아 철학적인 체념주의적 초연함도 소극적으로 인내함에 그칠 뿐입니다. 성경은 적극적으로 "즐거워하는 자들과 함께 즐거워하라"라고 명령합니다.

어떻게 이것이 가능합니까?

이것은 예수님을 하나님의 아들로 믿고 중생한 자들에게 임한 성령님의 은혜의 역사로만 가능합니다. 성령은 우리 마음을 그리스도 마음으로 바뀌게 하여 적극적으로 즐거워하는 자들과 함께 즐거워하게 할 수 있는 것입니다. 그래서 성경은 "성령으로 충만을 받으라"라고 요구합니다.

성령님은 오로지 예수님의 신성의 인격과 십자가 대속의 사역을 믿는 복음 신앙을 통해서만 사람들에게 역사하십니다. 그래서 우리는 이 성령의 역사를 입기 위해서 그리스도 복음을 들어야 하고 믿어야 합니다. 그리고 성령님의 역사로 시기, 질투하는 썩어져 가는 옛 구습을 따르는 옛사람을 벗어 버리고 심령이 새롭게 되어 새사람을 입어야 합니다.

이런 과정은 단 한 번 예수 그리스도를 믿는 신앙으로 끝나지 않습니다. 우리는 항상 그리스도께 복종하여 두렵고 떨림으로 우리의 구원을 날마다 이루며 살아야 합니다. 그럴 때 우리는 적극적으로 즐거워하는 자들과 함께 즐거워하며 함께 진심으로 기뻐해 줄 수 있을 것입니다.

오직 그리스도, 오직 믿음, 오직 은혜를 구하여 우리의 속 사람을 능력으로 강건하게 하며 참된 형제 사랑을 실천하여 하나님 아버지께 영광을 돌리는 자들이 되어야겠습니다.

───··───

살아계신 아버지 하나님!

하나님의 은혜를 감사합니다.

우리는 하나님의 진리의 말씀 앞에 섰을 때 우리가 억만죄인이요 타락한 본성을 가진 자임을 확인하게 됩니다. 우리는 예수님을 하나님의 아들로 믿고 새사람으로 변화된 자이나 우리 속에는 여전히 썩어져가는 구습을 쫓는 옛사람이 있어 우리보다 성공한 자나 우월한 자를 비교하여 시기하고 질투하는 옛사람의 존재를 확인하면서 죄인으로서 하나님 앞에 엎드립니다. 이 사실을 우리는 오늘 우리에게 주신 말씀 곧 즐거워하는 자들과 함께 즐거워하라는 명령 앞에 마음속에서 찬동하며, 적극적으로 함께 즐거워하기 어렵다는 사실을 주님 앞에 고백합니다.

그러므로 우리는 오늘도 그리스도께 복종하며 두렵고 떨림으로 우리의 구원을 이루어가야 한다고 믿습니다. 그러나 소망이 있는 것은 우리에게 주신 성령님의 역사로 하나님의 사랑의 부음을 받아 기꺼이 즐거워하는 자들과 함께 즐거워할 수 있음을 감사하옵나이다.

오늘도 우리로 건강하게 하시고 성령으로 충만하게 하여 주옵소서. 이를 통해 강제나 억지로가 아니라 하나님의 능력을 받아 기꺼이 하나님을 사랑하고 이웃을 사랑하는 자들이 되도록 은혜를 베풀어 주옵소서. 예수님의 이름으로 기도하옵나이다. 아멘.

# 406

## 롬 12:16

- "서로 마음을 같이 하며"
  연합하는 사랑.
- 최선을 다해 생각을 일치시키라.
  "네가 네 자신에게 선하기를 원하는 만큼 다른 사람들에게도 똑같이 원하라."
  형제들을 우리 자신만큼 사랑하라.

**16** 서로 마음을 같이하며 높은 데 마음을 두지 말고 도리어 낮은 데 처하며 스스로 지혜 있는 체 하지 말라

예수님은 그리스도시요 살아계신 하나님의 아들입니다. 예수님이 하나님의 아들 그리스도라는 증거로 십자가에서 우리 죄를 대신해서 피 흘려 죽으시고, 죽은 자들 가운데서 부활하셨습니다.

이 예수님이 하나님의 아들, 예수님이 그리스도, 예수님이 우리 죄를 대신해서 십자가에서 피 흘려 죽으시고 부활하셨다는 복음으로 우리 인생 모든 문제가 처리되고 해답을 얻습니다. 이 복음은 모든 믿는 자에게 구원을 주시는 하나님의 능력이 됩니다. 이 하나님의 아들 예수 그리스도의 복음, 그리스도 십자가 대속의 피의 복음으로 깊이 뿌리내리기를 기원합니다.

예수님의 신성의 하나님 되심과 십자가 대속의 피의 복음을 마음 중심에 믿고 영혼의 구원을 받은 그리스도인은 구원 이전의 사람과 전혀

다른 새로워진 마음을 가진 자가 됩니다. 그것은 그리스도의 마음을 품는 자가 됩니다. 그리하여 중생한 그리스도인들 서로에 대하여 같은 것을 생각 할 수 있는 것입니다.

사도 바울은 로마 교회의 형제들에게 본문 로마서 12장 16절에서 "서로 마음을 같이 하며"라고 요구하고 있습니다.

여기서 "서로 마음을 같이 하며"라는 말을 헬라어 원문의 문자적으로 해석을 하면 "서로에 대해 같은 것을 생각하라"입니다. 이 말은 가능한 한 최선을 다해 생각을 일치시키고 그렇지 못할 때는 감정을 함께하도록 힘쓰라는 뜻입니다.

서로 치고 받고 반대하고 방해할 것이 아니라 모두 하나가 되어 평화의 끈으로 성령의 하나 되게 하심을 지키도록 노력하라는 말입니다. 이러한 요구는 사도 바울의 모든 편지에서 나타나고 있습니다.

> 형제들아 내가 우리 주 예수 그리스도의 이름으로 너희를 권하노니 모두가 같은 말을 하고 너희 가운데 분쟁이 없이 같은 마음과 같은 뜻으로 온전히 합하라(고전 1:10).

이 말씀은 사실상 오늘 본문 로마서 12장 15절 "서로 마음을 같이 하며"라는 권면에 대한 완전한 주석이라고 할 수 있습니다.

또 빌립보서 2장 2절에서도 이렇게 말씀합니다.

> 마음을 같이 하여 같은 사랑을 가지고 뜻을 합하며 한마음을 품어(빌 2:2).

바울이 빌립보 교인들에게 "마음을 같이 하여 같은 사랑을 가지고 뜻을 합하며 한마음을 품으라"라고 호소한 것은 오늘 본문 로마 교인들에게 "서로 마음을 같이 하며"라고 한 것과 똑같은 표현입니다.

> 그러므로 누구든지 우리 온전히 이룬 자들은 이렇게 생각할지니 만일 어떤 일에 너희가 달리 생각하면 하나님이 이것도 너희에게 나타내시리라(빌 3:15-16).

이 말씀도 앞서 말한 서로 마음을 같이하라는 의미와 전혀 같은 것입니다.

오늘 본문의 "서로 마음을 같이 하며"라는 말씀을 산상수훈에 나오는 그리스도의 황금율로 이해하기도 합니다. "네가 네 자신에게 선하기를 원하는 것 만큼 다른 사람들에 대해서도 똑같이 원하라"라고 이해합니다.

이렇게 "서로 마음을 같이 하라"라는 교훈이 초대 교회 바울 서신에서 강조된 이유가 있었습니다. 그것은 계급, 민족, 생활 정도 등 차이가 많던 당시의 교회에서 교회가 그리스도의 몸으로써 하나가 되어야 한다는 것이 절실했기 때문입니다.

그러면 우리가 어떻게 하면 "서로 마음을 같이 할" 수 있습니까?

우리는 다시 한번 우리 마음이 점하고 있는 근본적인 위치로 돌아가야 합니다.

우리는 로마서 12장 서두 2절에서 "너희는 이 세대를 본받지 말고 오직 마음을 새롭게 함으로 변화를 받아"라는 말씀을 들어 왔습니다. 우리가 형제들에 대한 사랑이나 원수들에 대한 사랑을 실천할 수 있는 것은 우리의 위치가 새로워진 마음을 가지고 있어야 한다는 것이었습니다.

이 그리스도인의 새로워진 마음은 그리스도의 마음인 것이며 타락한 인간 본성과 전혀 다른 새로운 인류로서 중생한 그리스도인의 새로운 마음인 것입니다. 이러한 공통된 마음이 없다면 우리는 몸 된 그리스도 교회에서 조화를 이루거나 함께 일할 수 없는 것입니다.

그러므로 우리 모두는 예수님의 신성의 하나님 되심과 십자가 대속의 피의 복음 진리를 마음 중심에 믿고 받아들여 그리스도의 마음을 품는 자들이 되어야 합니다. 이렇게 그리스도인 서로가 공유하는 공통된 그리스도의 마음으로 "서로 마음을 같이 할" 수 있는 것입니다.

오직 그리스도, 오직 믿음, 오직 예수 보혈 신앙으로 날마다 심령이 새롭게 되어 그리스도 안에서 한마음을 품고서 서로 마음을 같이 하는 자들이 되어야겠습니다. 이는 세상 사람에게는 요구할 수 없는 것이지만 오직 중생하여 마음을 새롭게 함으로 변화를 받은 그리스도인만이 받을 수 있는 특권입니다. 즉시 기도하겠습니다. 예수 그리스도로 말미암아 성령을 충만히 부어 주시옵소서. 기도하겠습니다.

살아계신 아버지 하나님!

하나님의 은혜를 감사합니다.

하나님께 반역하여 타락한 자기 중심의 마음을 가진 자들에게는 서로 마음을 같이 하며 한 목표를 향해 살아갈 수가 없습니다. 그러나 우리가 예수님을 하나님의 아들 그리스도로 믿고 그리스도의 마음을 품게 될 때 그리스도인 상호 간에는 서로 마음을 같이하며 하나님의 영광을 위하여 살 수가 있습니다. 이것은 중생한 그리스도인만의 특권이지만 우리 그리스도인들이 거듭난 이후에도 옛 본성인 자기 중심의 옛사람이 있기 때문에 우리는 "서로 마음을 새롭게 하라"라는 권면을 먼저 받은 바 있었습니다.

우리는 그리스도의 마음을 품는 공통된 마음 때문에 이러한 그리스도 안에서 그리고 성령 안에서 하나된 마음으로 되기를 힘써야 한다고 믿습니다. 서로 성장 배경이 다르고 문화가 다른 환경 속에서 자랐고 지위와 신분 및 남녀 노소의 서로 다른 요소 속에서도 우리는 그리스도 안에서 성령의 하나된 것을 힘써 지킴으로써 서로 마음을 같이 할 수 있다고 믿습니다.

우리가 섬기는 몸 된 그리스도 교회 안에서 서로 마음을 같이 하는 자들이 되어 세상 사람의 눈에 기이함으로 보이고 그들로 그리스도 교회의 공동체 안에 들어오고자 하는 열망을 갖게 우리들의 교회와 우리 그리스도인들이 속한 모든 공동체 속에서 하나님의 권능을 나타내 주옵소서. 성령으로 충만 받아 하나님의 사랑이 우리 마음에 부어지게 하옵소서. 무엇보다도 우리로 육체적으로 건강하고 건전하게 하여 심령으로 새롭게 된 자로 살아가게 하여 주옵소서.

예수님의 이름으로 기도하옵나이다. 아멘.

# 407

## 롬 12:16

- "높은 데 마음을 두지 말고 도리어 낮은 데 처하며"
  겸손한 사랑.
- ① 높은 데 마음을 두지 말라(명예와 승진에 야심을 품지 말고, 자신을 우월하게 생각 말라).
  ② 도리어 낮은 데 처하라(천한 일에 만족하라, 천한 사람들과 사귀라).

> **16** 서로 마음을 같이하며 높은 데 마음을 두지 말고 도리어 낮은 데 처하며 스스로 지혜 있는 체 하지 말라

예수님은 그리스도시요 살아계신 하나님의 아들입니다. 예수님이 하나님의 아들 그리스도라는 증거로 십자가에서 우리 죄를 대신해서 피 흘려 죽으시고, 죽은 자들 가운데서 부활하셨습니다.

이 예수님이 하나님의 아들, 예수님이 그리스도, 예수님이 우리 죄를 대신해서 십자가에서 피 흘려 죽으시고 부활하셨다는 복음으로 우리 인생 모든 문제가 처리되고 해답을 얻습니다. 이 복음은 모든 믿는 자에게 구원을 주시는 하나님의 능력이 됩니다. 이 하나님의 아들 예수 그리스도의 복음, 그리스도 십자가 대속의 피의 복음으로 깊이 뿌리내리기를 기원합니다.

예수님의 신성의 하나님 되심과 십자가 대속의 피의 복음을 마음 중심에 믿고 중생한 그리스도인은 새로운 마음을 가진 자로 변화를 받은

사람입니다. 그리하여 자연인이 가진 자아 우상과 비교 의식 속에서 남을 짓밟고 그 위에 우뚝 서기를 원하는 비천한 교만에서 벗어나 겸손한 사랑의 실천자로 살아갑니다. 물론 이런 성화의 과정은 전 생애에 걸쳐 계속됩니다.

그래서 바울은 로마에 있는 성도들에게 높은 데 마음을 두지 말고 도리어 낮은 데 처하라는 겸손한 사랑을 권면합니다. 오늘 본문 로마서 12장 16절 중단을 보면 "높은 데 마음을 두지 말고 도리어 낮은 데 처하며"라고 합니다.

참사랑은 낮아짐이 없이는 불가능합니다(엡 4:1-2, 빌 2:3). 우리 주 예수님은 우리에게 형제 사랑을 가르쳐 주시려고 제자들의 발을 씻기셨습니다(요 13:5, 13:34). 이것은 서로 올바르게 사랑하려면 상대방의 유익을 위해 가장 미천한 일도 고개를 숙이고 기꺼이 할 줄 알아야 한다는 것을 특별히 암시하려는 것입니다(매튜 헨리, 『로마서 강해』).

그래서 먼저 바울은 "높은 데 마음을 두지 말라"라고 하고 있습니다. 우리는 영예와 승진에 지나치게 야심을 품어서는 안 되고 이 세상의 자랑과 영광을 과대 평가하거나 너무 욕심을 부려서는 안 됩니다. 도리어 거룩한 낮아짐의 자세를 취해야 합니다.

아마도 로마의 그리스도인들은 도시 사람들이 시골 사람을 업신여기는 것처럼 다른 지역의 그리스도인들을 멸시하는 태도가 있었을 것입니다. 그러므로 바울은 그들에게 높은 데 마음을 두는 것에 대해 자주 경고하는 것입니다.

다음에 바울은 "도리어 낮은 데 처하라"라고 하였습니다. 이것은 첫째로 우리가 낮아지지 않으면 안되는 "천한 일"을 의미할 수 있습니다.

만일 세상에서의 우리의 상태가 가난하고 천하다면 우리의 즐거움은 쓸쓸하고 빈약할 것이며 우리의 하는 일은 멸시받고 경멸당하는 일이 될 것입니다.

그래도 우리는 그것에 마음을 두고 그것을 묵묵히 따라야 합니다. 다시 말하면 우리가 처한 "천한 일"에 만족하는 것입니다. 하나님께서 그의 섭리를 따라 우리를 두신 자리에서 꽃을 피우라는 말입니다.

어떻게 가능합니까?

그것은 우리가 예수님을 하나님의 아들로 믿을 때 하나님께서 우리에게 주신 새로운 본성의 힘에 의해 가능합니다. 십자가 대속의 피의 복음 받은 그리스도인은 하나님의 능력을 날마다 받고 사는 자입니다.

또한, 낮은 데 처한다고 할 때 그것은 "천한 사람"을 의미할 수 있습니다. 우리는 오늘의 본문을 "도리어 낮은 사람들에게 처하며"라는 뜻으로 이해할 수 있습니다. 우리는 오늘 본문의 "낮은 데 처하며"라는 말씀을 이렇게 두 가지 의미, 곧 "천한 일"과 "천한 사람"을 의미하고 있다고 봅니다.

"천한 사람"을 의미한다고 할 때 우리는 세상에서 가난하고 미천한 사람들이 하나님을 경외하는 사람이요 예수님을 그리스도로 믿는 사람이라면 그들과 기꺼이 교제하고 화목한 관계를 이루어야 합니다. 위대하신 하나님께서 낮은 인간들을 찾아 하늘과 땅을 감찰하시는데 우리가 이런 자들과 교제하는 것을 부끄러워 할 이유가 없습니다.

참사랑은 누더기나 비단옷을 가리지 않는 데서 그 은혜의 가치가 나타납니다. 보석은 흙속에 묻혀 있어도 여전히 보석입니다(매튜 헨리,『로마서 강해』). 그래서 이 낮아짐에 반하는 것은 책망을 받습니다(약 1:1-4).

그러므로 본문은 "낮은 데 처하며"라고 하였습니다. 그들에게 자신을 낮추라는 말입니다. 그들의 유익을 위해 그들에게 고개를 숙이라는 것입니다. 과공(過恭)은 미덕이 아니지만 그래도 우리는 의도적으로 자신을 낮추고 낮은 자리에 앉도록 해야 합니다.

그래서 저 자신도 비천한 자기 우월의 죄성을 인격 속에 없애지 못하고 갖고 있음을 알고 있기에 의도적으로 남의 칭찬 앞에 그것을 사양하고 하나님의 영광으로 돌리고자 정신을 차리고 있습니다.

우리 모두 오직 그리스도, 오직 믿음, 오직 은혜를 구하며 살고 성령의 충만을 받아 천한 일, 천한 처소, 천한 지위에 자족하며 또한 천한 그리스도인들과 기꺼이 교제할 수 있는 마음을 갖도록 기도해야겠습니다. 즉시 기도하겠습니다.

살아계신 아버지 하나님!

하나님의 은혜를 감사합니다.

하나님을 대적하는 교만으로 타락한 인간의 본성은 교만으로 가득 차 있다고 믿습니다. 그래서 우리는 이 세대를 본받지 말고 오직 마음을 새롭게 함으로 변화를 받으라고 명령을 받습니다. 우리는 스스로 겸손할 수 없기에 예수님을 하나님의 아들 그리스도로 믿고 영접할 때 그리스도의 마음을 품은 새로운 본성을 갖게 됨을 믿습니다.

그러나 중생한 그리스도인이라도 옛 본성의 교만을 갖고 있어서 오늘 우리는 높은 데 마음을 두지 말고 도리어 낮은 데 처하라는 명령을 받고 있습니다. 우리는 영예와 승진에 야심을 품지 말고 자신을 우월하게 생각하지 말라는 경고를 받아야 한다고 믿습니다. 우리는 도리어 낮은 데 처하는 자들이 되라고 권면을 받습니다.

우리가 처한 일이 천하고 또 열악한 환경이고 비천한 처지라도 하나님의 섭리로 알고 그 자리에서 꽃을 피우는 자들이 되기를 기도합니다. 또한, 비록 중생한 그리스도인이라도 비천한 지위에 있는 자들과 기꺼이 교제할 수 있는 겸손한 사랑의 실천자들이 되기를 기도합니다. 교만의 본질인 비교 의식을 버리도록 십자가에 못박히신 그리스도만을 바라보고 서로 사랑하라는 예수님의 새 계명을 따라 살아가기를 기도합니다.

오늘도 우리로 건강하게 해 주시고 성령으로 말미암아 하나님의 사랑을 우리 마음에 충만히 부으셔서 자기보다 남을 낫게 여기는 겸손의 사랑을 따라 살아가게 해 주옵소서.

예수님의 이름으로 기도하옵나이다. 아멘.

# 408

## 롬 12:16

- "스스로 지혜 있는 체하지 말라"
  혼자 힘으로 지혜롭게 되지 말라.
- 우리는 각자에게 지체가 되어 서로 의존, 서로에게 힘입고 있다.
  하나님께 중생하여 이 사실을 알라.
  지적 교만은 마귀가 지은 죄요 에덴동산 첫 사람의 죄이다.
  예수님이 우리의 지혜이다. 오직 그리스도, 오직 믿음, 오직 기도로 지혜를 구하며 살라.

> ¹⁶ 서로 마음을 같이하며 높은 데 마음을 두지 말고 도리어 낮은 데 처하며 스스로 지혜 있는 체하지 말라

예수님은 그리스도시요 살아계신 하나님의 아들입니다. 예수님이 하나님의 아들 그리스도라는 증거로 십자가에서 우리 죄를 대신해서 피 흘려 죽으시고, 죽은 자들 가운데서 부활하셨습니다.

이 예수님이 하나님의 아들, 예수님이 그리스도, 예수님이 우리 죄를 대신해서 십자가에서 피 흘려 죽으시고 부활하셨다는 복음으로 우리 인생 모든 문제가 처리되고 해답을 얻습니다. 이 복음은 모든 믿는 자에게 구원을 주시는 하나님의 능력이 됩니다. 이 하나님의 아들 예수 그리스도의 복음, 그리스도 십자가 대속의 피의 복음으로 깊이 뿌리내리기를 기원합니다.

예수님의 신성의 하나님 되심과 십자가 대속의 피의 복음을 마음 중심에 믿고 구원받은 그리스도인은 자신이 지적으로 매우 교만한 죄인이었던 것을 자각하고 예수님이 자신의 지혜요 의로움인 것을 믿고 오직 그리스도, 오직 믿음, 오직 기도를 하면서 받은 응답으로 살아가는 자가 됩니다. 마땅히 무엇을 하든지 말에나 일에나 다 예수의 이름으로 하고 그를 힘입어 하나님 아버지께 감사하면서 살아야 합니다.

우리가 지은 모든 죄 가운데 가장 큰 죄는 지적 교만의 죄입니다. 이 죄는 마귀가 저지른 죄로서 자기의 지혜를 하나님의 지혜보다 더 높게 여긴 죄였습니다. 그리고 이 죄는 동시에 첫 사람 하와가 에덴동산에서 마귀의 유혹으로 범한 것이었습니다.

그리하여 모든 인간은 태어나면서부터 이 타락한 교만의 지혜로 살고자 하고 하나님의 지혜와 그 하나님의 지혜의 화신인 예수 그리스도를 무시하며 살게 되었습니다.

저는 고 이어령 전 문공부 장관이 암투병하던 때(당시 88세) 했던 말을 읽었습니다(「국민일보」, 2021.11.5). 이 전 장관은 한국이 인정하는 최고 지성인 중 한 분이었습니다. 그런데 그분이 그리스도인이라고 하나 예수 그리스도의 부활을 확신하지 못한 명목상의 그리스도인으로서 우리의 지혜가 되신 예수 그리스도를 인격적으로 알지 못한 것 같습니다.

그래서 그분은 안타깝게도 자신이 직면한 죽음의 과정을 들여다보면서 "시대의 스승"으로 불렸던 그분이 "죽음의 스승"이 되기로 하였다는 것입니다. 그분은 매우 훌륭한 충고를 다른 사람들에게 주었으나 우리의 지혜이신 예수님을 자신의 지혜로 앞세우지 않음으로써 자신의 죽음을 미래의 부활 소망으로 연결시키지 못하였습니다.

우리는 오늘 본문에서 사도 바울이 로마 교인들에게 한 말씀을 경청해야겠습니다.

본문 로마서 12장 6절 끝단을 보면 "스스로 지혜 있는 체하지 말라"라고 하였습니다. 이 말은 혼자 힘으로 지혜롭게 되지 말라는 의미입니다. 곧 자기 자신의 지혜가 충분하다고 믿지 말라는 말씀입니다.

그리하여 다른 사람들을 무시하거나 자신에게는 그들이 필요 없다고 생각하지 않도록 하라는 것입니다. 바울은 잠언 3장 7절 "스스로 지혜롭게 여기지 말지어다"라는 말씀을 기억하여 오늘 본문 말씀을 하였을 것입니다. 이러한 자기 신뢰의 위험성에 대한 잠언의 경고는 그 앞에 언급된 잠언 3장 5, 6절의 말씀과 밀접하게 관련되어 있습니다.

> ⁵ 너는 마음을 다하여 여호와를 신뢰하고 네 명철을 의지하지 말라 ⁶ 너는 범사에 그를 인정하라 그리하면 네 길을 지도하시리라 (잠 3:5-6).

스스로 지혜 있는 체 여기는 자는 자기 명철에 의지합니다. 그러나 그런 자가 지니고 있는 지혜는 어리석고 자기 기만적입니다. 자신의 지혜를 과감히 버리고 여호와를 신뢰하라고 하는 것입니다. 물론 구약의 여호와는 신약 시대 그리스도이시니 예수 그리스도만을 신뢰하라고 하는 것입니다. 예수님께 기도해야 합니다. 그리고 언제나 잘난 체 말고 "기도해 보겠습니다"라고 해야 합니다. 이것이 스스로 지혜 있는 체하지 않는 유일하며 최고의 교훈입니다.

또 우리는 상호 의존의 세계에 살도록 하나님께서 섭리하셨으니 자신의 지혜가 충분하다고 믿지 않을 뿐만 아니라 자신이 가진 것을 남에게 나누어 주는 것을 부끄럽게 여기지 말아야 합니다. 우리는 각자에게 서로 지체가 되어 서로 의존하고 있고 서로에게 힘입고 있습니다.

그러므로 혼자 힘으로 지혜롭게 되지 말아야 합니다. 하나님께서 우리에게 주시는 지혜라는 상품은 우리가 서로 주고받는 거래에 의미가 있다는 것을 기억해야 합니다(매튜 헨리,『로마서 강해』).

또한, 우리는 우리가 가진 지혜도 우리가 산출한 것이 아니고 하나님께서 우리에게 주신 것임을 알아야 합니다. 그래서 더욱 스스로 지혜 있는 체해서는 안 됩니다.

> [17] 오직 위로부터 난 지혜는 첫째 성결하고 다음에 화평하고 관용하고 양순하며 긍휼과 선한 열매가 가득하고 편견과 거짓이 없나니 [18] 화평하게 하는 자들은 화평으로 심어 의의 열매를 거두느니라(약 3:17-18).

그러므로 우리는 스스로 지혜 있는 체하지 말고 우리의 지혜이신 예수님의 이름으로 기도하여 성결하고 화평하고 관용하고 양순하며 긍휼과 선한 열매가 가득하고 편견과 거짓이 없는 지혜를 얻고 살아야 합니다.

예수님을 하나님의 아들로 믿고 영혼의 구원을 받은 그리스도인은 우리의 지혜이신 예수님께 기도하면 후히 주시고 꾸짖지 아니하심을 믿습니다. 과연 기도하면 거룩해지고 화평이 오고 관용의 마음이 생기고 긍휼이 생기며 편벽과 거짓이 발견됩니다.

그래서 예수 그리스도 이름으로 수차례 기도하며 지혜를 구하여 하나님의 평강이 예수 그리스도 안에서 우리의 마음과 생각을 지키실 때까지 기도하고 기다려야 합니다.

우리 모두 오직 그리스도, 오직 믿음, 오직 은혜, 오직 예수 보혈 신앙으로 우리의 지혜이신 예수 그리스도 이름으로 쉬지 말고 기도하여 스스로 지혜 있는 체하는 교만을 벗어 버리고 하나님이 위에서 주신 지혜로 살아야겠습니다.

살아계신 아버지 하나님!

하나님의 은혜를 감사합니다.

오늘 우리는 평소에 간과하기 쉬운 가장 무서운 죄에 대한 경고를 들었습니다. 그것은 "스스로 지혜 있는 체하지 말라"라는 말씀입니다. 이 말씀은 혼자 힘으로 지혜롭게 되지 말라는 말씀으로 받습니다. 우리는 각자에게 지체가 되어 서로 의존하고 서로에게 힘입고 살고 있음을 믿습니다. 그런데 우리는 유아독존식 교만을 가져 남을 무시하고 스스로 지혜 있는 체하는 죄를 범하는 자가 되기 쉽습니다.

예수님을 하나님의 아들 그리스도로 믿지 않는 자들은 그들의 본성이 교만으로 차 있으니 말할 필요도 없으나 예수 그리스도를 믿고 중생한 그리스도인들도 예수님의 새로운 본성을 따라 살지 않고 첫사람 아담이 우리에게 물려준 교만이라는 옛 본성으로 살려는 유혹에 빠지기 쉬워서 사도 바울은 로마 교인들에게 경고하고 있다고 믿습니다.

우리가 가져야 할 지혜는 하나님의 지혜의 화신으로 이 세상에 오신 예수님이 우리의 지혜라고 믿습니다.

오직 예수님을 그리스도로 믿고 예수 그리스도 이름으로 기도하여 지혜를 구하여 우리 마음과 생각을 지켜 주시는 하나님의 평강으로 답을 얻고 살게하여 주옵소서. 무엇보다도 위드 코로나 시대의 위기 속에서도 건강하게 해 주시고 오직 그리스도, 오직 믿음, 오직 기도로 살아 무엇을 하든지 말에나 일에나 다 예수님의 이름으로 하게 하여 주옵소서.

예수님의 이름으로 기도하옵나이다. 아멘.

## 2. 원수에 대한 사랑
(12:17-21)

# 409

## 롬 12:17-21

- 원수에 대한 사랑 개관.
  하나님의 원수가 된 후로 인간들은 서로 간에 쉽게 원수가 된다.
  그리스도인은 어떻게 원수들을 다루어야 하는가?
- 악을 행하지 않고 선을 행하라(네 가지 부정 명령과 네 가지 긍정 명령).

**17** 아무에게도 악을 악으로 갚지 말고 모든 사람 앞에서 선한 일을 도모하라 **18** 할 수 있거든 너희로서는 모든 사람과 더불어 화목하라 **19** 내 사랑하는 자들아 너희가 친히 원수를 갚지 말고 하나님의 진노하심에 맡기라 기록되었으되 원수 갚는 것이 내게 있으니 내가 갚으리라고 주께서 말씀하시니라 **20** 네 원수가 주리거든 먹이고 목마르거든 마시게 하라 그리함으로 네가 숯불을 그 머리에 쌓아 놓으리라 **21** 악에게 지지 말고 선으로 악을 이기라

예수님은 그리스도시요 살아계신 하나님의 아들입니다. 예수님이 하나님의 아들 그리스도라는 증거로 십자가에서 우리 죄를 대신해서 피 흘려 죽으시고, 죽은 자들 가운데서 부활하셨습니다.

이 예수님이 하나님의 아들, 예수님이 그리스도, 예수님이 우리 죄를 대신해서 십자가에서 피 흘려 죽으시고 부활하셨다는 복음으로 우리 인생 모든 문제가 처리되고 해답을 얻습니다. 이 복음은 모든 믿는 자에게 구원을 주시는 하나님의 능력이 됩니다. 이 하나님의 아들 예수 그리스도의 복음, 그리스도 십자가 대속의 피의 복음으로 깊이 뿌리내리기를 기원합니다.

예수님의 신성의 하나님 되심과 십자가 대속의 피의 복음을 마음 중심에 믿고 구원받은 그리스도인은 세상 사람들과 전혀 다른 윤리적 의무를 갖고 사는 자입니다. 그것은 형제들에 대한 사랑의 의무입니다. 그리스도인의 사랑은 그리스도의 제자들의 제복이요 그리스도인의 신앙의 대강령입니다.

중생한 그리스도인은 말과 혀로만 사랑하지 말고 실제로 사랑하는 것입니다. 구체적으로 말하면 친구에게 빚진 사랑이 있고 원수에게 빚진 사랑이 있습니다. 친구가 있는 자는 자신의 우정을 보여 줘야 합니다. 그리스도인들은 서로 사랑의 빚을 지고 있으므로 갚아야만 합니다.

동시에 그리스도인들은 원수에게도 빚진 사랑이 있으며 그 원수에 대한 사랑으로 빚을 갚아야 합니다. 첫사람 아담이 하나님께 범죄하여 하나님의 원수가 된 이후로 사람들은 서로 간에 아주 쉽게 원수 되는 것을 발견합니다.

사랑의 총사령부가 일단 파괴되면 그 전선들은 좌충우돌하거나 불안한 사정거리에 들기 마련입니다. 모든 인간 가운데 신앙을 가진 사람들은 그리스도의 것과는 거의 일치하지 않는 미소를 가진 세상 속의 원수들과 맞닥뜨리지 않을 수 없는 이유를 갖고 있습니다.

따라서 기독교는 우리에게 어떻게 원수들을 다루어야 하는지 가르쳐 줍니다. 이 가르침은 다른 모든 가르침의 법칙 및 방법들과는 확실히 다릅니다. 그것들은 일반적으로 승리와 지배에 목표를 두고 있습니다.

그러나 기독교는 내적 평화와 만족을 목표로 합니다. 우리가 잘못되기를 바라고 악을 행하도록 우리를 이끄는 원수가 누구든 간에 우리의 목표는 우리의 원수들에게 악을 행하지 않고 할 수 있는 한 누구에게

나 선을 행하는 것입니다.

이것이 어떻게 가능합니까?

이 원수에 대한 사랑은 이미 사도 바울이 로마서 12장 시작에서부터 그 원리를 가르쳐 주었습니다. 로마서 12장 1절 첫단에서 "그러므로 형제들아 내가 하나님의 모든 자비하심으로 너희를 권하노니"라고 서두를 시작하였습니다. 그리고 로마서 12장 2절에서는 "오직 마음을 새롭게 함으로 변화를 받아"라고 하였습니다.

이 말씀은 우리가 하나님의 자비하심에 의해 감동받을 때 그리고 마음이 새롭게 되어 하나님의 뜻을 파악할 때 모든 관계는 변화된다는 원리를 서두에서 설명한 것입니다. 이 말씀을 구체적으로 말하자면 우리가 하나님의 선택을 받고 부르심을 받을 때 우리는 예수님을 하나님의 아들로 믿어 의롭다 하심을 받고 미래의 영화됨에서 보인 하나님의 자비를 받은 자가 된다는 것이며 그 결과 마음이 새롭게 되는 변화를 받는 자가 된다는 말입니다.

이렇게 예수 그리스도를 믿고 마음을 새롭게 함으로 변화를 받은 그리스도인은 형제들에 대한 사랑의 의무를 빚지게 됩니다. 친구에 대한 사랑의 빚뿐만 아니라 원수에 대한 사랑의 빚도 지게 되는 것입니다.

우리는 바로 원수에 대한 사랑의 빚으로 악을 행하지 않고 선을 행하라는 네 가지 부정 명령과 네 가지 긍정 명령을 받습니다. 오늘 본문 로마서 12장 17-21절의 말씀입니다.

오늘 본문 로마서 12장 17-21절의 내용을 개관하고자 합니다. 먼저 본문 로마서 12장 17절을 보면 "아무에게도 악을 악으로 갚지 말고 모든 사람 앞에서 선한 일을 도모하라"라고 합니다. 이 말씀 속에 부정 명령과 긍정 명령이 각각 들어 있습니다. "아무에게도 악을 악으로 갚지 말라"와 "모든 사람 앞에서 선한 일을 도모하라"라고 합니다.

또 로마서 12장 19절을 보면 "원수를 갚지 말라"와 "하나님의 진노하심에 맡기라"라고 합니다. 그리고 로마서 12장 21절을 보면 "악에게 지지 말라"와 "선으로 악을 이기라"라고 합니다.

그리고 우리는 앞에서 로마서 12장 14절에서 본 것처럼 형제 사랑의 의무 사이에 들어 있는 원수에 대한 사랑으로서 "저주하지 말라"와 "축복하라"는 말씀을 들은 바 있습니다.

이렇게 그리스도 인의 윤리는 결코 부정적인 것만이 아니고 긍정적인 명령이 따릅니다. 그러므로 예수님을 하나님의 아들로 믿어 거듭난 그리스도인은 우리를 이끄는 원수가 누구든 간에 우리의 목표는 그들에게 악을 행하지 않고 할수 있는 한 누구에게나 선을 행하는 것입니다. 하나님께서 우리가 원수 되었을 때에 그의 아들의 죽으심으로 말미암아 하나님과 화목하게 되었기 때문입니다.

우리 모두는 오직 그리스도, 오직 믿음, 오직 예수 보혈 신앙으로 성령의 충만을 받고 성령으로 말미암아 우리 마음에 부은바 된 하나님의 사랑으로 원수까지 사랑하는 자들이 되어야겠습니다. 기도하시겠습니다.

살아계신 아버지 하나님!

하나님의 은혜를 감사합니다.

우리가 아직 연약할 때에, 우리가 아직 죄인 되었을 때에, 그리고 우리가 원수 되었을 때에 하나님의 아들의 죽으심으로 말미암아 화목하게 된 자임을 감사하옵나이다. 그러므로 우리는 하나님의 사랑에 빚진 자로서 마땅히 원수까지도 사랑해야 한다고 믿습니다.

세상 사람들은 이 하나님과 그의 아들 예수 그리스도의 십자가 대속의 피의 사랑을 알지도 못하고 받지도 못하였음으로 악에는 악으로, 이에는 이로 대적하며, 원수 관계로 살아가는 세상임을 믿습니다. 세상은 하나님과 원수가 된 이후로 이렇게 서로 간에 아주 쉽게 원수가 되는 것을 알고 있습니다.

그러나 우리는 예수 그리스도의 십자가 대속의 은총으로 하나님과 화목되었기 때문에 세상 사람들과 달리 어떻게 원수들을 다루어야 하는지를 사도 바울의 권면으로 배우게 됨을 감사합니다.

우리는 원수에 대하여 악을 행하지 않고 선을 행하라는 말씀을 듣고 있으며 하나님의 진노하심에 맡기고 악에게 지지 말고 선으로 악을 이기라는 명령을 받습니다. 우리가 예수님을 하나님의 아들로 믿을 때 우리가 받은 성령으로 말미암아 하나님의 사랑이 우리 마음에 부은바 될 때 그 하나님의 사랑으로 원수를 사랑할 수 있다고 믿습니다.

우리가 말과 혀로만 사랑하지 말고 행함과 진실함으로 행하도록 믿음을 더하여 주옵소서. 오늘도 이 세상속에서 원수도 사랑하며 살아가도록 우리로 건강하게 하시고 건전하게 하여 고결한 인격을 드러냄으로써 하나님께 영광을 돌리는 하루가 되게 하여 주옵소서.

예수님의 이름으로 기도하옵나이다. 아멘.

## 롬 12:17

- "악을 악으로 갚지 말고 선한 일을 도모하라"
  예수님의 산상수훈 교훈의 반영.
- 본능적 보복의 사람이 아니고 중생한 새사람이기 때문.
  항상 그리스도의 몸의 지체로 행동하라.
  선한 일을 도모하여 하나님의 자녀임을 보여 주라.

**17** 아무에게도 악을 악으로 갚지 말고 모든 사람 앞에서 선한 일을 도모하라

예수님은 그리스도시요 살아계신 하나님의 아들입니다. 예수님이 하나님의 아들 그리스도라는 증거로 십자가에서 우리 죄를 대신해서 피 흘려 죽으시고, 죽은 자들 가운데서 부활하셨습니다.

이 예수님이 하나님의 아들, 예수님이 그리스도, 예수님이 우리 죄를 대신해서 십자가에서 피 흘려 죽으시고 부활하셨다는 복음으로 우리 인생 모든 문제가 처리되고 해답을 얻습니다. 이 복음은 모든 믿는 자에게 구원을 주시는 하나님의 능력이 됩니다. 이 하나님의 아들 예수 그리스도의 복음, 그리스도 십자가 대속의 피의 복음으로 깊이 뿌리내리기를 기원합니다.

예수님의 신성의 하나님 되심과 십자가 대속의 피의 복음을 마음 중심에 믿고 중생하여 새사람이 된 그리스도인은 세상 사람들과 다르게

행동하며 삽니다. 먼저 주일 성수를 한다든지 하나님과 예수 그리스도 이외의 어떤 대상도 우상 숭배하지 않는다는 특징이 있습니다.

그러나 세상 사람들 눈에 그리스도인 됨의 특징을 가장 잘 드러내는 것이 있는데 그것은 악을 악으로 갚지 않고 선으로 갚는다는 것입니다. 세상에서 인격적으로 훌륭하다는 사람 가운데 악을 악으로 갚지 않는 사람이 있을 수 있습니다. 그러나 그들이 더 나아가 악을 악으로 갚지 않고 선한 일을 도모하지는 않습니다.

세상에서 뛰어난 성인들이라는 사람들의 어떤 교훈도 그리고 그 어떤 종교도 적극적으로 악인에 대한 적극적 선을 교훈하지 않습니다.

오직 우리 주 예수 그리스도께서 그의 제자들에게 다음과 같이 가르치셨습니다.

> 악한 자를 대적하지 말라 누구든지 네 오른편 뺨을 치거든 왼편도 돌려 대라 (마 5:39).

> 너희 원수를 사랑하며 너희를 박해하는 자를 위하여 기도하라 (마 5:44).

이런 예수님의 산상수훈의 말씀대로 예수님의 사도 바울도 동일한 교훈을 로마 교회 성도들에게 가르칩니다.

오늘 본문 로마서 12장 17절을 보면 "아무에게도 악을 악으로 갚지 말고 모든 사람 앞에서 선한 일을 도모하라"라고 하였습니다.

본문은 먼저 "아무에게도 악을 악으로 갚지 말고"라고 합니다. 바울은 예수님을 하나님의 아들로 믿고 새사람이 된 그리스도인의 행동 수

칙으로 먼저 부정적인 명령으로부터 시작합니다. "악을 악으로 갚지 말라"라고 합니다. 우리는 본능적으로 우리 모두가 하고 싶다고 하는 대로 실행해서는 안 된다는 말씀을 듣는 것입니다.

왜냐하면, 그렇게 하는 것은 야만적인 보복으로서 짐승들에게나 합당한 일이기 때문입니다. 인간은 투쟁 상태 속에서 창조되지 않았습니다. 하나님의 선하신 은혜로 창조된 인간이 하나님께 반역하고 타락했을 때 타락한 본성이 들어왔습니다.

첫사람 아담이 타락하는 순간 적대감, 자기 추구, 자기 과시, 자기 방어의 정신이 들어왔습니다. 이것은 타락한 상태에 있는 인간 전체의 비극입니다. 그래서 바울은 인간의 본능적 타락성을 인식하였기에 먼저 "악을 악으로 갚지 말라"라고 말하는 것입니다.

우리는 앞서 산상수훈에서 "악한 자를 대적하지 말고", 더 나아가 "원수를 사랑하라"라는 예수님의 말씀을 들었습니다. 예수님은 우리에게 원수 사랑의 교훈만 주시는 것이 아니라 친히 그 자신이 이를 실행하여 우리의 본을 보이셨습니다.

예수님은 십자가에 달려 죽으시는 순간에도 이렇게 기도하셨습니다.

> 아버지 저들을 사하여 주옵소서 (눅 23:34).

그리하여 사도 바울은 로마서 5장에서 다음과 같이 말했습니다.

> 우리가 아직 죄인 되었을 때에 그리스도께서 우리를 위하여 죽으심으로 하나님께서 우리에게 대한 자기의 사랑을 확증하셨느니라 (롬 5::8).

> 곧 우리가 원수 되었을 때에 그의 아들의 죽으심으로 말미암아 하나님과 화목하게 되었다(롬 5:10).

예수 그리스도를 영접하여 그리스도와 연합된 자로서 "아무에게도 악을 악으로 갚지 말고"라는 명령을 듣고 지켜야 합니다.

그러나 예수님과 연합된 그리스도인은 원수를 갚지 않는다는 것만으로는 족한 것이 아닙니다. "모든 사람 앞에서 선한 일을 도모하라"라는 적극적 명령까지 듣고 지켜야 합니다.

여기서 "도모하라"라는 말은 '미리 생각하라'는 뜻입니다. 누군가에게 악한 일을 당하였을 때에 선한 일을 하도록 미리 생각하라는 것입니다. 이것은 그리스도의 몸의 지체가 된 그리스도인이 그리스도의 사랑을 드러내는 신적 사랑의 요구입니다. 이로써 그리스도인은 선한 일을 도모하여 하나님의 자녀임을 세상에 보여 주고 하늘에 계신 하나님 아버지께 영광을 돌리게 될 것입니다.

우리 모두 오직 그리스도, 오직 믿음, 오직 은혜, 오직 예수 보혈 신앙으로 성령의 권능을 받고 마음속에 부은바 된 하나님의 사랑을 따라 하나님 사랑과 이웃 사랑을 행하며 더 나아가 악을 악으로 갚지 말고 선한 일을 도모하는 자들이 되도록 기도하겠습니다.

살아계신 아버지 하나님!

하나님의 은혜를 감사합니다.

타락한 인간 본성대로 악을 악으로 갚지 않고 도리어 선한 일을 미리 생각하고 세상 속에 하나님의 자녀됨을 증거하는 신적 사랑의 그리스도인 되게 하심을 감사하옵나이다. 그것은 우리가 훌륭해서가 아니라 예수님을 하나님의 아들로 믿고 예수님을 마음 중심에 영접하여 그리스도와 연합된 자가 되었기에 그리스도의 십자가의 사랑을 마음에 부은바 된 은혜로 기꺼이 선한 일을 행할 수 있게 됨을 감사하나이다.

우리 십자가 대속의 피의 복음 받은 그리스도인은 원수를 갚지 않는 정도만으로는 충분하지 않고 우리는 적극적으로 모든 사람 앞에서 선한 일을 미리 생각하고 행해야 한다고 믿습니다. 이는 우리의 능력이 아니라 우리가 아직 죄인 되었을 때에 그리스도께서 우리를 위하여 죽으심으로 우리에 대한 하나님의 사랑을 받았기 때문이고 우리는 그 사랑을 소유한 자이기에 악행자에게 선한일을 도모할 수 있다고 믿습니다.

오늘도 우리 모두를 건강하게 지켜 주시고 이 십자가 대속의 하나님의 사랑을 우리 마음에 부어 주셔서 기꺼이 이웃을 내 몸처럼 사랑하고 원수도 사랑하게 하여 주옵소서.

예수님의 이름으로 기도하옵나이다. 아멘.

# 411

## 롬 12:17

- 할수 있거든 모든 사람으로 더불어 화목하라.
  모든 사람과 화목하는 사랑.
- 평화를 지키기 위해 힘쓰라.
  자신 입장에 하자가 없게 하고 진리의 문제는 타협하지 말라.
  하나님의 평강이 심판이 되게 하라.

¹⁷ 아무에게도 악을 악으로 갚지 말고 모든 사람 앞에서 선한 일을 도모하라

예수님은 그리스도시요 살아계신 하나님의 아들입니다. 예수님이 하나님의 아들 그리스도라는 증거로 십자가에서 우리 죄를 대신해서 피 흘려 죽으시고, 죽은 자들 가운데서 부활하셨습니다.

이 예수님이 하나님의 아들, 예수님이 그리스도, 예수님이 우리 죄를 대신해서 십자가에서 피 흘려 죽으시고 부활하셨다는 복음으로 우리 인생 모든 문제가 처리되고 해답을 얻습니다. 이 복음은 모든 믿는 자에게 구원을 주시는 하나님의 능력이 됩니다. 이 하나님의 아들 예수 그리스도의 복음, 그리스도 십자가 대속의 피의 복음으로 깊이 뿌리내리기를 기원합니다.

예수님의 신성의 하나님 되심과 십자가 대속의 피의 복음을 마음 중심에 믿고 거듭난 그리스도인은 평강의 왕 그리스도를 모시고 사는 자

로서 화평하게 하는 자로 부르심을 받은 자입니다. 거듭난 그리스도인은 모든 사람과 더불어 화목하며 살아야 합니다.

지위나 직업상 거리가 있어서 우리가 가까이 다가가거나 친밀하게 지낼 수 없는 사람들과도 우리는 화목하게 살아야 합니다. 즉, 우리는 다른 사람들에게 다툴 빌미를 주지 말고 서로 해를 끼치지 않고 헐뜯지 않는 관계를 가져야 합니다. 그것이 깨지지 않도록 해야 하나 혹 깨졌다면 다시 결합시킬 수 있도록 노력해야 합니다.

이때 우리가 지켜야 할 중요한 두 가지 기준이 있습니다.

**첫째**, 진리가 그 기준이며 그 기준의 심판은 하나님의 평강입니다. 즉, 화목하기 위해 진리 문제는 타협해서는 안 된다는 것이며 하나님의 평강이 항상 모든 일에 있어서 심판이 되게 하는 것입니다.

우리는 이에 관한 오늘 본문의 말씀을 상고하고자 합니다.

본문 로마서 12장 18절을 보면 "할 수 있거든 너희로서는 모든 사람과 더불어 화목하라"라고 합니다.

사도 바울은 본문에 앞서서 "모든 사람 앞에서 선한 일을 도모하라"(17절)라고 하였습니다. 이렇게 하면 그들은 자연스럽게 모든 사람과 더불어 화목할 수 있게 될 것입니다.

바울은 이미 14절에서는 "박해하는 자를 축복하라"라고 하였고 17절에서는 "아무에게도 악을 악으로 갚지 말고"라고 하였습니다. 그래서 예수님의 말씀(막 9:50 "서로 화목하라", 마 5:9 "화평하게 하는 자는 복이 있나니") 처럼 서로 화목하라고 하는 것입니다.

**둘째**, 바울은 이 타락한 세상에서 항상 평화로운 관계를 유지할 수 없다는 것을 알고 "할 수 있거든"이라고 조건을 두고 말했습니다. 우리는 할 수 있는 한 모든 사람과 평화롭게 살도록 노력해야 합니다.

그러면 "할 수 있거든"이라는 말은 어떤 의미입니까?

이 말은 하나님께 해를 끼치고 양심에 상처를 주어야만 화목을 지킬 수 있을 때에는 그렇게 하는 것이 가능하지 않다는 것입니다. 비난을 초래하지 않고 가능한 것이 가능한 것입니다.

다른 성경에서 "위로부터 오는 지혜는 첫째 성결하고 다음에 화평하라"(약 3:17)라고 합니다. 성결 없는 화평은 마귀 궁전의 화평입니다. 진리에 위반되는 화평은 따를 수 없는 것입니다.

그래서 본문에서 "너희로서는"이라고 하여 화목이 성립하기 위해서는 쌍방의 말이 일치되어야 합니다. 우리는 우리 자신의 입장에서 말할 수밖에 없습니다.

우리는 때로 자기 백성들과 다투는 자였던 구약 선지자 예레미야처럼(렘 15:1) 불가피하게 다툼에 휘말릴 수 있습니다. 우리는 이것을 어쩔 수 없습니다. 그러므로 화목을 지키기 위해 우리 입장에 하자가 없도록 조심해야 합니다.

앞서 언급한 대로 우리가 지켜야 할 두 가지 기준이 있습니다.

**첫째**, 진리가 그 기준입니다. 우리는 성결보다 화평을 앞세우지 않습니다. 먼저 진리를 앞세웁니다. 이 순서를 바꾸어 평화를 앞세우면 교회와 그리스도인이 실족하게 됩니다. 우리는 진리 문제에 대해서 타협해서는 안 됩니다. 그렇게 할 권한이 없습니다. 진리는 우리에게 맡겨진 것이고 전파하는 것입니다. 그러나 본질적이 아닌 문제에 대해서는 우리가 할 수 있거든 용납할 수 있다고 봅니다.

**둘째**, 우리 기준의 심판은 하나님의 평강입니다. 진리 이외의 문제에 관해서 형제들 간 이견의 문제의 기준은 하나님의 평강이 심판이 됩니다.

> 그리스도의 평강이 너희 마음을 주장하게 하라. 너희는 평강을 위하여 한 몸으로 부르심을 받았나니 너희는 또한 감사하는 자가 되라 (골 3:15).

스스로 결정을 내리지 말고 하나님의 평강이 항상 모든 일에 있어서 심판이 되게 해야 합니다.

저는 이 진리를 굳게 믿기에 주위 사람에게는 무능하고 우유부단한 자로 보이면서 살고 있습니다. 오직 하나님의 평강이 그 문제에 답을 주어 평강을 주실 때 비로소 일어서서 움직입니다.

우리 모두 오직 그리스도, 오직 믿음, 오직 성령의 충만을 받고 그리스도 평강의 지배 속에 살며 할 수 있으면 모든 사람으로 더불어 화목하며 살도록 기도해야겠습니다.

즉시 기도하겠습니다.

살아계신 아버지 하나님!

하나님의 은혜를 감사합니다.

서로 자기 중심 및 적대감 속에 사는 세상에서 화평케 하는 자로 부르심을 감사하옵나이다. 하나님과 원수 된 우리가 그리스도 십자가 대속의 피의 사랑으로 하나님과 화목한 자가 되었으니 우리도 할 수 있거든 모든 사람으로 더불어 화목하며 살게하여 주옵소서.

그러나 우리는 하나님께 해를 끼치고 진리를 거스르며 화목을 도모할 수 없으며 양심에 상처를 주면서 화목할 수 없다고 믿습니다. 특히, 성결 없는 화평은 마귀의 계략이니 진리에 위반되는 화평은 절대 따를 수 없다고 믿습니다. 반면에 진리의 문제가 아닌 비본질적 문제에 관해서는 할 수 있거든 우리가 관용할 수 있도록 은혜를 구해야 한다고 믿습니다.

그것은 하나님의 평강이 항상 우리가 하는 모든 일에 있어서 심판이 되도록 해야 한다는 원리를 굳게 의지하고 기도하고 또 기도할 것입니다. 그리하여 모든 지각에 뛰어난 하나님의 평강이 우리의 마음과 생각을 지키실 때가 오리라고 믿습니다.

오늘도 우리 모두 건강하게 도와주시고 건전하게 하여 흠 없는 그리스도의 인격을 드러내면서 화평케 하는 자로 살아가게 하여 주옵소서.

예수님의 이름으로 기도하옵나이다. 아멘.

# 412

## 롬 12:19

- "하나님의 진노하심에 맡기라"
  사적 복수의 금지.
- 원수 갚는 것은 하나님께 있다.
  하나님은 권능의 일부를 인간 권세자들에게 위탁하셨다.
  복수는 하나님께 맡기되, 하나님의 이름과 그의 영광의 나타나심을 열망하라.

¹⁹ 내 사랑하는 자들아 너희가 친히 원수를 갚지 말고 하나님의 진노하심에 맡기라 기록되었으되 원수 갚는 것이 내게 있으니 내가 갚으리라고 주께서 말씀하시니라

예수님은 그리스도시요 살아계신 하나님의 아들입니다. 예수님이 하나님의 아들 그리스도라는 증거로 십자가에서 우리 죄를 대신해서 피 흘려 죽으시고, 죽은 자들 가운데서 부활하셨습니다.

이 예수님이 하나님의 아들, 예수님이 그리스도, 예수님이 우리 죄를 대신해서 십자가에서 피 흘려 죽으시고 부활하셨다는 복음으로 우리 인생 모든 문제가 처리되고 해답을 얻습니다. 이 복음은 모든 믿는 자에게 구원을 주시는 하나님의 능력이 됩니다. 이 하나님의 아들 예수 그리스도의 복음, 그리스도 십자가 대속의 피의 복음으로 깊이 뿌리내리기를 기원합니다.

예수님의 신성의 하나님 되심과 십자가 대속의 피의 복음을 마음 중심에 믿고 중생한 그리스도인은 세상을 살아가는 동안 직면하게 된 원수 갚는 일에 자유의 축복을 받고 사는 자가 됩니다. 중생한 그리스도인은 반드시 이에 대한 성경의 진리를 바로 알고 깨닫고 진리가 자유케 하는 삶을 살아야 합니다.

하나님의 원수가 된 이후로 인간들은 서로 간에 아주 쉽게 원수가 되는 것을 발견합니다. 그러나 예수님을 하나님의 아들 그리스도로 믿고 예수 그리스도를 모시고 사는 그리스도인들은 원수들을 어떻게 다루어야 하는지를 예수님으로부터 배웁니다. 예수님은 스스로 원수를 갚지 아니하시고 공의로 심판하시는 하나님께 맡기셨습니다(벧전 2:23).

예수님의 제자 사도 바울은 예수님의 보이신 원리를 오늘 본문에서 우리에게 가르치고 명령합니다.

본문 로마서 12장 19절, "내 사랑하는 자들아 너희가 친히 원수를 갚지 말고 하나님의 진노하심에 맡기라 기록되었으되 원수 갚는 것이 내게 있으니 내가 갚으리라고 주께서 말씀하시니라"라고 하였습니다.

바울은 먼저 "내 사랑하는 자들아"라고 말합니다. 원수를 갚지 말라는 어려운 교훈을 주기 때문에 애정이 담긴 호칭으로 권고하고 있습니다.

"너희가 친히 원수를 갚지 말고"라고 합니다. 즉, 누가 너희에게 해를 끼칠 때 그에게 똑같은 해나 악을 가하기를 바라거나 힘쓰지 말라는 것입니다. 판사가 행악자들을 처벌함으로써 악을 저지른 자들에게 공의를 행하거나 범법자에게 정당하고 공정한 법을 적용시키는 것은 금지된 것이 아니지만 분노와 악의로부터 나오는 사적 복수는 금지됩니다.

이것이 정당한 이유는 우리는 우리 자신의 경우에 적절히 판단할 능력을 갖고 있지 못하다고 생각되기 때문입니다. 이 문제에 관하여 우리 예수님은 대단히 엄하게 우리 자신의 복수를 금하고 있습니다.

> **38** 또 눈은 눈으로, 이는 이로 갚으라 하였다는 것을 너희가 들었으나 **39** 나는 너희에게 이르노니 악한 자를 대적하지 말라 누구든지 네 오른편 뺨을 치거든 왼편도 돌려 대며 **40** 또 너를 고발하여 속옷을 가지고자 하는 자에게 겉옷까지도 가지게 하며(마 5:38-40).

우리 자신의 손으로 복수하는 것을 금하고 있을 뿐만 아니라 법이 허용한다고 할지라도 우리 스스로 심판하기를 바라거나 갈망하는 것은 금지됩니다. 왜냐하면, 복수 감정을 만족시키는 것이기 때문입니다.

이것은 타락한 인간 본성으로는 이해하기 힘든 가르침입니다. 그래서 바울은 다음과 같은 내용을 추가합니다.

"하나님의 진노하심에 맡기라"라고 합니다. 이는 우리 자신의 진노에 맡기라는 것이 아닙니다. 우리 자신에게 맡기는 것은 마치 마귀에게 맡기는 것입니다(엡 4:26, 27). 우리는 이것을 거부하고 억누르고 저지해야 하며 온전히 하나님의 진노에 맡겨야 합니다.

그것에 대한 이유는 다음과 같이 설명됩니다. "기록되었으되 원수 갚는 것이 내게 있으니 내가 갚으리라"라고 하였습니다. 이 말씀은 신명기 32:35절의 인용입니다. 하나님은 주권적 왕이요 의로운 심판자이고 그러기에 공의의 처분은 하나님께 속해 있습니다.

완전한 성결의 하나님이시기에 하나님은 죄를 미워하고 죄악을 간과하실 수 없습니다. 다만 하나님은 그분의 권능 가운데 일부를 인간 권세자들의 손에 위탁하셨습니다(창 9:6, 롬 13:4). 그러므로 인간 권세자들의 합법적 처벌은 하나님의 형벌의 한 부분으로 간주되어야 합니다.

이것은 우리가 왜 스스로 원수를 갚아서는 안 되는지에 대한 충분한 이유가 될 것입니다. 진정으로 원수 갚는 일이 하나님의 일이라면 우리가 그것을 해서는 안 되기 때문입니다. 만일 우리가 하나님의 손에서 그분의 일을 빼앗아 해 버린다면 그것은 우리가 하나님의 보좌를 차지하는 것과 같을 것입니다.

그러므로 원수 갚는 일은 하나님의 진노하심에 맡겨야 합니다. 동시에 우리는 우리의 원수가 개인적으로 해를 당하기를 소원하지 말아야 합니다. 도리어 원수를 사랑해야 합니다.

그러나 우리는 주님이 통치하신다는 사실을 믿고 위로를 받으면서 하나님의 영광과 하나님의 이름을 위한 열심으로 하나님의 의로운 통치가 이루어지기를 소망해야 합니다. 이것은 개인적인 관점에서 시편에 나오는 많은 복수의 시를 이해할 수 있습니다. 시편 기자들은 개인적인 복수의 소원이 아니라 하나님의 입장과 영예와 영광의 차원에서 쓰고 있는 것입니다.

우리 모두 오직 그리스도, 오직 믿음, 오직 예수 보혈 신앙으로 성령의 충만을 받아 우리 마음에 부은바 된 하나님의 사랑으로 하나님 사랑과 이웃 사랑을 행하며 원수까지 사랑하며 개인적 복수를 하지 않는 자들이 되도록 기도하겠습니다.

살아계신 아버지 하나님!

하나님의 은혜를 감사합니다.

 악한 세상에 살아가는 동안 우리의 부주의와 상대방의 악의로 원수되어 살아가는 경우가 생김을 부끄럽게 생각하면서 오늘의 주신 말씀대로 우리가 친히 원수를 갚지 말고 하나님의 진노하심에 맡기라는 명령을 기꺼이 순종하기를 기도합니다. 우리는 원수 갚는 것이 하나님께 있음을 바로 알고 복수심의 원한을 갖지 않게 도와주옵소서.

다만 복수는 하나님과 우리 주 예수 그리스도께 맡기되 어느 날 하나님의 공의가 드러날 하나님의 영광과 그 이름의 존귀를 소망해야 한다고 믿습니다. 개인적인 복수는 금하지만 하나님의 입장과 영예와 영광의 차원에서는 시편의 복수 기도처럼 우리도 드릴 수 있다고 믿습니다. 그러나 우리 마음에 개인적 복수의 마음이 있다면 그것은 바른 기도가 안 될 것입니다.

 오늘도 우리 모두 건강하게 우리 주님께서 도와주시고 성령의 충만 사랑의 충만 받아 개인적 문제에서는 원수까지 사랑하는 자들이 되도록 우리의 믿음을 지켜 주옵소서.

예수님의 이름으로 기도하옵나이다. 아멘.

# 413

## 롬 12:20

- "원수가 주리거든 먹이고 목마르거든 마시게 하라"
  원수들에게 선을 행하라.
- 숯불을 그 머리에 쌓아 놓으라(회개와 우정을 갖거나, 심판을 재촉하게 함).
  행함으로 사랑을 보이라.

**20** 네 원수가 주리거든 먹이고 목마르거든 마시게 하라 그리함으로 네가 숯불을 그 머리에 쌓아 놓으리라

  예수님은 그리스도시요 살아계신 하나님의 아들입니다. 예수님이 하나님의 아들 그리스도라는 증거로 십자가에서 우리 죄를 대신해서 피 흘려 죽으시고, 죽은 자들 가운데서 부활하셨습니다.
  이 예수님이 하나님의 아들, 예수님이 그리스도, 예수님이 우리 죄를 대신해서 십자가에서 피 흘려 죽으시고 부활하셨다는 복음으로 우리 인생 모든 문제가 처리되고 해답을 얻습니다. 이 복음은 모든 믿는 자에게 구원을 주시는 하나님의 능력이 됩니다. 이 하나님의 아들 예수 그리스도의 복음, 그리스도 십자가 대속의 피의 복음으로 깊이 뿌리내리기를 기원합니다.

  예수님의 신성의 하나님 되심과 십자가 대속의 피의 복음을 마음 중심에 믿고 중생한 그리스도인은 세상의 정신과 전혀 다른 새로운 영의 정신을 받는 새사람이 됩니다. 인간이 하나님의 원수가 된 이후로 사

람들은 서로 간에 아주 쉽게 원수가 되는 것을 발견합니다.

그것은 인간이 타락하는 순간 본능적인 자기 중심의 사람이 되었기 때문입니다. 타락한 인간은 자기를 추구하고 자기를 방어하고 다른 사람에 대해 적대감을 나타내는 정신의 지배를 받는 상태가 되었습니다.

그리하여 예수 그리스도의 영으로 말미암아 새사람이 된 그리스도인은 세상 속의 원수들과 만나며 살지 않을 수 없게 되었습니다. 기독교는 그리스도인들이 어떻게 원수들을 다루어야 하는가를 가르쳐 줍니다. 그리스도인들은 원수들에게 악을 행해서는 안 될 뿐 아니라 믿음의 수준을 높여 그들에게 선을 행하도록 요구를 받습니다.

말로만 원수를 축복할 뿐 아니라 행함으로 원수들에 대한 사랑을 보이라고 합니다.

오늘 본문 로마서 12장 20절을 보면 "네 원수가 주리거든 먹이고 목마르거든 마시게 하라 그리함으로 네가 숯불을 그 머리에 쌓아 놓으리리"라고 하였습니다.

먼저 "네 원수가 주리거든"이라고 합니다. 새로운 정신을 받은 그리스도인은 자신의 원수가 주리는 것을 알면 선을 행할 기회로 삼아야 합니다. 즉 자신에게 주어진 능력과 기회를 따라 그에게 즉각 친절을 베풀고 그의 유익을 위해 어떤 사랑이라도 행해야 하며 원수였다고 해서 그만큼 소극적으로 대하지말고 오히려 더욱 분발해서 자신이 그를 진실로 용서했음을 보여 줄 수 있도록 해야 합니다.

사도 바울은 오늘 본문의 교훈을 구약성경 잠언 25장 21 - 22절로부터 인용하였습니다. 이를 보면 신구약 성경이 동일한 하나님의 말씀인 것을 확인할 수 있습니다.

구체적으로 우리는 오늘 본문에 따라 어떻게 행함으로 원수들에 대한 사랑을 보일 수 있는가를 보겠습니다.

**첫째**, 우리는 무엇을 해야 합니까?

우리는 당연히 우리 원수들에게 선을 행해야 합니다. 우리는 우리 원수가 주릴 때 그를 모욕하여 고소하게 생각하면 안 됩니다. 도리어 그를 먹여야 합니다. 원수가 우리 도움을 필요로 하고 우리가 그를 굶겨 죽이고 짓밟을 기회가 있을 때 오히려 그를 도와 먹여야 합니다.

또한, 그가 "목마르거든 마시게 하라"라고 합니다. 이것은 화해와 우정의 끝입니다. 그렇게 우리 사랑을 원수에게 확인시켜 주라는 것입니다.

**둘째**, 우리는 왜 그렇게 해야 합니까?

그렇게 할 때 본문에서 보면 "네가 숯불을 그 머의 머리에 쌓아 놓으리라"라고 하기 때문입니다.

그렇다면 이 말씀은 어떤 의미를 갖고 있습니까?

두 가지 의미가 있다고 봅니다.

**하나**는 우리가 원수에게 숯불을 놓을 때 그를 녹여 그로 하여금 회개와 우정을 갖게 하고 그에게 그의 마음의 누그러진 감정을 갖게 되리라는 것입니다. 다시 말하면 우리가 우리 원수에게 사랑을 해 줌으로써 그 원수가 부끄러움과 양심의 가책을 받아 회개에 이르게 되리라는 것입니다.

**다른 하나**는 첫 번째와 같은 효과를 가져오지 못한다면 그것은 그 원수의 정죄를 재촉하고 그에 대한 그의 악덕을 더욱 핑계할 수 없는 것으로 만들라는 것입니다. 이로서 우리의 원수는 그에게 임할 하나님의 진노와 복수의 징조들을 앞당기게 될 것입니다.

물론 이러한 두 가지 의미가 우리가 원수에게 친절을 베푸는 목적은 아닙니다. 그러나 원수에게 친절을 베푼 우리에게 힘을 주기 위해 이런 결과가 주어질 것입니다.

우리 모두 예수님의 신성의 하나님 되심과 십자가 대속의 피의 복음을 믿고 확신하여 중생한 자로서 그 열매의 최고봉인 원수들에게 선을 행하는 자들이 되어야겠습니다. 이것은 어렵다면 어렵지만 우리의 능력과 제한된 사랑으로 하는 것이 아니고 하나님의 십자가 대속의 피의 사랑을 받고 그 사랑을 소유한 자이기에 그 사랑을 나타내는 것이 될 때는 어려운 것이 아닙니다.

도리어 자신의 중생한 그리스도인 됨의 열매를 하나님께 바치는 것으로 원수에게 선을 행할 기회를 절대 놓치지 말아야 할 것입니다. 십자가에서 억만죄악을 사함 받은 그리스도인은 예수 그리스도와 이웃을 더 많이 사랑할 것입니다(눅 7:47).

오직 그리스도, 오직 믿음, 오직 예수 보혈 신앙으로 답을 얻고 살며 많은 죄 사함 받은 감격으로 원수들에게 기꺼이 선을 행하며 살기를 간절히 기원합니다.

살아계신 아버지 하나님!

하나님의 은혜를 감사합니다.

억만죄악을 그리스도 십자가 대속의 피의 사랑으로 죄 사함 받고 의인이요 하나님의 자녀가 된 은총을 다시 한번 기억하며 하나님께 감사와 찬송을 드립니다.

죄 사함을 받은 일이 적은 자는 예수님을 적게 사랑하나 우리는 억만 죄악을 사함 받은 자로서 마음과 목숨과 뜻을 다하여 하나님을 사랑하고 이웃을 사랑하는 자 됨을 믿습니다. 그리고 이러한 사랑의 최고의 열매로 우리는 우리의 원수를 사랑해야 한다는 명령을 오늘 받습니다 이는 원수가 주리거든 먹이고 목마르거든 마시게하라는 명령입니다. 우리가 이렇게 원수들에게 선을 행할 때 숯불을 그 머리에 쌓아 놓아 그 원수가 회개에 이르거나 아니면 심판을 재촉케 하리라는 말씀을 듣습니다. 우리는 이런 이유 때문에 원수 사랑하는 것은 아니고 오직 예수 그리스도로 말미암아 성령을 충만히 받고 그 성령님으로 말미암아 하나님의 사랑이 우리 마음에 부은바 되기 때문에 그 하나님 사랑으로 사랑할 수 있다고 믿습니다.

오늘도 우리로 모두 건강하게 해 주셔서 우리가 받고 소유한 하나님의 사랑을 기꺼이 원수들에게 선을 행할 수 있게 해 주시고 우리 앞에 주어진 원수 사랑의 기회를 절대 놓치지 않도록 믿음을 더하여 주옵소서.

예수님의 이름으로 기도하옵나이다. 아멘.

# 414

## 롬 12:21

- "악에게 지지 말고 선으로 악을 이기라"
  선과 악에 대한 요약.
- 악에게 지지 말라(악인이 아니라 배후의 마귀를 보라).
  선으로 악을 이기라(선을 행할 때 악을 이기고 마귀를 실패시키고 예수 그리스와 복음을 드러낸다).
  중생하여 십자가의 길, 그리스도의 자취를 따르라.

²¹ 악에게 지지 말고 선으로 악을 이기라

예수님은 그리스도시요 살아계신 하나님의 아들입니다. 예수님이 하나님의 아들 그리스도라는 증거로 십사가에서 우리 죄를 대신해서 피 흘려 죽으시고, 죽은 자들 가운데서 부활하셨습니다.

이 예수님이 하나님의 아들, 예수님이 그리스도, 예수님이 우리 죄를 대신해서 십자가에서 피 흘려 죽으시고 부활하셨다는 복음으로 우리 인생 모든 문제가 처리되고 해답을 얻습니다. 이 복음은 모든 믿는 자에게 구원을 주시는 하나님의 능력이 됩니다. 이 하나님의 아들 예수 그리스도의 복음, 그리스도 십자가 대속의 피의 복음으로 깊이 뿌리내리기를 기원합니다.

예수님의 신성의 하나님 되심과 십자가 대속의 피의 복음을 마음 중심에 믿고 중생한 그리스도인의 생활에 있어서 최고의 윤리는 형제간의 서로 사랑입니다. 사랑은 그리스도의 제자들의 제복이요 우리 신앙의 대강령입니다.

이 신앙의 대강령은 예수님이 주신 새계명입니다.

> ³⁴ 서로 사랑하라 내가 너희를 사랑한 것같이 너희도 서로 사랑하라 ³⁵ 너희가 서로 사랑하면 이로써 모든 사람이 너희가 내 제자인줄 알리라(요 13:34-35).

그래서 그리스도인의 서로 사랑의 윤리에는 예수 그리스도가 중심에 계셔야 의미가 있는 독특한 윤리입니다. 이는 그리스도 십자가 대속의 피의 사랑이 기초가 되어 세상의 모든 죄와 세상과 사탄을 정복한 초월적 윤리의 사랑입니다. 이 세상의 도덕이나 관습이나 문화를 뛰어넘고 모든 종교의 윤리를 초월하는 신적 사랑의 윤리입니다.

그 그리스도 십자가 대속의 윤리의 사랑의 최고의 꽃은 원수에 대한 적극적인 사랑입니다. 하나님 나라가 임하고 하나님의 영광이 드러나고 예수 그리스도가 증거되는 사랑입니다.

오늘 본문은 지금까지 원수에 대한 사랑을 요약한 말씀입니다.

본문 로마서 12장 21절을 보면 "악에게 지지 말고 선으로 악을 이기라"라고 합니다.

그리스도 십자가 대속의 피의 복음을 마음 중심에 받은 그리스도인에게는 두 가지 완전히 반대하는 대안이 놓여 있습니다. 이에는 어떤 중립이나 중도가 없습니다.

우리가 원수를 저주하거나(14절), 악을 악으로 갚거나(17절), 원수를 갚는다면(19절), 이 모든 것은 악에 대한 악한 반응이기 때문에 우리는 악에게 지고 악의 영향권 내에 빨려 들어가며 악에 패배하고 진 것이며 심지어 악에게 압도된 것이 되고 맙니다.

그러나 만일 핍박하는 자들을 축복한다면(14절), 선을 행하는 것으로 나타난다면(17절), 우리가 적극적으로 화평을 이루고 화평을 지키는 일을 한다면(18절), 모든 심판을 하나님께 맡겨 놓는다면(19절), 그리고 원수를 사랑하고 섬기며 심지어 먹이고 마시게 한다면(20절), 우리는 "선으로 악을 이기는" 것입니다.

십자가 대속의 피의 복음을 마음 중심에 믿고 그리스도의 자취를 따르는 그리스도인은 자신의 모든 생각과 삶에서 이 부정적인 명령과 긍정적인 명령을 결합시키는 일이 중요합니다. 이 두 가지 모두 좋은 일입니다.

우리가 결코 보복하지 않는 것은 좋은 일입니다. 만일 우리가 악으로 악을 갚는다면 우리는 그 악을 갑절로 만들어 첫 번째 악에다 두 번째 악을 더하며 그럼으로써 세상에 악을 더욱 채우게 할 것입니다.

그러나 우리가 적극적으로 축복하고 선을 행하고 평화를 추구하고 우리의 원수를 섬기고 변화시킨다면 이는 훨씬 더 좋은 일입니다. 우리가 이렇게 선으로 악을 갚으면 우리는 악한 세상에서도 선이 꽃이 피는 살 만한 세상으로 만들어 가기 때문입니다.

악을 악으로 갚는 것은 악에 정복당하는 것이지만 악을 선으로 갚으면 선으로 악을 이기는 것입니다. 이것이 그리스도인이 걷는 십자가의 길입니다.

그래서 사도 바울은 로마에 있는 그리스도인들에게 지금까지 이것을 구체적으로 설명하고 이제 마지막으로 그에 대한 요약이자 로마서

12장의 절정인 선과 악에 대한 대조를 결론으로 말하였습니다.

본문 로마서 12장 21절을 다시 보면 "악에게 지지 말고 선으로 악을 이기라"라고 하였습니다.

먼저 "악에게 지지 말라"라고 하였습니다. 어떤 악이 너를 자극한다고 해도 그 능력이 당신을 지배하지 않도록 하라는 것입니다. 여기서 "악인에게 지지 말라"는 대신 "악에게 지지 말라"는 것은 악을 행하는 사람의 배후에 있는 악, 곧 죄와 사탄의 권세를 말하는 것입니다.

이것이 그리스도인이 세상을 보는 안목입니다. 우리가 화를 내고 혈기를 부리고 보복한다면 우리는 결국 마귀에게 진 것이 됩니다. 그래서 "악에게 지지 말라"라고 하는 것입니다.

그런데 죄와 사탄의 세력의 정복은 선이 아니면 정복할 수가 없습니다. 십자가 대속의 피의 사랑의 능력만이 죄와 사탄의 세력을 정복합니다. 그래서 "선으로 악을 이기라"라고 하는 것입니다. 그리스도인의 원수 사랑의 선은 그리스도 십자가 대속의 피의 사랑에서 나오기 때문입니다.

그러므로 우리가 선으로 악을 이길 때마다 그리스도 십자가 피의 복음이 드러나고 그리스도의 나라가 세상 속에 나타나는 것입니다. 이런 십자가의 길을 따르지 않으면 세상 속에 하나님의 나라가 세워질 수 없습니다.

그러므로 우리 모두는 오직 그리스도, 오직 믿음, 오직 예수 보혈 신앙으로 성령의 권능을 받고 하나님의 사랑이 마음에 부은바 되어 악에게 지지 말고 선으로 악을 이기는 자가 되도록 기도하겠습니다. 성령 충만, 사랑 충만, 예수 충만을 주시기를 즉시 기도하겠습니다.

살아계신 아버지 하나님!

하나님의 은혜를 감사합니다.

세상에서 나밖에 모르고 내 가족 밖에 모르고 이에는 이, 눈에는 눈으로 보복적 정신 속에 살던 우리를 예수 그리스도께서 십자가 대속의 죽음의 사랑으로 우리의 죄악을 담당해 주시고 이를 믿는 은혜를 주셔서 새로운 정신을 갖고 사는 새사람으로 만들어 원수까지 사랑할 수 있게 하여 주심을 감사하옵나이다.

그래서 우리는 지금까지 원수에 대한 사랑의 요약으로서 "악에게 지지 말고 선으로 악을 이기라"라는 말씀을 기꺼이 받고자 합니다. "악인에게" 지지 말라고 하지 않고 "악에게" 지지 말라고 하신 것은 악인의 배후에 있는 죄와 사탄의 권세에게 지지 말라는 것으로 우리가 받았습니다. 그러므로 우리가 악을 악으로 갚는다면 결국 사탄과 마귀에게 지는 것입니다. 이런 초자연적 세력인 죄와 사탄의 권세에 대해 승리하는 길은 오직 그리스도 십자가 대속의 피의 사랑의 능력뿐이라고 믿습니다.

그러므로 우리는 하나님의 어린양 예수 그리스도의 피의 능력을 힘입고 마귀와 사탄의 권세를 정복하고 마귀의 종노릇 하는 세상 사람들이 우리를 향한 악에 대하여 악을 악으로 갚지 않고 선으로 악을 행하는 자들이 되기를 기도합니다. 그리하여 마귀를 정복하고 예수 그리스도와 십자가 대속의 피의 복음이 드러나기를 기도합니다. 우리가 그리스도 십자가 대속의 피의 사랑을 받은 것은 세상 속에서 그리스도의 나라가 세워지도록 부름 받은 것으로 믿습니다.

오늘도 우리 모두를 건강하게 지켜 주시고 믿음을 더해 주셔서 형제를 사랑하고 원수까지 사랑하는 자들이 되도록 은혜로 인도하여 주옵소서. 우리에게 주신 성령으로 말미암아 하나님의 사랑이 우리 마음에 더욱 충만히 부어지게 하여 주옵소서.

예수님의 이름으로 기도하옵나이다. 아멘.

# 제4장

## 권세자들에 대한 복종과 사랑과 거룩함
(13:1-14)

1. 권세자들에 대한 복종(13:1-7)
2. 사랑은 율법의 완성(13:8-10)
3. 거룩함 (13:11-14)

## 롬 13:1-14

- 권세자들에 대한 복종과 사랑과 거룩함.
  13장을 보는 세 가지 관점.
- ① 합법적 권위에 대한 복종(1-7절).
  ② 형제들에 대한 공의와 사랑을 가르치는 교훈(8-10절).
  ③ 우리 자신에 대한 거룩함과 경건을 가르치는 교훈(11-14절).
  그리스도 복음은 믿을뿐 아니라 실천되어야 한다.

¹ 각 사람은 위에 있는 권세들에게 복종하라 권세는 하나님으로부터 나지 않음이 없나니 모든 권세는 다 하나님께서 정하신 바라 ² 그러므로 권세를 거스르는 자는 하나님의 명을 거스름이니 거스르는 자들은 심판을 자취하리라 ³ 다스리는 자들은 선한 일에 대하여 두려움이 되지 않고 악한 일에 대하여 되나니 네가 권세를 두려워하지 아니하려느냐 선을 행하라 그리하면 그에게 칭찬을 받으리라 ⁴ 그는 하나님의 사역자가 되어 네게 선을 베푸는 자니라 그러나 네가 악을 행하거든 두려워하라 그가 공연히 칼을 가지지 아니하였으니 곧 하나님의 사역자가 되어 악을 행하는 자에게 진노하심을 따라 보응하는 자니라 ⁵ 그러므로 복종하지 아니할 수 없으니 진노 때문에 할 것이 아니라 양심을 따라 할 것이라 ⁶ 너희가 조세를 바치는 것도 이로 말미암음이라 그들이 하나님의 일꾼이 되어 바로 이 일에 항상 힘쓰느니라 ⁷ 모든 자에게 줄 것을 주되 조세를 받을 자에게 조세를 바치고 관세를 받을 자에게 관세를 바치고 두려워할 자를 두려워하며 존경할 자를 존경하라 ⁸ 피

차 사랑의 빚 외에는 아무에게든지 아무 빚도 지지 말라 남을 사랑하는 자는 율법을 다 이루었느니라 <sup>9</sup> 간음하지 말라, 살인하지 말라, 도둑질하지 말라, 탐내지 말라 한 것과 그 외에 다른 계명이 있을지라도 네 이웃을 네 자신과 같이 사랑하라 하신 그 말씀 가운데 다 들었느니라 <sup>10</sup> 사랑은 이웃에게 악을 행하지 아니하나니 그러므로 사랑은 율법의 완성이니라 <sup>11</sup> 또한 너희가 이 시기를 알거니와 자다가 깰 때가 벌써 되었으니 이는 이제 우리의 구원이 처음 믿을 때보다 가까웠음이라 <sup>12</sup> 밤이 깊고 낮이 가까웠으니 그러므로 우리가 어둠의 일을 벗고 빛의 갑옷을 입자 <sup>13</sup> 낮에와 같이 단정히 행하고 방탕하거나 술 취하지 말며 음란하거나 호색하지 말며 다투거나 시기하지 말고 <sup>14</sup> 오직 주 예수 그리스도로 옷 입고 정욕을 위하여 육신의 일을 도모하지 말라

예수님은 그리스도시요 살아계신 하나님의 아들입니다. 예수님이 하나님의 아들 그리스도라는 증거로 십자가에서 우리 죄를 대신해서 피 흘려 죽으시고, 죽은 자들 가운데서 부활하셨습니다.

이 예수님이 하나님의 아들, 예수님이 그리스도, 예수님이 우리 죄를 대신해서 십자가에서 피 흘려 죽으시고 부활하셨다는 복음으로 우리 인생 모든 문제가 처리되고 해답을 얻습니다. 이 복음은 모든 믿는 자에게 구원을 주시는 하나님의 능력이 됩니다. 이 하나님의 아들 예수 그리스도의 복음, 그리스도 십자가 대속의 피의 복음으로 깊이 뿌리내리기를 기원합니다.

예수님의 신성의 하나님 되심과 십자가 대속의 피의 복음을 마음 중심에 믿고 구원받은 그리스도인은 예수 그리스도와 그리스도 복음을 믿는데 그쳐서는 안 되고 반드시 실천해야 합니다. 예수님을 하나님의

아들로 믿고 중생한 그리스도인은 기꺼이 예수 그리스도께 순종하고 몸 된 그리스도 교회 안에서 받은 은사를 따라 형제를 서로 사랑하고 섬겨야 합니다.

그런데 중생한 그리스도인이 그리스도 교회 안에서 개인 윤리를 실천하는 것에 대해서는 이견이 없으나 그리스도 교회 밖에서의 대사회적 윤리에 대해서는 이견이 존재하고 또 그리스도인과 그리스도 교회가 국가 간의 관계에서 오해와 갈등이 존재할 수 있습니다.

특히, 그리스도인과 국가 권력 사이의 문제가 바르게 정립되어야 합니다. 근래에 어떤 목회자들은 아예 국가 권력에 대해 공공연히 반항하고 비판하고 무리를 지어 반대 시위를 합니다. 그리고 이를 하나님의 영광을 위한 것이라고 믿고 아무런 반성도 없습니다. 그러나 이것은 우리가 앞으로 검토할 말씀에 위배됩니다.

그리고 오늘의 시대는 이미 말세가 시작되었기 때문에 그리스도 재림에 대한 교훈이 중요한 때가 되었습니다. 그러나 사실은 그리스도 재림 사상은 초대 교회 때부터 꾸준히 강조된 예수 그리스도의 귀중한 진리입니다. 새삼스럽게 어떤 진리를 자의로 해석하여 자신들이 정한 틀에 맞추어 그리스도 재림을 설명하는 악한 이단들이 많은 이때에 "이미"와 "아직" 사이의 삶을 자신에 대한 거룩함과 경건함으로 살아야 마땅하다는 교리를 우리는 다시 들어야 합니다.

사도 바울은 이미 로마서 12장에서 우리가 그리스도인으로서 지닐 기본적인 관계를 구체적으로 설명하였습니다. 즉, 우리의 몸과 마음의 하나님께 헌신(12:1-2), 몸 된 교회 안에서 은사 사용의 겸손(12:3-8), 형제 서로 간의 사랑의 실천(12:9-21)이었습니다. 이 사랑의 실천에는 원수 사랑까지 포함되었습니다.

　이제 바울은 앞장에서 다루었던 교훈을 더 크게 확대시키고 그 필요성을 깨닫도록 하기 위해 최대한 강조합니다. 이것이 오늘 본문 로마서 13장에서 우리가 취하는 관점이나 이외에 약간의 뉘앙스를 달리한 세 가지 다른 관점이 있습니다.

　**첫 번째 관점**은 바울이 그리스도 교회 안에서 서로 간에 다른 사람들과 가지는 관계를 주로 다루고 난 후에 다시 교회 밖에 있는 사람들과 우리들과의 관계를 다룬다는 것입니다.
　**두 번째 관점**은 바울은 12장에서 교회 내에 있는 개인으로서의 윤리를 취급하였으나 13장에서는 사회에서 사회인으로서의 기독교 윤리를 논한다고 봅니다. 물론 개인 윤리와 더불어 그리스도인으로서 대 사회적 관계도 중요하다는 관점인 것입니다.
　**세 번째 관점**은 앞서 12장에서 언급한 기본적인 관계에 더하여 세 가지 관계 즉 국가와의 관계, 율법과의 관계, 주의 재림의 날과의 관계를 전개한다는 것입니다.

　이 세 가지 관점과 우리가 보고자 하는 12장의 교훈을 더 크게 확장시키고 그 필요성을 강조한다는 관점간의 큰 차이는 없습니다. 그러나 우리는 우리의 관점에서 13장을 보고자 합니다.
　13장에는 크게 세 가지 교훈이 있습니다.

**첫째**, 합법적 권위에 대한 복종을 가르치는 교훈(롬 13:1-7)입니다. 여기서 우리는 국가의 권세자들에 대해 어떻게 행동해야 하는지를 배우게 됩니다. 우리는 국가 속에서 살고 있고, 국가의 요구에 부응하며 살고 있습니다. 그들이 갖고 있는 권세는 정당하므로 순종하고 복종해야 합니다.

**둘째**, 우리 형제들에 대한 공의와 사랑을 가르치는 교훈(롬 13:8-10)입니다. 여기서는 이웃을 사랑하는 그리스도인의 법칙을 다시 반복하여 역설하고 있습니다.

**셋째**, 우리 자신에 대한 거룩함과 경건을 가르치는 교훈(롬 13:11-14)입니다. 우리는 여기서 그리스도인의 일과에서 유의해야 할 네 가지 지침에 대해 배우게 됩니다. 그것은 언제 깨어나고 우리 자신을 어떻게 단장하고 어떻게 살며 해서는 안 되는 일은 무엇인가입니다.

여기서 첫째 교훈인 국가 권세는 하나님으로부터 났음을 기억하고 복종하는 것이 중요하며, 마지막 세 번째 교훈을 따라 그리스도 재림의 신앙은 거짓 재림주의자들의 교훈을 추종하지 말고 바울이 말하고 있는 개인 자신에 대한 거룩함과 경건에 힘써야 할 것입니다.

오직 그리스도, 오직 믿음, 오직 예수 보혈 신앙으로 성령 충만을 받고 하나님 사랑과 이웃 사랑의 율법을 지키며 살고, 국가 권세에 복종하고, 거짓 선지자들의 재림 교리를 믿지 말고 자신의 거룩함과 경건에 힘쓸 것입니다.

살아계신 아버지 하나님!

하나님의 은혜를 감사합니다.

예수님을 하나님의 아들로 믿고 구원받은 그리스도인은 죽어서 천국 가는 것만이 목표가 되어서는 안 됨을 믿습니다. 우리의 내세의 삶이 매우 중요하지만 동시에 하나님은 우리를 이 세상 속에 두시고 각각 그들이 속하는 국가 권세에 속하도록 하여 세상 속에서 천국 가는 날까지 어떻게 살아야 할 것을 바울을 통해 계시해 주심을 감사하옵나이다.

우리는 먼저 합법적인 권세 곧 주로 국가 권력에 대한 복종을 요구 받고 있습니다. 그 권세가 하나님께로부터 나온 것이기 때문입니다. 우리는 교회와 국각가 인간의 축복을 위하여 하나님께서 세우신 지상의 기관임을 믿습니다. 국가도 교회와 마찬가지로 하나님의 영광이라는 한 가지 뜻을 이루기 위한 것이라고 믿을 때 국가의 권세에 복종하라는 바울의 명령을 들어야 한다고 믿습니다.

또한, 오늘의 시대에 이단들이 득세하여 심지어 자신을 신격화시키고 재림 교리를 기존의 역사적 개혁 교회가 견지해 온 것과 다르게 만들어 그리스도 교회를 미혹하는 때에 우리가 살고 있습니다. 이때 우리는 지금까지 개혁 교회에서 가르치고 있는 예수 그리스도의 재림 교리를 굳게 믿고 흔들리지 말며 오직 그리스도의 재림을 맞을 자신의 거룩함과 경건에 힘쓰고 복음 전도에 매진하는 자들이 되어야 하리라고 굳게 믿습니다.

오늘도 우리 모두를 건강하도록 지켜 주시고 십자가 보혈 신앙에 굳게 서서 하나님 사랑과 이웃 사랑을 실천하며 오실 그리스도를 대망하면서 거룩하게 살아가게 하여 주옵소서.

예수님의 이름으로 기도하옵나이다. 아멘.

# 1. 권세자들에 대한 복종
(13:1-7)

## 롬 13:1

- "위에 있는 권세들에게 복종하라"
- 위에 있는 권세들은 그들의 권위와 위엄을 암시하고 최고 주권자 왕과 그 밑에 있는 모든 하급 권세자들.
그것은 사람이 아니라 그들 안에 있는 권세 자체의 지위이다.

¹ 각 사람은 위에 있는 권세들에게 복종하라 권세는 하나님으로부터 나지 않음이 없나니 모든 권세는 다 하나님께서 정하신 바라

예수님은 그리스도시요 살아계신 하나님의 아들입니다. 예수님이 하나님의 아들 그리스도라는 증거로 십자가에서 우리 죄를 대신해서 피 흘려 죽으시고, 죽은 자들 가운데서 부활하셨습니다.

이 예수님이 하나님의 아들, 예수님이 그리스도, 예수님이 우리 죄를 대신해서 십자가에서 피 흘려 죽으시고 부활하셨다는 복음으로 우리 인생 모든 문제가 처리되고 해답을 얻습니다. 이 복음은 모든 믿는 자에게 구원을 주시는 하나님의 능력이 됩니다. 이 하나님의 아들 예수 그리스도의 복음, 그리스도 십자가 대속의 피의 복음으로 깊이 뿌리내리기를 기원합니다.

예수님의 신성의 하나님 되심과 십자가 대속의 피의 복음을 마음 중심에 믿고 중생하여 하늘의 시민권을 갖고 사는 자는 교회와 국가 간의 관계를 바로 알고 국가 위정자에 대한 바른 태도를 가지고 있어야

합니다. 그리스도인은 자신이 천국 시민이 되었으므로 천국의 왕 예수 그리스도만이 절대주권자로서 믿고 따르고 순종하며 살고 세상 권세는 무시하고 살면 안 됩니다.

1647년 제정된 웨스트민스터 신앙고백서 23장은 "국가의 위정자"에 관한 항목에서 다음과 같이 말합니다.

> 전 세계의 대주재 하나님께서는 모든 나라 백성들 위에 각기 위정자들을 세우고 자기 수하에서 봉사케 하신다. 그것은 하나님의 영광과 백성의 공익을 위한 것인데 선행하는 자들을 보호하여 권장하고 악행하는 자들을 벌함이다. 하나님은 위의 목적을 위하여 그들을 무장시키셨다(23장 1항).

서두에서 웨스트민스터 신앙고백서를 인용한 것은 이 고백서가 성경의 내용을 가장 잘 표현하는 그리스도 교회의 신앙고백서이기 때문입니다. 모든 장로 교회는 모두 이 신앙고백서를 그들의 신앙의 기준으로 삼고 있습니다.

그러면 이런 내용을 성경에서는 어떻게 말씀하고 있습니까?

본문 로마서 13장 1절을 보면 "각 사람은 위에 있는 권세들에게 복종하라 권세는 하나님으로부터 나지 않음이 없나니 모든 권세는 다 하나님께서 정하신 바라"라고 하였습니다. 여기서 "위에 있는 권세들"이란 우리를 다스리는 권위를 갖고 있는 자들을 말합니다. 그것은 그들의 권위와 그들의 위엄을 암시하고 최고 주권자인 왕뿐만 아니라 그 밑에 있는 모든 하급 권세자들을 망라합니다.

그러나 그것은 그 권세를 갖고 있는 사람들을 가리키지 않고 그들 안에 있는 권세 자체의 지위를 가리키는 것으로 표현되고 있습니다. 아무리 사람들 자신이 악하고 그들이 하나님 나라 백성의 멸시를 받는 악한 자라고 해도 그들이 갖고 있는 권세는 정당하므로 순종하고 복종해야 합니다.

그래서 사도 바울은 앞장(롬 12장)에서 우리 스스로 복수하거나 악을 갚지 말라고 가르쳤는데 이에 대한 오해를 없애기 위해 "각 사람은 위에 있는 권세들에게 복종하라"라고 본문에서 말하고 그 후에 계속해서 악을 행하는 자들에게 권세자들에 의한 심판을 말하고 있는 것입니다.

이는 그리스도인들 사이에서 이 세상 통치권에 대한 규정을 무너뜨리는 것처럼 보이지 않도록 하고 행악자들에게 주어지는 당연한 형벌의 고통을 말하는 것입니다.

이처럼 국가 통치자들에게 복종해야 할 의무를 강조하는 데는 그만한 이유가 있습니다.

**첫째**, 기독교에 대한 세상의 비난이 있었기 때문입니다.

당시 기독교는 공공 평화와 질서와 정부를 방해하는 원수로서, 그리고 세상을 발칵 뒤집어 놓은 한 분파로 취급되어 그 추종자들은 가이사의 원수들로 치부되었고 더욱이 그 지도자들이 갈릴리 출신이었다는 점에서 비판을 받았습니다.

그것은 오래전부터 있었던 비방이었습니다. 우리 예수님께서도 자신의 나라는 이 세상에 속한 나라가 아니라고 말씀하셨으나 똑같이 비난을 받으셨습니다. 그러므로 바울은 기독교에 대한 이런 비난과 비방을 제거하기 위하여 국가 통치자들에 대한 복종이 "그리스도의 법"의 하나라는 것을 보여 주는 것입니다.

**둘째**, 그리스도인들이 국가 통치자들에 대해 품게 될 다른 유혹 때문입니다.

원래 유대인들은 아브라함의 후손이 아닌 다른 민족의 지배를 받는다는 것은 부당한 일이라고 생각했습니다. 그들은 신명기 율법에서 자기들의 왕은 자기 형제들 중에서 나와야 한다(신 17:15)라고 보았기 때문입니다.

오늘날 영적 이스라엘 사람이 된 그리스도인들도 이런 생각을 가지면 안 되고 본문 말씀대로 "각 사람은 위에 있는 권세들에게 복종"해야 마땅합니다.

예수님을 그리스도로 믿고 천국 시민권을 가진 모든 그리스도인은 오직 그리스도, 오직 예수 보혈 신앙으로 성령 충만을 받아 심령 천국을 이루며 살되 이 세상의 법 질서를 그리스도의 법의 하나로 지키고 국가 위정자를 존중하며 고결한 인격으로 살아 하나님께 영광을 돌리는 자들이 되어야겠습니다. 기도하시겠습니다.

살아계신 아버지 하나님!

하나님의 은혜를 감사합니다.

오늘 우리는 독실한 신자라고 자칭한 그리스도인들이 범하기 쉬운 국가 위정자들에 대한 복종의 말씀을 들으면서 이는 우리가 경청해야 할 말씀이라고 믿습니다. 다수의 목회자들이나 교회 중직자들 가운데서 교회 생활은 정직하고 헌신적이나 세상에 나가서는 이원론적 태도를 취하는 경우가 많다고 생각되므로 오늘의 교훈은 그리스도인들에게 매우 중요하다고 믿습니다.

우리 모두는 국가 통치자들에 대한 복종이 그리스도의 법의 하나라는 사실을 바르게 믿어 위에 있는 권세들에게 복종하고 정직하게 살며 거짓말 하지 않고 국가에 내는 세금을 떼어 먹지 말고 정직하게 신고하여 훌륭하고 모범적인 세상 시민이 되어야 한다고 믿습니다. 다만 우리는 후에 보겠지만 우상 숭배를 국가가 강요한다든지 예배를 못 드리게 한다든지(물론 코로나19 비상 시에는 예외도 되겠습니다만) 할 때에는 복종해서는 안 된다고 믿습니다.

오늘도 우리 모두를 건강하고 건전하게 해 주셔서 세상 속에서 빛과 소금으로 살게 해 주시고 고매한 인격으로 살도록 은혜를 베풀어 주옵소서.

예수님의 이름으로 기도하옵나이다. 아멘.

# 417

## 롬 13:1

- "권세는 하나님으로부터 나지 않음이 없나니"
  세상은 하나님의 세상.
  그리스도는 역사의 주이시다.
  그리스도는 하늘과 땅의 모든 권세를 가지신 분.
- 그리스도 수중에 만물이 존재함.
  국가를 세우신 분은 하나님.
  그리스도인은 국가에 관여하고 관심을 가져야 한다.
  선을 행해야 한다.

¹ 각 사람은 위에 있는 권세들에게 복종하라 권세는 하나님으로부터 나지 않음이 없나니 모든 권세는 다 하나님께서 정하신 바라

예수님은 그리스도시요 살아계신 하나님의 아들입니다. 예수님이 하나님의 아들 그리스도라는 증거로 십자가에서 우리 죄를 대신해서 피 흘려 죽으시고, 죽은 자들 가운데서 부활하셨습니다.

이 예수님이 하나님의 아들, 예수님이 그리스도, 예수님이 우리 죄를 대신해서 십자가에서 피 흘려 죽으시고 부활하셨다는 복음으로 우리 인생 모든 문제가 처리되고 해답을 얻습니다. 이 복음은 모든 믿는 자에게 구원을 주시는 하나님의 능력이 됩니다. 이 하나님의 아들 예수 그리스도의 복음, 그리스도 십자가 대속의 피의 복음으로 깊이 뿌리내리기를 기원합니다.

예수님의 신성의 하나님 되심과 십자가 대속의 피의 복음을 마음 중심에 믿고 중생한 그리스도인은 바른 세계관을 갖는 것이 무엇보다도 중요합니다.

어떤 그리스도인들은 그들이 하나님 나라의 왕 그리스도께서 자신의 구주가 되셨으니 이제는 영적인 하나님 나라에 대해서만 관심을 가져야 한다고 생각할 수 있습니다. 더욱이 이 세상은 타락한 세상이고 사탄이 흑암 속에서 지배하는 곳이기에 세속적인 문제에 관심을 가져서는 안 되고 영적인 문제들에만 관심을 가져야 한다고 생각하기 쉽습니다.

이러한 세계관은 모두 잘못된 것입니다. 세상이 타락했어도 여전히 하나님의 세상입니다. 하나님께서 세상을 창조하셨습니다. 남자와 여자를 만드시고 모든 것을 지으셨습니다. 비록 타락한 세상이어도 하나님께서 여전히 이 세상을 지탱하고 계십니다.

하나님은 도리어 세상을 회복시키는 것이 목적입니다. 회복시킬 뿐만 아니라 타락 전보다 오히려 더 영광스러운 상태로 회복시키는 것이 하나님의 목적입니다 하늘에 있는 것이나 땅에 있는 것이 다 그리스도 안에서 통일되게 하려 하심이 바로 하나님의 목적입니다.

그래서 하나님은 그의 아들 예수 그리스도께 "하늘과 땅의 모든 권세"를 주셨습니다. 예수 그리스도께서 역사의 주이십니다. 만물이 다 그리스도의 수중에, 그의 권세 안에 있습니다. 그렇다면 그리스도인들이 세상에 대해 무관심하는 자가 될 수 없습니다.

그래서 사도 바울은 로마 교회 신자들에게 이렇게 말하고 있습니다. 본문 로마서 13장 1절 중반을 보면 "권세는 하나님으로부터 나지 않음이 없나니 모든 권세는 다 하나님께서 정하신 바라"라고 하였습니다.

먼저 그리스도인들로서 우리는 존재하는 권세들이 하나님이 정하신 바라는 사실을 믿어야 합니다. 국가와 정부, 행정관들은 사람이 고안해 낸 것이 아니고 또한 사람이 원하거나 사람이 지혜를 내어 세운 것이 아닙니다.

국가를 세우신 분은 하나님이십니다. 정부와 법과 질서가 다 하나님의 생각에서 나온 것이라고 본문은 말하는 것입니다. 물론 모든 개개의 법률이나 법칙이나 나쁜 통치자도 필연적으로 하나님이 세우셨다고 말하는 것은 아닙니다. 오늘 본문에서 말한 권세는 정부와 법과 질서에 대한 전체 개념에 관해서 관심을 두고 말한 것입니다.

어떤 특별한 정부 형태가 하나님이 세우신 바라고 말하고 있지 않습니다. 다만 하나님께서 정부가 존재하고 법이 있고 질서가 있게 하셨다고 말하고 있습니다. 그러므로 그리스도인이 영적 문제들에만 관심을 가져야 한다고 생각하는 것은 잘못된 것입니다. 그리스도인은 모든 일에 관심을 가져야 합니다.

그리스도인은 왕도 될 수 있고, 대통령도 될 수 있고, 공직자로 선출되어 봉사할 수 있습니다. 그렇다면 국가를 세우신 하나님의 의도를 바로 알고 봉사해야 마땅합니다.

우리는 앞으로 로마서 13장 1절부터 7절까지 이어지는 그리스도인과 세상 권세에 관해서 더 자세히 살펴볼 것이지만 오늘 개연적으로 국가 기능의 두 가지 역할을 말할 수 있습니다(로이드 존스, 『로마서 강해 13』).

**첫째**, 소극적으로 악과 그 악의 나타남을 제어합니다. 정부는 인간의 타락 때문에 필요하게 되었습니다.

**둘째**, 국가가 담당해야 하는 적극적인 역할로서 모든 사람의 복지를 촉진하는 것입니다. 선을 행하는 사람들을 칭찬하도록 세움 받는 것이 국가입니다.

제2차 세계대전 중 구소련에서 일어났던 일로 스탈린이 그리스도인들을 칭찬하고 그들을 억압하는 법률을 완화시켰다는 것입니다. 그것은 러시아가 전쟁 중에 극심한 어려움에 빠졌을 때 고되게 일을 하지 않을 수 없는 때였는데, 그리스도인들은 국가가 하라고 명령하는 일을 하였고 그 일을 다른 사람보다 더 잘하고 있다는 보고를 받았기 때문이었습니다.

그들은 그들이 국가의 법에 순종한다는 그 사실 때문에 그런 칭찬을 받았던 것입니다. "권세는 하나님으로부터 나지 않음이 없나니 모든 권세는 하나님께서 정하신 바" 임을 믿는 자는 선을 행하여 칭찬을 받을 것입니다.

예수님의 신성의 하나님 되심과 십자가 대속의 피의 복음을 믿고 중생한 그리스도인은 오직 그리스도, 오직 믿음, 오직 예수 보혈 신앙으로 성령의 충만을 받아 하나님의 능력을 따라 복음과 함께 국가의 권세에 복종하여 선을 행하고 하나님께 영광을 돌리며 살아야 할 것입니다. 즉시 기도하겠습니다.

살아계신 아버지 하나님!

하나님의 은혜를 감사합니다.

우리가 구원받은 것은 영혼의 구원을 받았기 때문에 중생한 그리스도인은 영혼에만 관심을 갖기 쉬우나 그에 대한 잘못을 오늘의 말씀을 통하여 깨닫게 하심을 감사합니다. 우리가 가진 영혼과 신체는 2합1 위로서 나눌 수 없는 상태임을 믿습니다. 더욱이 이 세상은 여전히 하나님의 세상이고 하나님께서 그의 아들 예수 그리스도를 이 세상에 보내셔서 대속의 죽음과 부활 승천 후 하늘과 땅의 모든 권세를 가진 주와 그리스도로 세우셨음을 믿습니다. 예수님이 인류 역사의 주이시고 만물이 다 그리스도의 수중에서 결정된다고 굳게 믿습니다. 그러나 하나님과 그리스도께서는 그 권세의 기능을 국가 위정자들에게 주어 통치하신다는 사실을 믿고 우리는 국가 기능에 참여할 수도 있고 또 관심을 갖고 살면서 선을 행해야 한다고 믿습니다.

오늘 본문에서 권세는 하나님으로부터 나지 않음이 없나니 모든 권세는 다 하나님께서 정하신 바라는 말씀을 기억하면서 우리가 처한 세상 질서의 현장에서 선을 행하여 칭찬받는 삶을 살아가도록 도와주옵소서. 아버지 하나님이시여 오늘도 우리 모두를 건강하게 하시고 건전하게 하셔서 예수 그리스도로 말미암아 성령의 충만을 받고 하나님의 능력을 따라 삶의 현장에서 주어진 권세에 복종하고 선을 행하는 자들이 되도록 복을 주시고 인도하여 주옵소서.

예수님의 이름으로 기도하옵나이다. 아멘.

# 418

## 롬 13:1-2

- "권세를 거스르는 자는 하나님의 명을 거스름이니"
  국가와 그리스도인의 관계.
- 바른 국가관을 가져야 한다.
  권세 복종의 한계가 있다.
  그리스도인의 정치 관여 문제.
  궁극적으로 우리의 시민권은 하늘에 있다.
  그리스도 재림 대망의 삶.

¹ 각 사람은 위에 있는 권세들에게 복종하라 권세는 하나님으로부터 나지 않음이 없나니 모든 권세는 다 하나님께서 정하신 바라 ² 그러므로 권세를 거스르는 자는 하나님의 명을 거스름이니 거스르는 자들은 심판을 자취하리라

예수님은 그리스도시요 살아계신 하나님의 아들입니다. 예수님이 하나님의 아들 그리스도라는 증거로 십자가에서 우리 죄를 대신해서 피 흘려 죽으시고, 죽은 자들 가운데서 부활하셨습니다.

이 예수님이 하나님의 아들, 예수님이 그리스도, 예수님이 우리 죄를 대신해서 십자가에서 피 흘려 죽으시고 부활하셨다는 복음으로 우리 인생 모든 문제가 처리되고 해답을 얻습니다. 이 복음은 모든 믿는 자에게 구원을 주시는 하나님의 능력이 됩니다. 이 하나님의 아들 예수 그리스도의 복음, 그리스도 십자가 대속의 피의 복음으로 깊이 뿌리내리기를 기원합니다.

예수님의 신성의 하나님 되심과 십자가 대속의 피의 복음을 마음 중심에 믿고 중생한 그리스도인은 하나님 나라 왕 예수 그리스도를 모시고 사는 하늘나라 시민이 됩니다. 그러나 여전히 그리스도인은 세상 속에서 살기 때문에 세상 나라인 국가의 권세에 복종하며 살아야 합니다.

그러므로 필연적으로 그리스도인들과 국가의 관계가 중요합니다. 이에 대한 오해가 교회 역사적으로 많이 있어 왔습니다. 그것은 그리스도인들이 바른 국가관을 갖지 못한 데서 유래한 것이었습니다. 그것은 그들이 국가의 본질과 기능에 관해서 성경이 가르치는 바에 대해서 명백하게 인식하지 못한 결과였습니다.

과거 교회사를 보면 국가에 대한 관계에서 두 극단적인 태도가 있었습니다.

**하나**는 전통적 관점으로서 현상 유지에 관심이 있었습니다. 백성들은 현재 있는 자리에서 복종해야 된다는 것이었습니다. 그래서 인종 차별이 용인되었습니다.

**또 다른 하나**는 무정부적 관점으로 이것도 성경의 내용과 위배되는 것입니다. 그런데 오늘날도 일부 그리스도 교회 목회자들 가운데 공공연한 정치가로서 교회를 대표하고 다른 목회자들을 규합하여 국가 권세에 불복종하고 혁명적 국가 전복을 시도하는 듯한 아슬아슬한 길을 걷는 자들도 있습니다.

그들의 주장에 상당한 이유와 타당성이 있다 하더라도 성경은 혁명이 아니고 인간 개조를 먼저 강조하고 그 다음에 사회 개혁을 암시한다는 것입니다. 인간 자신이 성령으로 말미암아 새로워져야 하는 예수님의 관점을 버리면 해방 신학의 오류에 빠지게 될 것입니다.

그러므로 우리는 이에 관한 진리를 가장 잘 선언하고 있는 로마서 13장을 주시할 필요가 있습니다. 우리는 반복되는 내용이지만 계속해서 앞으로 수차례 걸쳐서 듣고자 합니다.

우리는 지금까지 그리스도인과 세상과의 관계 및 국가의 기능에 대한 그리스도인의 관점을 보아 왔습니다. 그러면 이제 국가에 대한 그리스도인들의 태도와 국가에 대한 그리스도인의 관계에 대하여 개연적으로 살펴보고자 합니다.

우리의 출발은 그리스도인의 바른 국가관입니다. 오늘 본문에서 바울의 말을 듣고자 합니다. 본문 로마서 13장 1-2절을 보면 "$^1$ 각 사람은 위에 있는 권세들에게 복종하라 권세는 하나님으로부터 나지 않음이 없나니 모든 권세는 다 하나님께서 정하신 바라 $^2$ 그러므로 권세를 거스르는 자는 하나님의 명을 거스름이니 거스르는 자들은 심판을 자취하리라"라고 하였습니다.

사도 바울은 국가의 권세가 하나님으로부터 유래되었음을 세 번에 걸쳐 단언합니다. "권세는 하나님으로부터 나지 않음이 없나니"(1절 중반), "모든 권세는 다 하나님께서 정하신 바라"(1절 후반), "그러므로 권세를 거스르는 자는 하나님의 명을 거스름이니"(2절 전반)라고 하였습니다.

이처럼 국가는 신적 권세를 가지고 있는 신적 기관입니다. 그리스도인들은 정권 파괴주의자나 무정부주의자가 되어서는 안 됩니다. 그러나 국가는 그리스도인의 신앙에 간섭하여 우상 숭배 요구와 예배 금지를 하는 경우에는 국가의 신적 권세의 남용으로 이에 따를 수는 없습니다.

이런 실례는 초대 교회 예배시에 분명히 나타나고 있습니다. 사도행전 4장과 5장에서 사도들은 당국자들의 복음 전도 금지에 항의하고 복종하지 않았습니다.

> 사람보다 하나님께 순종하는 것이 마땅하니라 (행 5:29).

한편, 그리스도인들이 국가와 위에 있는 권세들에게 복종하는 것이 제한된 조건에서 당연함과 동시에 그리스도인들은 국가와 그 법의 보호를 받을 권리도 주장할 수 있다는 것입니다. 사도행전 16장 19-40절의 말씀을 보면 사도 바울이 로마의 시민권을 가진 자로서 자기 권리를 주장하는 장면이 나옵니다. 그는 또한 그 후 "가이사에게 호소하노라"(행 25:11)라고 하여 로마 재판정으로 가기도 하였습니다.

오늘날 그리스도 교회에서 정치적인 이슈 때문에 서로 다투고 나뉘는 경우도 있습니다. 서로 다른 의견을 가지는 것은 개인의 자유이나 그리스도 교회적 관점에서는 이런 정치 문제를 공론화해서는 절대로 안 됩니다.

우리 모두는 국가로서 가지는 관계는 일시적인 것임을 기억해야 합니다. 우리의 시민권은 하늘에 있는 것이기 때문입니다. 우리는 이 세상에서 소명에 따라 성실하게 살아야 하지만 우리는 이 세상에서 나그네와 행인으로 순례자로 존재하고 있다는 것을 기억해야 합니다. 우리의 소망은 그리스도의 재림에 있음을 기억해야 합니다.

그러므로 우리 모두는 오직 그리스도, 오직 믿음, 오직 예수 보혈 신앙으로 성령 충만을 받고 이 세상에서 주어진 소명에 헌신하고 권세에 복종하면서, 그러나 그리스도 재림을 대망하는 자로 살아야겠습니다. 즉시 기도하겠습니다.

---

살아계신 아버지 하나님!
하나님의 은혜를 감사합니다.
우리는 천국의 시민이지만 동시에 이 세상나라의 시민으로 살기에 그리스도인으로서 국가와의 관계를 바르게 이해하는 것이 매우 중요하다고 믿습니다. 흔히 보면 그리스도 교회 안에서 정치 문제로 성도 간에 다툼도 있고 또 어떤 목회자는 공공연하게 대내적으로 설교로 정치 비판을 하고 대외적으로는 국가 권세에 대항하는 운동을 하는 현상을 보면서 로마서 13장의 바른 이해가 더욱 중요하다고 믿습니다.
중생한 그리스도인은 세속적 그리스도인과 달리 국가 권세가 하나님께로부터 유래되었음을 믿고 국가 권세를 거스르는 자들은 심판을 자취한다는 말씀을 명심해야 한다고 믿습니다. 다만 국가가 우상 숭배 요구를 한다든지 예배 금지를 한 경우에는 복종할 수 없다는 성경의 교훈도 굳게 믿습니다.
정치란 인간 사회 생활의 전반에 걸쳐 영향을 미치는 것이기에 그리스도인도 이에 대해 관심을 갖는 것이 당연합니다. 그리스도 교회 안에서는 정치 이야기는 금해야 하고 목회자도 특정 정당이나 인물을 지지 옹호하는 공적 발언을 해서는 안 된다고 믿습니다.

오늘도 예수 그리스도로 말미암아 성령의 충만을 받고 먼저 그리스도의 나라와 그의 의를 구하며 살게하여 주옵소서. 무엇보다 건강을 지켜 주시고 절제하고 근신하면서 그리스도 재림 소망의 전도자로 살아가게 하여 주옵소서.

예수님의 이름으로 기도하옵나이다. 아멘.

# 419

## 롬 13:1-4

- "그가 공연히 칼을 가지지 아니하였으니"
  사형 제도.
- 사형 제도의 성경적 근거(창 9:6, 롬 13:4).
  그리스도인은 영적 살인도 하지 말라.

¹ 각 사람은 위에 있는 권세들에게 복종하라 권세는 하나님으로부터 나지 않음이 없나니 모든 권세는 다 하나님께서 정하신 바라 ² 그러므로 권세를 거스르는 자는 하나님의 명을 거스름이니 거스르는 자들은 심판을 자취하리라 ³ 다스리는 자들은 선한 일에 대하여 두려움이 되지 않고 악한 일에 대하여 되나니 네가 권세를 두려워하지 아니하려느냐 선을 행하라 그리하면 그에게 칭찬을 받으리라 ⁴ 그는 하나님의 사역자가 되어 네게 선을 베푸는 자니라 그러나 네가 악을 행하거든 두려워하라 그가 공연히 칼을 가지지 아니하였으니 곧 하나님의 사역자가 되어 악을 행하는 자에게 진노하심을 따라 보응하는 자니라

예수님은 그리스도시요 살아계신 하나님의 아들입니다. 예수님이 하나님의 아들 그리스도라는 증거로 십자가에서 우리 죄를 대신해서 피 흘려 죽으시고, 죽은 자들 가운데서 부활하셨습니다.

이 예수님이 하나님의 아들, 예수님이 그리스도, 예수님이 우리 죄를 대신해서 십자가에서 피 흘려 죽으시고 부활하셨다는 복음으로 우리 인생 모든 문제가 처리되고 해답을 얻습니다. 이 복음은 모든 믿는 자에게 구원을 주시

는 하나님의 능력이 됩니다. 이 하나님의 아들 예수 그리스도의 복음, 그리스도 십자가 대속의 피의 복음으로 깊이 뿌리내리기를 기원합니다.

예수님의 신성의 하나님 되심과 십자가 대속의 피의 복음을 마음 중심에 믿고 중생한 그리스도인은 생명의 존엄성에 대한 깊은 인식을 갖고 사는 자입니다. 그것은 인간이 하나님의 형상으로 창조된 존재이기 때문입니다. 그래서 기독교는 낙태죄를 반대하고 있는 것입니다.

그러면 생명을 멸절시키는 사형 제도는 우리가 어떻게 생각해야 합니까?

사형제 존폐는 오래전부터 전 세계적 관심사로 논의되어 왔습니다. 전 세계적으로 사형제 폐지 국가가 사형제 유지 국가보다 많은 형편입니다.

우리 대한민국은 사형 제도를 유지하고 있으나 사형을 집행하지 않음으로써 사실상 사형 제도를 유보하고 있는 형편입니다. 우리 기독교계에서도 대체적으로 진보적 교단에서는 사형제 폐지를 주장하고 있으나 보수 교단에서는 여전히 사형 제도의 정당성을 옹호하고 있습니다.

사형 제도는 함무라비 법전과 구약성경에서 이미 시행되고 있어 인류 사회에서 가장 오랫동안 시행하고 존속되어 온 제도 중의 하나입니다. 사형 제도의 철학적 배경에는 공리주의 사상과 응보적 사상이 깔려 있습니다. 즉, 흉악 범죄를 억지하는 효과와 피해 예방의 효과와 더불어 응보적 정의를 구현하는 법 정신입니다.

반면 사형 제도 폐지론자들은 사형 제도가 인간의 기본권이자 천부적 인권을 빼앗아 감으로써 인간 존엄성을 해치는 반인간적인 제도이기에 폐지되어야 한다고 합니다. 더욱이 한번 실행하면 잘못된 사형을 돌이킬 수 없기에 더욱 폐지되어야 한다고 주장합니다.

그러면 그리스도 십자가 대속의 피의 복음을 믿고 중생한 그리스도인의 사형 제도에 관한 관점은 무엇입니까?

물론 그에 관한 근거는 신구약 성경입니다.

사형 제도와 관련된 가장 중요한 구약성경은 창세기 9장 6절입니다.

> 다른 사람이 피를 흘리면 그 사람의 피도 흘릴 것이니 이는 하나님이 자기 형상대로 사람을 지으셨음이니라(창 9:6).

이 말씀은 온 인류가 홍수심판으로 다 멸망하고 오직 노아의 한 가정만이 세상과 교회로 다시 시작하는 점에서 노아에게 주어졌습니다. 그리하여 이 말씀은 인류를 위한 "대헌장"으로서 새로이 건설되고 실현될 새로운 자연 왕국의 위대한 헌장이 된 것입니다.

창세기 9장 6절의 말씀은 고의적인 살인자는 죽음에 처해야 한다는 형벌의 공포였습니다. 즉, 하나님께서 살인자를 벌하신다는 것입니다. 다만 통치자는 하나님의 위임된 권세로 살인자를 벌해야 하는 것입니다.

한편, 사형 제도와 관련된 중요한 신약성경은 오늘 본문 로마서 13장 4절입니다. 본문을 보면 "그가 공연히 칼을 가지지 아니하였으니 곧 하나님의 사역자가 되어 악을 행하는 자에게 진노하심을 따라 보응하는 자니라"라고 하였습니다.

하나님은 인간의 생명을 보호하는 사회를 조성하고 유지하는 임무를 공권력을 가진 자들, 즉 위정자들에게 맡기셨습니다. 바울은 원수 갚는 것이 개인이 아니라 하나님께 속해 있음을 말하면서 하나님은 하나님의 대리자로 이 일을 하도록 정부의 위정자에게 권세를 위임하셨음을 가르치는 것입니다.

정부는 이 사역을 위해 칼을 사용하는 권세를 부여받았습니다. 그리고 칼을 사용하는 권세 중에서 사형은 당연히 포함되는 것입니다.

그리스도 교회는 사형 제도 폐지를 향해 움직이는 사회 분위기에 부담을 느껴 동참할 필요가 없습니다. 교회는 이 문제에 관한 분명한 신학적 입장을 가져야 합니다.

사형 제도를 폐지하는 것이 기독교적입니까?

혹은 사형 제도를 유지하는 것이 더 성경적입니까?

그리스도인은 이것을 판단하는 데 여러 가지 신학적 근거로 논증할 수 있습니다.

그러나 우리는 하나님께서 주신 노아의 언약을 보편적인 인간을 위한 언약으로 인정한다면 사형 제도는 유지되는 것이 타당합니다. 로마서 13장 4절의 위정자에게 주어진 칼을 사용하는 권세 중에서 사형이 포함되지 않는다고 말할 수 없습니다.

이런 점에서 우리는 신학적인 정당성을 가진 사형 제도는 유지되어야 한다고 봅니다. 그러나 그 집행을 최대한 유예함으로써 또 다른 사형제 폐지의 신학적인 정당성을 동시에 충족할 수 있을 것입니다.

우리 모두는 예수님의 신성의 하나님의 아들 되심과 십자가 대속의 피의 복음을 마음 중심에 믿고 하나님의 형상을 가진 인간을 존중하고 사랑하고 미워하지 말 것입니다. 형제를 미워하는 자마다 살인하는 자임을 기억할 것이며(요일 3:15), 형제를 대하여 미련한 놈이라 하는 자는 지옥불에 들어가게 되리라는 예수님의 경고(마 5:22)를 기억하며 살 것입니다.

우리 모두 성령 충만을 받아 성령으로 말미암아 하나님의 사랑이 우리 마음에 부은바 되어 형제를 미워하지 않고 기꺼이 사랑하는 자가 되도록 기도하겠습니다.

살아계신 아버지 하나님!
하나님의 은혜를 감사합니다.
우리는 하나님께서 부여하신 위정자의 권세에 복종하는 것이 하나님의 뜻이라고 믿습니다. 특히, 위정자들이 칼을 가지고 집행자가 되어서 악을 제어하고 인간의 생명을 보존하는 권세로서 사형 제도가 성경에 근거하고 있음을 확신하면서 사형 제도의 존속이 하나님의 뜻이라고 믿습니다. 우리는 세속주의자들의 사형제 폐지 논의에 부화뇌동하지 말고 확실한 신학적 근거인 노아 언약의 보편적 사형 유지 근거의 말씀과 로마서 13장의 칼을 가진 위정자의 통치 행위가 사형 제도를 옹호한다고 믿습니다.
다만 우리는 생명의 존엄에 관한 성경적 근거도 있음을 고려할 때 사형 제도는 유지하되 집행은 유예한다는 실천적 정책이 타당하다고 믿습니다. 고의적인 살인은 사형이라는 엄숙한 성경의 선언 앞에서 우리는 마음으로도 살인하지 않는 거룩한 삶을 살아야 한다고 믿습니다. 형제를 미워하는 것이 곧 살인하는 것과 마찬가지라는 성경의 말씀을 기억하고 성령의 충만을 받아 하나님의 사랑을 충만히 받고 형제 사랑을 기꺼이 하는 자들이 되어야 한다고 믿습니다.

우리의 믿음을 더하여주옵소서. 오늘도 우리로 건강하게 하시어 기꺼이 형제를 사랑하고 섬기게 하시고 이로 인하여 하나님 사랑을 증거하는 자들이 되게 하여 주옵소서.

예수님의 이름으로 기도하옵나이다. 아멘.

# 420

## 롬 13:1-4

- 각 사람은 위에 있는 권세들에게 복종하라.
  전쟁에 대한 그리스도인의 태도 세 가지
  ① 행동주의.
  ② 평화주의.
  ③ 정당한 전쟁론.
- 선별주의로서 정당한 전쟁에는 참여해야 한다.

[1] 각 사람은 위에 있는 권세들에게 복종하라 권세는 하나님으로부터 나지 않음이 없나니 모든 권세는 다 하나님께서 정하신 바라 [2] 그러므로 권세를 거스르는 자는 하나님의 명을 거스름이니 거스르는 자들은 심판을 자취하리라 [3] 다스리는 자들은 선한 일에 대하여 두려움이 되지 않고 악한 일에 대하여 되나니 네가 권세를 두려워하지 아니하려느냐 선을 행하라 그리하면 그에게 칭찬을 받으리라 [4] 그는 하나님의 사역자가 되어 네게 선을 베푸는 자니라 그러나 네가 악을 행하거든 두려워하라 그가 공연히 칼을 가지지 아니하였으니 곧 하나님의 사역자가 되어 악을 행하는 자에게 진노하심을 따라 보응하는 자니라

예수님은 그리스도시요 살아계신 하나님의 아들입니다. 예수님이 하나님의 아들 그리스도라는 증거로 십자가에서 우리 죄를 대신해서 피 흘려 죽으시고, 죽은 자들 가운데서 부활하셨습니다.

이 예수님이 하나님의 아들, 예수님이 그리스도, 예수님이 우리 죄를 대신해서 십자가에서 피 흘려 죽으시고 부활하셨다는 복음으로 우리 인생 모든 문제가 처리되고 해답을 얻습니다. 이 복음은 모든 믿는 자에게 구원을 주시는 하나님의 능력이 됩니다. 이 하나님의 아들 예수 그리스도의 복음, 그리스도 십자가 대속의 피의 복음으로 깊이 뿌리내리기를 기원합니다.

예수님의 신성의 하나님 되심과 십자가 대속의 피의 복음을 마음 중심에 믿고 중생한 그리스도인은 예수 그리스도를 마음에 모시고 예수 그리스도의 통치와 인도 속에 살아갑니다. 평강의 왕 예수 그리스도를 모시고 사는 그리스도인들이 국가가 수행하는 전쟁에 항상 참여해야 하는가는 중대한 결정의 문제입니다. 전쟁에 대한 그리스도인의 태도에는 세 가지가 있습니다.

**첫째**, 어떤 그리스도인들은 국가가 수행하는 전쟁은 당연히 모든 경우에 참여해야 한다고 주장합니다.
**둘째**, 또 어떤 그리스도인들은 절대 참여해서는 안 된다고 주장합니다.
**셋째**, 또 다른 그리스도인들은 이 두 사이의 선별주의를 적용하여 정당한 전쟁에만 참여해야 한다고 주장합니다.

첫째 주장은 행동주의, 둘째 주장은 평화주의 혹은 반전론, 셋째 주장은 선별주의로서 정당한 전쟁론이라고 부를 수 있습니다. 우리는 성경 전체의 관점과 우리 주 예수 그리스도의 말씀과 태도를 통해 고려

해볼 때 셋째 주장인 정당한 전쟁론이 타당하다고 믿습니다.

신약성경에서 전쟁에 관한 가장 직접적인 근거가 되는 구절이 오늘 본문입니다. 본문 로마서 13장 1-2절을 보면 "**1** 각 사람은 위에 있는 권세들에게 복종하라 권세는 하나님으로부터 나지 않음이 없나니 모든 권세는 다 하나님께서 정하신 바라 **2** 그러므로 권세를 거스르는 자는 하나님의 명을 거스름이니 거스르는 자들은 심판을 자취하리라"라고 하였습니다.

이 말씀을 근거로 그리스도인은 자기 정부의 명령에 복종하여 모든 전쟁에 참여해야 한다고 하는 것이 행동주의입니다. 정부는 하나님이 제정하신 것이고 하나님은 그 권세에 복종하라고 하였으니 그리스도인은 정부가 수행하는 모든 전쟁에 의의 없이 참여해야 한다고 주장합니다.

반면에 반전론 혹은 평화주의는 그리스도인들이 전쟁에 나가서는 결코 안 된다고 합니다. 이 견해는 두 가지 논의를 기초로 합니다.

"살인은 항상 잘못이다. 성경은 생명을 빼앗는 일은 금하고 있다(출 20:13). 또한, 악을 폭력적으로 저항하는 것은 잘못이다. 예수님은 악한 자를 대적하지 말라고 하셨다. 또 원수를 사랑하라고 하셨다."

우리가 취해야 할 태도는 셋째 주장인 정당한 전쟁론으로서, 일부 전쟁은 정당화되나 다른 일부 전쟁은 그렇지 않다고 주장하는 것입니다. 정당한 전쟁론은 한마디로 오직 정당한 전쟁에만 참가해야 하며 부당한 전쟁에 참가해서는 안 된다는 것입니다.

우리는 이 세 가지 그리스도인의 전쟁에 관한 태도에 대한 각각 비판 또는 검토를 할 수 있으나 지면상 세 번째 관점으로서 선별주의인

정당한 전쟁론에 대한 타당성을 논하고자 합니다(자세한 내용은 임덕규, 『기독교인과 전쟁』 참조).

정당한 전쟁론에서 중요한 것은 전쟁이 정당화 될 수 있는 전쟁의 기준입니다. 우리는 여섯 가지를 들 수 있다고 봅니다.

① 적법한 권위
② 정당한 원인
③ 정당한 의도
④ 최후의 수단
⑤ 합리적인 성공의 희망
⑥ 비례성

정당한 전쟁의 기준은 먼저 적법한 권위입니다. 오늘 본문을 보면 "위에 있는 권세들에 복종하라"라는 명령에서 적법한 국가 권세가 요구됩니다. 다음에 모든 문제의 핵심 요소인 무엇이 '정당한 원인'인가에 대해서는 침략 전쟁에 대하여 국가 영토 보존과 주권의 방어에 관한 것으로 볼 수 있습니다.

또 정당한 의도는 복수 추구가 아니라 정의 추구요 선을 의도하는 것입니다. 그리고 가능한 평화로운 수단을 다하고 났을 때 최후의 수단으로 전쟁은 수행되어야 합니다. 그리고 합리적인 성공의 희망이 있으면 좋은 것입니다. 끝으로 전쟁으로 성취된 선이 전쟁으로 인한 악한 효과보다 가치가 있어야 할 것입니다.

끝으로 전쟁에 대한 그리스도인의 태도로서 우리가 모시고 사는 예수 그리스도의 전쟁에 관한 태도를 간략하게 정리할 필요가 있다고 봅니다.

예수님이 산상수훈에서 하신 "악한 자에게 대적하지 말라"라는 명령은 개인에 대한 명령이고 국가로서의 전쟁 금지 명령이 아닙니다. 또한, 예수님은 구약성경을 모두 믿고 인정하신 분입니다. 구약의 수많은 여호와의 전쟁 명령이 있는데 예수님은 구약의 여호와와 일체이신 하나님이십니다.

특히, 예수님은 백부장 같은 군인들이 예수님께 나온 경우 "너희가 나를 믿으니 군무에서 나오라"라고 말씀하지 않으셨습니다. 세례 요한도 군인들에게 군무에서 나오라고 하지 않았습니다(눅 3:14).

십자가 대속의 피의 복음을 받은 모든 그리스도인은 국가가 수행하는 정당한 전쟁에 참여해야 합니다. 만일 국가가 부당한 전쟁에 참여한다면 감옥에 가는 일도 불사할 수밖에 없을 것입니다. 오직 그리스도, 오직 믿음, 오직 예수 보혈 신앙으로 살고 국가를 위해 기도하고 정당한 봉사를 하며 의로운 국가가 되도록 날마다 기도할 것입니다.

살아계신 아버지 하나님!
하나님의 은혜를 감사합니다.
십자가 대속의 피의 복음을 마음 중심에 믿고 중생한 그리스도인은 위에 있는 권세들에게 복종해야 하는데 이는 그 권세가 하나님으로부터 난 것이기 때문에 순종합니다. 그러나 위정자들이 국가의 대표로서 일으킨 전쟁에 그리스도인은 무조건 참여하는 것이 아닌 것임을 배우게 하시니 감사합니다.

우리는 전쟁의 정당한 이유와 정당한 의도를 갖고 최후의 수단으로 수행하는 정당한 전쟁에만 참여해야 한다고 믿습니다. 그러므로 무조건 국가가 행하는 모든 전쟁에 참여한다는 행동주의나 전쟁을 무조건 반대하는 반전론이나 평화주의에는 찬동할 수 없다고 믿습니다. 중생한 그리스도인은 하나님의 은혜로 기회가 주어지면 위정자의 소명을 받을 수도 있고 그때에는 의로운 원인과 의도 따라 전쟁 수행자가 될 수도 있다고 믿습니다. 우리 모두는 천국의 시민임과 동시에 지상의 시민으로서 세상 사는 동한 하나님 나라 증거에 힘쓰며 살고 위에 있는 권세에 복종하며 살고 국가가 의로운 기능을 잘 수행하도록 날마다 기도할 것입니다.

오늘도 우리 모두 건강하게 하시고 선전하게 하여서 국법을 잘 지키고 맡겨진 소명에 헌신하는 고결한 삶을 살아가게 하여 주옵소서. 오늘의 시대 핵무기 위협은 재래식 전쟁 기준을 바꾸고 있으나 여전히 우리 주 그리스도께서 온 세상의 통치자임을 믿고 북핵 위협 등 각종 전쟁 위협 세력 앞에 굴복하는 평화주의자들이 되지 않게 도와주시며 우리가 섬기는 그리스도의 십자가 대속의 피의 복음을 가진 교회로 인하여 이 나라가 복을 받고 평화가 이루어지게 하여 주옵소서.

예수님의 이름으로 기도하옵나이다. 아멘.

## 롬 13:3

- 다스리는 자들은 선한 일에 대하여 두려움이 되지 않고 악한 일에 대하여 되나니.
  권세의 목적 두 가지
  ① 악한 일과 행악자들을 두렵게 하기 위해.
  ② 선을 행하는 사람들을 칭찬하게 위해.
- 선을 행하라.

³ 다스리는 자들은 선한 일에 대하여 두려움이 되지 않고 악한 일에 대하여 되나니 네가 권세를 두려워하지 아니하려느냐 선을 행하라 그리하면 그에게 칭찬을 받으리라

예수님은 그리스도시요 살아계신 하나님의 아들입니다. 예수님이 하나님의 아들 그리스도라는 증거로 십자가에서 우리 죄를 대신해서 피 흘려 죽으시고, 죽은 자들 가운데서 부활하셨습니다.

이 예수님이 하나님의 아들, 예수님이 그리스도, 예수님이 우리 죄를 대신해서 십자가에서 피 흘려 죽으시고 부활하셨다는 복음으로 우리 인생 모든 문제가 처리되고 해답을 얻습니다. 이 복음은 모든 믿는 자에게 구원을 주시는 하나님의 능력이 됩니다. 이 하나님의 아들 예수 그리스도의 복음, 그리스도 십자가 대속의 피의 복음으로 깊이 뿌리내리기를 기원합니다.

예수님의 신성의 하나님 되심과 십자가 대속의 피의 복음을 마음 중심에 믿고 중생한 그리스도인은 이전과는 다른 신생(新生)의 삶을 사는 자가 됩니다. 곧 하나님 나라 백성이 되는 것입니다. 그리하여 당연히 유혹의 욕심을 따라 썩어져 가는 구습을 따르는 옛사람을 벗어 버리고 새사람이 되어 살아가게 됩니다.

새사람이 된 그리스도인은 이제 세상 속에서 하나님 나라 백성답게 건전하고 우수하여서 국법 질서를 기꺼이 지키며 고결한 인격을 지망하며 살아가는 모습을 나타내야 합니다. 종교적으로만 신령하다는 것은 있을 수 없는 일입니다. 오늘날 한국 사회에서 국가 법질서를 무시하며 신령하다는 목회자들의 대규모 반정부 집회 활동으로 인하여 그리스도 교회가 하나님 나라의 영광을 나타내는 거룩함을 드러내는 데 큰 장애를 초래하였습니다.

국가에게 주어진 권세는 다 하나님으로부터 온 것으로서 다스리는 자들은 악을 제어하고 선을 장려하는 권세의 목적을 수행하고 있는 것입니다. 그러므로 중생한 그리스도인들은 고의적으로 권세를 무시하지 말고 양심을 따라 선을 행하는 자들이 되어야 합니다.

오늘 본문에서 사도 바울은 다스리는 자들에게 주어진 두 가지 권세의 목적을 말합니다.

본문 로마서 13장 3절을 보면 "다스리는 자들은 선한 일에 대하여 두려움이 되지 않고 악한 일에 대하여 되나니 네가 권세를 두려워하지 아니하려느냐 선을 행하라 그리하면 그에게 칭찬을 받으리라"라고 하였습니다.

바울은 다스리는 자들의 권세의 두 가지 목적을 말하고 있습니다.

**첫째**, 다스리는 자들은 선한 일에 대하여 두려움이 되지 않고 악한 일에 대하여 두려움이 됩니다. 다스리는 자들은 칼을 갖고 있습니다. 그것은 전쟁의 칼과 정의의 칼을 망라합니다.

죄와 타락의 힘은 너무 강해서 많은 사람들이 극악한 죄악으로부터 벗어나지 못하고 또 인간 사회에 치명적인 해악을 끼치기 때문에 하나님과 본성 또는 다가올 진노에 대한 법을 적용시키는 것으로는 그 힘을 억제시킬수 없고, 현재의 처벌에 대한 두려움으로만 그것을 억제시킬 수 있을 것입니다. 타락한 인류의 자의성과 사악성이 이것을 필수적인 것으로 만들었습니다.

따라서 불법한 자와 복종하지 아니하는 자를 처벌할 법이 기독교가 존재하는 국가에서도 제정되어야 마땅하고 그것은 복음에 모순되는 것이 아니라 일치하는 것입니다. 사람들이 서로를 향해 이처럼 짐승이 될 때, 이러한 포악한 짐승이 될 때, 그들은 그것에 맞게 다루어져야 하고 다른 사람들을 억제시키기 위해서 그들을 두려움 속에 두어서 망하도록 해야 합니다.

말과 노새도 그래서 재갈과 고삐로 제한시키는 것입니다. 이 일에 있어서 권세자는 하나님의 사역자입니다. 그는 복수를 주관하시는 하나님의 대행자로서 활동합니다.

**둘째**, 다스리는 자들은 선을 행하는 자들을 칭찬하기 위해 권세가 주어졌습니다. 그래서 본문은 "선을 행하라"라고 합니다. 자기들의 의무를 잘 이행하는 자들은 국가 권력의 도움과 보호를 받아 칭찬과 위로를 얻게 될 것입니다.

그러면 권세를 두려워하지 않아도 될 것입니다. 권세는 두려운 것이지만 스스로 죄로 말미암아 그 두려움을 자초하지 않는 사람들에게는 결코 미치지 않습니다. 불은 단지 탈 수 있는 것만 태우는 법입니다. 오히려 그것 때문에 칭찬을 받는 것입니다. 이것이 권세의 목적입니다.

그러므로 우리는 양심에 따라 다스리는 자들에게 복종해야 하고 다스리는 자들은 공공의 선을 위해 준비된 기관으로서 사적인 모든 이익은 포기해야 합니다.

우리 모두는 예수님의 신성의 하나님 되심과 십자가 대속의 피의 복음을 마음 중심에 받아 구원받은 새사람이 되어야 합니다. 그리고 새사람의 열매로서 국가 법질서를 기꺼이 지키며 하나님 나라 백성답게 고결한 인격을 나타내는 자들이 되어야겠습니다.

오직 그리스도, 오직 믿음, 오직 예수 보혈 신앙으로 성령 충만을 받고 하나님 사랑과 이웃 사랑의 선을 행하는 자들이 되기를 기원합니다. 기도하시겠습니다.

살아계신 아버지 하나님!
하나님의 은혜를 감사합니다.
진정한 구원을 받은 그리스도인은 권세가 하나님으로부터 나오는 것을 알기에 권세를 존중하며 또한 권세를 거스르는 자가 되지 않아야 한다고 믿습니다. 지상에 다스리는 자들은 악한 일과 행악자들을 두렵게 하기 위해 칼을 갖고 있는 자들로서 그들은 이런 일에 있어서 하나님의 사역자라고 믿습니다. 동시에 그들은 선을 행하는 사람들을 칭찬하기 위해 권세를 갖고 있다고 믿습니다.

예수님의 신성의 하나님 되심과 십자가 대속의 피의 복음을 받아 중생한 그리스도인은 다스리는 자들이 두려워서 악한 일을 하지 않는 자가 아니고 양심에 거리낌 없이 하나님의 영광을 위하여 기꺼이 선을 행하는 자임을 믿습니다. 우리는 세상에 나가 하나님 나라 백성답게 건전하고 우수하여 고결한 인격을 지망하며 나아가는 모습을 나타내어야 한다고 믿습니다.

오늘도 이를 위하여 우리로 건강하게 하시고 건전하게 하여 주셔서 우리 빛이 사람 앞에 비치게 하여 그들로 우리 착한 행실을 보고 하늘에 계신 우리 아버지 하나님께 영광을 돌리며 살게 하여 주옵소서.

예수님의 이름으로 기도하옵나이다. 아멘.

## 롬 13:4

- "그는 하나님의 사역자가 되어 네게 선을 베푸는 자니라"
  권세자는 하나님의 사역자, 진노하심을 따라 보응하는 자.
- 이는 마지막 날 심판의 전조와 전주곡이다.
  선을 행하라.

⁴ 그는 하나님의 사역자가 되어 네게 선을 베푸는 자니라 그러나 네가 악을 행하거든 두려워하라 그가 공연히 칼을 가지지 아니하였으니 곧 하나님의 사역자가 되어 악을 행하는 자에게 진노하심을 따라 보응하는 자니라

예수님은 그리스도시요 살아계신 하나님의 아들입니다. 예수님이 하나님의 아들 그리스도라는 증거로 십자가에서 우리 죄를 대신해서 피 흘려 죽으시고, 죽은 자들 가운데서 부활하셨습니다.

이 예수님이 하나님의 아들, 예수님이 그리스도, 예수님이 우리 죄를 대신해서 십자가에서 피 흘려 죽으시고 부활하셨다는 복음으로 우리 인생 모든 문제가 처리되고 해답을 얻습니다. 이 복음은 모든 믿는 자에게 구원을 주시는 하나님의 능력이 됩니다. 이 하나님의 아들 예수 그리스도의 복음, 그리스도 십자가 대속의 피의 복음으로 깊이 뿌리내리기를 기원합니다.

예수님의 신성의 하나님 되심과 십자가 대속의 피의 복음을 마음 중심에 믿고 중생한 그리스도인은 과거와는 다른 하나님의 권세에 대한 민감한 감각을 가진 자가 됩니다. 자연인으로 살아갈 때에는 눈에 보이는 칼에 대해서만 두려워하고 피하면서 선악에 대한 판단을 하면서 살았습니다.

그러나 중생하여 새사람이 된 그리스도인들은 하나님과 권세 간의 관계를 바로 이해하여 권세자들에게 순복하며 살아야 합니다. 권세들은 "하나님의 사역자"들로서 죄를 지은 자들에게는 하나님의 진노하심을 따라 보응하는 자이기 때문입니다.

우리는 바울이 계속 강조하는 하나님과 권세 간의 관계에 관해 듣고 권세자들에게 순복해야 하는 이유를 또 듣고자 합니다.

본문 로마서 13장 4절을 보면 "그는 하나님의 사역자가 되어 네게 선을 베푸는 자니라 그러나 네가 악을 행하거든 두려워하라 그가 공연히 칼을 가지지 아니하였으니 곧 하나님의 사역자가 되어 악을 행하는 자에게 진노하심을 따라 보응하는 자니라"라고 하였습니다.

다스리는 자는 하나님의 사역을 합니다. 그는 복수를 주관하시는 하나님의 대행자로서 활동하는 것입니다. 그러므로 그의 심판 속에 자신의 개인적인 악감정을 개입시키지 않도록 조심해야 합니다.

본문은 "악을 행하는 자에게 진노하심을 따라 보응하는 자니라"라고 하는데 하나님만이 원수에게 보응할 수 있는데 하나님의 사역자로서 국가 권력자들도 하나님의 보응을 악한 자들에게 실행할 수 있습니다. 이는 죄인들에게 정당한 판결이 내려지는 것을 의미합니다.

이때 다스리는 자는 아무리 사려 깊고 신실한 자라도 법집행 과정은 늘 공정한 것이 되지는 않습니다. 이런 법집행 과정은 마지막 날 최후 심판의 희미한 전조와 전주곡으로서 하나님의 심판과는 비교가 안 됩니다.

그들의 심판은 오직 악한 행동에만 미치고, 악을 행하는 자에게만 진노를 행할 수 있습니다. 그러나 하나님의 심판은 악한 생각에도 미치고 마음의 의도를 헤아리십니다.

그러므로 참된 십자가 대속의 피의 복음을 받아 중생한 그리스도인은 다스리는 자의 눈을 속이고자 하고 세금을 떼먹고 은밀하게 불법을 행하면 안 됩니다. 그들이 하나님의 사역자가 되어 우리에게 선을 베풀고 또한 진노하심을 따라 보응하는 자이기 때문입니다. 하나님께서 다스리는 자의 손에 권력을 두신 것은 공연한 일이 아닙니다. 그것은 무질서를 제어하고 억제하기 위한 의도에서입니다.

세상은 하나님의 세상입니다.

하나님이 어떤 분이십니까?

**첫째**, 하나님은 죄를 미워하고 죄가 나타날 때 그 머리에 진노를 두시는 거룩한 하나님이십니다.

**둘째**, 하나님은 열방의 왕이요 평화와 질서의 하나님이기에 이를 통해 평화와 질서가 보존됩니다.

**셋째**, 하나님은 선의 보호자이신 분이기에 선한 사람들, 가족, 재산, 그리고 이름들이 이를 통해 보호를 받습니다.

**넷째**, 하나님은 죄인들의 영원한 파멸을 원하지 않고 그 일부만 처벌하심으로써 그들을 두렵게 하여 동일한 죄악을 예방하고 또 다른 사람들도 그것을 듣고 두려워하여 주제 넘게 더 큰 죄악에 빠지지 않도록 경고하십니다(매튜 헨리, 『로마서 강해』).

예수님의 신성의 하나님의 아들 그리스도 되심을 믿고 중생한 그리스도인은 이 세상과 인류 역사 전체는 하나님의 나라의 도래를 위해 협력한다는 사실을 기억해야 합니다. 인류 역사는 우연으로 진행되는 것이 아닙니다. 세상은 하나님께서 창조하셨고 하나님께서 통치하시고 섭리하고 계십니다. 그리고 마지막 날에는 심판하실 것입니다.

사실은 지상의 다스리는 자의 법집행 과정은 마지막 날 심판의 전조와 전주곡입니다. 그러므로 그리스도 십자가 대속의 피의 복음을 받은 그리스도인 모두는 오직 그리스도, 오직 믿음, 오직 예수 보혈 신앙으로 하나님의 능력을 받아 세상의 모든 제도를 주를 위하여 순종할 것입니다. 하나님 사랑과 이웃 사랑의 선을 행하며 살 것입니다. 기도하겠습니다.

살아계신 아버지 하나님!
하나님의 은혜를 감사합니다.
우리가 하나님 나라 왕 예수님을 믿고 영접하여 하나님 나라 백성이 되었다고 하여 세상 나라의 국법 질서를 무시하고 악을 행한다면 질서를 다스리는 자는 하나님의 사역자가 되어 하나님의 진노의 보응을 집행하는 자가 됨을 다시금 기억하게 하시니 감사하옵나이다.

진정한 구원의 신앙은 황홀 상태를 즐기는 이상하게 보이는 별세계 삶이 아니고 세상 속에서도 세상 사람보다 더 뛰어난 진, 선, 미를 추구하는 삶이 되어야 한다고 믿습니다. 그리스도 복음을 받은 우리는 결코 악을 행하는 자가 되어서는 안 된다고 믿습니다.

하나님께서는 다스리는 자의 손에 권력을 주어 하나님의 사역자로서 평화와 질서를 보존하시고 선인들을 보호하시는 분이심을 우리는 믿습니다. 무엇보다도 우리는 권세자의 법집행 과정이 마지막 날 하나님의 심판의 전조와 전주곡이 된다는 사실을 믿어 마땅히 선을 행하며 살기를 기도합니다. 오늘도 우리 모두에게 건강을 주시고 건전하게 하셔서 고결한 인격을 추구하는 삶을 살아가게 인도하여 주옵소서.

예수님의 이름으로 기도하옵나이다. 아멘.

## 롬 13:5

- 진노 때문에 할 것이 아니라 양심을 따라 할 것이라.
  양심 때문에 복종. 덕에 대한 사랑 때문에 복종.
- 복종 이유
  ① 권세의 근원이 하나님.
  ② 권세의 목적이 악행은 두려움, 선행은 칭찬.
  ③ 권세에서 얻는 유익 때문.
  양심을 따라 복종하라.

⁵ 그러므로 복종하지 아니할 수 없으니 진노 때문에 할 것이 아니라 양심을 따라 할 것이라

예수님은 그리스도시요 살아계신 하나님의 아들입니다. 예수님이 하나님의 아들 그리스도라는 증거로 십자가에서 우리 죄를 대신해서 피 흘려 죽으시고, 죽은 자들 가운데서 부활하셨습니다.

이 예수님이 하나님의 아들, 예수님이 그리스도, 예수님이 우리 죄를 대신해서 십자가에서 피 흘려 죽으시고 부활하셨다는 복음으로 우리 인생 모든 문제가 처리되고 해답을 얻습니다. 이 복음은 모든 믿는 자에게 구원을 주시는 하나님의 능력이 됩니다. 이 하나님의 아들 예수 그리스도의 복음, 그리스도 십자가 대속의 피의 복음으로 깊이 뿌리내리기를 기원합니다.

예수님의 신성의 하나님 되심과 십자가 대속의 피의 복음을 마음 중심에 믿고 중생한 그리스도인은 새사람이 되는데 그 새사람의 특징의 하나가 하나님의 말씀에 순종하려는 심리 작용을 가집니다. 이것이 곧 거듭난 양심이요 착한 양심입니다.

성령 하나님은 우리의 양심을 통하여 우리의 죄를 책망하시고 우리에게 믿음을 주십니다. 만일 그리스도인이 이 양심 곧 착한 양심(거듭난 양심)을 버리면 그 믿음에 관하여는 파선하는 자가 됩니다(딤전 1:19).

그러므로 중생하여 착한 양심을 갖게 된 그리스도인은 형벌에 대한 두려움 때문이 아니라 덕(德)에 대한 사랑 때문에 다스리는 자들에게 복종해야 합니다. 우리 그리스도인들은 진노 때문이 아니라 양심 때문에 복종해야 합니다.

대부분의 중생한 그리스도인들이 갖는 마음이겠지만, 저도 사소한 것이라도 복종해야 할 권세에 복종하지 않으면 즉시 성령님을 통한 날카로운 양심의 가책을 받습니다. 그러면 마음의 평안이 사라집니다. 즉시 회개하고 잘못을 인정하여 복종합니다.

비록 그 권세가 미미한 어린아이의 요구로 오는 것이라 할지라도 내가 따라야 할 의무가 있는 것이라면 양심 때문에 복종해야 합니다. 하물며 국가의 위정자들에 의한 복종은 더욱 양심에 강압적인 것이 될 것입니다.

그리하여 바울은 국가의 다스리는 자들에 대하여 진노 때문이 아니라 양심 때문에 복종하라고 합니다.

본문 로마서 13장 5절을 보면 "그러므로 복종하지 아니할 수 없으니 진노 때문에 할 것이 아니라 양심을 따라 할 것이라"라고 하였습니다.

형벌에 대한 두려움 때문이 아니라 덕(德)에 대한 사랑 때문에 복종해야 한다고 합니다. 공공의 국가 직무가 하나님께 받아들여지는 이유는 그것이 하나님의 눈에 양심에 따라 행해지기 때문입니다.

우리는 하나님의 섭리로 말미암아 이런 관계 속에 들어가고, 하나님의 교훈으로 말미암아 이 관계의 의무에 복종하는 것입니다. 이처럼 똑같은 일이라도 전혀 다른 원리에 의하여 행해질 수 있습니다.

그래서 바울은 오늘 본문에 앞선 구절(롬 13:1-4)에서 크게 세 가지 사실(통치 제도, 권세의 목적, 우리의 유익)이 우리의 양심을 따라 복종이 이루어져 함을 주장하였습니다.

**첫째**, 통치 제도로서 "권세는 하나님으로부터 나지 않음이 없나니"(1절)라고 하기 때문입니다. 세상의 지배자이자 통치자이신 하나님께서 통치 제도를 정하셨고, 그리하여 모든 국가 권력은 원래 하나님으로부터 나오고, 하나님은 자신의 섭리를 통해 그것을 가진 자들이 누구건 그들의 손에 그 관리를 맡기셨습니다. 그러므로 양심을 따라 복종해야 합니다.

**둘째**, 권세의 목적으로서 "다스리는 자들은 선한 일에 대하여 두려움이 되지 않고 악한 일에 대하여 되나니"(3절)라고 하기 때문입니다. 권세는 악한 일과 행악자들을 두렵게 하기 위해, 그리고 선을 행하는 사람들을 칭찬하기 위해 정해졌습니다. 그러므로 양심을 따라 복종해야 합니다.

**셋째**, 권세에서 얻는 우리의 유익으로서 "그는 하나님의 사역자가 되어 선을 베푸는 자니라"(4절)라고 하기 때문입니다. 우리는 정부의 혜택과 보호와 유익을 받고 있으니, 우리는 양심을 따라 복종해야 합니다. 그러므로 중생하여 착한 양심을 가진 그리스도인은 진노 때문이 아니라 양심 때문에 복종해야 합니다. 그리스도인은 세상 사람과 전혀 다른 원리에 의해 복종하는 것입니다.

우리 모두는 예수님의 신성의 하나님 되심과 십자가 대속의 피의 복음 진리를 참되게 믿어 중생함으로 착한 양심을 갖고 국가의 다스리는 자들에게 진노 때문이 아니라 양심을 따라 복종할 것입니다.

오직 그리스도, 오직 믿음, 오직 예수 보혈 신앙으로 성령 충만 받아 깨끗한 양심으로 국가 권세에 복종하고 선을 행해야겠습니다. 하나님 사랑과 이웃 사랑의 선을 행하는 하루가 되기를 기원합니다.

살아계신 아버지 하나님!
하나님의 은혜를 감사합니다.
우리로 믿음과 착한 양심을 갖게 하심을 감사합니다. 이 양심을 버리면 우리 믿음에 관하여는 파선하는 자가 되기에 우리는 범사에 양심에 따라 행하기를 기도합니다. 작은 유익 때문에 우리의 양심을 파는 자가 되지 않게 도와주시고 국가 권세를 거스르지 않고 양심을 따라 복종하는 자가 되게 하여 주옵소서.
우리는 세상사람들처럼 진노 때문에 복종하는 것이 아니라 양심 때문에 복종하는 자임을 믿습니다. 똑같은 일이라도 전혀 다른 원리에 의해 행해진다는 사실을 믿습니다. 우리가 이렇게 양심에 따라 복종함으로 인하여 권세가 하나님으로부터 나온 것임을 확증하고 악행자를 벌하고 선을 행하는 자를 칭찬하기 위한 권세의 목적에 부합하며, 또한 그런 권세에서 우리가 많은 혜택과 보호를 받게 되니 참으로 양심을 따라 복종해야 된다고 믿습니다.

오늘도 믿음과 성령으로 충만케 하여 선을 행하는 자가 되게 하시고 양심을 따라 행하는 자가 되어 하나님께는 영광을 돌리고 복음에 합당하게 생활하는 자가 되게 하여 주옵소서. 무엇보다 위드코로나 시대에 건강하게 하시고 건전하게 하여 하나님 사랑과 이웃 사랑으로 살아가게 하여 주옵소서.

예수님의 이름으로 기도하옵나이다. 아멘.

## 롬 13:6

- 조세를 바치는 것도 이로 말미암음이라.
  권세자는 하나님의 일꾼으로 이 일에 힘쓰고 있다.
- 조세 바침은 양심을 따라 복종하는 보증이다.
  땅에서 안전하고 평화롭게 살라.

⁶ 너희가 조세를 바치는 것도 이로 말미암음이라 그들이 하나님의 일꾼이 되어 바로 이 일에 항상 힘쓰느니라

예수님은 그리스도시요 살아계신 하나님의 아들입니다. 예수님이 하나님의 아들 그리스도라는 증거로 십자가에서 우리 죄를 대신해서 피 흘려 죽으시고, 죽은 자들 가운데서 부활하셨습니다.

이 예수님이 하나님의 아들, 예수님이 그리스도, 예수님이 우리 죄를 대신해서 십자가에서 피 흘려 죽으시고 부활하셨다는 복음으로 우리 인생 모든 문제가 처리되고 해답을 얻습니다. 이 복음은 모든 믿는 자에게 구원을 주시는 하나님의 능력이 됩니다. 이 하나님의 아들 예수 그리스도의 복음, 그리스도 십자가 대속의 피의 복음으로 깊이 뿌리내리기를 기원합니다.

예수님의 신성의 하나님 되심과 십자가 대속의 피의 복음을 마음 중심에 믿고 중생한 그리스도인은 새사람이 되어 세상 사람들과는 똑같은 일이라도 전혀 다른 원리에 의해 행하며 삽니다. 대표적인 일로 국

가의 다스리는 자에게 하는 복종을 진노 때문에 하는 것이 아니오 양심을 따라 하는 것입니다.

이러한 복종이 양심에 따라 이루어져야 하는 이유는 국가의 권세가 하나님으로부터 났기 때문이오, 행악자를 두렵게 하고 선행자를 칭찬하는 권세의 목적 때문입니다. 그리고 더 나아가 거기서 얻는 우리의 유익 때문입니다. 그 권세가 하나님의 사역자가 되어 우리에게 선을 베푸는 자가 되기 때문입니다.

그러므로 만일 우리가 정부로부터 보호를 받는다면, 우리는 그것에 복종해야 합니다. 우리가 정부를 지지할 때 우리는 그만큼 우리 자신의 보호도 높아집니다.

이렇게 우리가 복종한다고 할 때, 이 복종은 우리가 조세를 바치는 방식으로 이루어집니다. 이 사실을 오늘 본문은 우리에게 가르쳐 줍니다.

본문 로마서 13장 6절을 보면 "너희가 조세를 바치는 것도 이로 말미암음이라 그들이 하나님의 일꾼이 되어 바로 이 일에 항상 힘쓰느니라"라고 하였습니다.

본문은 "너희가 조세를 바치는 것도 이로 말미암음이라"라고 합니다. 이것은 우리의 복종의 증거입니다. 그리고 양심에 따라 그것이 합당하다고 생각한다는 보증입니다.

우리는 조세를 바침으로서 권력에 대한 지지를 보여 주는 것입니다. 그러므로 만일 우리가 복종하지 않는다면, 한 손으로 바치고 있는 것을 다른 손으로 끌어내리는 것입니다.

그것이 과연 양심입니까?

그렇지 않습니다.

조세를 바침으로서 우리는 권세자의 권위를 소유할 뿐만 아니라, 그 권위가 주는 복을 우리 자신의 것으로 만듭니다. 우리가 조세를 바치는 것은 권세자가 통치할 때 아끼지 않는 큰 수고에 대한 보상으로 내는 것입니다.

왜냐하면, 영예는 곧 책임이기 때문입니다. 만일 우리가 마땅히 해야 할 의무를 따라 행한다면, 우리가 조세를 바치고 복종해야 하는 것은 누구나 지지할 정도로 너무나 당연하기 때문입니다.

사도 바울은 "너희가 조세를 바치라"라고 하였습니다. 그는 우리가 그것을 자선금으로 내라고 말하는 것이 아닙니다. 우리가 그것을 당연한 빚으로 알고 청산하라는 것입니다. 또는 공공 정부의 모든 복과 유익을 되받도록 그것을 바치라고 말하는 것입니다(매튜 헨리, 『로마서 강해』).

이것이 사도 바울이 오늘 본문에서 가르치는 교훈입니다. 모든 중생한 그리스도인들은 이것을 배우고 실천하는 자가 되어야 합니다. 세상 사람들은 어떻게 살든 그리스도인들은 양심을 따라 조세를 바치며 살아야 합니다.

이것이 그리스도인의 자긍심이요 존귀요 영광입니다. 이것이 세상 속에서 "세상의 빛"으로, "세상의 소금"으로 사는 길입니다. 이같이 우리의 빛을 사람 앞에 비춰게 하여 그들로 우리의 착한 행실을 보고 하늘에 계신 우리 아버지께 영광을 돌리게 할 것입니다.

동시에 우리가 이렇게 양심을 따라 조세를 바치며 살 때 땅에서 사는 동안 안전하고 평화롭게 살게 될 것입니다.

그러므로 우리 모두 참되게 십자가 대속의 피의 복음을 믿고 중생하여 세상 사람들과 다른 원리로서 양심을 따라 조세를 바치며 살 것입니다.

오직 그리스도, 오직 믿음, 오직 예수 보혈 신앙으로 성령의 충만을 받아 하나님의 능력으로 옛사람을 벗어 버리고 새사람의 원리로 양심을 따라 조세를 바치며 하나님 나라의 평강을 누리며 살기를 간절히 기원합니다. 기도하겠습니다.

살아계신 아버지 하나님!

하나님의 은혜를 감사합니다.

죄악 세상에서 우리를 불러내어 하나님 나라 백성으로 살게 하심을 감사하옵나이다.

우리가 하나님 나라 왕 예수 그리스도를 믿고 예수 그리스도의 통치를 받는 하나님 나라의 백성, 그리스도 왕국의 백성이 되었은즉 삶의 원리도 전혀 다르게 살아야 한다고 믿습니다. 그것은 세상 사람들은 부패된 양심을 갖기 때문에 겉으로 나타난 행위만 선하면 의인으로 자처하지만 그리스도인은 하나님께서 속마음을 따라 심판하신다는 사실을 엄숙하게 믿고 거듭난 양심, 중생한 양심, 착한 양심을 갖고 그 양심에 따라 살아가는 자라고 믿습니다.

그러므로 똑같은 일이라도 그리스도인은 전혀 다른 원리에 의해 행하며 사는 자가 되었음을 믿습니다. 그리고 그에 대한 증거로 양심을 따라 조세를 바치는 것입니다.

우리는 이렇게 양심을 따라 정직하게 조세를 바침으로서 국가 권력에 대한 지지를 보여 준다고 믿습니다. 우리가 정부로부터 보호를 받는데 대한 당연한 복종이라고 믿습니다. 이렇게 함으로 인하여 우리는 세상 속에서 "세상의 빛"으로, "세상의 소금"으로 살아간다고 믿습니다. 이로써 우리는 이 땅에서 안전하고 평화롭게 복음을 전하며 산다고 믿습니다.

오늘도 우리에게 건강을 주시고 건전하게 해 주시어 세상에 나가 고결한 그리스도인의 인격을 나타내며 하나님 사랑과 이웃 사랑의 증인으로 살도록 도와주시옵소서.

예수님의 이름으로 기도하옵나이다. 아멘.

## 425

## 롬 13:7

- "모든 자에게 줄 것을 주되"
  복종에 대한 예시.
- 당연히 바쳐야 할 세금을 바치고, 당연히 해야 할 존경을 하라.

⁷ 모든 자에게 줄 것을 주되 조세를 받을 자에게 조세를 바치고 관세를 받을 자에게 관세를 바치고 두려워할 자를 두려워하며 존경할 자를 존경하라

예수님은 그리스도시요 살아계신 하나님의 아들입니다. 예수님이 하나님의 아들 그리스도라는 증거로 십자가에서 우리 죄를 대신해서 피 흘려 죽으시고, 죽은 자들 가운데서 부활하셨습니다.

이 예수님이 하나님의 아들, 예수님이 그리스도, 예수님이 우리 죄를 대신해서 십자가에서 피 흘려 죽으시고 부활하셨다는 복음으로 우리 인생 모든 문제가 처리되고 해답을 얻습니다. 이 복음은 모든 믿는 자에게 구원을 주시는 하나님의 능력이 됩니다. 이 하나님의 아들 예수 그리스도의 복음, 그리스도 십자가 대속의 피의 복음으로 깊이 뿌리내리기를 기원합니다.

예수님의 신성의 하나님 되심과 십자가 대속의 피의 복음을 마음 중심에 믿고 중생한 그리스도인은 하나님 나라 백성이 된 자입니다. 동시에 이 세상에 살고 있기 때문에 이 세상 나라의 백성으로서의 의무

도 다하는 자입니다.

그러나 이 세상에 속한 국가 의무를 다하는 것은 쉬운 일이 아닙니다. 특히, 세금을 내는 납세 의무는 기업인이나 상인들에게 무거운 짐입니다. 과거에 들은 바로는 납세 의무에 관한한 이랜드 박성수 회장의 정직한 납세 의무 일화가 유명하였습니다. 그때 그분은 정직한 영수증 거래를 원했으나 거래 사업체가 그것을 회피하였기에 구조적 사회악에 대해 고민하였다는 이야기를 들었습니다.

오늘날 우리가 당면하고 있는 국가에 대한 국민의 의무는 납세 의무, 병역 의무, 교육 의무 등이 있습니다. 초대 교회 시대에는 주로 납세 의무가 주된 것이었습니다.

납세 의무는 1세기 유대인들에게는 큰 문제였습니다. 유대인들은 로마에 대한 세금뿐 아니라 성전 세금도 내야 했습니다. 특히, 로마와 유대 지방에서는 이 세금에 대한 반발이 컸습니다.

이 로마서가 기록된 지 얼마 지나지 않은 AD 58년에 결국 세금 반란이 일어났습니다(타키투스, 『연대기』). 바울은 로마 독재자들에게 하나님께서는 하나님과 국가에 대한 복종의 증거로 세금 낼 것을 요구하신다고 글을 썼습니다. 바울은 예수님 말씀을 다시 상기시키면서 마땅히 행할 청기지 중 하나로 세금 납부를 권세에 대한 복종의 예시로 제시하고 있습니다.

오늘 본문은 지금까지 정부 권세의 복종에 대한 말씀(롬 13:5-6)의 결론으로 "모든 자에게 줄 것을 주되"라고 하고 있습니다.

본문 롬 13장 7절을 보면 "모든 자에게 줄 것을 주되 조세를 받을 자에게 조세를 바치고 관세를 받을 자에게 관세를 바치고 두려워할 자를 두려워하며 존경할 자를 존경하라"라고 하였습니다. 바울은 여기서 두 가지 사항을 명령하고 있습니다. 당연히 바쳐야 할 세금과 당연히 해야 할 존경입니다.

**첫째**, 당연히 바쳐야 할 세금입니다.

본문에서 "조세를 받을 자에게 조세를 바치고 관세를 받을 자에게 관세를 바치고"라고 하였습니다.

복음이 최초로 전파된 나라들 대부분은 당시 로마제국의 압제하에 황제의 식민지가 되어 있었습니다. 사도 바울은 이 편지를 로마 그리스도인에게 썼고 당시 그들은 부자로서 세금과 부과금으로 말미암아 골치를 앓고 있었습니다.

이런 그들에게 바울은 정당하고 정직하게 세금을 납부하라는 권면을 하는 것입니다. 여기서 조세는 피지배 국민에게 부과된 세금이고, 관세는 간접 세금을 말하는 것으로 봅니다. 이 관세는 로마 시민을 포함하여 모든 자들이 내야 했던 판매세로서 관세, 사용세 등이 포함되었습니다.

이 두 가지 세금은 모두 법적으로 당연히 내야 할 것이므로, 충실하게 그리고 양심적으로 납부해야 한다고 말하였습니다. 우리 예수님은 그의 어머니가 세금을 납부하러 가던 길에 태어나셨습니다. 예수님 또한 가이사에게 조세를 바치라고 말씀하셨습니다.

다른 일들 속에서 의롭게 보이는 많은 사람이 이 일에 있어서는 양심을 속이고 왕을 속이는 것은 전혀 죄가 아니라고 그럴듯한 구실을 붙여 속이는데, 이것은 "조세를 받을 자에게 조세를 바치라"라는 바울의 말과는 완전히 반대 됩니다.

**둘째**, 당연히 해야 할 존경입니다.

본문은 "두려워할 자를 두려워하며 존경할 자를 존경하라"라고 합니다.

이것은 우리가 권세자들 뿐만 아니라 모든 연장자, 부모, 선생, 그리고 주 안에서 우리를 지도하는 모든 자들에게 십계명의 네 부모를 공경하라는 제5계명에 따라 가져야 할 의무를 종합한 것입니다. 여기서 두려움은 깜작 놀라서 갖는 두려움이 아니라 사랑과 공손과 존경과 순종에서 오는 두려움을 말합니다. 어른들에 대한 이 존경이 마음속에 없는 사람들은 다른 의무도 제대로 감당하지 못하는 것입니다.

우리는 지금까지 정부 권세에 대한 복종의 예시로 당연히 바쳐야 할 세금과 당연히 바쳐야 할 존경의 명령을 들었습니다. 바울은 "모든 자에게 줄 것을 주되"라고 하였습니다. 물론 "모든 자"는 국가 권세자들입니다. 우리는 그들이 하나님의 뜻을 거스를 때는 복종할 수 없으나 우리는 그들의 권세를 존중하고 정직한 세금을 바치고 그들의 권세를 존경해야 합니다.

이 메시지를 쓰는 동안 민노총 관계자들이 정부 명령을 어기고 대규모 투쟁을 한다는 말을 들었습니다. 노동쟁의 법대로 행하여 바울의 명령이 지켜지기를 바랍니다.

오직 그리스도, 오직 믿음, 오직 예수 보혈 신앙으로 성령 충만 받아 정직한 세금을 내고 정직하게 살며, 권세에 복종하며 존경하며 살고 하나님 사랑과 이웃 사랑의 전도자로 살기를 기원합니다.

살아계신 아버지 하나님!

하나님의 은혜를 감사합니다.

예수님을 하나님의 아들로 믿고 십자가 대속의 죽음을 통해 죄 사함 받고 하나님의 자녀가 된 우리는 하나님 나라 백성임과 동시에 이 세상 국가의 시민이 된다는 사실을 믿고 모두 국가 권세에 복종해야 한다고 믿습니다. 우리가 국가 권세에 복종하는 것은 모든 권세는 하나님께서 정하신 바이기 때문에 우리는 국가의 다스리는 자들에게 복종해야 한다고 믿습니다. 그러므로 우리는 당연히 바쳐야 할 세금을 내고 또한 그들의 권세를 존경해야 한다고 믿습니다.

그러나 우리는 당연히 바쳐야 할 세금을 바치는 데 있어서 양심을 속이고 국가의 다스리는 자들을 속이는 것이 죄가 안 되는 듯한 행동을 하기 쉬우나, 오늘 본문에서 바울은 하나님의 말씀으로서 그들에게 조세를 바치고 또 존경할 자를 존경하라고 명령하고 있습니다. 우리 모두 기쁜 마음으로 충실하고 정직하게 그리고 양심적으로 세금을 납부하는 자가 되고 권세자들뿐만 아니라 부모, 연장자, 선생, 그리고 그리스도 교회 지도자들을 기꺼이 존경하는 자들이 되기를 기도합니다.

오늘도 이 말씀과 더불어 하루를 시작하게 하시고 우리의 육신도 건강하게 하시고 건전한 상식과 지혜를 갖고 하나님 나라 백성답게 모든 권세에 복종하며 살아가도록 인도하여 주옵소서.

예수님의 이름으로 기도하옵나이다. 아멘.

# 후기

　서문은 간명하게 표현되어야 한다는 저자의 소신 때문에 서문에서도 예수님의 신성의 인격과 십자가 대속의 죽음의 사역을 믿는 믿음으로만 구원을 얻는다(이신칭의)는 핵심 진리만 선언되었습니다.
　그러나 저는 적어도 수많은 로마서 강해서가 기독교 2000년 역사에 출현된 사실과 제가 또 한 권의 강해서를 내야 하는 이유가 설명되어야 한다고 생각했습니다.

　**첫째 이유**는 하나님의 구원 사역에 대한 본질은 시간의 열매이지만 그 형식만은 그 시대의 것이라는 것입니다. 오늘의 시대 요구에 응하는 형식으로 옛 진리를 제시하는 책이 필요하다는 것입니다.
　예컨대, 로마서 강해의 고전으로 알려진 영국의 로이드 존스의 책은 깨알같이 작은 글씨로 쓴 로마서 14장 17절까지 14권의 대작입니다. 한 강해 부분을 정독하려면 거의 50분 이상이 걸립니다. 그리고 표현 방식도 만연체로서 어떤 내용은 본문과 관계없는 진리까지 광범위하게 터치하고 있습니다. 저 같은 강해설교자들은 하나하나 정독할 수 있겠지만 일반 독자들은 특별한 은혜가 주어지지 않는 한 접근하기 어려운 책입니다.
　**둘째 이유**는 오늘날은 종교개혁을 뒤집는 유보적 칭의론자나 바울새 관점파들의 등장에 대한 비판이 반드시 따라야 하는 때이기 때문입니다. 현대인들은 새로운 진리가 주장되면 옛 진리는 구태의연한 것으로 보는 불신 풍조가 있기에 우리는 옛 진리를 오늘의 시대 요구에 맞게 입혀서 제시해야 할 필요성이 생겼습니다.

저는 '이신칭의'를 비롯한 종교개혁 5대 신앙 표어(오직 그리스도, 오직 믿음, 오직 은혜, 오직 성경, 오직 하나님께 영광)에 대한 불변의 확신과 이를 옹호해야 한다는 소명으로 오늘의 시대 요구에 맞는 형식으로 옛 진리를 짧게 7분 메시지로 제시하였습니다. 그러나 형식은 간명하지만, 내용은 심오한 것이기에 깊은 묵상이 요구된다고 생각합니다. 이를 위해 보통 다른 강해서와 달리 장마다 기도문이 들어 있기 때문에 옛 진리를 자신의 삶에 적용하는 데 도움이 될 것입니다.

저는 강해 중에 옛 진리의 설명이 부족하다고 생각하면 다음 장에서 다시 논의하여 진리를 정확하게 밝히고자 하였습니다. 그리고 바쁜 강해설교자들을 위해서 시중에 출간된 로마서 강해서들을 참고하였습니다. 이때 어떤 부분은 인용을 표기했으나 모두 표기하지는 않았습니다.

저는 철저한 개혁주의 입장에서 이 『로마서 강해』를 썼기 때문에 어떤 경우에는 로이드 존스나 칼 바르트, 톰 라이트와 기독교 인도주의자들을 비판한 경우가 있음을 양해해 주기를 바랍니다. 일단 책이 출간되면 그 책은 독자의 비판대 위에 서는 것이기에 저도 기꺼이 비판을 경청할 것입니다.

바라건대 앞으로 다섯 권으로 출간될 『로마서 강해』를 통해 '이신칭의' 신앙이 재확립되기를 바라고 그리스도 교회가 이 신앙 위에 든든히 서기를 간절히 기도합니다.

"오직 하나님께 영광을!"

저 / 자 / 소 / 개

## 임덕규

육군사관학교 졸업
서울대학교 법대 및 동대학원 졸업(법학 박사)

대한신학교 졸업
아세아연합신학대학원 졸업(M.A., M.Div.)

육군사관학교 법학과 교수 역임
대한예수교장로회(대신) 충성교회 담임목사

홈페이지: http://onlychrist.onmam.com
App: "충성교회" 혹은 "충성복음교회"로 검색

## 임덕규 신앙강좌 시리즈

### 1. 신구약을 관통하는 그리스도(복음공과)
임덕규 지음 / 신국판 / 352면

신구약을 관통하는 그리스도를 드러내어 예수님이 하나님의 아들 그리스도이심을 믿고 인생 모든 문제의 답을 얻도록 하기 위한 교재이다.

### 2. 인생 모든 문제의 해답 I
임덕규 지음 / 신국판 / 360면

인생의 구체적인 문제들을 복음의 관점에서 다루며 인생 모든 문제의 해결자이신 그리스도를 만나는 길과 복음의 본질에 대하여 자세히 안내한다.

### 3. 인생 모든 문제의 해답 II
임덕규 지음 / 신국판 / 368면

복음과 구원의 서정과 확신에 대하여 성경적으로 교리적으로 설명하고, 전도와 선교, 그리고 교회 절기와 교회생활 등 실제적인 내용을 다룬다.

### 4. 인생 모든 문제의 해답 III
임덕규 지음 / 신국판 / 352면

그리스도인의 성숙한 가치관과 인격에 대하여 다루고 그리스도인이 불신 세상을 향하여 변증할 수 있도록 타 종교와 일반 학문에 대한 평가를 다룬다.

### 5. 복음과 성령 충만 I
임덕규 지음 / 신국판 / 298면

복음과 성령 충만의 의미와 본질에 대하여 바로 이해하고 성령 충만의 방법, 체험에 관하여 제대로 배워서 복음 전도를 잘 감당하도록 돕는다.

### 6. 복음과 성령 충만 II
임덕규 지음 / 신국판 / 300면

구약에서 선포된 복음에 대하여 설명하고 복음과 성령의 사역 그리고 복음과 그리스도인의 신앙의 관계를 다루며 성령 충만의 실제 모습을 보여 준다.

### 7. 하나님을 만나는 길

임덕규·박철동 지음 / 신국판 / 376면

성경의 핵심인 그리스도의 피의 희생 제사를 통해 인간이 하나님께 나아갈 수 있고, 하나님을 만날 수 있다는 진리를 전해 주고 있다.

### 8. 신구약을 관통하는 그리스도 (완결편)

임덕규 지음 / 신국판 / 472면

조직신학적 관점에서 그리스도를 알고 그리스도의 복음 체질로 변화되어 삶에서 복음의 능력을 나타내는 권능 있는 증인이 되도록 돕는다.

### 9. 언약과 그리스도의 복음

임덕규 지음 / 신국판 양장 / 304면

성경의 3가지 언약 곧 구속언약, 행위 언약, 은혜 언약의 관점에서 구속사의 흐름을 따라 하나님의 언약과 그리스도의 복음을 기술했다.

### 10. 구원 얻는 신앙이란 무엇인가?

임덕규 지음 / 신국판 양장 / 264면

개혁주의 관점에서 유사(類似) 신앙을 분별하고 구원 얻는 참된 신앙의 본질과 기능과 종류 그리고 확신에 대해 바로 알 수 있도록 저술했다.

### 11. 개혁교회를 무너뜨리는 톰 라이트

임덕규 지음 / 신국판 양장 / 264면

그리스도의 속죄의 보혈을 중심에 두지 않고 복음을 하나님 나라로 대치하고, 그리스도의 의의 전가를 부인하는 톰 라이트의 신학 개혁주의의 입장에서 비판한다.

### 12. 그리스도의 십자가 복음

임덕규 지음 / 신국판 양장 / 352면

기독교 신앙의 핵심인 그리스도의 십자가 복음과 그리스도의 피로 이루어진 부활의 생명을 넘어 십자가의 본질과 그 풍성한 의미를 설명한다.

## 복음이란 무엇인가 시리즈

복음이란 무엇인가? **1**

### 예수, 그는 누구신가?

임덕규 지음 / 사륙판 / 72면

평신도 전도용으로 쉽게 예수님이 누구신지에 대해서 저술하고 있다. 예수 그리스도는 구원의 주로서 그리스도시요, 살아 계신 하나님의 아들이다.

복음이란 무엇인가? **2**

### 예수, 그는 무엇을 하셨는가?

임덕규 지음 / 사륙판 / 120면

그리스도의 죽음과 부활은 구약성경에 이미 수천 년 전에 예언되어 있었고, 그 예언대로 예수님이 이 세상에 오셔서 성취하셨다. 이 진리를 확신하는 사람은 구원을 얻는다.

복음이란 무엇인가? **3**

### 예수는 그리스도

임덕규 지음 / 사륙판 / 88면

신·구약성경의 주제는 한마디로 "예수 그리스도"이다. 예수는 "하나님의 아들 그리스도"이시며 또한 제사장, 선지자, 왕의 세 가지 직함을 이루신 그리스도이시다.

복음이란 무엇인가? 4

### 세상의 빛, 그리스도

임덕규 지음 / 사륙판 / 88면

복음의 빛을 받는다는 의미를 참되게 깨달아, 마음에 그리스도의 빛을 받고 세상의 빛이 되어 어둔 세상에 그리스도의 은혜를 비추어 증거하는 증인이 되도록 도전한다.

복음이란 무엇인가? 5

### 청년의 때에 예수를 만나라

임덕규 지음 / 사륙판 / 88면

솔로몬 왕은 청년의 때에 너의 창조주를 기억하라고 권고했다. 즉, 본서는 젊을 때에 예수님을 창조주 하나님으로 믿고 인격적으로 예수님을 만나야 한다고 권고한다.

복음이란 무엇인가? 6

### 로마법과 그리스도의 십자가

임덕규 지음 / 사륙판 / 168면

그리스도의 재판 절차를 통해 당대 세계 최고인 로마법에 의해 실상 그리스도의 무죄가 입증되었음과 그리스도의 죽음이 인류의 구속을 위한 역사적 사건임을 보여 준다.

### 복음이란 무엇인가? 7

### 하나님 체험 · 말씀(그리스도) 체험

임덕규 지음 / 사륙판 / 104면

말씀을 통해 하나님을 만나고 체험한 신앙의 인물들과 성경, 교회사 속의 인물들을 보여 주며 진리의 말씀되신 그리스도를 체험하여 세상의 빛으로 살아갈 것을 촉구한다.

### 복음이란 무엇인가? 8

### 발 씻기심의 복음

임덕규 지음 / 사륙판 / 160면

예수님의 발 씻기심은 겸손과 섬김의 본을 위한 것이 아니라 죄 사함의 십자가 복음이다. 십자가 사랑과 죄 사함을 바로 깨달아 자유인이지만 종으로 섬김의 삶을 살 것을 촉구한다.

### 복음이란 무엇인가? 9

### 염려 하지 말라 예수가 그리스도다

임덕규 지음 / 사륙판 / 184면

염려를 단순하고 명확한 실제이자 세력으로 정의하며, 이 세력을 상대하기 위한 해결책을 제시한다. 그것은 바로 하나님과 그의 아들 예수 그리스도를 믿는 믿음이다.

### 복음이란 무엇인가? 10

### 오직 한 길

임덕규 지음 / 사륙판 / 136면

그리스도는 하나님께 나갈 수 있는 유일한 길과 진리이며 생명이다. 그리스도에 대한 참된 믿음으로 영생을 소유할 뿐 아니라 현재 삶에서도 참된 행복을 누리기를 권면한다.

복음이란 무엇인가? ⑪

### 그리스도와의 연합과 그 열매들

임덕규 지음 / 사륙판 양장 / 296면

그리스도와의 연합은 성령님의 역사로 이루어지며, 이를 통해 신자의 구원이 시작되고, 사랑의 열매를 맺을 수 있기에 구원의 핵심 진리라고 설명한다.

복음이란 무엇인가? ⑫

### 개혁주의 기독교와 천주교, 무엇이 다른가?

임덕규 지음 / 사륙판 양장 / 168면

타종교를 포섭하기 위해 위장된 모습을 보이는 천주교의 실상을 개혁주의 기독교와 비교하면서 일반 독자들도 알기 쉽게 설명하고 있다.

복음이란 무엇인가? ⑬

### 그리스도가 주시는 평안의 복음

임덕규 지음 / 시륙판 양장 / 198면

그리스도 안에 세상이 알지 못하는 평안이 있다. 위기 시에도 하나님의 평안은 요지부동이다. 그리스도의 멍에를 멜 때에 이 평안과 안심을 얻는다.

## 임덕규 신앙사경회 시리즈

**1. 이사야서에서 그리스도와의 만남**

임덕규 지음 / 신국판 / 376면

이사야서 전체에서 예수 그리스도에 대해 어떤 말씀을 하고 있는지, 상세한 주해를 통해 강해한다.

**2. 사탄과의 영적 싸움에서 승리하는 삶**

임덕규 지음 / 신국판 / 392면

일상의 삶 속에서 나타나는 영적 싸움의 승리의 비결이 신구약을 관통하는 승리자 그리스도의 복음에 있음을 강해한다.

**3. 예수는 하나님의 아들 그리스도**

임덕규 지음 / 신국판 / 344면

요한복음 강해서로서 요한복음의 의도대로 예수가 하나님의 아들 그리스도이심을 개혁신앙에 근거하여 논증하고 예수 그리스도와 인격적 만남을 가져야 함을 말한다.

## 복음이란 무엇인가 시리즈-중국어판

什么是福音？系列丛书 **1**

耶稣, 他是谁？
(『예수, 그는 누구신가?』, 중국어판)

任 德 奎 / 64p / 128X188

什么是福音？系列丛书 **2**

耶稣, 他做了什么？
(『예수, 그는 무엇을 하셨는가?』, 중국어판)

任 德 奎 / 96p / 128X188

什么是福音？系列丛书 **3**

耶稣是基督
(『예수는 그리스도』, 중국어판)

任 德 奎 / 78p / 128X188

什么是福音？系列丛书 **4**

世上的光-基督

(『세상의 빛, 그리스도, 중국어판』)

任 德 奎 / 70p / 128X188

什么是福音？系列丛书 **5**

趁着年轻要见到耶稣

(『청년의 때에 예수를 만나라, 중국어판』)

任 德 奎 / 68p / 128X188

什么是福音？系列丛书 **6**

罗马律法和基督的十字架

(『로마법과 그리스도의 십자가, 중국어판』)

任 德 奎 / 80p / 128X188

什么是福音？系列丛书 7

体码神．体验话语(基督)

(『하나님 체험·말씀그리스도 체험, 중국어판)

任 德 奎 / 80p / 128X188

什么是福音？系列丛书 8

服侍的福音

(『발 씻기심의 복음, 중국어판)

任 德 奎 / 128p / 128X188

什么是福音？系列丛书 9

不要忧愁因为耶稣是基督

(『염려 하지 말라 예수가 그리스도다. 중국어판)

任 德 奎 / 64p / 128X188

什么是福音？系列丛书 10

唯有这路(『오직 한 길, 중국어판』)

任德奎 / 100p / 128X188

## 임덕규 신앙강좌 시리즈-중국어판

任德圭信仰讲座系列 8

贯通新旧约的基督(完结版)
(『신구약을 관통하는 그리스도(완결편), 중국어판』)

任德奎 / 408p / 153X224

圣约与基督的福音
(『언약과 그리스도의 삶, 중국어판』)

任德奎 / 192p / 153X224

## 복음이란 무엇인가 시리즈-영문판

A Series of What is the Gospel ❶

Jesus, Who is he?

(『예수, 그는 누구신가?』, 영문판)

Duk-Kyu Im / 80p / 128X188

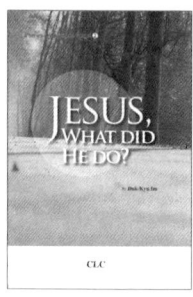

A Series of What is the Gospel ❷

Jesus, What did He do?

(『예수, 그는 무엇을 하셨는가?』, 영문판)

Duk-Kyu Im / 128X188

## 임덕규 신앙강좌 시리즈-영문판

A Series of Faith Lecture ⑪

A Critique on The Theology of Tom Wright undermining the Reformed Church

(『개혁교회를 무너뜨리는 톰 라이트』, 영문판)

Duk-Kyu Im / 264p / 153X224

## 구약성경 구속사적 강해 시리즈

구약성경 구속사적 강해 **1**

**열왕기상 강해**

임덕규 지음 / 신국판 양장 / 448면

구약성경 구속사적 강해 **2**

**열왕기하 강해**

임덕규 지음 / 신국판 양장 / 448면

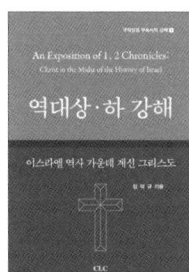

구약성경 구속사적 강해 **3**

**역대상·하 강해**

임덕규 지음 / 신국판 양장 / 776면

구약성경 구속사적 강해 4

**욥기 강해**

임덕규 지음 / 신국판 양장 / 848면

## 신약성경 구속사적 강해 시리즈

신약성경 구속사적 강해 1

**로마서 강해 1**

임덕규 지음 / 신국판 양장 / 572면

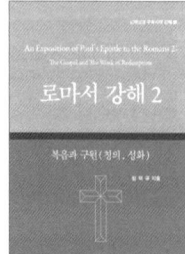

신약성경 구속사적 강해 2

**로마서 강해 2**

임덕규 지음 / 신국판 양장 / 628면

신약성경 구속사적 강해 3

**로마서 강해 3**

임덕규 지음 / 신국판 양장 / 608면

신약성경 구속사적 강해 4

**로마서 강해 4**

임덕규 지음 / 신국판 양장 / 556면

신약성경 구속사적 강해 5

**로마서 강해 5**

임덕규 지음 / 신국판 양장 / 근간

로마서 강해 4: 복음의 실천(이스라엘의 회복, 복음의 실천)

2023년 7월 31일 초판 발행

지 은 이 | 임덕규

편　　집 | 전희정
디 자 인 | 서민정
펴 낸 곳 | (사)기독교문서선교회
등　　록 | 제16-25호(1980.1.18.)
주　　소 | 서울특별시 동대문구 천호대로71길 39
전　　화 | 02-586-8761-3(본사) 031-942-8761(영업부)
팩　　스 | 02-523-0131(본사) 031-942-8763(영업부)
이 메 일 | clckor@gmail.com
홈페이지 | www.clcbook.com
송금계좌 | 기업은행 073-000308-04-020 (사)기독교문서선교회
일련번호 | 2023-64

ISBN 978-89-341-2569-3 (04230)
ISBN 978-89-341-2070-4(세트)

이 책의 출판권은(사)기독교문서선교회가 소유합니다.
신저작권법에 의하여 한국 내에서 보호받는 저작물이므로 무단 전재와 무단 복제를 금합니다.